U0102726

麥　田　人　文

王德威／主編

Edited by David D. W. Wang,
Professor of Chinese Literature, Columbia University.
Published by Rye Field Publishing Company,
(A division of Cité Publishing Group)
6F, No. 251, Sec. 2, Hsin-Yi Rd., Taipei, Taiwan.

麥田文學27
書寫台灣──文學史、後殖民與後現代
Writing Taiwan: Strategies of Representaton
編　　者／周英雄（Ying-Hsiung Chou）
　　　　　劉紀蕙（Joyce Chi-Hui Liu）
主　　編／王德威（David D. Wang）
責任編輯／黃秀如　林志懋
發 行 人／陳雨航
出　　版／麥田出版股份有限公司
台北市信義路二段251號6樓
電話：(02)23517776　傳真：(02)23519179
發　　行／城邦文化事業股份有限公司
台北市信義路二段213號11樓
電話：(02)23965698　傳真：(02)23570954
E-Mail: service@cite.com.tw
郵撥帳號：18966004　城邦文化事業股份有限公司
香港發行所／城邦（香港）出版集團
香港北角英皇道310號雲華大廈4／F，504室
電話：25086231　傳真：25789337
新馬發行所／城邦（新、馬）出版集團
Penthouse, 17, Jalan Balai Polis,
50000 Kuala Lumpur, Malaysia
電話：(603)2060833　傳真：(603)2060633
印　　刷／凌晨企業有限公司
登 記 證／行政院新聞局局版北市業字第四〇五號
初版一刷／二〇〇〇年四月
售　　價／四〇〇元

ISBN 957-469-021-0

中華民國行政院文化建設委員會合作出版

書寫台灣

文學史、後殖民與後現代

周英雄　劉紀蕙◎編

作者簡介（依本書篇章順序排列）

張誦聖　一九五一年生，一九七三年畢業於台灣大學外文系，同年赴美。獲密西根大學文學碩士、史丹福大學文學博士學位；現任教美國德州大學亞洲研究系、比較文學研究所。代表論著有 *Modernism and the Nativist Resistance: Contemporary Chinese Fiction from Taiwan*（當代台灣現代主義小說）、〈王文興的藝術與宗教追求〉、〈袁瓊瓊與八十年代台灣女作家的「張愛玲熱」〉、〈朱天文與台灣文化及文學的新動向〉等。

廖炳惠　台灣雲林人，現任台灣清華大學外語系教授。美國加州大學比較文學博士，曾任洛克斐勒短期研究員、普林斯頓和哈佛大學訪問學者、中華民國比較文學學會理事長。著作有《解構批評論集》(1985)，《形式與意識型態》(1990)，《里柯》(1993)，《回顧現代》(1994)，編輯《回顧現代文化想像》(1995)，並爲《文化批評與華語電影》(1995)撰寫導讀；英文論述則散見《中外文學》、《淡江評論》、*Cultural Critique*、*Musical Quarterly*、*Public Culture*、*boundary 2* 等國內外期刊。

陳芳明　台灣高雄人，一九八七年生。輔仁大學歷史系學士(1969)，台灣大學歷史研究所碩士(1973)，美國華盛頓大學歷史系博士候選人(1978)。目前任教於暨南大學中文系，講授台灣文學史與台灣當代文學思潮。著有《謝雪紅評傳》、《台灣文學史觀》。近著包括《左翼台灣》、《殖民地台灣》，以及散文集《風中蘆葦》、《夢的終點》、《時間長巷》與《掌中地圖》等。目前正在撰寫台灣文學史與二二八事件史。

王德威　台灣大學外文系畢業，美國威斯康辛大學麥迪遜校區比較文學博士，曾任教於台灣大學與美國哈佛大學，現任美國哥倫比亞大學東亞系及比較文學研究所教授。著有《從劉鶚到王禎和：中國現代寫實小說散論》、《衆聲喧嘩：三〇與八〇年代的中國小說》、《閱讀當代小說：台灣、大陸、香港、海外》、《小說中國：晚清到當代的中文小說》、《想像中國的方法：歷史、小說、敍事》、《如何現代，怎樣文學？：十九、二十世紀中文小說新論》、*Fictional Realism in 20th-Centruy China: Mao Dun, Lao She, Shen Congwen* 及 *Fin-de-siècle Splendor: Repressed Monderrnities of Late Qing Fiction, 1849–1911*，並譯有《知識的考掘》（傅柯原著），其他著作散見於各雜誌書刊。

瓦歷斯・諾幹　台灣原住民泰雅族人，曾爲《獵人文化》雜誌負責人，現任教於台中縣和平國小，著有《永遠的部落》、《荒野的呼喚》、《番刀出鞘》、《想念族人》、《泰雅孩子・台灣心》等書，包括詩、散文、報導文學及評論等作品散見於雜誌書刊。

向陽　本名林淇瀁，中國文化大學新聞研究所碩士，靜宜大學中文系講師。現就讀於國立政治大學新聞系博士班。主要研究範圍爲大衆傳播批判理論、新聞史、文學傳播、台灣文學。著有《喧譁、吟哦與嘆息：台灣文學散論》等。

劉紀蕙　一九五六年生於台北市。輔仁大學英文系學士，美國伊利諾大學比較文學博士。曾任輔仁大學英文系主任、比較文學研究所所長。一九九四年創立輔仁大學比較文學研究所，現爲輔仁大學比較文學研究所專任教授。著有《文學與藝術八論：互文．對位．文化詮釋》。主要研究領域爲台灣文學、精神分析、跨藝術研究、電影研究、現代主義運動。

應鳳凰　早期服務於中央銀行，現爲美國德州大學東亞系助理講師。二十餘年來不斷致力於編纂書目、整理文學史料之工作，編著有《作家地址本》、《作家書目》、《光復後臺灣地區文壇大事紀要》、《另一個角度看柏楊》、《文學書目》、《當代大陸文學概況：史料卷》、《筆耕的人：男作家群像》。此外也寫小說、散文和書評，評論散見於各報刊雜誌。

奚密　現任美國加州大學(戴維斯校區)東亞系正教授，加州大學環太平洋研究組主任。主要著作包括：《現代漢詩：一九一七年以來的理論與實踐》(英文)，《現代漢詩選》(英文編譯)，《園丁無蹤：楊牧詩選》(英文合譯)，《現當代詩文錄》(中文)等。

柏右銘(Yomi Braester)　美國耶魯大學比較文學博士，加州大學柏克萊分校博士後研究。現任美國喬治亞大學比較文學系助理教授與中國語文中心主任。著作包括："Revolution and Revulsion: Ideology, Monstrosity and Phantasmagoria in Ma-Xu Weibang's Film *Song at Midnight*" (*Modern Chinese Literature and Culture*, forthcoming), "Fin-de-Siècle and the Dream of Flying" (*Tamkang Review*, Summer 2000); "Modern Identity and Karmic Retribution in Clara Law's *Reincarnations of Golden Lotus*" (*Asian Cinema* 10:1); "Shanghai's Economy of the Spectacle: The Shanghai Race Club in Liu Na'ou's and Mu Shiying's Stories" (*Modern Chinese Literature* 9:1);

"Mo Yan and Red Sorghum" (*The Columbia Companion to Modern East Asian Literature*, Columbia UP, forthcoming)。

黃錦樹　馬來西亞華僑，一九六七年生，祖籍福建南安。台灣清華大學文學博士。現爲台灣暨南大學副教授。著有論文集《馬華文學與中國性》，短篇小說集《夢與豬與黎明》、《烏暗暝》。

廖朝陽　美國普林斯敦大學東亞研究博士，現任台灣大學外文系副教授。

廖咸浩　台灣大學外文系碩士，美國史丹福大學文學博士，哈佛大學後博士研究，普林斯敦大學Fulbright訪問學者。曾任美國西雅圖華盛頓大學客座副教授，中華民國比較文學學會總幹事，《中外文學》月刊總編輯，*Studies in Languages and Literature* 總編輯，幼獅電台《苦澀的成長》節目主持人，公共電視《閱讀天下》主持人。現任台灣大學外文系教授，中華民國英美文學學會理事，中華民國比較文學學會監事，中華民國文化研究學會理事。研究範圍包括：中西比較詩學、英美現代詩、現代小說、文學理論與文化理論、紅樓夢、電影詩學、台灣現代文學、世紀末現象、情愛、心理分析等。作品散見各重要報章雜誌。寫過詩與小說，目前論著集中在文學批評及文化評論領域。著有《愛與解構》（聯合文學）、編有《八十四年度小說選》（爾雅），譯有《魔術師的指環》（長橋）。另有新書數本正在結集出版中。

王斑　美國加州大學洛杉磯校區比較文學博士，紐約州立大學石溪校區比較文學副教授。研究範圍：美學，比較文學，電影文化，歷史敍述，現當代中國大衆文化與傳媒。著有 *The Sublime Figure of History:*

Aesthetics and Politics in Twentieth-Century China (Stanford 1997)，於中西學刊上發表論文多篇。譯有《本雅明論文集》(*Illuminations*，與張旭東合譯)。

羅鵬 (Carlos Rojas)　一九七〇年生，美國紐約市哥倫比亞大學博士研究生。目前正在著手於完成博士學位論文：*Specularity, Spectatorship, and Spectral Returns: Vision in Modern Chinese Literature and Culture*（《鏡影、鑒／監影，與魅影：現代中國文學與文化之視覺》。曾在 *Tamkang Review* 上發表過另一篇關於李永平的文章，同時也在《今天》雜誌上發表過關於金庸的論文。

徐鋼　一九六八年生，南京師範大學中國語言與文學學士，俄亥俄州立大學東亞語言與文學碩士，哥倫比亞大學中國文學博士候選人(預計二〇〇〇年五月取得博士學位)。專業興趣包括明清與現當代中文小說、中國古典戲劇、日本江户文學等。博士論文借對才子佳人和鴛鴦蝴蝶小說的閱讀和分析，討論「情」之文體與「詩情」、「世情」及中國式人倫之間的關係。曾執教於美國愛荷華大學，現爲巴德文理學院(Bard College)助理教授。與台灣緣份匪淺。

唐小兵　一九六四年出生於湖南邵陽，一九八四年北京大學英語系畢業，一九九一年獲美國杜克大學文學博士學位，目前爲芝加哥大學東亞系中國現代文學副教授。英文著作有 *Global Space and the Nationalist Discourse of Modernity: The Historical Thinking of Liang Qichao* (Stanford, 1996), *Chinese Modern: The Heroic and the Quotidian* (Duke, 2000)，譯著有《後現代主義與文化理論》(精校本)(北京：北大，一九九七)，編有《再解讀：大眾文藝與意識形態》(香港：牛津，一九九三)等書。

周英雄　台灣師範大學英語系及英語研究所、美國夏威夷大學英文系、加州大學聖地牙哥分校文學系畢業，先後曾任職於台灣師範大學英語系、香港中文大學中國文化研究所及英文系、交通大學外文系，目前爲中正大學外文教授兼副校長。著作除個別論文外，另有編著專書數種：《現代與多元》(1996)(編)；《文化中國：理念與實踐》(1994)(與陳其南合編)；《小說與閱讀之間》(1994)；《比較文學與小說詮釋》(1990; 1997)；《小說，歷史，心理與自我》(1989)；*The Chinese Text* (1986)(編)；《結構主義與中國文學》(1983)(與鄭樹森合編)；*China and the West* (1980)(與鄭樹森、袁鶴翔合編)；《中西比較文學論文集》(與鄭樹森、袁鶴翔合編)。

目錄

書寫台灣的兩難策略

周英雄

從常識的觀點來說，書寫台灣不外乎把台灣經驗（包括台灣的歷史與社會形構等等）用語言文字加以呈現；也就是用文字來再現現實，寫作的程序與目標也都相當清晰明白。可是什麼是書寫？而何謂台灣？相信說法可就眾說紛云、莫衷一是了。至於書寫與台灣兩者之間的關係，那麼問題可就更加錯綜複雜了。這個集子的文章呈現的正是這種多元並存、彼此對話、甚至相互矛盾的批評生態。讀者看了文集的論文之後，相信對書寫台灣會產生幾許的困惑，不過也肯定會對書寫台灣的文化邏輯增加若干認識，甚至對自己的本體性增加或多或少的體認。

先約略談談書寫與台灣的張力、兩難。按理說，書寫就是要把現象加以再現，把寫實做文字處理。按理說，文學反映現實，似乎是理所當然，相信無可質疑。可是問題是，書寫的對象不一定盡都是具體可見；萬一書寫的對象早已煙消雲散，或則本身本來就撲朔迷離，甚至有時書寫指涉的客體本身即具有不可名狀的本質，那麼書寫是不是難免會陷入無以名狀的困境？既然無以名狀，那豈不是表示書寫的合法性根本大可質疑？那倒未必，相較於二十世紀各種不同的媒介（如攝影、電影、電視、網路等），文學的功能無疑有沒落的趨勢，因而遭受邊緣化的命運。話雖這麼說，文學的生命力往往隨著時代而改變，而文學的生態也因社會的形態而適應。林淇瀁（向陽）從傳播的觀點看一九九七這一年台灣文壇的兩難現象，由於傳播媒介的影響，文學轉趨多元，並在中央與邊緣之間產生相當的互動。也就是說，在後現代、後殖民與後資本主義的情境中，文學雖然不再具有傳統社會中唯我獨尊的發言人地位，但透過它多元的轉化，文學（包括通俗寫作）卻也往往被賦予極爲重要的政治意義，而讀者在閱讀過程中常常不免對自我的體認有所領悟（文學與地方結合，對社區意識的提升無疑有相當正面的功效）。

當然，這並不就表示文學萬能。在後結構主義的詮釋中，文學的政治功能固然大大增強，可是文學透過什麼角度、看什麼現象，或用什麼樣的語言、描述什麼樣的現實，方法上本來就有爭議性。舉個實際的例子，一九六〇年代現代詩屢受詬病，最大的爭議與橫的移植有關。本土論的論者批評現代主義的寫作與現實扞格不入，甚至風馬牛不相及。再說現代性與後現代性，甚至後殖民性，它們本身與西方的理論架構關係密不可分，而與西洋啓蒙運動的若干基本精神，也都有或正或反的辯證關係。因此，用這些概念來談台灣，本身即有其窒礙難行之處。也就是說，若干概念架構基本上滋生於外來的理念，而這些理論的模式與本土的現象固然不盡契合，用來詮釋本土現象也不一定恰當。陳芳明對後現代主義持保留態度，認爲後現代主義忽略了台灣殖民歷史的延續性，也因此無法顧及中央與邊緣的互動，原因即在此。

我們都知道語言可以用來模仿現實，而寫實主義即以此爲其理論基礎。不過話說回來，現象可以實寫，同樣也可以虛寫。前者用寫實的手法直寫現象，希望利用語言文字，來塑造一個與現實類似（或異體同型）的世界。後者用比喻的手法曲寫外界，希望透過語言文學的變形，來勾勒出一個與現實有所出入、但又遙相呼應的世界，這種寓言筆法顯然有別於寫實。寫實與寓言雖有區分，但未必互不相干。王德威的論文即觸及鄉土文學中的寓言層次，讓我們閱讀寫實不必見山是山，見水是水。

語言可以模仿現實，可是現實是多元的。而文學寫作的對象到底是大陸或是台灣？是城市或鄉土？

是漢人或是原住民？是父權或是女權？是異性戀或是同性戀？是福佬文化或是眷村文化？這一系列的問題都值得我們好好思考。這個集子討論的重點往往環繞此一典律性的問題。到底何謂正統？而在正統的宰制下，文學如何爲民請命、提供抗拒的管道？瓦歷斯・諾幹從少數族裔的角度切入，而對此問題有所闡述，與陳芳明的觀點可以說互作聲援，兩人都提倡本土意識，關心到文化宰制的現象，同時也都主張從歷史的脈絡來看現象。王德威、劉紀蕙可以說劍及履及。前者直探鄉土文學，揭櫫其中想像與神話的面向，並追蹤後鄉土之後的文學發展；後者在寫實的傳統遺址中，挖掘林亨泰與楊熾昌的前衛實驗主義，可以說恢復了文學多元的面貌。談文學多元的面貌，應鳳凰與奚密也各自針對鍾理和與《現代詩》季刊的同仁作了詳盡的民誌學研究，讓我們確切瞭解他們繁複的寫作生態，而其中的詳情也往往有異於我們一般刻板、簡陋、甚至千篇一律的看法。

上面說過語言涉及的客體以現實世界爲主，但語言談的如果是語言本身，那麼語言可就進到後設的層次了。換句話說，反映現實的語言我們不妨稱之爲客體語言，不過文學作品如果自我指涉，那麼語言也就或多或少進入後設的層次了。文學批評當然也屬於後設語言。這個集子的文章大抵都屬此類，而許多討論都牽涉到文學史的問題，多少也都有翻案的意思。翻案可從本土的觀點發展，不過翻案也可能從外地觀點著手。廖炳惠從後現代晚近的發展尋求新的詮釋空間，討論西方後現代主義由一九六○年代到七○年代的轉折，並建議從比較文化的角度看所謂翻譯的現代性。張誦聖則著眼於文學傳播的渠道，主張將此面向（如文學論戰）作系統抽象的處理，而講傳播當然離不開西方模式的引進，甚至於殖民主義與都市文明衝擊下的不均衡現代性，我們尤其應該著眼於一九四五～四九之間的傳承與內在矛盾。

談台灣文學本體性的成長與茁壯歷史，當然免不了要看一九八○年代與九○年代的當代作家，而文集中將近一半的文章都將討論的焦距集中於此一時期的文學作品（一九六〇年代與七〇年代的作品相形之下數量不成比例），究其原因與解嚴不無關聯，而所謂的文學政治轉向無疑較前期明顯多了，文學孕含了一般人平日難得一見的政治無意識，而在此時此地，文學中也更蘊藏了相當分量的認同政治。

嚴格說來，文學與政治不必有必然的關係；文學與政治拉上關係也就不免成了後者的附庸。漢武帝時期的御用辭賦，或延安文藝座談會的精神下產生的文學，都不免患有這毛病。相反的，西方英國浪漫主義以來的文學都是從邊緣的位置發言，抗拒的精神處處可見，而中國五四以降爲民請命的新文學，同樣也站在政治的對立面。台灣一九七〇年代的鄉土文學披露民間疾苦、痛陳時弊，這是實寫，我們上面已經說過。可是到了一九八〇年代、九〇年代，文人與作家面臨的是當代光怪陸離的現象，寫實顯然因此也無法盡得其神髓，作者於是訴諸虛筆，曲寫人間百態，創作了若干絕妙佳作。論文討論的作家有八：陳映眞、劉大任、張大春、李昂、蘇偉貞、李永平、朱天文、朱天心。這部分的觀點比較零散，容我以穿針引線的方式略加介紹，讓讀者粗窺全豹。

柏右銘特別側重歷史，並舉實際例證（即陳映眞與劉大任），說明故事不僅有多種版本，對已流逝的時光，旣無從追蹤，更談不上要把歷史查個水落石出了。這或多或少印證了我們上面談過的模仿困境，也就是說，現實往往有多種版本，等於替寫實的再現先預設了一個門檻。

黃錦樹分析張大春的近作，並拋出一個後現代寫作的基本問題：現實或歷史能不能再現？張大春近年致力證實撒謊的正當性，可是從黃錦樹的觀點，張似乎把對現實的輕蔑轉化爲對語言的質疑，因此呈現的是謊言的謊言，而作者本人也因而被謊言後設了。黃錦樹對張的近作持保留的態度，不過也隱隱約約點出台灣社會近期的種種幻象、物化與商品化等問題。

廖朝陽透過心理分析的觀點看李昂的兩個作品，並具體從凝視及聲音與本體之間的互動，來推論出他者的運作模式。具體就李昂的作品而言，人的心理驅力往往會脫離符號規章的約束，並能釋放出相當多的慾望與意義。換句話說，身體脫離符號，但卻編造了豐富的幻想。廖朝陽的結論與黃錦樹顯然有所出入。

廖咸浩對李昂的看法又與廖朝陽的觀點形成有趣的對比。廖咸浩從民族主義與資本主義的角度切入，看個人的主體如何受國族的宰制，因而無法呈現情感的一面。換句話說，受到內在殖民主義的衝擊，某些社會成員因而喪失了主體選擇的自由。就這點而言，朱天心與李昂作風顯然有相當的差異。朱天心描述的對象是當代的新人類，與李昂筆下的懷舊人物截然不同。新人類一方面接受商品經濟的價值，亟思報復，可是另一方面卻又無法自拔，究其原因乃是國族論述太強，將抗拒資本主義的聲音給淹沒了。

王斑的論點與廖咸浩的看法顯然有契合之處。王斑著眼於現代性當中剝削與宰制的成分，而尤其注意到我們進入消費社會的階段，物化的現象如何轉趨嚴重。朱天文明爲寫性，可是仔細閱讀之下我們就會發現，她把性作抽象處理，後果其實是去性化。也正因如此，我們透過寫作身體才得以恢復聲色，也從而得以對抗物化，寫作因此具有積極的意義。

徐鋼甚至援用前衛戲劇理論，認爲現實與陰影兩者並無關聯，因此，戲劇透過文字構築的世界，原含有其荒謬性。也就是說藝術與人生不必契合。在蘇偉貞的作品中，詮釋不可爲，敍述不可能，而語言往往也無能爲力。

羅鵬從李永平的力作，釐清觀照世界的兩條路線，一種側重整體的世界觀，另一個側重情感、甚至是可觸摸的認識觀。藉此二分法，羅鵬肯定女性的感受，並否定男性的世界觀。

唐小兵從新馬克思主義的若干觀點（如商品化、藝術之投射功能）下手，並專注於朱天心小說中的後設層次。據唐小兵的看法，朱天心在〈古都〉中採取的是人類學家的觀點，扮演行人的角色，利用散文開放的形式來觀察台北，甚至進一步企圖跨越疆界。主人公在這種再現情境中顯現的是某種對失憶症的恐懼，以及深恐自己被棄置不用的焦慮。

周英雄同樣討論朱天心作品，不過切入點是作者早期的寫實相對於近期反現實的風格。而作者透過細節的描繪，以及易位的敍述，也都在在反映出文人在當代社會中被邊緣化，以及寫作欲振乏力之困境。

總體而言，這個集子觸及了幾個相當重要的問題。台灣到底處於後現代或是後殖民的情境？從台灣文學史傳承的觀點來看，當代的寫作脈絡又從何而來？而一九八〇與九〇年代台灣寫作與社會形構又有何互動關係？這些問題在文集中都有或深或淺的討論，可供讀者參考，並進一步加以思考。文集對當代寫作與社會的互動，論點很多，有相當的出入，也有若干交集。就文學的傳承而言，新見固然不少，對前現代主義的文學現象也略有創見。可是就現代主義本身而言，甚至鄉土文學與當代寫作之間的關係而言，著墨可就稍嫌不足了。同理，文集後半部偏重幾位作家與文學現象，似乎也未盡廣納文學的全貌。大河小說沒人談，小說之外的文類也幾乎沒人碰，這都是以後我們可以努力的方向。

文集的論文大部分是一九九八年四月二十九日至五月二日中華民國比較文學學會與哥倫比亞大學在紐約合辦的研討會上宣讀的論文。研討會之所以能召開，首先要感謝中華民國行政院文化建設委員會的推動與全力補助，而游淑靜科長的規劃更令會議的籌備工作得以順利進行。國科會的補助也使得更多的作家學者得以成行。不過，會議的具體籌備與執行，主要歸功於哥倫比亞大學的王德威教授，與輔仁大學的劉紀蕙教授。會議前後鼎力協助的單位與個人還包括紐約文化中心主任余玉照博士，以及哥倫比亞大學東亞系的博士班研究生陳綾琪與輔仁大學比較文學研究所博士班學生吳心怡。論文的出版是中華民國行政院文化建設委員會所補助的，編輯校對過程則仰賴麥田出版社的編輯群及輔仁大學比較文學研究所博士班學生楊如英、馮慧瑛與江足滿等人的幫忙。我們特別在此致最大的謝意。

輯一

台灣文學史現象重探

——後現代、後殖民與國族想像

「文學體制」與現、當代中國／台灣文學

一個方法學的初步審思

張誦聖

一

「東方主義」觀點普及的附帶效應是：人們對學術研究的客觀性、公正性有了一個現成有力的批判據點。就這一點來說，這個概念的影響毋寧是相當革命性的。這個觀念所以有力的原因之一，在於它運用「論述理論」的概念，而訴諸於潛在的集體動機。這種集體潛在動機受到歷史現實中權力關係的制約，經由種種論述和體制力量而散布，滲入整個知識系統，對個人的意識行為產生強大而不為所覺的支配力量。本篇論文想要嘗試探討的，是怎樣透過「體制」的觀念來研究現、當代中國／台灣文學，基本上也是以「可以個別體現的集體潛在動機」這個概念為基礎。這裏所討論的「文學體制」，不單包括具體的、影響文學作品生產及接受的文化體制（諸如教育體制、媒體、出版業等等），同時也是指社會上經由各種論述的散布流通而獲得正當性、廣為接受的整套文學觀念——包括其中最重要的預設，即對「文學」做為人類精神文明一個重要活動的基本認定。文藝論述不斷地規範定義文學是（或應該）以怎樣的形式存在、公共文化體制中理所當然地——即便是虛應故事——賦與文學顯要的位置，可以說都是基於這種認定。

不過要說明的，是我們不想正面探究這個問題（比方說試圖證明文學為什麼，或是在什麼定義下

是人類精神文明的重要活動，對現代人的生活有什麼貢獻等等），而是想指出：第一，既然文學的重要性、定義、正確發展方向等等是經由各種文藝論述和教育、媒體等文化體制來定規及散播，那麼這些公器本身的性質和環境因素必然對文學觀的形塑及實際文學創作的大方向產生某種形式的影響；第二，我們研究現、當代中國及台灣的文學，應該首先對受歷史環境制約的這些傳播渠道的獨特性質做更確切的描述。比方說，最明顯的例子是，各種高度意識形態取向的文藝論戰對不同時期通行於現代中國人社會之間的「文學」概念具有極大的形塑力（不論是正面或反面），不亞於唐詩背誦、閱讀翻譯小說等文學經驗。又如因為受政治和市場雙重邏輯制約的「副刊」是台灣戰後文學創作所賴以生存的主要體制，「副刊」本身的先天性格顯然左右了我們的文學創作基調。這些因果關聯都應該成為正式研究的對象。目前許多學者似乎尚停留在以具體資料肯定、印證這類關聯的起跑點上，而一般文化評論者則有許多雖則宏觀、卻未經系統性檢驗的概述。所欠缺的，是對這些現象做更具系統性、抽象層次較高的分析討論。

「文學」對某些人來說，是個人創作想像力的結晶，但在更抽象的意義上，是社會上多股力量的交叉、集體經營的產物。我們用「文學體制」這個新詞來強調這個面向，主要是希望能看清一些傳統研究裏不常正視的力量結構性的運作。而另一個研究重心，則是想探討在非西方國家「被動性現代化」的歷史情況下，「文學」做為一種現代社會體制，可能具有的特殊性質、特殊功用。

帕特・察特基（Partha Chatterjee）曾說，在大多數非西方現代社會裏，高層文化通常是舶來品(6)。影響之一是，此類文學體制經常有一種架空性質（artificiality）。高蹈的文學論述多半以西方文論傳統為主要參考架構，與實際的創作生產與接受之間存在著顯著的空隙、摩擦和一種貌合神離的關係；實際的作品生產絕少直接呼應文學論述裏的規範精神，卻無時無刻不對各種文化體制背後的宰制力量——

像政治性或道德性的審查制度、菁英文化觀、藝術自主原則、輿論中對「政治正確性」的共識、市場上的經濟邏輯等等——採取立即或迂迴的對應策略。而在同時，作家在實際創作時，爲了選取具有優勢潛力，足以自我標顯的形式和處理想像素材的文學成規時，經常必須在互相競爭的本土與舶來的文學傳統間做取捨，使兩者間形成複雜的對抗、協商關係。足以與輸入的高層文化對抗的，則通常是高標政治功效的文學運動，直接反映出本地知識分子對「什麼才能帶給當代社會最大政治效益」的關注，因此而占上風的文學觀常具有不受檢驗的權威性。

文學體制在二十世紀中國／台灣的廣泛社會效應和高度政治化，其重要性遠超過現代西方社會。一方面文藝論戰頻繁，甚至成爲社會、政情發展的扭轉關鍵；另一方面，如眾所周知，許多文藝論述具有高度規範性和道德訴求，不斷將複雜的文藝現象化約成二元理解模式——「現代／封建」、「進步／反動」、「政治宣傳／純文藝」、「嚴肅／通俗」、「寫實／非寫實」、「本土／非本土」、「商業／藝術」。教條性論述更屢次被國家機器挪用，據以建立干預實際文學創作的組織性體制。以往許多研究將重點放在這些理解模式是否對文學作品或文學史發展現象有足夠的詮釋力——答案其實是很可預期的。如今我們要探討的，卻是這些理解模式周遭的一些相關現象及歷史構成因素。於是不可避免的，要觸及到「西化、現代化」、「國族建構、文化建設」，以及在教育逐漸普及的現代社會裏，決定「文學」門檻的標準如何形成等等重要的基本議題。

在大多數非西方國家裏，受外來影響的「新文學」與傳統文學不斷地競爭著高層文化的地位。由西方輸入的、或因應外來影響所產生的現代概念，對通行的文學論述及當代文學創作往往具有高度壟斷性，而輸入的文學觀逐漸成爲直接或間接形塑高層文化的主要因素。這些文學觀和創作實踐不僅引介不同的世界圖像和價值觀，也同時指涉著不同於傳統的知識體系、思維邏輯，因此它們和所謂「傳統」的知識體系之間的競爭關係是比較文學者最應關注的。因為不同知識系統在人們心中、當代社會價值層級裏所占有的地位高下，足以決定與其相關聯的文學觀，以及創作文類等在文化角力場中的競爭力，更進而左右文學創作素材的選擇，及創作者在文化生產場域裏的位置。這其實是中國、台灣現當代文學運動中一場不斷上演的主戲，而其中西風壓倒東風的傾向是非常明顯的。許多具有傳統積澱較深的文學類型，如歷史言情小說、武俠小說，抒情散文等，一方面占有讀書市場銷售量的大宗，而另一方面卻被擠至文學體制的邊緣（包括不能吸引年輕的優秀創作者），排除在主流批評論述的理解模式之外。而輸入文類如意識流心理小說，各類前衛詩派等等，雖然常在享受短暫的風光之後，被更「先進」的外來風潮所取代，而使得其所依附的美學形式無法深度扎根，在絕對性意義上不見得有更高的藝術成就，卻總是有更大的機會進入「文學」門檻。

台灣四九年以後文學體制受大環境影響有一些明顯印記：如早期現當代中國／台灣文學教學在教育體制裏突兀地缺席；以西方現代主義為範本的菁英文學觀有效地衝激了新文學以來的國族建構文學論述（或說造成了新的組合）成為主要文學批評標準；外文學術圈在引進文學思潮、批評理論上扮演了重要角色，長久以來成為當代文學創作、評論及學術研究的主要人才供應庫等等。這些乍看之下可能是特殊的歷史個案，然而背後所蘊含的知識權力關係，顯然是超越一時一地的更廣泛現象。比方說，八○年代初中國大陸掀起現代主義風潮時，高行健的《現代小說技巧初探》，和顏元叔、歐陽子等人大力引介的西方小說技巧、批評標準如出一轍。又如在一九九七年香港嶺南大學出版的《現代中文文學學報》創刊號裏，劉再復舉出幾類文學典範，其中所含的範例清一色是西方文學經典。尤其是對「形上思考」的主題要求，充分顯示了受西方影響的菁英文學觀（13–26）。

做為整體文化的縮影，這個現象其實只是印證一個長久以來存在的事實：即「被動性現代化」對非西方社會當地文化發展產生的結構性負面影響，是既全面而又持久的。儘管近來許多學者提出對「傳統」這個概念的質疑——認爲以往被本質化的所謂「傳統」，其實和「現代性」一樣，都純粹是現代化過程的產物——然而不可否認的是，在一個很基本的層次上，知識體系、文化體制的長期地位不穩定和缺乏累積，是使得非西方現代國家在建立知識系統時困難重重的主要原因。

然而新的歷史情況，尤其是七〇年代中期以降全球化經濟體系的形成，以及相應的文化生態轉變，如流行文化的跨國市場運作、人才回流等，顯然使得原本一面倒的東西之間不平衡的知識權力關係高度複雜化。包括大衛‧哈威（David Harvey）、阿均‧阿帕杜萊（Arjun Appardurai）等人諸多討論「後現代性」和「跨國文化體系」、「全球文化」的學者，多將七〇年代視爲一分水嶺，認爲過去二十多年來，受到「後福特」經濟作業模式、電子媒體、通訊科技和全球性移民的影響，世界文化秩序正經歷了一次相當全面而徹底的重新組合，許多新的現象需要新的理解模式才能做有效的分析。對研究非西方現代社會文化的學者來說，這個新趨勢毋寧提供了一個可將學術界普遍存在的頑強「歐洲中心」視角加以扭轉的契機。相應而生的，是方興未艾、包括強調跨國文化現象、「另類現代性」的諸多論述[2]。

這個新的學術生態對比較文學研究也有著關鍵性的影響。「比較文學」這個歐戰結束後在西方盛行一時的學科，原本即反映著上一波跨國文化勢力結構的重組。有學者指出，比較文學在戰後美國的興盛，多少滋生於歐洲移民學者對於毀滅性歐戰的挫折感，是一種對世界大同文化憧憬的投射。而後在七、八〇年代，這個學科在許多非西方國家裏的傳播，扮演著引介西方知識系統的角色，儼然成了輸入型文化的一個重要體制。七〇年代的台灣和八〇年代的中國大陸是最佳例證。

在此同一時期，比較文學在美國也發揮了引介歐陸理論的強勢功能，對傳統英文系體制產生了很大的衝激。出乎預料的是，到了九〇年代，美國的比較文學研究領域本身竟然經歷了一場衝激力不小的認同危機。這主要是由美國學術體制內部的因素所造成。除了批評典範的更迭加速，阻礙學術成果的累積，造成學術人才的加速折舊之外，在文化研究的衝擊下，「文本」(text) 的涵義驟然被拓寬，無疑侵蝕了文學研究的根本。在文學學者眼中原本被歸類爲「文化背景」的歷史脈絡 (context)，如今也成了「文本」，文學作品從而失去了獨尊的優勢地位，而文學訓練的詮釋降格成了文化人類學的方法學之一。更廣泛一點來說，八〇年代中期以來，「理論熱」之後接踵而來的種種行動主義——後殖民論述對西方中心主義的徹底解構、後現代論述對啓蒙理性的撻伐、多元文化主義、女性主義對傳統文學經典的攻訐、文化研究者對性別、階級、種族的強調——使得人文學科「科學性典範」的客觀分析轉向「政治性典範」的行動主義，這也是近年來美國大學裏學術政治增溫、世代裂隙加劇的一個基本肇因。

在跨國文化新秩序的衝激下，又有文化研究行動主義的推波助瀾，早些時加盟「比較文學共和國」的非西方國家，成了吹皺一池春水的一個重要的背景因素。一個似乎可預見的景象是，非西方國家的文學研究，在對西方比較文學方法學的依賴情況上會有所重要的變化。這倒並非一定表現在獨立知識系統的建立上，而更可能是如同周英雄教授曾經提出的，一種對輸入理論的重新加工[3]。同時更値得期待的，是對具有歷史特殊性的當地文化現象系統性探討的出現——這也是本文試圖勾勒一種「文學體制」研究最直接的目的。

二

在以文學體制的觀念架構論及台灣之前，先讓我們檢視一下中國文學研究最新的一些發展。

晚近所通行的「國族建構」說，給前文所論及的現代中國「文學論述」的泛政治化現象，提供了一個有力的解釋方向，一時間將許多學者的注意力轉向「文學論述」在中國從傳統帝國過渡到現代國家、進入「被動性現代化」這個過程裏所扮演的角色[4]。例如柏克萊加大的劉禾認爲二十世紀初興起的現代文學論述，不論是保守或激進派的版本，均賦與文學一個迫切的時代重任，亦即將知識分子所認可的「現代」屬性予以合法化、正當化。印第安那大學的張英進則撰文討論「文學史」在現代中國不同階段裏如何被體制化，以及一雛形的「自由主義公共領域」怎樣在民國時期藉由文學批評而開啓並局部擴展的情況。

大半世紀以來，五四文學所扮演的中國共產主義革命經典的角色，以及中華人民共和國建國以後到八〇年代改革開放之前國家體制全盤收納文化領域的極端現象，的確凸顯了文學的體制性在特殊歷史情況下可以發揮的極大威力，誠然是一個亟須探討的領域。然而另一方面，這種以國家概念爲核心的文學體制，雖則強勢，卻不可能全面覆蓋歷史；被它們排除在外，不受其統御，或隱藏在表象之下的力量又是以什麼樣的形態存在著呢？

復旦大學的陳思和近兩年提出「共名」和「無名」的模式，試圖對現、當代中國文學的發展軌跡做一個歸納，其中便以二分的模式來理解這個現象（28–39）。在陳文所謂的「共名」時期——即五四、和中華人民共和國建國到文革之間——明顯地有一主導敘述：不論是知識分子「啓蒙」、「救亡」的時代使命，或是國家機器政治力量操縱下的「革命建國」大業。此時屬於「廟堂」的菁英階層，呼應時代巨變而發展出強勢的主流意識形態，其威力所向皆靡，廣泛而深入地支配了文化發展。而在若干政治凝聚力鬆弱的時期，文學場域則被「廣場」式各色各樣的動量和活力所充斥，呈現多元化的發展。陳文將它們稱之爲「無名」時期。

由於陳文的概括性太強，有不少可以進一步追問的地方。比如說，將五四時期與四九年之後高度依賴黨機器和單一意識形態的極權體制並列，固然可以凸顯出中國知識分子一貫趨附「廟堂」中心的性格，卻也可能模糊了他們做爲行動者的本質和局限。而更需要進一步釐清的，是他賦與「無名」時期的所謂「廣場」性。相對於菁英階層的「廟堂」，「廣場」的民間性被賦與多元、活力、自主性、貼近眞實生活等諸多正面價值，未嘗不是沿襲了主流的左翼民粹主義，而將「民間」概念化、理想化為一個以「道德人」爲成員的群體。在這個傳統理解模式裏，現代社會體制及文化機制並沒有什麼具體的形貌，而分析者對這些體制力量對文藝生產及接受所產生的決定性影響因此也「無以名之」。

對現代文化體制的研究誠然是晚近學術發展的一個重點，受班奈迪克·安德森（Benedict Anderson）著名的《想像的社群》一書影響至巨。然而即使在此書造成轟動之前，從七〇年代起，美國中國文學界已開始出現由這個角度出發的著作。如李歐梵對印刷媒體、林培瑞對世紀初通俗文學、艾德華·耿對戰時淪陷區文學所做的研究，都直接或間接地觸及報紙副刊、出版業等現代社會文化體制在中國現代化進程中急速的發展，以及它們跟文學的生產與接受之間密不可分的關係。除了這些先驅之作外，近來不少專注於上海的文化研究，也必然牽涉到文學領域。受到若干新近流行的典範的啓發，這些正在進行的研究更著重於次殖民狀態下庶民日常生活中物質文化、印刷媒體、國內移民、區域認同之類的現代化面向。由以上這些研究的偏重某個時段、某個區域來看，充分顯露出二十世紀的中國「不均衡現代化」的特色。在某種層面上，這個研究方向和中國專家魯先·派（Lucien W. Pye）廣受注意的主要論點——即由西方殖民主義孕育出的商埠型都會文化是中國現代化的先驅——有明顯的交集；儘管從後殖民學者的觀點來看，後者的論述充滿了「西方優越論」的道德曖昧性。

另一方面，這個現象也十分吻合近年來漸爲研究者所普遍覺察的一個事實，即二十世紀非西方社會裏現代性的發展是不均衡、片面、斷裂、時空分歧而無常態連續性的。綜觀二十世紀的中國，除了中央集權的年代，文化的分歧總是形成巨大的流勢，在人們的生活層面產生實質上的影響。這在以「中國」爲終極時空座標的文化研究裏是極易被忽略的。我們希望強調的一點是，如果從「不均衡現代性」的觀點和「文學體制」的角度出發，來檢視各區域之間文化發展的特殊關聯，對尤其是政權分裂時期的現代中國文學，很可能提供一些有價值的新觀點。這裏先舉幾個相關的個例。

劉紹銘教授 (Joseph S. M. Lau) 等人所編的《中國現代中短篇小說選：一九一九—一九四九》(*Modern Chinese Stories and Novellas: 1919–1949*) 在過去二十年裏是英語世界大學裏教授現代中國文學的標準教科書 (Lau 1981)。其中選自一九四二到一九四四年間有如下幾篇代表性著作：張愛玲的〈金鎖記〉，趙樹理的〈福貴〉，蕭軍的〈羊〉，和路翎的〈棺材〉。若以形式主義的文本分析來檢視，這幾篇作品所呈現的美學取向、藝術形式和文字運用，有立即可見、極端化的分野。以政治學或意識形態的角度來看，則有左、右翼的大分水嶺和錯綜複雜的派系因素：〈金鎖記〉中充分顯露出的對頹廢上層階級的愛憎情結，使得它的作者到了八〇年代才能在中國大陸重新被閱讀。而其他三篇作品雖然都以普羅階級人物的受壓迫爲主要關注，卻因爲作者出身背景及政治命運而有不同際遇，大可成爲在報章文藝欄、副刊盛行的文人傳統式評論裏見證大時代滄桑的素材。

若從「文學體制」和「知識系統」的面向來看，以上幾篇作品所反映的結構性的分歧涵義更加深遠。在張愛玲寫作的四〇年代中國上海，媒體和市場文化已經發展得相當成熟，而作者有意識地和她的中產階級讀者之間的互動，使得她的作品成爲研究各種現代化文化體制的最佳範本。而趙樹理的作品研究，固然亟需脫離中共官方意識形態公式，也應避免落入「民間口頭文學」的理想化「純」文學批評觀點。從功能方面來看，我們看到的遠不止於一個樣板民間創作，而同時也是一個群眾路線的新文學體制的建立，以及藉著它來鞏固的「絕對道德原則」，和相應的一整套價值高下層級。保羅・克拉克 (Paul Clark) 在《中國電影：一九四九年後的文化與政治》(*Chinese Cinema: Culture and Politics since*

1949）一書中詳細追溯四九年以後，延安和上海電影體制的鬥爭怎樣牽連著其後幾十年間整個權力結構的變遷（Clark 1987）。從某種角度看，這些鬥爭所呈現的，和趙樹理與張愛玲在中共建國之初所受的不同待遇，都是「不均衡現代化」和派系政治、意識形態結合的後果。路翎被牽入的著名胡風案，基本上是中共中央為了建立新文學體制所精心營造的反面教材，歷史學者對其政治迫害過程的非理性已多有描述。然而純粹政治性的解釋通常低估，或全然忽視文學層面的因素。對文學研究者來說，胡風所倡議、路翎作品中所實踐的寫實主義美學對官方意識形態所造成的威脅，是研究文學體制如何深深嵌入權力網絡的最好題材。總而言之，對作品背後文學體制的分析可以幫助我們了解絕對道德原則、市場獲利邏輯、現代主義道德相對性、和各類知識系統之間的競逐關係，如何左右著當代中國文學創作的生產與接受。

三

「文學體制」的政治性膨脹，誠然是非西方國家「被動性現代化」歷史現象的一個副產品。而台灣與中國大陸在過去一百多年之間雖然絕大部分時間被不同的政權所統治（二次大戰後的幾年間，台灣在文學體制上從日本殖民體系被結構性地轉換成中國大陸的現代傳統，卻在四九年再度與大陸分道揚鑣），逐步發展出獨特的局面，但從更廣一點的角度來看，不僅兩者所處的大環境有多層交會重疊，而且受相似的文化發展邏輯所制約，因此造成許多平行現象。比方說，兩者同樣在二十世紀初前葉受到世界性各種「建構現代國家」方案的啓示，知識分子也同樣承襲了中國傳統士大夫社會角色的自我定位，而不斷地捲入左右翼意識形態的激烈爭鬥中。二、三○年代的新舊文學、普羅文學論戰，台灣六○年代及大陸八○年代的現代主義風潮，都有很大的同質性。

除此之外，對關心台灣文學「定位」的文學研究者來說，一個亟須認知的事實是，文學體制及文學場域結構的改變，與政治上的改朝換代、關鍵性政策的實施之間，關係遠非是一成不變的。在台灣割讓給日本之後的一二十年間，文化體制仍然大體承襲前朝；傳統文人、文類是文學場域裏的主流；漢文和傳統學術仍是重要的文化資本。這種情況一直要到二〇年代公學校普及、「書房」數量銳減、新文學興起才有顯著改變。而一九三七年漢文書報被禁，第二代殖民知識分子登上文化舞台，是文學體制改變的另一轉折點。諸多現象顯示，一個直接受日本影響的文化傳統和體制已經在台灣這個殖民地穩固紮根了：四〇年代日本殖民地台灣的優秀作家——如楊逵、呂赫若、張文環、龍瑛宗等——大都透過日本文壇體制及日文閱讀來接受西方藝術觀念的啓蒙，而獲得日本文學獎成爲台灣作家追求的目標，更顯示出日本「中央文壇」與「台灣文壇」之間存在著的主從關係[5]。相對來說，戰後台灣的文學場域改變卻是在極短的時間內發生。自一九二〇年中葉以來持續發展的台灣新文學傳統，在一九四五到一九四九年間過渡成中國體系後，幾乎不復存在。文學場域爲一套新的邏輯所統御，作家在日本殖民時期所累積的文化資本（包括最基本的語言能力）一夕間遭到貶值。尤其是四九年後，這套邏輯和國府反共、戒嚴時期「中國中心」的威權體制緊密結合，使得解嚴後的研究者很難不從政治或人權的角度來觀看這一段文學史。但是過於側重政治層面往往阻礙了對複雜文化機制的深入探討，這是文學研究者亟須引以自警的。下面即是從這一點出發的一些零散觀察。

首先，就文學傳統的傳承來說，當代台灣文學固然絕非官方所說的中國現代文學「正統」的延續，但是國府的文藝政策卻的確使「選擇性的中國新文學傳統」成爲戰後台灣文學的重要構成成分。過去許多學者便是在這樣的前提下來檢討當代台灣的中國文學與大陸時期之間的「斷層」。從今天的角度來看，很明顯的，這個論點受到「中國中心」政治定位的影響，大抵無視於四九年後被壓制而極端邊緣化的「台灣新文學傳統」。同樣重要的，是大多數學者過於重視意識形態的分歧，及五四文學傳統與國共鬥爭之間的糾葛，而鮮少顧及上文所提四〇年代中國「不均衡現代化」下的文化現實（比如四九年以前上海中產媒體文化對後來台灣的影響便很少有學者著墨）。若干「斷層說」學者所採取的，基本上是較爲狹窄的「文學傳統」定義：儘管表面大部分五四及三〇年代文學被禁，但實際上左右文學生產和接受的「文化符碼」透過文字本身、作者的記憶和體制的延續，存在著許多移植、轉換的可能性。事實上，中國五四以來新文學習用的文學成規大量跨越了四九年國府遷台的歷史斷層；即便是標誌著左翼傳統的文學成規，也不乏被右翼作品所轉化、挪用的案例。

其次，在東西文化秩序重整，東亞文學之間的比較研究漸趨重要之際，我們對當代台灣文學的發展特色也應在不同的參考架構、歷史脈絡中重新做描述。如眾所知，台灣四九年以後的威權體制對文化掌控的措施遠不如中共建國後的文藝鬥爭激烈，而是一種「非常時期」充滿了妥協、權宜的特殊組合，其中政治權力的高度貫徹與社會體制的模糊有彈性互爲表裏，甚至進一步構成了當代台灣文化的一個特色。耐人尋味的是，台灣社會怎樣從五〇年代政府的「高壓懷柔」過渡到一個以中產意識爲主的「主導文化」（hegemony〔Laclau 1985〕）[6]？在國府的統御機制運作下，以軍公教階層爲主體所凝聚的價值體系成爲一個具有代表性的「世代文化」，這其中「文學體制」受到什麼樣的制約？扮演什麼樣的角色？與具有同類世代形貌（epochal characteristics）的其他東亞社會中的文學發展（如戰後的南韓，甚至當前中國大陸若干都會區域）有什麼可相互闡明之處？

以對當代台灣文學體制影響極大的，戒嚴時期的報紙副刊爲例，文學副刊受到國家統御機制和媒體商業邏輯的雙重制約，所凸顯的「新傳統主義」和「抒情傳統」，在迴避政治壓力的同時，也凝結了一系列正面價值。在某種意義上說，持文化菁英觀的現代主義、具左翼色彩的鄉土文學，和傾向於台灣民族主義的本土化潮流皆對這個主導文化提出批判，造成或多或少的衝擊（也免不了在不同的程度上為其收編）。然而，從九○年代末期的角度來看，解嚴後台灣社會急劇自由化所造成的整體文化生態改變，媒體在八○年代從依附威權體制而轉向為商業邏輯所操縱、大幅度朝向自主的方向發展，以及全球經濟體系新秩序下流行文化市場的國際化等諸多現象，毋寧使當代台灣的文學體制產生了更徹底的變化。九○年代以來新興的各式大眾小眾文化類型（電影、電視、廣告、漫畫、通俗音樂、雜誌文化、網路文學）大大地分散了文學人口；甚至原本是高層文化領域裏的知識論述，也頻頻以流行風潮的姿態成為熱門的文化消費對象。

《想像的社群》作者班奈迪克•安德森曾經用過一個比喻說明各種體制在政治朝代變革時的情況：大廈雖然易主，電路等設備卻通常總是被承襲下來的。體制的改變往往肇因於許多重大的結構性因素。李昂的「香爐風波」給文學從業者醍醐灌頂的一擊是：文學生態的轉變早已走上了不歸路。這個事件使得統御文學創作生產及接受的遊戲規則，由於眾多參與者——作者、讀者、編輯、評論者、出版商、後續產品業者——被媒體聚光燈的照射，充分暴露在我們的眼前。更重要的，在所有對本書社會效應的討論中，似乎「現代公民道德」和「商業利益」才是關係著每個人價值判斷的爭議焦點，而「藝術性」彷彿已降格成為以名利為最終目標的共謀結構裏一個次要的因素。

學者研究現當代非西方社會的文化發展，常不可避免地以西方資本主義、自由經濟社會的歷史經驗做為參考；然而最大的挑戰，卻是在於對當地本身呈現的一些現象做有意義的歸納。舉個就近的例子來說，杜克大學王瑾（Jing Wang）今年二月間在德大發表的一篇研討會論文中，將中國大陸當前方興未艾的「消費文化」與戰後西方社會甫脫離戰時「匱乏經濟」時的情況做類比；但也同時暗示，大陸在九○年代對市場國際化的對策（建立自己的商品「名牌」）和前一時期知識分子積極輸入西方理論

（現代主義，後現代主義，後殖民論述）的現象是具有高度連續性的（Wang 1998）。台灣和中國大陸及其他一些當代東亞社會一樣，在歷經了對西方「高層文化」產品的熱中模仿後，受到旋踵而至的跨國資本主義猛烈衝擊，藝術被商品化邏輯大量侵蝕——如果我們也以西方歷史進程做爲參考指標，這中間遺漏了些什麼？我想一個可能的答案是，體制性專業分工的充分發展。

許多學者所觀察到的台灣社會裏體制的「流動性」，固然可視爲現代化過程中理性化社會結構發展的階段性特徵，然而卻也鑄成了相當獨特的文化表徵。在一九九八年十一月哈佛的一次研討會中，柏克萊加大高棣民(Thomas Gold)發言中說，台灣在列寧式政權解體後，由中央輻射出去的政治權力不再能滲透所有的場域，因此我們現在所目擊的是各種場域的重新構造整合（Gold 1997）。言外之意，這種重整過程所散發的能量是非常可觀的文化景象。

文化體制的缺乏基礎、先天不足，所造成的體制流動性和相對不穩定，可以有許多負面的影響；但是在特殊歷史環境下，也足以產生高度專業化的西方社會所缺乏的文化動力。這些結構性因素也許是我們研究台灣現當代文學應該多加以正視的。

---

1 本文所採取的「文學體制」基本定義，可參考德國學者彼得•何恆達在《建立一個民族文學：德國個案一八三〇－一八七〇》(Peter Uwe Hohendahl, *Building a National Literature: The Case of Germany 1830-1870*) 一書的緒論。其中對「文學體制」在語言行爲學、讀者接受美學，及某些馬克思文化研究理論中種種不同解釋有系統性的介紹。

2 如一九九七年出版的《無疆域的帝國：華人現代跨國主義的文化政治》(Aihwa Ong & Donald Nonini, eds., *Un-*

grounded Empires: The Cultural Politics of Modern Chinese Transnationalism)。

3 引自周英雄教授於一九九四年十二月在高雄中山大學「現代文學理論再探」國際研討會中之座談發言。

4 學者對有別於西方的「另類現代性」有不同的討論，如唐妮・巴婁的《東亞殖民現代性的型構》(Tani Barlow, ed., *Formations of Colonial Modernity in East Asia*)；廖炳惠的〈台灣的另類現代性和後身分政治〉(Ping-hui Liao, "Alternative Modernity and Post-identity Politics in Taiwan")。

5 日本學者藤井省三曾以哈伯瑪思公共領域的觀念討論大東亞戰爭時台灣讀書市場的形成，便也可視爲從文學體制的觀點出發（藤井省三 1994）。

6 "Hegemony"發生於不同的階級之間，且不見得是進步性的。

引用資料

Barlow, Tani, ed. 1997. *Formations of Colonial Modernity in East Asia*. Durham: Duke UP.

Chatterjee, Partha. 1993. *Nationalist Thought and the Colonial World: A Discourse*. Minneapolis: U of Minnesota P.

Clark, Paul. 1987. *Chinese Cinema : Culture and Politics since 1949*. Cambridge; New York : Cambridge UP.

Gold, Thomas. 1997. Oral presentation at the Workshop/Conference on Cultural China and Taiwanese Consciousness. Harvard U. Nov.

Hohendahl, Peter Uwe. 1989. *Building a National Literature: The Case of Germany 1830–1870*. Ithaca & London: Cornell UP.

Laclau, Ernesto & Chantal Mouffe. 1985. *Hegemony and Socialist Strategy: Towards a Radical Democratic Politics*. London & New York: Verso. Ch.3.

Lau, Joseph S. M., C. T. Hsia, and Leo Ou-fan Lee, eds. 1981. *Modern Chinese Stories and Novellas: 1919–1949*. New York:

Columbia UP.

Liao, Ping-hui. 1997. "Alternative Modernity and Post-identity Politics in Taiwan." Paper presented at Workshop/Conference on Cultural China and Taiwanese Consciousness. Harvard U. Nov.

Liu, Lydia. 1995. *Translingual Practice: Literature, National Culture and Translated Modernity--China, 1900–1937*. Stanford: Stanford UP.

Ong, Aihwa, and Donald Nonini, eds. 1997. *Ungrounded Empires: The Cultural Politics of Modern Chinese Transnationalism*. London & New York: Routledge.

Pye, Lucian W. 1996. "How China's Nationalism was Shanghaied." *Chinese Nationalism*. Ed. Jonathan Unger. Armonk, New York: M. E. Sharpe. 86–112.

Wang, Jing. 1998. "Public Culture and Popular Culture: Urban China at the Turn of the New Century." Paper presented at the Conference on Popular Culture in the Age of Mass Media in Korea and Neighboring Countries. The U of Texas at Austin. Feb.

Zhang, Yingjin. 1994. "The Institutionalization of Modern Literary History in China, 1922–1980." *Modern China* 20.3: 347–77.

陳思和。〈「無名」狀態下的九十年代小說︰關於晚生代小說的隨想〉。《明報月刊》(1997.8): 28–39。

劉再復。〈中國現代文學的整體維度及其局限〉。《現代中文文學學報》1.1 (1997.7): 13–26。

藤井省三。〈大東亞戰爭時期台灣圖書市場的成熟與文壇的成立︰從皇民化運動到台灣國家主義之道路〉。發表於新竹清華大學主辦的「賴和及其同時代的作家︰日據時期台灣文學國際會議」(1994.11)。

後現代或後殖民

戰後台灣文學史的一個解釋

陳芳明

引言

文學的歷史解釋，並不能脫離作家與作品所賴以孕育的社會而進行建構。戰後台灣文學史的評價與解釋，也應放在台灣歷史發展的脈絡中來看待。有關台灣文學史的評價與討論，必須等到跨入八〇年代之後才獲得較爲廣闊的空間。這是可以理解的，特別是在一九八七年政治解嚴之後，台灣社會開始見證兩個事實，一是經濟生產力的勃發，一是文化生產力的倍增。相應於如此的變化，台灣文學的內容在質與量方面都有了長足的發展。從而，有關台灣文學的討論與爭辯也急速提升。

潛藏於社會內部的文學思考，雖曾受到長達四十年戒嚴體制的壓抑，在解嚴後卻立即釋出豐饒的能量。鍛鑄單一價值觀念的威權統治，曾經要求文學工作者必須服膺於合乎體制（conformity）的思維模式。但是，這並不意味台灣社會毫無異質思考的存在。暫時的失憶，絕對不等於沒有記憶。戒嚴體制一旦瓦解後，一度被視爲屬於思想禁區的題材，都次第滲透於文學創作之中。台灣意識文學、原住民文學、眷村文學、女性意識文學、同志文學、環保文學等等的大量出現，不僅證明一個多元化思考的時代已然到來，並且也顯示文學創作的豐收時期即將浮現。

面對如此繁複的文學景觀，有關台灣文學性質的辨識與論斷就成爲學界的重要焦點。最能表現這種繁榮景象的一個事實，莫過於許多作家對於既存的霸權論述不約而同展開挑戰。對長期占有支配地位的中華沙文主義進行顚覆，是台灣意識文學的重要目標。對於偏頗的漢人沙文主義表示徹底的懷疑，則是原住民文學在現階段的重要關切。對福佬沙文主義不斷膨脹的憂慮，是眷村文學的顯著議題之一。對傲慢、粗暴的男性沙文主義迫切質問，是女性意識文學的優先任務。對異性戀中心論的抗拒，是當前同志文學的主要工作之一。無論是採取何種文學形式的表現，去中心（decentering）的思考幾乎是所有創作者的共同趨勢。恰恰就是具備了這樣的特徵，八〇年代以後發展出來的台灣文學，往往被認爲是屬於後現代文學。

然而，後現代文學（postmodern literature）一詞的使用，並不是從台灣社會內部釀造出來，而純粹是從西方——特別是美國——輸進的舶來品。後現代文學的誕生，在西方有其一定的歷史條件與社會經濟基礎。遽然使用後現代一詞來概括台灣文學的性格，是否能夠眞正掌握創作者的思考與立場，恐怕有待深入的討論。本文的目的在於指出，現階段台灣文學發展出來的盛況，與整個台灣的殖民地歷史有密切的關係。這種殖民地歷史的性格，不僅來自日據時期總督體制的遺緒；並且也來自戰後戒嚴體制的影響。要討論今天文學的多元化現象，必須把文學作品放在台灣社會的脈絡中來閱讀。

從台灣殖民史的角度來看，在這個社會所產生的文學，應該是殖民地文學。如果這個說法可以成立，則今天的文學盛況，就很難定位爲後現代性格（postmodernity）。因此，要討論八〇年代台灣文學盛放的景象，與其使用後現代文學一詞來概括，倒不如以後殖民文學一詞來取代還較爲恰當。基此，戰後台灣文學史的發展過程，究竟是後現代文學的形成史，還是後殖民文學的演進史，就是這篇文章探討的重心所在。

戰後或再殖民？

台灣文學是殖民地社會的典型產物。在整個發展過程中，不斷出現中心／邊緣的緊張對抗關係。居於權力中心的統治者，總是無可自制地要支配居於邊緣地位的台灣作家。同樣的，台灣文學工作者也常常採取各種文學形式向權力中心挑戰。這樣的歷史延續，就不能不使台灣文學成為各方政治力量的角逐場域。站在被殖民者立場的文學工作者，自日據時代以降，就一直努力為台灣文學下定義，並且也嘗試為文學史做階段性的解釋。日本學者使用「帝國之眼」（imperial eyes），並根據「內地延長論」來解釋台灣文學，將之定位為「外地文學」[1]。所謂「外地文學」是指日本籍作家在台灣所產生的文學作品，並不是指台灣的本地作家。如果日據時期台灣作家的作品都不能躋身於「外地文學」的範疇，其邊緣性格自是可想而知。中華人民共和國的學者，則以中原史觀來看待台灣文學，以「中國文學的一個分支」做為歷史解釋的基礎[2]。台灣本土作家也因歷史觀點與政治立場的歧異，在八〇年代展開統獨撕裂的論戰，為台灣文學史預留更大的解釋空間[3]。

在如此龐雜的史觀爭執中，有關文學史的工作就更加成為一種冒險的任務。無論這種爭論是何等多樣而豐富，一個不能偏離的事實是，台灣文學所沾染的殖民地性格是無可抹煞的。

對於台灣文學的解釋，筆者曾經有過這樣的提法：「二〇年代的素樸文學，三〇年代的左翼文學，四〇年代的皇民文學，五〇年代的反共文學，六〇年代的現代文學，七〇年代的鄉土文學，八〇年代的認同文學，都代表了不同時代的不同文學風格。」（235）這種斷代的標籤方式，事實上是只為了求其方便，僅側重於該時期的主流風格，而未兼顧到每一時代的邊緣文學。這種分期方式不僅是斷代的，而且是斷裂的（rupture），似乎難以尋出前後時代發展的關聯性[4]。每十年做為一世代，很明顯的，絕對不是準確的分期。如果要達到精確的目的，恐怕需要把文學與政治、經濟、社會等各層面的發展結合起來，才能獲得眉清目秀的解釋。

倘然不要在時間斷限上做嚴苛的要求，則一九四五年後，台灣社會在一定的時期裏出現過反共文學、現代文學、鄉土文學，應該是無可否認的事實。以這些名詞來界定每個時期的文學風格，幾乎是文學工作所共同接受的[5]。不過，以這樣的名詞來定義文學史，顯然不足以呈現台灣文學發展的延續性，而毋寧是一種跳躍的、懸空的演變。因此，如何建立一個較爲穩定的史觀，以便概括台灣文學的全面成長，似乎就値得嘗試。

台灣在日據時期淪爲殖民地社會，這樣的社會所孕育出來的新文學運動，就不能與一般社會的文學活動等量齊觀。以整齊劃一的中華民族主義來解釋台灣文學的起伏消長，顯然忽略了其中複雜的微妙的文學內容。同樣的，以中華民族主義來概括日據時期文學到戰後文學的過渡，似乎也刻意抹消了台灣社會本身的眞正性質[6]。是不是日本殖民者離開台灣以後，殖民體制從此就消失了？是不是國民政府來台接收後，殖民地傷痕從此就痊癒了？台灣文學史上最難解釋的時期，恐怕是發生太平洋戰爭與二二八事件之間的四〇年代。對於這個時期的歷史解釋，幾乎所有的研究者都採取切斷方式予以截然劃分。彷彿日據時期的台灣作家隨日本軍閥的投降而宣告消失，等到國民政府接收台灣，這些作家又立即迎接新的時代。在思想上、心靈上，台灣作家處於兩個時代的交錯中，似乎沒有產生任何變化。

如眾所知，太平洋戰爭期間，日本戮力推行皇民化運動，曾經在台灣作家心靈上造成無可言喻的衝擊。即使是批判精神特別旺盛的作家如楊逵、呂赫若者，都分別留下所謂皇民文學的作品。當大和民族主義以強勢姿態凌駕台灣社會時，殖民地作家簡直失去了抵抗的能力[7]。皇民文學在台灣文學史上造成國家認同的動搖與民族主義的困惑，無論如何都不能以簡化的中華民族主義觀點去評價。然而，必須提醒的是，戰爭結束以後，台灣作家精神的再動搖、再迷惑，是不是能夠與太平洋戰爭時期的發展全然一刀兩斷？

一九四五年國民政府的來台接收時，強力把中華民族主義引進台灣。爲了壓制大和民族主義思潮在台灣的殘餘，官方正式在一九四六年宣布禁用日文政策，距離一九三七年日本軍閥的禁用漢語政策，前後未及十年。時代改變，政府體制也發生改變，唯獨定居於台灣的作家，卻必須在最短期間內適應兩種不同的語言工具，並且也必須同時適應語言背後所隱藏的兩種對敵的民族主義。國民政府推動的中華民族主義是武裝的方式，充滿了威權與暴力。這個事實不僅反映在政府體制如台灣行政長官公署的設計之上，同時也反映在國語政策所挾帶的對台人的歧視態度。一九四七年爆發的二二八事件，可以說是文化差異所造成的悲劇，相當徹底暴露了國民政府的殖民者性格。在台灣殖民史上，外來統治者不乏以屠殺手段來鎮壓台灣居民的先例。在十七世紀的荷蘭時期，就有過高度的殖民主義存在於台灣。爲了泯除殖民與被殖民之間的文化差異，就必須訴諸武力以達到統治地位鞏固的目的（Blusse 153-82）。

中華民族主義在台灣的灌輸，甚至還是一種虛構的（fictional）與一種黨派（factional）的傳播。具體言之，國民政府高舉的民族主義旗幟，只是歡迎有利於其統治地位的文學作品，而對於政府體制採取批判的作家，必予以強烈排斥。以魯迅作品爲例，官方對這位批判精神濃厚的作家進行了封鎖圍剿，不容許在台灣流傳[8]。這充分說明國民政府的中華民族主義是一種分裂的、區隔的政治理念，是基於黨派利益的考量，而不是從所謂的民族利益出發。居於優勢地位的民族主義，對於台灣作家的鎮壓與凌辱，絕對不遜於太平洋戰爭時期的皇民化運動。除了民族主義的名稱分屬大和與中華之外，日本軍閥與國民政府推動的國語政策與文化運動，可謂不分伯仲。

因此，從文學的分期來看，把一九四五年定義爲「戰後」，乃是一中立客觀事實的描述，並不能觸及台灣作家內心世界的幽黯，更不能觸及台灣作家所處社會環境的困頓。從一九三七年到一九四五年的文學發展，日本學者尾崎秀樹曾經命名為「決戰下的台灣文學」(54-220)。如果「決戰」一詞是可以成立的，當不只用來描述這段時期的戰爭狀態，還應該包括了台灣作家內心的痛苦掙扎。他們的心靈決戰，恐怕是面對強勢民族主義的推銷而必須在抵抗與屈從之間做一番抉擇吧[9]。這種精神層面的對決，事實上並沒有因為戰爭結束而終止。相反的，中華民族主義取代大和民族主義君臨台灣時，作家在思考上所產生的混亂矛盾，豈可以「戰後」一詞來概括？他們面對的毋寧是一個再殖民的時代。

以「再殖民時期」一詞替代「戰後時期」的用法，應該可以較為正確看待一九四五年之後的台灣社會。使用這個名詞，既可接上太平洋戰爭期的皇民化運動的階段，同時也可聯繫稍後五〇年代反共文學的戒嚴時期。具體而言，過去的解釋往往把日本投降的歷史事件做為台灣文學史的一個斷裂。戰爭期間成長起來的作家，如呂赫若、張文環、龍瑛宗，以及較為年輕一輩的吳濁流、鍾理和、鍾肇政、葉石濤，就因為如此的解釋而被切割為二。他們在戰爭期間的苦悶，以及在被接收後的幻滅，可以說是一種同質情緒的延伸。楊逵的判刑、張文環的被捕、吳新榮的受到監禁、呂赫若之投入游擊隊、朱點人之遭到槍決，都足以說明再殖民時期台灣作家命運之險惡。張恆豪在評論呂赫若與朱點人的文學生涯時，提出了如此冷酷的質疑：「他們都是殖民時代眞誠的紀錄者及思考者，雖然他們不曾眞正的投入反抗的社會運動的行列。但頗堪玩味的，當日本支配勢力在戰後被陳儀政權取代之時，他們卻不謀而合的做了同一選擇，在文學生命漸臻於絢燦豐實之際，毫不遲疑的告別創作美夢，以實踐的力量，躍入動亂的洪流，高唱起解放之歌，這眞是耐人迷思的問題啊！」(142)

張恆豪之所以感到迷惑，無非是不知道如何詮釋國民政府的統治性格。如果進一步把反共時期的文藝政策拿來與皇民化文學並提比較，就可發現政治干預作家的手法是同條共貫的。經過這樣的比較，張恆豪提出的質疑當可獲得答案。昭和二十五年（一九四〇）元月的全島文藝家協會，是爲了配合「皇民奉公會」的組織而成立的，該協會章程的第二條如此寫著：「本協會根據國體精神，藉著文藝活動，以協力建設文化新體制爲目的。」（尾崎秀樹 214）就在整整十年之後，國民政府爲了推動所謂的反共文藝，也在一九五〇年五月成立了全島性的中國文藝協會。該會的章程有神似皇民化政策的精神：「團結全國文藝界人士，研究文藝理論，展開文藝活動，發展文藝事業外，更以促進三民主義文化建設，完成反共抗俄復國建國的任務爲宗旨。」（胡衍南 32）皇民政策與反共政策，都同樣驅趕台灣作家去完成文章報國的歷史任務；而這樣的歷史任務，並非孕育自台灣社會內部，而全然是爲了鞏固一個外來的、強勢的殖民政權而設計的。

在反共假面掩護下的戒嚴體制，毫無疑問是殖民體制的另一種變貌。如果這種說法可以接受，則台灣殖民地文學絕對不是終止於太平洋戰爭結束時，而是橫跨了一九四五年的分界線。換句話說，殖民地文學發軔於一九二〇年代，成熟於三〇年代，決戰於四〇年代，然後銜接了五〇年代的反共時期。殖民地體制的正式停止存在，必須等到一九八七年解除戒嚴令才獲得解放。

現代文學與鄉土文學

如果再殖民時期發端於一九四五年，則如何解釋六〇年代現代文學與七〇年代鄉土文學的出現？現代文學在六〇年代的崛起，曾經遭到嚴重指控，現代文學之引進台灣，誠然是文學史的一次「橫的移植」。但是，爲什麼會出現「橫的移植」這種現象？葉石濤在解釋這段時期的文學時，曾經使用過嚴重的文字來批判：「他們（現代文學作家）不但未能接受大陸過去文學的傳統，同時也不瞭解台灣三百多年被異族統治被殖民的歷史，且對日據時代新文學運動史缺乏認識。」不僅如此，葉石濤更進一步指出現代文學的脫離現實：

> 這種「無根與放逐」的文學主題脫離了台灣民眾的歷史與現實，同時全盤西化的現代前衛文學傾向，也和台灣文學傳統格格不入，是至爲明顯的事實。台灣文學有其悠久的文學傳統，始於明朝末年，從古文學到白話文學有其脈絡可循的傳遞。只不過是四〇年代、五〇年代的時代風暴，使其不得不斷絕而已。(1987: 116–17)

很清楚的，葉石濤的文學史觀找不到恰當的歷史根據來解釋現代文學的蓬勃發展。除了以失去歷史記憶與脫離台灣現實來概括之外，葉石濤全然沒有觸及當時政治環境的問題。如果從再殖民時期的觀點來解釋，則現代文學的產生並不是令人感到意外的事。在殖民體制的支配下，作家與其他知識分子一般，根本不可能對過去的歷史有任何接觸的機會，在所有的殖民地社會，「歷史失憶症」是一個普遍存在的文化現象。六〇年代重要文學刊物《現代文學》的創者白先勇，對於這種歷史失憶症有過極爲眞切的描述：「這些新一代的作者沒有機會接觸到較早時代的作品，因爲魯迅、茅盾及其他左翼作家的作品全遭封禁，他們未能承受上一代的文學遺產，找不到可以比擬、模仿、競爭的對象。」(1976)

沒有歷史、沒有傳統、沒有記憶，不就是殖民地社會共有的經驗嗎？白先勇雖然是大陸來台的作家，並且又出身於統治階級的家庭，但是在承受殖民體制的壓力時，與台灣本地作家比較，完全沒有兩樣。殖民地作家在抵抗殖民者的權力支配時，有時並不是採取正面抵抗、批判的態度，而是以消極流亡的方式來表達抗議精神。尤其是在歷史記憶全然消失時，殖民地作家並沒有任何精神堡壘做爲抵抗的根據，他們的文學作品呈現出來的面貌，就只能是「無根與放逐」了。

所謂自我放逐（self-exile），乃是指作家不能認同存在於島上的政治信仰與政治體制。他們能夠找到的心靈出口，乃是向西方文學借取火種，利用現代主義的創作技巧來表達內心的焦慮、苦悶與絕望。因此，討論現代文學時期時，就必須了解當時的作家爲什麼焦慮？爲什麼苦悶？這些問題的解答，絕對不能離開台灣的戒嚴政治體制去尋求。基於這樣的看法，對部分闡釋現代主義階段的一些見解，就必須有所保留。以呂正惠對葉石濤史觀的批評爲例，在很大程度上還是偏離了存在於台灣的殖民統治的事實。他說：「台灣的西化問題，遠比葉石濤想像的複雜多了。五、六〇年代的全盤西化，必須放在二次戰後，美蘇兩大集團對立的大背景下去了解。中國分裂，在某一程度上來講，和南北韓、南北越、東西德的分裂一樣，都是美蘇對抗的『成果』。五、六〇年代台灣文化的特殊發展，可說是這一『世界』局勢的某種反映，同樣的，七〇年代以後的本土化，也和美國在第三世界的政治發展息息相關。」（225）

台灣的反共政策，當然是與美蘇兩大集團的對峙有不可分割的關係，而且也是受到美國權力中心的指揮操控。但是，這種解釋方式似乎有爲台灣殖民體制開脫罪嫌之疑，同時也全然抹殺了現代主義作家的主體。整個大環境的營造力量，也許不是台灣的統治者能夠左右；不過，殖民支配之直接加諸於現代主義作家身上，則是台灣統治者不能脫卸責任的。因此，現代文學所要反映與逃避的，絕對不會空泛到對抗美蘇兩國的權力干涉，而是具體針對囚禁他們肉體與精神的戒嚴文化。

歷來有關現代文學作品的評價，大都受到七〇年代鄉土文學論戰的影響而採取負面的、貶低的態度。這種態度在解嚴以後，才漸漸獲得糾正，也獲得較爲全面的、正面的看待[10]。現代主義在西方社會的興起，主要拜賜於資本主義伴隨著工業文明的衝擊而誕生的產物。人被物化以後所出現的心靈空虛、疏離與隔絕，都是現代主義作家熱切關心的主題。台灣社會的現代主義，並沒有經驗過資本主義歷史發展的過程；但是，島上的政治環境剛好釀造了一個恰當的空間，使現代主義能夠長驅直入。西方知識分子的苦悶，乃是因為面對了工業文明的龐大機器；台灣知識分子的疏離，則是來自殖民體制的壓力。正如彭瑞金在評價現代文學時所說：「在那個大統治機器之前，個人完全不受尊重，人性受到嚴重渺視、扭曲的時代，強調自我解放的意識仍然是值得寶貴的覺醒，而且也是有勇氣的反叛。」（110）彭瑞金所謂的「大統治機器」，無非是一個霸權。現代文學作品雖未採取正面對抗，整個時期所顯現對內心世界的追求，以及對純粹藝術的經營，豈非就是對於政治干預思想的戒嚴體制做了最好的批判反擊？

如果現代文學是屬於一種自我放逐的精神，則七〇年代產生的鄉土文學無疑就是回歸精神的浮現。流放與回歸，正好可以用來解釋殖民地文學中一正一反的主題。在殖民地社會，當統治者權力臻於高潮的時候，往往就是作家積極投入流亡行列之際。無論是內部流亡或外部流亡，都足以顯示作家的無言抗議。當統治者權力開始式微，殖民地作家就會發生精神回流的現象。以具體的作品為例，在六〇年代的反共高峯期，外省作家如白先勇、本省作家如陳映眞，都在作品裏描寫不少離家出走、無故失蹤，或者自殺身亡的故事。這些與生命毀滅的主題緊扣的作品，可以說相當具體反映了台灣作家心靈的流亡狀態。現代主義作品在文學史上的正面意義，應該是從這個角度來觀察。跨過七〇年代以後，國民政府「代表中國」的政治立場，在國際社會開始遭逢前所未有的挑戰，從而屹立於島上的殖民體制也漸漸發生鬆動的現象。在整個權力支配系統出現裂縫之際，台灣作家利用這些缺口而開始表達他們對台灣這塊土地的關切。許多作家塑造的文學人物，都從自己最熟悉的周遭環境中挖掘出來，因此而有鄉土文學的崛起，並且也有寫實的、回歸的精神之高張。花蓮之於王禎和，宜蘭之於黃春明，基隆之於王拓，鹿港之於李昂，雲林之於宋澤萊，美濃之於吳錦發，這些原鄉都在七〇年代回歸風潮中成爲文學創作的動力。這並不意味鄉土文學必須局限於本鄉本土的現實反映，也不是對於六〇年代現代主義進行強烈的對抗。鄉土文學所挾帶而來的寫實主義精神，勿寧是針對戒嚴體制在台灣刻意塑造歷史失憶症的偏頗政策予以積極的糾正。殖民者的策略，往往把人民與土地區隔，使之產生疏離、遺忘的效果。被殖民者與自己的土地疏離，越有利於殖民者對土地資源的剝削，而且也越使被統治者不易產生認同。因此，鄉土文學的抬頭，便是利用殖民體制的動搖而恢復對自己土地的關懷。找回自己的原鄉，其眞正的意義無非是要找回失落的記憶。歷史記憶的重建，也等於是重建人民與土地的情感。這些回歸的努力，都正好與殖民者的政治策略全然背道而馳。

不過，一個必須注意的事實是，七〇年代寫實的批判精神，原是爲了暴露殖民地社會中偏頗的政治經濟體制；但格於當時高度的思想檢查的羈絆，殖民統治的本質沒有受到嚴重的闡剿，反而是六〇年代的現代主義文學成了代罪羔羊。從七〇年代初期的現代詩論戰，一直到一九七七年的鄉土文學論戰，鄉土文學與現代主義文學竟然成爲對峙的兩個陣營。這樣的發展，使得國民黨賴以生存的統治機器只是受到間接的影射批評，在整整七〇年代論戰中卻毫無損傷。

從一九七二年到七三年之間出現的現代詩論戰，原是檢討台灣詩人失去認同的困境。文化認同的喪失，並非是作家努力獲致的，而是政治環境的封閉所致。然而，論戰的批判對象並未朝向牢不可破的戒嚴體制，而是朝向手無寸鐵的現代詩人。最先向現代詩發難的關傑明，是這樣發動攻勢的：「我們中國的詩人們實在由西方作家那裏學錯了東西，他們有永遠只能是一個學生的危險，永遠只有模仿、抄襲、學舌。」（1976a: 142）不僅如此，他還進一步指控現代詩是「一個身分與焦距共同喪失的例證」（1976b: 144）。關傑明在批判現代詩人時，似乎認爲現代主義作家完全只是西方文學思潮在台灣的一個反映而已，只是一個被動的受西方的客體，他並沒有隻字片語對存在於台灣的戒嚴體制有絲毫的批判。

當官方體制不容有任何批評時，現代主義作品就被拿來代替做為開刀的祭品。他完全忽略現代主義在戒嚴文化下也具備了積極的意義。現代詩如果是一個身份與焦距共同喪失的具體證據，這不就證明殖民體制在台灣支配的成功嗎？在殖民地社會，知識分子之喪失認同與自我，正是最常見的現象。關傑明文中所說的「中國」，其實是指台灣而言。這樣一位具備高度批判精神的評論者，對於「中國」與「台灣」的身分認知也顯得混亂失序，由此更可說明當時台灣社會的失憶症有多嚴重。

現代詩論戰點燃的戰火，後來就延燒到鄉土文學論戰。一九七七年爆發的文學論戰，乃是作家與統治者在意識形態上的一次對決。台灣作家如王拓所揭櫫的「擁抱健康大地」，其實是被統治階級對統治階級的一個回應。王拓為自己的作品寫下如此的證詞：「都是從對這塊土地和這塊土地上的人的這樣堅定不移的愛心與信心出發的。」（1878b: 362）他的創作態度很明顯是為了恢復人民與土地之間的情感。相形之下，站在統治立場的彭歌，就千方百計使用宏偉的敍述（grand narrative）為殖民體制辯護。他回應鄉土文學作家的說詞是這樣的：「希望那極少數鑽牛角尖的人虛心反省。想一想整個國家的處境，想一想大陸上八億同胞的苦難，想一想每一個知識分子在這樣一個時代應該負起的責任。」（236–37）藉用大敍述的策略，是殖民者最擅長的支配手法。敍述的格局越宏偉，統治者的偏執與偏見就越能受到掩護，而被殖民者的人格與發言就越受到矮化。

鄉土文學論戰涉及的層面極為廣泛，其意義已有很多後來者予以回顧並檢討[11]。不過最值得注意的，也許應推王拓以「殖民地經濟」一詞來概括台灣社會。王拓特別強調，這個名詞「就是指經濟的殖民地，而不是政治的殖民地」（1978a: 578–79）。但是，這可能是一九四五年以來第一位作家如此為台灣社會的性質定位。王拓辯稱沒有影射台灣是「政治殖民地」，而且他所說的「經濟殖民地」乃是指美國對台灣的關係而言。但很清楚的，事實上這樣的論述方式已經把國民政府視為經濟殖民地的代理人。一個依賴經濟殖民地的統治機器，本身無疑就是不折不扣的政治殖民統治。如果這樣的解釋可以成立，則鄉土文學論戰在一定的程度上是台灣作家對殖民體制的徹底批判。

台灣文學遺產的整理，台灣歷史經驗的回顧，都在鄉土文學的發展過程中次第受到注意。這些現象都一一顯示了台灣社會正從深沉的歷史失憶症甦醒過來。直到一九七九年高雄事件後，鄉土文學論戰的餘緒才暫告中止。然而，這並不意味對於殖民體制的批判從此就結束了。一九八〇年代初期重燃戰火的統獨論戰，其實是銜接了鄉土文學論戰還未完成的討論。圍繞著葉石濤與陳映眞的台灣文學史觀，台灣作家第一次以具體的「台灣文學」一詞，用來取代虛構的「中國文學」（葉石濤 1978；許南村 1978）。這是解嚴以前發生的相當引人矚目的文學爭論。經過這場論戰的洗禮，「台灣文學」一詞才獲得澄清與定位（宋冬陽 1988）。在台灣社會中孕育出來的文學作品，竟然必須穿越四十年的時光才得到正名。這自然是極其諷刺的事。文化身分與認同的失焦，對台灣文學史構成的扭曲可謂嚴重。

從一九八二到八四年進行的統獨論戰，基本上是批判殖民體制最徹底的一次。「台灣文學」一詞得到普遍的接受，但是，台灣文學的主題與內容還是受到客觀環境的箝制。追求歷史記憶的恢復，在七〇年代雖已展開，卻由於戒嚴體制的繼續掌握，收到的效果仍然有限。對於台灣社會內部矛盾的探索，還是不能全面展開。必須等到一九八七年戒嚴令正式解除，封鎖台灣社會的殖民體制才正式開閘，文學多樣性才日益活潑開放。

後現代或後殖民

解嚴以後的台灣文學之呈現多元化，已是不爭的事實。從女性意識文學、原住民文學，一直到後現代文學的出現，都充分說明了文學生命力逐漸釋放出來。這是可以理解的，在戒嚴假面下的殖民社會最底層的人民欲望、能量，雖長期受到壓抑，卻沒有全然失去生機。思想枷鎖一旦解除之後，潛藏的各種聲音終於可以發抒出來。多元的文學發展，伴隨著台灣經濟生產力的提升，盛況的景象頗類似於西方的後現代社會。因此，解嚴後的一些文學工作者，有意把繁複的文學盛況定義爲「後現代時期」。

最先宣告台灣進入後現代社會的是羅青。他說台灣生產電腦的數字，以及服務業所占比重超越工業的事實，表示台灣社會「正式的邁入了所謂後工業社會。而在文化方面的發展，台灣也顯著的反映出許多後現代式的狀況」(315)。羅青的說法，立即獲得孟樊的接受。孟樊在討論後現代詩時，更進一步認爲：「在後工業社會尙未全然成形之際，後現代詩是不可能在台灣詩壇流行起來的。」(223) 後現代時期的到來，是不是已經在台灣實現，應該是一個值得討論的問題。

即使不討論台灣後現代社會或後工業社會是否形成，僅就文學史發展的脈絡來看，是不是解嚴後可以把台灣文學劃爲後現代時期？後現代主義在美國的發展，乃是緊跟著現代主義的衰微之後而來。後現代主義 (Postmodernism) 的「後」有兩種含義，一是對現代主義的抵抗與排斥，這發生於一九六〇年代；一是指現代主義的延續，成熟於一九七〇年代以後 (Huyssen 40–72)。無論是抗拒或延續，後現代主義一詞的成立，乃是在此之前存在了一個現代主義的時期。從這個觀點來看台灣文學的發展，後現代主義若是可以成立的話，這種思潮之前應有一個現代主義時期。但是，歷史事實顯示，自六〇年代以後的台灣文學卻是以現代主義↓鄉土寫實主義↓後現代主義的順序在發展。西方文學思潮的演進則是沿著寫實主義↓現代主義↓後現代主義的秩序進行。換句話說，西方文學思潮是自然的發展；若依羅青的解釋，台灣文學反而是跳躍前進的形式。這種突變式的文學演進，並非不可能發生，但是將其放在台灣文學史的脈絡來看，是相當突兀的。

羅青把八〇年代以後的台灣社會定義爲後現代，已經遭到嚴厲的批評。陳光興對於這種說法，認爲是「一場追逐『後現代』流行符號的併發症正逐漸地燃燒起來」(1990)。也就是說，羅青的定義，在台灣社會內部或在台灣文學發展中是找不到事實根據的。

如果要解釋八〇年代以後的文學現象，就不能忽略了在此之前的整個文學發展的脈絡。以前述的討論爲基礎，倘然日據時期可以定義爲殖民時期，而一九四五年以後定義爲再殖民時期，則一九八七年解嚴以後應該可以定義爲後殖民時期。所謂後殖民主義（postcolonialism）的「後」，並非是指殖民地經驗結束以後，而是指殖民地社會與殖民統治者接觸的那一個時刻就開始發生了。對於殖民體制的存在，殖民地作家無不採積極的抗爭（如批判），或消極的抵抗（如流亡、放逐）。因此，這裏的「後」(post)，強烈具備了抗拒的性格。

以這樣的觀點來檢驗二十世紀台灣文學運動史，就可得到清楚的印證。台灣作家對於殖民權力的支配，從未放棄過抵抗的立場。三〇年代成熟期的左翼文學，採取積極批判日本殖民主義的攻勢；四〇年代決戰期的皇民文學，則表現出消極流亡的精神。這種流亡精神，在五〇年代反共期與六〇年代現代主義時期就發展得更爲清楚。到了七〇年代以後寫實主義時期，積極的批判性格又高度提升。台灣作家與統治者之間所構成的邊緣／中心的緊張對抗關係，貫穿了整個新文學史之中。後殖民主義所強調的主題是擺脫中心或是抵抗文化（culture of resistance）[12]這種精神，可以說極其豐沛蘊藏於台灣文學作品裏。

後殖民主義與後現代主義的性格相當接近，這可能是台灣部分學者容易產生混淆的主要原因。後現代主義在於解構中央集權式的、歐洲文化理體中心（logocentrism）的敍述，而後殖民主義則在瓦解中心／邊緣雙元帝國殖民論述（Appiah 119–24）。兩種思潮都在反中心，並主張文化多元論，以及首肯

「他者」(the other) 的存在地位。因此，常常引起論者的混淆。不過，後現代主義發源於資本主義高度發達的歐美，後殖民主義則崛起於第三世界。更值得注意的是，後現代主義的最終目標是在於主體的解構 (deconstruction)，而後殖民主義則在追求主體的重構 (reconstruction)。這兩種思潮在很多場合是可以相互結盟的，但是其精神內容必須分辨清楚。

廖咸浩在主編《八十四年短篇小說選》時，公開宣稱後現代思維已經在台灣紮根。他以一九九五年的短篇小說作品做爲實例，指出「後現代精神」已在社會的各個角落浮現。他對「後現代性」的定義，採取極爲寬廣的解釋。他說：「在『後現代性』涵蓋下的這些各種思潮，以『反啓蒙』爲基礎，在個別的具體議題上，從事拆解『大敍述』的工作：女性主義對父權體制的大敍述；性別論述對性別刻板觀的大敍述；後殖民論述針對殖民論述的大敍述；弱勢論述對霸權論述的大敍述：資訊理論針對舊式傳播理論之大敍述……。」(6)

這樣的論點，與本文提出的觀點有不謀而合之處。本文以霸權論述來概括台灣社會已存在的各種文化沙文主義 (cultural chauvinism)，廖咸浩則是以大敍述一詞來形容。不過，本文與廖咸浩的觀點最大分歧之處，乃在於他把後殖民論述涵蓋在後現代主義思潮的範疇之內。質言之，他指稱的後現代性是無所不包的。不過，以這樣的觀點放在台灣戰後史的脈絡，似乎是扞格不合。

首先，是歷史解釋的問題。廖咸浩宣稱後現代精神已在台灣生根時，並未說明後現代思潮是如何在台灣形成的。如果它是一種無所不包的思潮，甚至可以把台灣的後殖民史也收編進去，則後現代精神應該在台灣社會內部有一段孕育的歷史過程。倘然現階段的後現代主義，就像六〇年代進口的現代主義那般，在沒有特殊的歷史條件之下而突然出現，則這樣的後現代主義正是不折不扣的新殖民主義 (neocolonialism)。台灣社會只是片面接受外來思想的衝擊，只是一個被動的受影響的角色，而並沒有具備任何自主性的主觀意願。

後現代主義在台灣社會的誕生，是八〇年代隨著戒嚴體制的鬆動而介紹到台灣。即使台灣社會在八〇年代開始沾染後工業社會或晚期資本主義的色彩，也並不足以證明後現代主義思潮在此之前已有任何的歷史根源。這裏要特別強調的是，後現代主義精神的孕育並不是從台灣社會內部自然形成，因此與戰後台灣歷史的演進並無絲毫契合之處。把現階段台灣作家共同具備的去中心思維方式，一律納入後現代主義的思潮之中，顯然還有待商榷。

其次，是權力結構的問題。戰後再殖民的權力支配，使得社會中的內部殖民之事實成爲隱藏性的存在。換句話說，由於戰後戒嚴體制過於龐大，其權力觸鬚地毯式地伸入社會各個階層角落。每一階層的所有成員都被迫必須服膺於單一的價值觀念。以中國爲取向的霸權論述，狂瀾般壓服了歷史發展過程中既存的、固有的權力支配。封建父權對女性的壓迫，漢人移民對原住民的歧視，異性戀者對同志的排斥，都在戒嚴體制達到高峯的時候淪爲視而不見的議題。

因此，戒嚴體制在一九八七年解除之後，存在於社會內部的偏頗權力結構才逐漸暴露出來。原是屬於歷史失憶症範疇之內的女性、同志、眷村、原住民的種種議題，都在追求記憶重建之際得到了關切。女性、同志、眷村、原住民等等社群都不約而同注意到認同、身分與主體性的問題。要求權力的再分配，要求價值的多元化，一時蔚爲解嚴後的普遍風氣。這種解嚴後的思維方式既是去中心的，更是去殖民的（decolonization）。從這個觀點來看，各個社群之追求解放，並不是等到後現代主義思潮被介紹到台灣之後才開始進行，而是由於再殖民的戒嚴體制之終結，使許多受到禁抑的欲望陸續獲得鬆綁。在追求解放的過程中，各個弱勢族群採取的策略容或與後現代精神有不謀而合之處，但其終極目標絕對不是主體解構，而是主體重構。更確切的說，這種多元價值體系的追求，乃是從台灣歷史的脈絡中發展出來的，絕對不是受到後現代精神紮根的影響。

廖炳惠曾經指出：「後殖民是在具體歷史經驗中發展出來的論述，對其他社會不一定適用。」(69)這是可以理解的，每個社會的殖民經驗並不必然有重疊或雷同之處。討論台灣戰後文學史的發展，也只能把它放在台灣社會的脈絡來檢驗。後現代性格，只存在於西方晚期資本主義的社會，並不適用於台灣社會。今天，台灣文學的多元發展的盛況，無疑是受到台灣歷史發展的要求。它的後殖民性格，遠遠超過了外來的後現代性格。有些後殖民的理論，源自於其他第三世界的歷史經驗，也不必然可以眞正套用在台灣社會之上。因此，如何從台灣歷史與台灣文學的演進經驗中鑄造理論，同時建構可以全面照顧整個文學史的歷史解釋，也許是當前台灣文學研究者必須面對的挑戰。

解嚴後，並不意味殖民文化就已全然消失。台灣作家開始對歷史記憶的重建有更大的關切，對於過去的政治傷害也有更爲深刻的檢討，後殖民時期的性格，正逐漸在台灣社會顯露出來。較具警覺的學者，也非常用心地藉用後殖民論述來回顧並重新評價台灣文學[13]。倘然這樣的關切繼續發展下去，後殖民理論將在台灣文學的研究與批評中建立具有特殊性格的地位。後殖民文學對於多元文體的出現，是能夠包容的。因此，後殖民時期在台灣成熟時，以後現代主義的形式所創作出來的作品，也一定能夠找到可以存在的空間。

1 日據時期最能代表殖民者觀點的台灣文學分期，當以台北帝國大學擔任講師的島田謹二，他把台灣文學納入日本領台後的政治解釋之中。參閱，島田謹二，〈台灣文學的過現末〉（156–57）。有關島田謹二文學史觀的討論，參閱葉寄民，〈日據時代的「外地文學」論考〉。

2 中國學者的台灣文學觀點，相當具體表現在劉登翰、莊明萱、黃重添、林承璜等主編的《台灣文學史》，特別是總編的第一節〈文學的母體淵源和歷史的特殊際遇〉（3–13）。

3 文學的統獨之爭，參閱施敏輝編，《台灣意識論戰選集》。有關這場論戰的概括介紹，參閱謝春馨，〈八十年代初期台灣文學論戰之探討〉。

4 對於斷式文學分期的商榷，參閱孟樊、林燿德編，〈以當代視野書寫八〇年代台灣文學史〉（7–12）。

5 有關反共文學、現代文學、鄉土文學等詞的普遍使用，見諸葉石濤《台灣文學史綱》以及彭瑞金《台灣新文學運動四十年》。

6 以中華民族主義來解釋台灣歷史的演進，最近的典型代表作當推陳昭瑛，〈論台灣的本土化運動：一個文化史的考察〉（5–43）。

7 關於戰爭期間的台灣文學發展，可以參閱兩篇碩士論文：王昭文，〈日治末期台灣的知識社群（一九四〇－一九四五）：《文藝台灣》、《台灣文學》及《民俗台灣》三雜誌的歷史研究〉；柳書琴，〈戰爭與文壇：日據末期台灣的文學活動〉。最新的皇民文學研究應推日本學者垂水千惠著，涂翠花譯，《台灣的日本語文學》。

8 關於魯迅作品在戰後初期的介紹，可以參閱黃英哲，〈魯迅思想在台灣的傳播，一九四五－四九：試論戰後初期台灣的文化重建與國家認同〉。關於近四十年來官方反魯迅運動的研究，參閱陳芳明，〈魯迅在台灣〉（305–39）。

9 台灣作家在太平洋戰爭期間的抵抗與屈從，已受到學者的廣泛注意。參閱林瑞明〈騷動的靈魂：決戰時期台灣作家與皇民文學〉。

10 對《現代文學》雜誌所造成的廣泛影響，已受到學界的重視：到目前為止已有兩篇碩士論文以《現代文學》做為研究的主題。參閱，沈靜嵐，〈當西風走過：六〇年代《現代文學》派的論述與考察〉；以及林偉淑，〈《現代文學》小說創作及譯介的文學理論的研究〉。

11 關於鄉土文學論戰的始末經過，可參閱陳正醒著，路人譯，〈台灣的鄉土文學論戰〉（上、下）。另外有關論戰的研究，參閱周永芳，〈七十年代台灣鄉土文學論戰研究〉。

12 在研究後殖民主義的西方學者中，對擺脫中心與抵抗文化提倡最力者，首推薩依德（Edward Said）無疑（Said 1978, 1993）。

13 以後殖民理論來討論台灣文學的學者，日漸增加，其中值得注意者，當推邱貴芬的研究。參閱她發表的文字：〈「發現台灣」：建構台灣後殖民論述〉、〈想我（自我）放逐的兄弟（姊妹）們：閱讀第二代「外省」（女）作家朱天心〉、〈性別／權力／殖民論述：鄉土文學中的去勢男人〉。

引用書目

Appiah, Kwane Anthony. 1995. "The Postcolonial and the Postmodernin." *The Postcolonial Reader*. Eds. Bill Asenoft Gareth Griffiths & Helen Tiffin. New York: Routledge.

Blusse, Leonard. 1995. "Retribution and Remorse: The Interaction between the Administration and the Protestant Mission in Early Colonial Formosa." *After Colonialism: Imperial Histories and Postcolonial Displacement*. Ed. Gyan Prakash. Princeton: Princeton UP.

Huyssen, Andreas. 1992. "Mapping the Postmodern." *The Post Modern Reader*. Ed. Charles Jencks. London: Academy Edifions.

Said, Edward. 1978. *Orientalism*. London: Penguin Books.

——. 1993. *Culture and Imperialism*. New York: Vintage Books.

王拓。1978a。〈「殖民地意願」還是「自主意願」?〉。收入《鄉土文學討論集》。尉天驄編。台北：作者自印。

——。1978b。〈擁抱健康大地〉。收入《鄉土文學討論集》。尉天驄編。台北：作者自印。

王昭文。1991。〈日治末期台灣的知識社群（一九四〇—一九四五）：《文藝台灣》、《台灣文學》及《民俗台灣》三雜誌的歷史研究〉。清華大學歷史研究所碩士論文（1991.7）。

白先勇著。周兆祥譯。1976。〈流浪的中國人：台灣小說的放逐主題〉。香港《明報月刊》（1976.1）。

呂正惠。1988。〈評葉石濤《台灣文學史綱》〉。《台灣社會研究季刊》1.1。

宋冬陽（陳芳明）。1988。〈現階段台灣文學本土化的問題〉。《台灣文藝》86（1984）。收入《放膽文章拚命酒》。台北：林白。

尾崎秀樹。1971。〈決戰下台灣文學〉。《舊殖民地文學研究》。東京：勁草書房。

沈靜嵐。1994。〈當西風走過：六〇年代《現代文學》派的論述與考察〉。國立成功大學歷史語言研究所碩士論文。

周永芳。1991。〈七十年代台灣鄉土文學論戰研究〉。文化大學中國文學研究所碩士論文。

孟樊。1995。〈台灣後現代詩的理論與實際〉。《當代台灣新詩理論》。台北：揚智。

孟樊、林燿德編。1990。〈以當代視野書寫八〇年代台灣文學史〉。收入《世紀末偏航》。台北：時報。

林偉淑。1995。〈《現代文學》小說創作及譯介的文學理論的研究〉。國立中山大學中國文學研究所。

林瑞明。1993。〈騷動的靈魂：決戰時期台灣作家與皇民文學〉。收入《日據時期台灣史國際學術研討會論文集》。國立台灣大學歷史學系編。443-61。

邱貴芬。1992。〈「發現台灣」：建構台灣後殖民論述〉。《中外文學》242（1992.7）：151-67。亦見《仲介・台灣女人》。

邱貴芬。1997。

——。1993a。〈想我（自我）放逐的兄弟（姊妹）們：閱讀第二代「外省」（女）作家朱天心〉。《中外文學》255（1993.3）：94–120。亦見《仲介・台灣女人》。邱貴芬。1997。

——。1993b。〈性別／權力／殖民論述：鄉土文學中的去勢男人〉。收入《當代台灣女性文學論》。鄭明俐主編。台北：時報。13–34。亦見《仲介・台灣女人》。邱貴芬。1997。

——。1997。《仲介・台灣女人》。台北：元尊。

垂水千惠著。涂翠花譯。1998。《台灣的日本語文學》。台北：前衛。

施敏輝編。1989。《台灣意識論戰選集》。台北：前衛。

柳書琴。1994。〈戰爭與文壇：日據末期台灣的文學活動〉。國立台灣大學歷史研究所碩士論文（1994.6）。

胡衍南。1992。〈戰後台灣文學史上第一次橫的移植：新的文學史分期法之實驗〉。《台灣文學觀察雜誌》6（1992.9）。

島田謹二。1971。〈台灣文學的過現末〉。原發表於《文藝台灣》2.2（1941）。此處轉引自《舊殖民地文學研究》。尾崎秀樹著。東京：勁草書房。

張恆豪。1995。〈麒麟兒的殘夢：朱點人及其小說〉。原刊於《台灣文藝》105（1987.5）。收入《覺醒的島國》。台南：台南市立文化中心。

許南村（陳映眞）。1978。〈鄉土文學的盲點〉。收入《鄉土文學討論集》。尉天驄編。台北：作者自印。93–99。

陳正醒著。路人譯。1982。〈台灣的鄉土文學論戰〉（上、下）。《暖流》2.2（1982.8）：22–33，2.3（1982.9）：60–71。

陳光興。1990。〈炒作後現代？：評孟樊、羅青、鍾明德的後現代觀〉。《自立早報•自立副刊》（1990.2.23）。

陳芳明。1994。《典範的追求》。台北：聯合文學。

陳昭瑛。1995。〈論台灣的本土化運動：一個文化史的考察〉。《中外文學》23.9（1995.2）。

彭瑞金。1991。《台灣新文學運動四十年》。台北：自立。

彭歌。1978。〈對偏向的警覺〉。收入《鄉土文學討論集》。尉天驄編。台北：作者自印。

黃英哲。1994。〈魯迅思想在台灣的傳播，一九四五—四九：試論戰後初期台灣的文化重建與國家認同〉。宣讀於中央研究院近代史研究所主辦「認同與國家：近代中西歷史的比較學術討論會」（1994.6）。

葉石濤。1978。〈台灣鄉土文學史導論〉。收入《鄉土文學討論集》。尉天驄編。台北：作者自印。69–92。

——。1987。《台灣文學史綱》。高雄：文學界。

葉寄民。1995。〈日據時代的「外地文學」論考〉。《思與言》32.2（1995.6）：307–28。

廖咸浩。1996。〈複眼觀花，複音歌唱：八十四年短篇小說的後現代風貌〉。收入《八十四年短篇小說選》。廖咸浩編。台北：爾雅。

廖炳惠。1994。〈在台灣談後現代與後殖民論述〉。《回顧現代：後現代與後殖民論文集》。台北：麥田。

劉登翰、莊明萱、黃重添、林承璜等主編。1991。《台灣文學史》上卷。福州：海峽文藝。

謝春馨。1994。〈八十年代初期台灣文學論戰之探討〉。《台灣文學觀察雜誌》9: 51–63。

羅青。1989。〈台灣地區的後現代狀況〉。《什麼是後現代主義》。台北：五四書店。

關傑明。1976a。〈中國現代詩的困境〉。收入《現代文學的考察》。趙知悌編著。台北：遠行。

——。1976b。〈再談中國現代詩〉。收入《現代文學的考察》。趙知悌編著。台北：遠行。

國族論述與鄉土修辭

王德威

一九七七年的五月，葉石濤先生在《夏潮》雜誌發表〈台灣鄉土文學史導論〉，揭櫫以台灣爲座標的創作方向。在文章中，葉強調「所謂台灣鄉土文學應該是台灣人（居住在台灣的漢民族及原住民居民）所寫的文章」；「台灣的鄉土文學應該是以『台灣爲中心』寫出來的作品；換言之，它應該是站在台灣的立場上來透視整個世界的作品。」（1981: 72）導論出現的前一年，有關鄉土文學的定義之爭，已經展開（葉石濤 1988: 144；游勝冠 291–306）。但葉石濤的輩分及見識，使他的文章別有分量。以後的幾個月裏，批駁及響應的聲音層出不窮，而且越演越烈，終於得勞駕當時的總統嚴家淦下詔定奪（葉石濤 1988: 149）。到了一九七八年一月，國軍文藝大會召開，王昇出面提倡「純正」的鄉土文學（葉石濤 1988: 149），一場紛爭，暫時落幕。

我們今天回顧這場台灣文學的路線之爭，謂之爲「鄉土文學論戰」。有心之人更早已指出這場論戰對台灣文化、政治的深遠影響（陳芳明 1996: 25–29；彭瑞金 1995: 25）。經此一役，台灣、本土，甚至獨立建國等字眼都逐漸浮出枱面——當年的禁忌正是眼前的圖騰。談文學與政治的交相爲用，這眞是再好不過的教材。然而檢視（論）戰後二十年的文學生態，我們卻發現以「鄉土」爲名所開出的新局，其實頗有始料未及的發展。當時的數項主要話題如：鄉土與國家的對應；現實主義與現代主義頡頏；以及文學創作與文學歷史的關係，都呈現峯迴路轉的變貌。憑著這些變貌，我們對鄉土論戰的洞見與不見，或許倒可產生一些後見之明。

一

鄉土文學論戰自始即在國族論述的大纛下進行。而二十年後，獨立建國的呼聲方興未艾，學者從彭瑞金到陳芳明都已點明論戰對台灣自主及自決意識的樞紐意義（彭瑞金 1991；施敏輝；陳芳明 1994: 238–40）。話說回頭，一九七一年的保衛釣魚台運動，揭起了又一波民族主義熱潮，也間接觸動我們重新想像鄉土的契機。來年關傑明、唐文標及尉天驄等挾民族文化意識圍剿現代詩，引起廣大回響，畢竟事出有因（關傑明 140–45；尉天驄；唐文標）。一九七八年美國承認中共，中央民代選舉無限制又延期。島內異議活動山雨欲來，鄉土論戰的要角紛紛上陣。七九年十月的捉放陳映眞，以及年底王拓、楊青矗因美麗島事件鋃鐺入獄，適足以說明論戰的政治魅力與壓力。

土地與國家的相生共存，是現代國族論述的中心意旨。鄉土文學在七〇年代動見觀瞻，即在於國土與鄉土的所有權及命名權上，產生歧義。葉石濤的〈導論〉強調以「台灣爲中心」的書寫觀點，引來朱西甯的抗議：「這片曾被日本占據經營了半個世紀的鄉土，其對民族文化的忠誠度和精純度如何？」(219) 另一方面，陳映眞自左翼立場，抨擊葉「忽略了和台灣反帝、反封建的民族、社會、政治和文學運動不可分割的、以中國爲取向的民族主義的性質」(許南村 93)。而王拓則以社會改革者的姿態，宣示「以現實主義」文學取代「鄉土文學」(100–19)。循此游勝冠區分了三種各有所偏的鄉土文學論述路線：以葉爲代表的傳統台灣文學本土論，以陳爲代表的民族文學論，和以王爲代表的現實主義文學論（300）。

這三種論述路線合縱連橫，衍生的種種支持者及反對者可謂族繁不及備載。無論左右，它們共同的抨擊目標是現代主義文學，但眞正隱而不宣的對頭實是國民黨官方文工機器。果不其然，主流評者作家見招拆招。最有名的是彭歌〈不談人性，何有文學？〉一文，指責王拓、陳映眞等人的論點以階級是尙，沒有「人性」。如此余光中打蛇隨棍上，大呼「狼來了」，咬定鄉土文學就是工農兵文藝：「北京未聞有『三民主義文學』，台北街頭可見『工農兵文藝』。」（彭歌 245–63；余光中 264–70）。紅帽子一出，一時人人自危。七七年八月劍潭第二次文藝會談，總統嚴家淦宣示國家三民主義文藝政策；七八年一月國家文藝大會王昇大談「團結鄉土」（葉石濤 1988: 149）。官方的聲音沛然莫之能禦，鄉土文學論戰必得偃旗息鼓。

但果眞是這樣麼？論戰十年後，黨禁開放，戒嚴解除。新馬老馬、台獨獨台，百花齊放，好不炫人耳目。那場鄉土論戰如今看來倒好像有點小題大作了。也正因此，我們反能看出歷史的弔詭。人事的浮沉不論，我要說被鄉土主義者拿來當標靶的現代主義，並未從此一蹶不振，下文當再論及。反倒是「鄉土」本身如何重新定義，成爲作家的一大考驗。當論戰已漸被「正史化」，成爲台灣新興民族論述的里程碑，「鄉土」一詞所曾觸發的想像空間反逐漸縮小。這使我再思當年鄉土論者的立場是否與官方那麼涇渭分明；「敵」與「我」的政治前提也許迴不相同，但何以修辭的策略與辯論的架構卻是亦步亦趨？「鄉土」成爲台灣文學史最重要的隱喩，彷彿透過了這個隱喩，國家烏托邦也就儼然在望。

土地與國家的辯證，在十九世紀來西方國族論述中屢見不鮮。法國的何農（E. Renan, 1823–1892）推出選擇論，強調「遺忘」是現代國家的建構本質。經過（創造性的？）遺忘，國家誕生時的暴力、種族社群、語言及宗教等依歸，乃被透明化。所謂的國家，「是一種精神」。相對於此，巴黑斯（M. Barres, 1862–1923）則提倡決定論，認爲遺傳、環境及種族譜系對國家的必然影響。「血液的音聲」及「鄉土本能」，構成了國家民族主義的兩大核心（Snyder 253–65；陳傳興 45–62）。而泰納（H. Taine, 1828

–1893）早在一八六四年就倡導國家文學史的三大要素：種族、環境及時代（481–93）。在後殖民主義盛行的今天，這些立論已是老生常譚。但擺在台灣鄉土論戰及其後的語境裏，它們不但歷久而彌新，而且竟能凸顯官方及其反對者間的底線，何其一致。

試看林央敏申論台灣民族文學的內涵：「是本著台灣人意識，站在台灣人立場的社會寫實主義文學。這裏的所謂的『台灣人』是台灣民族中的台灣人。」（1988）林衡哲則認爲「台灣作家業已建立了自己獨特的新文學傳統，他們的作品都是在反映台灣社會的現實。有一位名小說家……說：『台灣雖然在政治上還未獨立，但在文學上早就獨立了。』」（421–22）或如趙天儀的說法：「台灣文學不在大陸生根，沒有全中國的生活，如何可以說是中國文學？根本沒有中國的風土和中國的經驗……如何去代表大陸文學？」（421–22）這些議論成於八〇年代後，卻不妨看做是葉石濤早於一九六五年發表的〈台灣的鄉土文學〉的回響：「由於本省過去特殊的歷史背景，亞熱帶的颱風圈內的風土，日本人留下來的語言與文化的痕跡，同大陸隔開，在孤立的狀態下所形成的風俗習慣等，並不完全和大陸一樣。生爲一個作家不就是豐富的題材嗎？」（葉石濤 1996: 170）。

我無意反對這些論者的國族政治立場。值得注意的是，在他們熱烈等同鄉土與國土的過程中，鄉土文學如何被抬舉成爲一種召喚國族精神的神祕訊號，又如何被解釋爲反映歷史現實的自然結果——它既是先驗的，也是後設的。夾雜其中，文學做爲一種**社會象徵**媒介的動能性（agency），反而被忽略了。在爾後一片追逐台灣民族、政治主體性的口號中，鄉土文學首當其衝，被物化爲一種著毋庸議的標記。這倒使我們懷念論戰期間，各路人馬對「鄉土」所投擲的種種欲望座標，及所（刻意）創造的種種詮釋性模糊。

歸根究柢，台灣鄉土／國族論述威權的對立，國民黨其實是始作俑者。五〇年代的反共懷鄉文學，以千言萬語成就了大量紙上故鄉；海那邊的土地爲寫作的合法及合理性奠定基礎。曾幾何時，他鄉已換做此鄉。鄉愁的位移，正點明了國族法統的今非昔比。但眞正的諷刺是，親官方的話語竟可嫁接到本土派的脈絡中。張忠棟曾疾呼：「鄉土與民族，兩者密不可分，沒有了鄉土的民族，是無根的民族……沒有民族的鄉土，是無人耕耘的鄉土。」（496）[2]王昇則斷言：「愛鄉土是人類自然的感情，鄉土之愛，擴大了就是國家之愛，民族之愛。」（葉石濤 1988: 149）如果抹去發言者的身分及發言的上下文，我們大可視爲支持台灣鄉土／國族的宣示。而朱西甯那句「對民族文化的忠誠度和精純度如何」的名言，不也正是今天獨派血統論者念茲在茲的問題麼？

近年來學界對國家建構的討論所在多有，而以安德森（Anderson）「想像的群聚」（imagined community）一說，最爲引起爭論（Anderson 1991; Gellner 1983）安德森正視組成國家的**人爲**因素，尤其強調國族想像及傳播的重要性。換句話說，國家的建立與成長，少不了土地、政教、族裔或經濟的先決條件，但談到「國魂」、「國格」、「國體」的塑造，我們不能不提想像之必要、文學之必要。循此理路百年前法國的方法[3]。台灣本土派的學者爲了撇淸與大陸及國、共政權的關係，極力強調外來勢力對這塊土地及（文學）歷史的僭越。按照以上的說法，他（她）們大可以說「中國」做爲政治實體，從來就不能排除想像群聚的層面；而鄉土與國族間的關係未嘗不可視爲一種「文學」關係。台灣脫離中國因此不必沾染原罪色彩，而是一「創造性遺忘」的開始。但反過來看，如果中國敘述只是個虛構，尙待開啓的台灣國敘述也難逃同一邏輯，也必須接受「想像的群聚」的國格檢驗。

面對這一兩難，也許察特基（Chatterjee）的意見可以借鏡。我們與其把國族論述中的鄉土「主題化」（thematicize），不如將其「問題化」（problematize）（Chatterjee 38–39）。「主題化」意味著照本宣科，將殖民者、宗主國的鄉土話語套用在另一歷史情境中演義。「問題化」則意味著鄉土想像及論述絕不視爲當然，從而勘破鄉土與國族間的權宜性。八〇年代以來，反統一的學者作家亟亟將台灣鄉土文學晉級爲台灣國土文學時，他（她）們的述作中已形成一種另類一統思想。國家起落的神話，我們見得多了。倒是有「問題意識」的鄉土論者正應反其道而行。台灣論述如何擺脫中國論述的文類及修辭方式？鄉土文學如何避免成爲國家文學的附庸？鄉土文學如何落實在局部化及區域化 (localize) 的課題上？都是可以持續思考的問題。學者杜贊奇（Duhara）強調「將歷史自國家（霸權論述）中拯救出來」，立意亦即在此（Duhara 1995）。

半個多世紀以前，毛澤東大談「中國氣派、中國作風」的文藝，開宗明義即乞靈於鄉土。今天早已過了戴紅帽子的時代。但如果有一群倡導「台灣氣派、台灣風格」的作家論者，仍自動自發要爲台灣文學量身訂做一套鄉土教條，那將不啻爲現代中國文學史最大的反諷。

二

鄉土文學論戰中，各派雖有路線之爭，但對文學風格的堅持，卻是有志一同。寫實或現實主義成爲再現鄉情懷，傳達永恆人性的法寶。與此相對，現代主義則成爲眾矢之的。如前所述，一九七二年一場現代詩的論戰，現代主義的發展，已經受到挑戰。關傑明在《中國時報》的專文首先發難，指出現代詩自外於傳統，徒以西化爲能事：「一個民族的想像加和藝術都植根於兩處：他們的過去和他們的現在，由此才能產生他們的未來。」（游勝冠 288）其後《文季》中，唐文標指斥詩人爲「帝國主義的文化買辦」，尉天驄則以歐陽子小說爲例，猛批「病態的現代主義」（游勝冠 288）。

現代主義在台灣興起的來龍去脈，已多有學者論之（Chang 1993）。五〇年代末期以來，現代派作者爲單調的創作環境另闢蹊徑，使台灣文學徒然更新。但到了七〇年代，現代主義已與抄襲西學、自我陷溺以及追求形式等貶詞相互看齊。以階級論出發的陳映眞、王拓，以本土論是尚的葉石濤，甚至打著中華文化復興的官方論著，都對現代主義怒目相向。而征服「現代」的良方，端在「寫實」。寫實意味著以藝術反映人生，以人性深度凌駕虛浮形式，以鄉土及民族大義召喚個人回歸。

任何對現代中國文學史稍有涉獵的讀者，不會對鄉土加寫實的信條陌生。五四以來，寫實主義就是文學主流，三〇年代後雖由左翼作家改了名號叫現實主義，骨子裏的特色卻有跡可循。寫實／現實主義作家信仰文字達意表象的模擬功能，並且堅持誠於中形於外的內爍說法。他（她）們力求客觀無我，但一股原道精神——不論是爲人性、爲主義、還是爲國家原道——總是呼之欲出。而與此原道精神相互輝映的，正是原鄉敍述。我在他處已經談過，故鄉以其似近實遠的時間位置，去而難返的記憶渴望，恰爲寫實及現實文學的論式，提供最佳場景。地理上的尋根懷鄉與義理上的探本溯源相輔相成，形成文學史上一次又一次的鄉土熱潮（Wang 1992；王德威 249–78；呂正惠 49–74）。

鄉土文學論戰以前，本土作家如王禎和、黃春明、王拓已推出不少佳作。青蕃公金水嬸、來春姨阿緞嫂，小地方小人物充斥眼前，好不令人親切。這股熱潮在論戰後依然持續，而且紛紛贏得主流大獎，洪醒夫（〈散戲〉）、履彊（〈楊桃樹〉）、廖蕾夫（〈隔壁親家〉）、詹明儒（〈進香〉）等皆可爲例。儘管楊照認爲此時的鄉土寫作已被「收編」（1995: 142），事實上見解「獨」到的宋澤萊、林雙不等依然創作不斷，李喬的《寒夜三部曲》也堂堂推出。到了九〇年代，更有像東方白的超級長篇《浪淘沙》問世。這類大河小說隨著時間緩慢的推衍，述說家史國史，有血有淚，眞是對極了鄉土／寫實作家的胃口。寫作與生命至此合而爲一。

但從世紀末的角度回顧，鄉土／寫實型的作品遠不如論戰前引人注目。文學市場的品味及機制改變只是最淺顯的原因。鄉土／寫實主義內蘊的弔詭，恐怕才更值得注意。坐而言不如起而行，原鄉原道的作家由述寫現實到披掛上陣、改革現實，其實是將他們的文學理想推到極致。另一方面，由原鄉及原道所喚發的眞理，也注定與駁雜變易的現實產生齟齬。當鄉土本身已經發生劇變，對某一類型鄉土敍述的執著，反而成爲部分鄉土作家最後的鄉愁。

就此我無意暗示鄉土文學已勢不可爲。恰恰相反，就像寫實主義來到中國前，中國傳統文學已不乏各種寫實方法，鄉土文學在論戰後二十年，我們似乎可以擺脫想當然耳的口號教條，再抒新機。這使我們必須正視鄉土／寫實主義與現代主義間的轇轕。現代主義一向被認爲是舶來的、都會的、個人主義的文學形式，因此不足爲訓。但回顧鄉土文學的重要作者，從黃春明、王禎和、陳映眞，到宋澤萊，無不曾受到現代主義的洗禮（Chang 1993）。他們日後的回返鄉土，與其說是返璞歸眞，倒更不如說是爲台灣鄉土文學「現代」化歷程，做了最有趣的現身說法。

如果我們把現代文學看做是六〇年代作家思考、定義台灣現代性的嘗試；鄉土文學則不妨視爲七〇年代另一階段表徵。「現代」的定義從來莫衷一是，但基調皆出自對時間斷裂的危機感，對主體失落的曖昧鄉愁。「現代」對時間（傳統）的否定，正出於對道統、意義存亡絕續的焦慮（Calinescu 1987）。誠如張誦聖指出，當現代主義落實在台灣土地上，已無可避免的被斯時斯地本土化了（Chang chaps. 1-2）。王文興、七等生、歐陽子也許都蒼白而「現代」，卻無礙他（她）們投射一個台灣世代的想像氛圍，與鄉土作家之於七〇年代，一點不多，一點不少。可怪的是，評家論者對文學「現代性」或「現代化」的追求，居之不疑，對「現代主義」卻難以認同。而我們記得，寫實／現實主義原也不全是本土特產，也曾是進口的文學舶來品[4]。

我曾以「想像的鄉愁」（imaginary nostalgia）一詞，說明三〇年代以來鄉土論述的特色。我以爲文學中的「故鄉」不僅是一地理上的位置，「也更代表作家（及未必與作家誼屬同鄉的讀者）所嚮往的生活意義源頭，以及啓動作品敍事力量的關鍵。」（249–50）鄉土論述競相標榜寫實／現實風格時，已經內蘊另一種神話。故鄉之成爲「故」鄉，必須透露似近實遠，既親且疏的浪漫想像魅力；閃爍其下的因此竟有一股「異鄉」情調。除此，原鄉主題不只述說時間流逝的故事而已；由過去找尋現在，就回憶敷衍現實，時序錯置（anachronism）成爲照映今與昔、傳統與現代衝突間的必要手段。相對於此，空間位移（displacement）不只指明原鄉作者的經驗狀況——「故鄉」意義的產生肇因於故鄉的失落或改變，也尤其暗示原鄉敍述行爲的癥結。敍述的本身即是一連串「鄉」之神話的移轉、置換及再生（王德威 249–50）。

以「想像」或「神話」來定義鄉土情結，我並不否定歷史經驗的重要性。事實上，恰是因爲特定歷史經驗的使然，使我們必須正視鄉土如何被想像，怎樣神話化。如第一節所述，七〇年代鄉土論戰的焦點，從國族地位的再思到地方意識的塑立，從民情采風到風土特寫，正是台灣追求後殖民現代性的重要表現。如果前述的現代主義強調與過去的斷裂，鄉土論述則亟亟於對過去的贖回或接駁，兩者恰是一體之兩面。問題是，台灣現代主義對傳統的決裂，不論在意識形態或美學方法上，並不徹底，而鄉土論述的接駁工作也同樣是鑿痕處處。鄉土與現代的參差對照，忸怩齟齬，形成台灣現代文學最可貴的經驗。用施淑的話來說：

> 「無根的」現代主義到「回歸現實」的鄉土文學……都誕生於台灣歷史的黑暗時刻，都成長於台灣社會發展的危機階段，而且都是在逐一清除歷史的沉渣，逐一彰顯向現代化走去的台灣的現實難題的同時，發展和建立一個對立於體制，而且不妥協於現狀的文學傳統。這異端的聲音留給現當代台灣文學一個認識上和認同上的難題：現實台灣，是否存在於必從時間中搶救回來的過去？

抑或想像中的未來在現實中的投影？（1994: 258–59）

無獨有偶的，台灣的現代／鄉土／寫實現實主義之爭，在八〇年代的大陸文學中重又出現。彼時傷痕文學、反思文學固然提供大陸作家、讀者一個反思歷史，控訴不義的機會。但是是在朦朧詩、荒謬劇場以及「垮掉的一代」的寫作中，作家久被禁錮的創作力才得以解放，對歷史、政治大敘述的批判，才更見機鋒。八〇年代初以來的現代主義論述如雨後春筍，終於引起官方作家、主流意識發言者的反彈，也不令人意外。有關現代主義該不該、好不好、要不要的辯論一直要鬧到八八年「僞現代主義論爭」，才告收場[5]。與此同時，尋根文學沛然興起。作家如阿城、韓少功等尋找「我的根」之際，似乎與現代主義分道揚鑣。今天看來，他們卻是秉持了現代主義的精神，與傳統對話。尋根作家描寫的鄉土不僅是他（她）們所敷衍的民情風俗、野趣鄉愁，既使我們發思舊之幽情，也使我們猶豫不安：紙上文章與歷史經驗的落差，何以如是！尋根文學看似保守，實則激越。更重要的是，作家各依意識形態及美學觀念的依歸，發展了極不同的出路。張承志日後成了國家／宗教（回教）的原教義派信徒（《心靈史》、《金草地》），莫言則放肆鄉土想像，寫出奇詭瑰麗的狂想曲（《紅高粱家族》、《酒國》），韓少功以寓言形式鑽研楚文化的幽暗面（《女女女》、《馬橋辭典》），李銳則以最露骨寫實方法暴露黃土文明的荒涼（《無風之樹》、《萬里無雲》）。尋根運動與先鋒文學交互接力，不是偶然。明乎此，我們回過頭來看台灣的現代與鄉土文學之爭，或許更能添一層向度。

三

一九三〇年黃石輝在《伍人報》發表〈怎樣不提倡台灣鄉土文學〉，首爲台灣鄉土論述，寫下開宗明義的先聲（游勝冠 43）。比起魯迅在《中國新文學大系》裏對鄉土文學的形式探索，還早了五年（魯迅 9）。七〇年代以來，本土論著努力建構一套有關鄉土文學的正宗歷史。從大師到傑作、從論爭到血淚，無一不備。映照本文第一段的議論，鄉土（文學）歷史的書寫，成爲國家欲望的熱身運動。寫歷史，不是只記起（或遺忘）特定往事，也更是租賃未來。

所幸文學不必是文學史的總結，作家的心眼永遠超過史家的見識。看看論戰以後的二十年，有哪些鄉土大師的作品產生了可疑的雜音？那些「不像」鄉土文學的作品卻也鄉土得緊，其實比依著四平八穩的歷史記載更爲有趣。觀察這些現象或許使我們對台灣當代鄉土文學何去何從，多所認識。

李喬的《寒夜三部曲》以台灣先民渡海而來，百年墾殖爲經、家族鄉黨悲歡離合爲緯，爲大河小說樹立了又一典範。如前所述，這型小說突出大時代與小人物，漫長的時間、淋漓的血淚，正與國族論述所需的開國史話不謀而合。《寒夜》長則長矣，但比起姚嘉文的《台灣七色記》與東方白的《浪淘沙》，則未免是小巫見大巫。姚嘉文是政治人物，因美麗島事件入獄後，有了小說創作欲望，而又有什麼題材比寫先民開拓史更來勁？東方白長年寄居海外，傾全力經營《浪淘沙》，差點毀了健康。這兩本小說寫得實在不能說好，後起之秀楊照已有評論在案（1994: 188–89）。但值得注意的是，兩作作者將小說政治與身體政治（body politics）的互相爲用，做了最戲劇化表白。姚嘉文身陷囹圄的吶喊、東方白纏綿病榻的演義——「發憤著書」，眞是莫此爲甚。這些作家如何創作，而非創作本身，才應是評者大作文章的對象。大河小說以長取勝，獻身革命運動的同志哪有時間細讀？但是它們的長度，不，體積，已形成紀念碑的意義，早爲下個階段的台灣鄉土／國族書寫，占下一席之地。

鄉土論戰後，王拓及楊青矗投律從政，並因此付出極大代價。在這一方面，他們的先驅者是陳映眞。前此我已提議，這些作家因政治而放棄文學，與其說是政治的魅力使然，倒不如說是他們的文學信仰必定衍生的結果。為「被侮辱及被損害者」而寫作，為現實人生的不公不義而抗爭，文學不過是中介而已。究其極，他們是三〇年代「感時憂國」傳統的海外傳人。即便如是，八〇年代陳映眞牛刀小試，已寫出極受好評的〈山路〉、〈玲瓏花〉、〈趙南棟〉三部曲。他以抒情格調敘述一代台灣左翼革命分子的崛起與殞落，眞誠撼人。藉此陳寄託他個人的意識形態塊壘，但我仍要說，三部作品之所以與眾不同，除了理念告白外，更是因為一股淡淡頹廢風格，縈繞不去（施淑 1997: 166–80）。〈山路〉中的老婦厭食而死，〈趙南棟〉中老去的革命同伴力救浪子，既是荒謬的堅持，也是忘我的陷溺。現代主義的幽靈，何曾遠離陳映眞左右？

未來的台灣鄉土文學史一定不會忘掉宋澤萊與林雙不。兩人其生也晚，沒趕上六、七〇年代之交的鄉土創作高潮。那個時候宋澤萊叫廖偉峻，林雙不又名碧竹。兩人的前世今生，已經是極有趣的研究題目。我們今天談宋、林的作品，多集中在〈打牛湳村〉、〈變遷的牛眺灣〉、〈笱農林金樹〉、〈黃素小編年〉等。但這類作品再怎麼好，也無非重複我們已然熟悉的話題形式。我以為宋對鄉土文學的突破，是他所無意（？）流露的鬼魅（gothic）也似的視景，以及充滿精神官能症狀的狂想。《蓬萊誌異》那三十幾個短篇，宋自謂是自然主義的控訴，我卻看到極悲涼也極風格化的台灣怪談——宋選擇「誌異」為名，正是名實相稱（261–63）。宋以河洛語寫〈抗暴的打貓市〉，勇於嘗試語言實驗，而他的《廢墟台灣》則是少見的政治科幻寓言。九〇年代的《血色蝙蝠降臨的城市》，誇張一個異象叢生的腐敗社會，充滿天啓及天譴的意象，也提醒我們宋在廖偉峻時代的〈紅樓舊事〉等作。以高標準來看，宋澤萊的作品缺點不少，然而他的異類文類及文字想像為他的政治視景，提供極有力註解。

林雙不的作品素有主義先行的詬病。在八〇年代鄉土作家徬徨吶喊、涕淚飄零中，他的《決戰星期五》卻是異軍突起。這部以中學為背景的小說，講外省校長當政、控制師生如廁權的故事，一望即是淺白的政治寓言。但林雙不敷演校內的水肥之戰，眞是異香撲鼻，斯文掃地。吃喝事小、拉撒事大，身體的戰場是政治鬥爭的前哨。林以充滿嘲謔的笑，而不是淚，批評一個新陳代謝有問題的政權。在這方面，王禎和《玫瑰玫瑰我愛你》更上層樓。從六〇年代末，王的作品結合現代與鄉土，屢有佳作。《玫瑰》寫越戰期間吧女苦練英文，迎接度假美軍，爲國獻身，力闖錢線。小說不談高調，專從語言的轉嫁雜交下手，一方面寫出台灣（政經）半殖民的況味，一方面揶揄了國體、身體與文體間的紊亂關係。王禎和不幸早逝，但他嬉笑怒罵的鄉土（？）風格還算後繼有人，吳錦發（《春秋茶室》）、王湘琦（〈沒卵頭家〉）都曾受到期待，同是花蓮來的林宜澐則後勁看好[6]。

鄉土傳統裏「偉大母親」的原型角色，到了九〇年代依然健在[7]。蔡素芬的《鹽田兒女》寫得四平八穩，可以爲例。對比之下，陳燁的《泥河》果然就不夠「純情」。小說寫一個台南家族不堪回首的二二八創痕，親人間的誤解與背叛，而故事的焦點就是個言行情性不一的母親。女性作家寫鄉土素材，當然可以別有所圖；女性的議題也不必化約到國族血淚外加母性光輝上。這使李昂的《殺夫》變得問題叢生。小說白描日據末期的小鎭人情，算是夠鄉土了。但李昂的重點顯然是性別而非國族之間的對抗。即使她九〇年代的《迷園》也是在性與政治之間擺動，莫衷一是。九〇年代性別主義大行其道，引來不少老牌作家側目。我要說當「鄉土」終能包容這塊土地上的種種而非一種現象，或「寫實／現實」可以呈現狹隘定義以外的現實，台灣定位的文學才能成其大統。

由此我們對蕭麗紅這樣的作家，也許有更多擔待。蕭一九八〇年的《千江有水千江月》寫盡台灣世家的禮俗，草地兒女的深情。我們讚美蕭的鄉土情懷同時，不會忘記她與三三集刊往來，師事胡蘭成學說的往事。她的「華族」情結隨處可見，而她嚮往的禮樂情緣，溫柔敦厚，恰與李昂那樣的男女關係，背道而馳。九六年蕭麗紅推出《白水湖春夢》，觸及當年不可言說的政治禁忌，而在鋪陳上也多了一分本土政治正確性的自省。但蕭的寄託是她對宗教的啓悟。一心要鬧革命的讀者看了也許不會過癮，我卻以爲蕭的做法無可厚非。女作家有李昂穿刺欲望的政治，就有如蕭麗紅者超政治所挾來的色相牽扯。她們所形成的宗教與世俗的對話，其實在當代男性鄉土是尙的作家中，尙不多見。

未來鄉土文學史對原住民文學的定位，也應爲強調本源論及血統論的作家評者，提供一不同思考空間。從瓦歷斯・諾幹到夏曼・藍波安，從〈拓拔斯・塔瑪匹瑪〉到《冷海情深》，原住民的文學方興未艾，近年孫大川所策畫的原住民各族裔文學選尤見規模（孫大川 1993）。除了描寫迥不相同的生活經驗外，原住民文學在族裔身分的認同、語言使用的流變、以至面對漢化霸權壓力下的因應，其實都是鄉土論述問題具體而微的再現。但除了對「少數族群」賦與口惠的支持，我們在大談回歸（也許原來並不屬於我們的）本土時，對自己的發言立場，無論統獨，又有多少謙卑的自省呢？

對鄉土文學論述最終的挑戰，還是來自形式。論戰二十年後台灣文學生態丕變，我們由文學解讀歷史的立場也隨之不斷挪移。但不論是創作素材的改換或閱讀方法的更迭，形式（從修辭到「市場包裝」）依然是試探我們品味與史觀的重要起點。所謂現代主義才有的「美學偏執」，其實從未在「鄉土」地平線上消失。推陳出新，原是文學性的本色。當林燿德寫出《一九四七高砂百合》，他是以後現代技巧向鄉土文學致意。小說不寫二二八事件的史實，而寫事件前夕，不同族群的角色的複雜心事。全作以拼貼、臆想史實爲能事，主要在以後見之明的角度爲事件的前置原因，加以重構。這本小說的成績見仁見智，林的用心不可小覷。又如楊照常被討論的〈黯魂〉，藉魔幻寫實誇張歷史宿命及「原（無）罪」的道義負擔，循徊不已。大河小說常用的三代傳承公式，在此被悄悄解構。至於李渝的〈夜琴〉以詩般文字彌補傷痕敍述的久缺，舞鶴的〈報告〉嘲仿官方調查、壓抑歷史事件的官樣文章，都是極見創意的做法。而藍博洲的〈幌馬車之歌〉糅合歷史與虛構、報導文學與小說創作，拼湊一代台籍共產志士的革命與就義經過，出虛入實，恰反照歷史事件本身的曖昧性。

比上述更激進的，至少還包括了李永平的《吉陵春秋》。這裏的鄉土背景終成爲一種符號。李的吉陵鎭既有南國情調，也富北地風采：是台灣、是大陸、還是李在大馬的僑居地，讓人摸不清頭緒。而小說背景的「共通」性，不啻暴露各地、各種鄉土寫作的特徵，原本是可以互通有無、是可以習而得之的。舒國治的〈村人遇難記〉則以寓言形式，嘲弄了原鄉情結的純粹性。故事中的陌生人來到一個小村外圍，停駐竟日無所動靜。陌生人的出現，引來村人焦慮揣測、團結分化、攻擊自衛各項反映。因爲陌生人，村人開始思考自己空間的界限、關係及「主體性」。當陌生人悄然消失了，村中又回復往常，但一點不安的自覺，似再難消失。所謂「鄉土」情懷或於焉而起？

葉石濤在《台灣文學史綱》寫道，「一進八〇年代，鄉土文學的名稱已被丟棄，改稱爲台灣文學，呈現了多元和嶄新的面貌。」（葉石濤 1988: 150）誠哉斯言。但葉的觀察也無意觸及鄉土文學論戰的痛處。到底鄉土是原鄉者的寄託，還是國族建構者的隱喻？是根深柢固的原型，還是用過即丟的文類？在九〇年代末在在值得重新思考。如果八〇年代後的鄉土／台灣文學的確呈現「多元和嶄新」的面貌，以上一些作品及詮釋，正應是促成鄉土想像多元和嶄新的可能因素。但面對似已成獨沽一味的本土、在地論述，我恐怕不少作品或閱讀方式，像是探親「還鄉」文學、馬華「鄉土」小說及其他另類鄉土寫作，還是要被擠到鄉土邊緣或以外吧？

1 另見龔鵬程的批評，〈本土化迷思：文學與社會〉。

2 可以深思的是張忠棟日後加入民進黨，立場恰與爲此文時相反，而九七年他又已經退黨。

3 參見Homi K. Bhabha, ed., *Nation and Narration*中的文章，尤其是Bhabha, Timothy Brennan, Doris Sommer的立論。

4 見Wang, Fictional Realism第二章有關矛盾與寫實與自然主義的討論。

5 對大陸現代主義論戰的解析，參看王瑾（Jing Wang）的近著 *High Cultural Fever: Politics, Aesthetics, and Ideology in Deng's China*。

6 林宜澐已出版《人人愛讀喜劇》、《藍色玫瑰》、《惡魚》三書。

7 這當然是國家與與後殖民敍事學的主要動機。見R. Radhakrishnan, "Nationalism, Gender, and the Narrative of Identity"。又見Rey Chow, *Primitive Passions*。

引文書目

Anderson, Benedict. 1991. *Imagined Communities: Reflections on the Origins and Spread of Nationalism*. London: Verso.

Bhabha, Homi K., ed. 1990. *Nation and Narration*. London: Routledge.

Calinescu, Matei. 1987. *Five Faces of Modernity*. Durham, N. C.: Duke UP. Chap. 1.

Chang, Shung-sheng Yvonne.1993. *Modernism and the Nativist Resistance: Contemporary Chinese Fiction from Taiwan*. Durham: Duke UP.

Chatterjee, Partha. 1986. *Nationalist Thought and the Colonial World*. London: Zed.

Chow, Rey. 1995. *Primitive Passions*. N. Y.: Columbia U.

Duhara, Prasenjit. 1995. *Rescuing History from the Nation: Questioning Narratives of Modern China*. Chicago: U of Chicago P. Chaps. 1-2.

Gellner, Ernest. 1983. *Nations and Nationalism*. Ithaca, N. Y.: Cornell UP.

Radhakrishnan, R. "Nationalism, Gender, and the Narrative of Identity." *Nationalisms and Sexualities*. 78–95.

Snyder, Louis. 1983. "Nationalism and the Flawed Concept of Ethnicity." *Canadian Review of Studies in Nationalism*. 10.2.

Taine. Hippolyte A. 1962. "Race, Surroundings, Epoch." *Literary Criticism: Pope to Croce*. Eds. Gay W. Allen and Harry H. Clark. Detroit: Wayne State UP.

Wang, David D. W. 1992. *Fictional Realism in 20th-Century China: Mao Dun, Lao She, Shen Congwen*. N. Y.: Columbia UP. Chap. 7.

Wang, Jing. 1996. *High Cultural Fever: Politics, Aesthetics, and Ideology in Deng's China*. Berkeley: U of California P. Chap. 4.

王拓。1981。〈是「現實主義」，不是「鄉土文學」〉。原刊於《仙人掌》2（1977.4）。收入《鄉土文學討論集》。尉天驄編。台北：遠景。

王德威。1993。〈原鄉神話的追逐者：沈從文、宋澤萊、莫言、李永平〉。《小說中國》。台北：麥田。

朱西甯。1981。〈回歸何處？如何回歸？〉。《鄉土文學討論集》。尉天驄編。台北：遠景。

余光中。1981。〈狼來了〉。原刊於《聯合報》（1977.8.20）。收入《鄉土文學討論集》。尉天驄編。台北：遠景。

呂正惠。1992。〈七、八〇年代台灣現實主義文學道路〉。《戰後台灣文學經驗》。台北：新地。

林央敏。1988。〈台灣新民族文學的誕生〉。《台灣時報》（1988.5.3–4）。

林衡哲。1996。〈台灣文藝百期感言〉。引自游勝冠《台灣文學本土論的興趣與發展》。台北：前衛。

施敏輝編。1989。《台灣意識論戰選集》。台北：前衛。

施淑。1994。〈現代的鄉土：六、七〇年代台灣文學〉。《從四〇年代到九〇年代》。楊澤編。台北：時報。

——。1997。〈台灣的憂鬱：論陳映真早期小說及其藝術〉。《兩岸文學論集》。台北：新地。

唐文標。1973。〈詩的末落〉。《文季》1（1973.8）。

孫大川。1993。《台灣原住民系列》。台北：晨星。

尉天驄。1973。〈對現代主義的考察：幔幕掩不了汙垢〉。《文季》1（1973.8）。

張忠棟。1981。〈鄉土、民族、自立自強〉。《鄉土文學討論集》。尉天驄編。台北：遠景。

許南村（陳映真）。1981。〈鄉土文學的盲點〉。原刊於《台灣文藝》革新號二期（1977.6）。收入《鄉土文學討論集》。尉天驄編。台北：遠景。

陳芳明。1994。〈撐起九〇年代的旗幟〉。《典範的追求》。台北：聯合文學。

——。1996。〈台灣文學史分期的一個檢討〉。《台灣文學發展現象》。《五〇年來台灣文學研討會論文集》卷二。《文訊》雜誌編。台北：文建會。

陳傳興。1994。〈種族論述與階級書寫〉。《從四〇年代到九〇年代》。楊澤編。台北：時報。

彭瑞金。1991。《台灣新文學運動四〇年》。台北：自立。

——。1995。《台灣文學探索》。台北：前衛。

彭歌。1981。〈不談人性，何有文學?〉。原刊於《聯合報》（1977.8.17-19）。收入《鄉土文學討論集》。尉天驄編。台北：遠景。

游勝冠。1996。《台灣文學本土論的興趣與發展》。台北：前衛。

楊照。1994。〈歷史大河中的悲情〉。《四十年來中國文學》。張寶琴、邵玉銘、瘂弦編。台北：聯合文學。

——。1996。〈從「鄉土寫實」到「超越現實」：八〇年代的台灣小說〉。《台灣文學發展現象》。《五〇年來台灣文學研討會論文集》卷二。《文訊》雜誌編。台北：文建會。

葉石濤。1981。〈台灣鄉土文學史導論〉。發表於《夏潮》雜誌（1977.5）。收入《鄉土文學討論集》。尉天驄編。台北：遠景。

——。1988。《台灣文學史綱》。高雄：文學界。

——。1996。〈台灣的鄉土文學〉。原收於葉《台灣的鄉土文學》。引自游勝冠《台灣文學本土論的興趣與發展》。台北：前衛。

趙天儀。1996。〈論台灣詩的獨特性座談〉發言。引自游勝冠《台灣文學本土論的興趣與發展》。台北：前衛。

魯迅。1935。〈導言〉。《中國新文學大系・小說二集》。上海：良友。

關傑明。1978。〈中國現代詩的困境〉。《現代文學的考察》。趙知悌編。台北：遠景。

龔鵬程。〈本土化迷思：文學與社會〉。《台灣本土化》。11–32。

台灣：後現代或後殖民？

廖炳惠

一九八七年，台灣解嚴之後，文化與社會充滿了多元的變動因素，公共媒體的眾聲喧嘩中，抗爭運動不斷隨著無法預期而又層出不窮的天災人禍、黑金勾結、金融風暴、居家安全、基本人權、國家認同、外交策略、族群資源、政治誠信、性別意識、本土教材、水土保護、暴力侵害、毒品槍械、病變污染等問題，由熱絡轉趨疲軟，從大規模的輿論訴求到自家人內鬥，在這過程之中各種新潮理論風起雲湧，但流行的期限與其適用範圍卻逐漸萎縮，有時甚至成爲特定詮釋社群進行串聯，藉以鞏固本身或排斥他人的論述方便法門。

這十年間，人文社會科學界的大師，紛紛在台灣出現，先是舶來的標籤，很快的，國內的文化人也豪爽地以這種名號自許。在圈子中，相濡以沫。這種情況尤以「後現代」最爲明顯，不僅台灣如此，最近大陸也很可觀[1]。當然，國內、外後現代大師們，如詹明信（Fredric Jameson）、哈山（Ihab Hassan）、羅逖（Richard Rorty）、羅青、林燿德等人的見解，對幫助我們了解台灣之後蔣時期，提供了十分有用的參考架構。不過，八〇年代末期，後現代主義在台灣走紅，進入八、九〇年代，後現代已備受「後後現代」、「酷兒論述」、「後殖民理論」、「後李登輝時代」的挑戰，逐漸式微淪爲昔日黃花。目前，我們對「後現代」，毋寧是以「回顧」的方式，去檢視其文化意涵，雖然國內對這一個思潮的經典翻譯及其深入研究仍不多見[2]。在本文裏，我想提出的是一些相關的問題，諸如：㈠何以有人會認爲「後現代主義」不再適用於環球與本土之文化評論中？㈡台灣是否屬於後殖民情景？㈢必須揚棄後現代，才能談後殖民的問題嗎？㈣有可能重建後現代之批評譜系，以便彌補種族中心論及認知條件之局限？㈤如果當前歐美的後現代與後殖民理論均不確切，無法具體描述台灣社會，這兩種思考方式，能提供什麼借鏡？

事實上，國內、外學者質疑後現代主義的適用時，往往將後現代假定為一種既定而且與幾位思想家如詹明信、李歐塔（Jean-Francois Lyotard）、布希亞（Baudrillard）或哈伯瑪斯（Habermas）的學說相互指涉。九○年代初期，有許多詩人、小說家、建築師，或文化工作者紛紛著文指出後現代已趨疲乏，在毀損了統合理體的意識形態基礎，開展多元眞相的論述位置之後，已把本身帶往絕路，例如九○年代諾貝爾文學獎得主帕茲（Octavio Paz）即認爲，「把目前的景況稱做『後現代』，還是依照現代定位；這樣就是掉進直線狀時間的陷阱，而這卻是我們已經完全擺脫的敍述形態。」（Gardels 中譯 203）在不同的脈絡下，當代美國小說家庫佛（Robert Coover）也表示無法欣賞「後現代主義」，因爲它彈性疲乏[3]。詹克思（Charles Jencks）及一些文化工作者更提出「後後現代」之主張，道出後現代之後的新情勢（Jencks, Harvey 6–12）。不過，大部分的批評家仍運用後現代的辭彙，如在《世紀末》的對話錄中，日本哲學家梅原猛（Takeshi Umehara）便說：「在後現代注重多元化的各自爲政的時代裏我們需要所有族群共存、南北半球共容的新原則。新原則之一即是互助主義，這是除了控制與服從之外的另一條人類相處之道。」（Gardels 230）而幾個美國的重要學術刊物均不斷推出專號，探究其他非歐美文化的後現代情景，如《南大西洋季刊》、《第二疆界》、《新文學史》等[4]。艾瑞克（Jonathan Arac）在爲近《第二疆界》寫總評時，一開始便對我的論文提出回應，指出《後現代主義與政治》這本選集的歷史局限及目前擴充其識域的可能性（261–75）。可見有關後現代主義的爭論仍方興未艾。

以台灣文學、文化為準，我想針對這種爭辯的一個切入點，是陳芳明教授在最近的一篇論文所批評的後現代主義（1998）。陳芳明認為八〇年代以降，台灣才開始邁入後殖民時期，文學界所流行的後現代卻不足以形容政治文化處境，也就是台灣在近百年來歷經日本及國民黨殖民體制下的「失語」、「失憶」症，如何重建主體性的政治議題。對陳芳明的論點，我大致贊同，但是我得指出：那是在一種有條件下的贊同，因為陳芳明主要批評的後現代目標是八〇年代輸入並得到片面挪用的美、法版後現代主義，大致上乃是大眾媒體、通俗文化、文學創作、多元性別認同等範圍裏所倡導「去主體中心」運動。由於是在這種框架下，他所批評的「後現代主義」是針對特定之人士及心態，並未完全否定後現代主義的流動變異性及其在美、法社會之中與之外的詮釋空間。在他的討論脈絡裏，後殖民主義強調文化主體之重建，透過敍事去記憶、架構本土歷史，正是目前台灣的文化寫照，不容以後現代的方式去加於涵納或淹沒，陳芳明說：

潛藏於社會內部的文學思考，雖曾受到長達四十年的戒嚴體制的壓制，在解嚴後卻立即釋放豐饒的能量。原住民文學、台灣意識文學、女性意識文學、眷村文學、同志文學、環保文學等等的大量出現，不僅證明一個多元化思考的時代已然到來，並且也顯示文學創作的豐收時期即將出現。

面對如此繁複的文學景觀，有關台灣文學性質的辨識與論斷就成為學界的重要焦點。藉用後現代主義的創作技巧，許多作家漸漸對各種霸權論述的文學主題展開挑戰。對漢人沙文主義的懷疑，是原住民文學在現階段的重要關切。對中華沙文主義的挑戰，是台灣意識文學的重要目標。對男性沙文主義的抗拒，是女性意識文學的優先任務。對福佬沙文主義的探討，是眷村文學的顯著議題。對異性戀沙文主義的質問，則是當前同志文學的首要工作。無論是採取何種文學形式的表現，去中心（decentering）的思考幾乎是所有創作者的共同趨勢。恰恰就是具備了這樣的特徵，八〇年代以後發展出來的文學往往被認爲是屬於後現代文學。

然而，後現代文學的誕生，在西方有其一定的歷史條件與經濟基礎。遽然使用後現代一詞來概括台灣文學的性格，是否能夠眞正掌握創作的作者的文化思考與立場，恐怕有待深入的討論。本文的目的在於指出，現階段台灣文學發展的盛況，與台灣的戰後歷史有密切的關係。要討論今天的多元化現象，必須把文學作品放在台灣社會的脈絡來閱讀（textual reading）固然能抓住創作者的重要訊息，但是脈絡式的閱讀（contextualized reading）可能會更接近文學作品的眞正位置。特別是後殖民的閱讀策略，既可理解作品背後的歷史條件，也可理解創作者所占據的政治信仰與社會位置。

這種批評的力道，主要是針對台灣某種流行的後現代主義版本，而且是簡化、去歷史脈絡的後現代通俗版。其實此一見解也暗示對歐美歷史座標的批評，也就是國內文化人士大致採用國際（即：美國，甚至中國）的歷史地理座標，而忽略了本土的內、外殖民發展情境。這一點與帕茲堅持所不採用「後現代主義」世界觀頗有神似之處，也充分顯示陳教授的洞見乃立足於台灣的特殊而多元的殖民、後殖民史上，照顧了地區之特殊歷史，並藉此抗拒普遍皆準的思考架構移植。

然而，我們也要追問：「後殖民」是否也以歐美特定歷史爲其座標？而且與新殖民主義（或文化帝國主義）產生錯綜的共謀與對話關係[5]？台灣的「後殖民」情況能與印度、非洲、南亞、中南美洲的後殖民經驗相提並論嗎？如此一來，後現代主義的晚近發展是否可提供出路或至少某種程度的再思索？或者，換另一種方式來說，若台灣既不能用後現代也無法用後殖民的架構去適當描述，那麼我們如何對待這兩種理論陣營不斷修正的做法，勢必將揚棄，另起爐灶？或以寄居、挪用的方式，與之對質？並把「翻譯的後現代性」（translated postmodernity）此一未完成計畫，針對翻譯於不同語文社群中的番易、變動，重新發明其文化對應物之政治意涵，再深入探討？

首先，我們得審視後現代主義詞語及其旅行變化過程，以便了解它的完全未定或因地制宜的性格，藉此發明不同之著力點，闡述其衍生異義之空間（differance）。就歷史的發展而言，「後現代」（post-modern）這個辭彙可能早在一八七〇年代便由英國畫家迦普曼（John Watkin Chapman）在其論述中提到。不過，有文字記錄的第一次正式用法，可能非德國哲學家潘維茲（Rudolf Pannwitz）莫屬，他在《歐洲文化危機》（*Die Krisis des Europaeischen Kultur* 1917）裏，將「後現代」當做二十世紀虛無主義的標籤。[6]一九三四年，西班牙文學批評家德•奧尼士（Federico de Onis）在他編的西班牙文詩選（*Antologia de la Poesia espanola e hispan-americana: 1882–1932*）中，視「後現代主義」為對文學現代主義的反動。至於「後現代主義者」，則見於英國神學家貝爾（Bernard Iddings Bell）一九三九年的著作 *Religion for Living: A Book for Postmodernists*，將後現代描述為目睹世俗現代主義失敗而逐漸回歸宗教的覺悟。同一年，史學家湯恩比（Arnold Toybee），在《歷史研究》（*A Study of History*）第五冊（1939），後來在第八冊（1954），以「後現代主義」去形容勞工階層群眾社會的興起。

五〇與六〇年代期間，後現代主義的意義可在霍烏（Irving Howe）於一九五九年發展的「大眾社會與後現代小說」（"Mass Society and Postmodern Fiction"）中看出端倪：後現代是一種形式、風格上的範疇，廣泛地包括戰後歐美社會轉型過程中文化的徵候，在文學表達上，針對現代主義的下一波發展與反動，特別是美國的新小說。六〇年代末期，乃是法國思想界開始反省、挑戰結構主義、現象學的新語言及詮釋轉折，學院經過一九六八年五月學運之後，正對本身的機制及其限制起了根本的解除迷思，逐漸邁入所謂的「後結構」，對七、八〇年代產生莫大的影響，其中尤以傅柯（Michel Foucault）、德希達（Jacques Derrida）、德勒茲（Gilles Deleuze）、李歐塔，及女性主義者（如 Julia Kristeva、Luce Irigaray、Hélène Cixous 等），對身體、知識與權力、中心與意義系統、欲望與逃逸策略、小敍事與新遊戲規則，父系與社會形成過程等面向的見解，促使後結構與後現代主義交混匯爲洪流。同一個時期，社會科學及建築理論家也對新技術新空間美學及後工業之消費行爲，大量發表專著探就後現代的社會與都會空間改革（如 Jane Jacobs 的 *The Death and Life of Great American Cities*，此書標題當然是受到 Leslie Fielder 的啓發；或一九六六年 Robert Venturi 的 *Complexity and Contradiction in Architecture*）。不過，七〇年代可說是歐美後現代主義的理論鋪陳期，一九七一年哈山發表《奧菲斯的解體》（*The Dismemberment of Orpheus*），算是接繼了後霍烏的論述方式；一九七三年貝爾（Daniel Bell）重新整理其前輩學者（如 Alan Touraine 或更早期 Anada Coormarawamy）的觀點。針對「後工業社會」的專業與消費習慣加以分析與預測（*The Coming of Post-Industrial Society* 1975），詹克斯首度將後現代用進建築的討論領域中，一九七七年他推出後現代建築的語言（*The Language of Post-Modern Architecture*），同一年，三位建築文化方面的專家，以通俗文化與消費空間的整合爲後現代主流（*Learning from Las Vegas*），更具標榜作用，而一九七九年，李歐塔的後現代情境則以後現代的社會、認知的謬理模式（paralogy），瓦解了傳統鞏固中心的敍事體，開啓了多年的新資訊語言空間。

一九八一年，哈伯瑪斯對後現代思潮提出質疑，主張以「未完成之現代性」，去抗拒後現代（見 "Modernity vs. Postmodernity," *New German Critique* 22），企圖以批評現代化之後遺症，詮釋溝通理性的方式，重新發揚啓蒙精神，一九八五年他更以十二講去糾正由黑格爾、尼采以降的主體中心理性與權力論述：由尼采到巴代伊到傅柯或由尼采到海德格到德希達的黑暗書寫之路（收入 *The Philosophical*

Discourse of Modernity 1987），將德法哲學界對現代、後現代情境的爭辯帶至高峯。李歐塔與哈伯瑪斯的筆戰，正如哈伯瑪斯與伽達瑪（Hans-Georg Gadamer）有關詮釋學的論辯一樣出名（甚至超過），令我們了解到針對後現代的不同態度。一九八三年，霍斯特（Hal Forster）主編後現代文化論集 *The Anti-Aesthetic: Essays on Postmodern Culture* 便將保守與抗拒兩種後現代態度加以區分，並試圖將德、法之不同思路加以彙整。一九八四年有兩篇論文均對德、法、美及其他世界之後現代，做較系統的分析與定位，作者均以「識圖」（mapping）的字眼，重新強調掌握各種社會脈絡之重要性（Huyssen 1986; Jameson 1991）。惠森（Andreas Huyssen）與外爾德（Alan Wilde）在一九八一年的著作 *Horizons of Assent* 所持的觀點十分類似，他認爲後現代是美國才有的文化社會經驗，在法國是後結構主義及現代主義的持續發展，德國則是針對啓蒙的遺產及戰後的文化、歷史、記憶的問題，只有於美國才從建築、消費、音樂、通俗文化的範圍去大談後前衛及後現代主義。他以一九七二年七月十五日下午三時三十二分，聖路易市一片現代主義的建築遭到終結爲美國後現代的肇始，並從政治、社會、文化的發展，正視帝國主義、女性運動、環保生態、非歐的本土文化等層面對後現代思潮的衝擊，以抗拒而包容的方式去面對新全球文化經濟。

惠森側重歐美各社會文化的差異並將後現代的發展，依國別、時期、主題加以釐清，顯出各種理論之間的不可並比性。對照之下，詹明信則以跨國資本主義的文化邏輯，去統合德、法、美的後現代通俗文化表達，去深度、無歷史感、喪失指涉的暗諷等面向，談後現代的跨國內涵，但他也同樣注意到抗拒、烏托邦的課題。

八〇年到九〇年代之間，有關後現代主義的著作可說汗牛充棟，大致是針對其歷史、方法、問題加以評估，九〇年代出現了相當多的後現代文選，似乎宣告了後現代已成爲可以入檔的歷史。但是，八〇年代中葉也目睹了愈來愈多的後殖民、後現代之後對各地區之不同現代性（alternative modernities）開始進行更具本土意識的檢討，其中尤以印度的底層研究群（Subaltern Studies group）、非洲後傳統（post-traditional）學者及拉丁美洲的視覺文化工作者這三組學者的成熟令人刮目相看，他們均引導我們注意到殖民與現代化過程中所造成的落差，如未經現代化的現代主義（modernism without modernization）或現代與傳統資源之間的重新協商方式[7]。

從以上這些後現代的批評譜系看來，後現代主義或後現代情景並非完全有定論的術語，其詮釋權仍有流動之空間，因此我們無法也不必將後現代主義判爲某種特殊的引進品，反而應該去了解這種翻譯（或移植）後現代過程之中，台灣社會的具體欲求、挪用策略及其再詮釋之歷史脈絡，如此一來，我們也許可避免挾洋或自閉的兩極態度，能用比較文化的觀點，去檢視有關台灣是後現代或後殖民的議題。此處，我們所說的「翻譯的後現代」不只是指後現代論述的若干篇章被怎樣及於何時翻譯，經由哪些人士從事或由哪些機構出版，是否忠實於原文等問題，而是就翻譯如何重新創造對應詞、文化、心理及社會情景，以便讓文本在另一個語文環境裏獲得另一個生命（Walter Benjamin 所謂的"die Wehen des eigenen"）。這牽涉到選材標準、意義體系及領受感覺結構等面向，我們與其將這些有關後現代的翻譯（詹明信、哈山、布希亞、李歐塔等）及某種偏好界定爲特定條件下的局限，毋寧視之爲文化無意識的欲求，希望透過找尋某種對應架構，來理解台灣正形成的新社會想像（social imaginary），而且這種欲求與台灣長期以來身分的混亂、無以界定、乃至雙重邊緣化（遠離中華文化政治圈，又不被國際社會所承認）可能息息相關。如果以這種方式去詮釋，那麼這十年來，後現代主義之受到歡迎，但很快即被揚棄，表面上似乎是因爲它不相干，搔不到本土文化社會的癢處，但往深遠的方向去探究，其實道出了後現代在台灣有其激發思考的作用，鼓勵知識分子與市民社會的成員欲求後現代多元文化的情景，同時也是促成某種新社會現實之敍事與實現方法。限於篇幅，我只想指出：羅青、林燿德等文化工作者對後現代的翻譯過程中，均將台灣社會的年代政治事件、其他詩人之後現代主張一併放入其視野。正是因爲這種找尋對應物、進行對話的欲求，八〇年代末期，引發了批判理論、馬克思、新女性主義、環保運動及後現代主義的熱潮，特別是在學院與出版機制之中，產生可觀的活力，鬆動了舊道統的敍事體及其管轄管道。然而，隨著國外的天安門、蘇東波、國內選舉政治與黑金、族群議題的惡性互動，台灣的國家定位、掃黑掃毒、語言政策、歷史記憶、生命安全、交通建設、教育改革、貿易走向（西進或南進？）變成更加重要的公共議題，後現代的跨國性格於是凸顯，而後殖民與獨立主張，文化傳承與急統、暗統心態成爲媒體與民間社會的焦點，往往以半學術方式，或假學術之名，進行爭論角力，影響所及是公共領域的政治利益化，媒體成了擁李或批李的陣營，同時公共領域的非個人或超越身體（disembodiment）性格逐漸消褪，反而是以性解放或同性戀的論述提供相對公共的半私人情欲表達空間，以至於公共急遽的私人身體或政治身體化。然而，在後現代逐漸褪色，後殖民及酷兒論述抬頭的期間，我們也看到更多的香港、大陸學者加入後現代文獻的整理，詮釋及譯介，朝向更加完整的後現代拼圖或認圖活動，讓後現代成爲專業與大眾文化之間的橋樑。這種中介工作是我們不能忽視的。

換句話說，翻譯的後現代一方面幫助讀者發展其跨國文化觀，另一方面則促成多元解讀的社會實踐，讓我們透過新語意及其架構，去看穿權威中心的空洞本質，因此產生許多街頭運動中的諷刺劇及自由戲耍，將權力的運作拆解爲景觀（spectacle），以諧音重寫的方式，去呈顯其虛擬（simulacrum）性格，進而瓦解社會既定法則，或以混成之語言，去理解新現實——如「郝大條」、「烘焙姬」（homepage）等。這些後現代的策略已成爲台灣邁向後殖民階段的日常應變手段。於翻譯（及番易）過程中，後現代主義已在某種程度上化入台灣後殖民經驗裏，提供重新描述本體及理解歷史的籌碼。此處，我們將後現代情景界定爲一種心態上「質」的轉變，對統合而一貫的舊有哲學描述及歷史理解方式起了根本的質疑，並對這些大敘事式底下的權力架構，以虛擬、戲耍的修辭策略，析出其落差、謬誤及不具時效的面向，隨時在日常生活的陽奉陰違或虛應故事中，揭發政治管轄的無能，開拓行動主體的創意，以不被看透的戲劇表演，另闢拒抗與遊走的管道，在身分的曖昧、文化場境的混淆、應運而生的個人但又集體的活動等社會條件，展示自由詮釋與應受的空間。如果大家可同意，台灣人長期以來是以閩、客或原住民語與「國語」（日、中文等），在多層的私領域中發揮其區隔及表面上交混（hybrid）的作用，那麼台灣文化界近十年來對後現代主義的翻譯、領受、挪用，是與後殖民的社會實踐密不可分，大致上似可援引緬貝（Achille Mbembe）所提出的虛擬應變後殖民理論（1–30）。

當然，台灣的殖民及後殖民史比起其他地區的情況可能更加複雜，因爲印度、非洲、中南美洲（指印地安人）或美國的黑人均無法招到另一個文化原鄉可當做拒抗殖民主義的庇護所，而且也無身分的雙重性及文化地理的邊緣地問題：如在「祖國」被視做「漢奸」，有時則藉「日本人」的名義，可在祖國通商，獲致較大的利益（林滿紅 38–51），有其雙重乃至多重的曖昧性。其次，台灣一直被視爲邊陲以邊緣地帶的論述位置，一方面被忽視（明清）、割讓（甲午之役）、轉進占據（國民政府）或軍事侵略（中華人民共和國），另一方面則當做列強與中國角力的場所（葡、荷、英、法等）、中日現代化的實驗地、國民黨的「三民主義模範省」及中共的學習（或血洗）及統一目標。這些矛盾而多重的身分及社會條件促使台灣的「後現代」與「後殖民」情景顯得格外複雜。我們從吳濁流的札記《南京雜感》及其小說《亞細亞孤兒》中則可看出那種無法歸類的失落、無助、惶恐、憤怒、及偶爾在與中日對照之下產生的幸運感（moral luck）：如胡老人爲太明講解《大學》時，便訴苦道：「現在是日本人的天下了，在日本人統治的社會裏，強盜、土匪都減少了，道路也拓寬了，這固然有很多便利的地方，可是你們已經不能再考秀才和舉人了，而且捐稅又這麼重，怎樣得了啊！」（吳濁流 21）後來，到了東京留學期間，胡太明在藍的引領下，參加中國同學會的演講，應對之間，太明因為對北平話沒有十分把握，「倉促之間竟露出說慣了台灣話來，以致被認為是客家（廣東）人。」（95）太明起初「沒有說出自己是台灣人」，只覺得幾位到日本來訪問的中國要人，「闡揚三民主義和有關建國的問題，聽眾情緒異常熱烈，他因為無法完全了解講辭，似乎並不十分感動」，等他自我介紹說是「台灣人」時，頓時引發陳姓中國留學生的侮蔑及在場人士的騷亂，「台灣人？恐怕是間諜吧？」（97）這種情況，在太明「回」到了南京、上海，一方面被吸引，覺得上海女學生在傳統的中庸理性與歐美的豪放之間，有某種在台灣人身上找不到的「高雅灑脫」：「從她們的摩登裝束中，散放著高貴的芳馨，似乎隱藏著五千年文化傳統的奧妙。」（46）然而，在另一方面，卻目睹了中國的腐化、破敗、虛偽及各種人物之「厲害」，在拘禁到越獄之後，他了解台灣人在歷史激變的脈絡中兩邊都不是（211）。

吳濁流筆下的兩皆不是的孤兒意識在一九四七、一九七一年又更加複雜化，二二八及退出聯合國是台灣在邁向後殖民史的兩大障礙，國民黨來台，陳儀將台灣人界定為過度日本化的異類，在事變後，蔣介石更以白色恐怖及「中華文化復興運動」使台灣逐漸興起的市民社會與公共文化整個萎縮，造成內部殖民的陰影一直揮之不去，同時讓去政治之現代主義於文藝界盛行，以至於在特定範圍內某種版本的後現代主義迄今仍左右文壇，只從修辭取巧、文類交混及無以決定的性別與國族認同等流動而投機的面向上，去敍述眷村族群、政客言行、情色主體、書寫景觀或後設語言等片面眞理。這種後現代文藝發展是陳芳明批評的對象，但是我們也應注意到其他後現代思潮的引進及其社會作用，尤其將這些「番易」、「移植」的現象納入台灣文化歷史中考察。一九七一年，退出聯合國，固然使台灣醒悟到本身遭到雙重邊緣化，因此有「莊敬自強」的愛國行動，但是從此卻被大中國的論述所包抄、騷擾，同時得不斷觀望美國的「關愛的眼神」，喪失了國際上的舞台，其結果是對內強化管制，對外只能透過貿易（因此有勤快的「李表哥」此一商業圖象）及文藝（尤其美術、電影作品的得國際獎賞）去建構其知名度。而後現代論述是在這種環境下形成其國際思潮的吸引，與後前衛主義、後結構主義交融，成爲學術與文化界欲求的目標。其部分原因則是後殖民之遲遲未能出現：一九四五之後並未眞正進入後殖民；一九八七年後也未能立刻達成後殖民。因此，後現代成爲一種替換的思維方式，去想像、開展多元化的社會脈絡。追根究柢，台灣對後現代的吸收與扭曲，基本上是與殖民、後殖民密切相關，幾乎無可分割，尤其是如果把晚近後現代的發展，例如後認同政治（postidentity politics）、不同之現代化情景、第三世界女性主義與後殖民理論等，均納入討論的視野中。

以台灣的多重殖民史及複雜的後殖民史來看，「不同之現代性」可能更適用，以便強調社會脈絡之差異原則，凸顯台灣歷史南島原住民之遷徙、漢人、移民、荷人據台、日本人治台、國民黨政府來台過程中所累積之多元族群文化傳承，側重泛亞洲（尤其日本及中國）現代化計畫對台灣之影響，如日治期間，台灣留學生、藝術家、文化人士到東京等地旅遊所接觸到之日本及中國之現代經驗，以翻譯、挪用的方式，帶動了台灣現代公共文化的發展，這些文化人士（如吳濁流、江文也、劉錦堂等）在世紀之初的往返於日、中、台之間，並進行翻譯、拒抗之活動，其實構成台灣後現代、後殖民之前導，值得再深入探討。在這方面，晚近有些學者提出的「抗衡現代性」（counter modernity）及「多重現代情景」（multiple modernities）都提供參考架構，讓我們重新反省台灣的現代、後現代及後殖民經驗，同時也將文化領域，從本土擴及到亞洲及其他地區的華人社群[8]。

1 台灣見孟樊、羅青等，中國則有北京大學爲中心的「後學」潮，可參考*Boundary 2* 24.3（Fall 1997）中國與後現代專號。《當代》復刊（一九九七年八月）即以後現代爲第一期，其中陳建華、陳清僑均對中國、香港的後現代發展有所辯論。

2 以詹明信的著作來說，除了他的演講、訪談有部分中譯外，《後現代主義》這本巨著直到一九九八年初才有時報出版公司推出中譯，中文發展之研究成果可從台大三民所邱思慎的碩士論文（一九九八年六月）看出其片段，邱文是較全面之詮釋與整理。

3 Robert Coover 說：「後現代主義聽起來是已被窮盡的形式。」(Iftekharuddin 71)

4 這些論文後來均以書的形式問世：Masao Miyoshi and H. D. Harootunian, eds., *Postmodernism and Japan*，John Bekerley, et al., *The Postmodernism Debate in Latin America*，*New Literary History* 28.1（1997）以及*boundary 2* 24.3（1997）。

5 詳見我的另一篇文章〈後殖民的問題與前景〉。以另一種方式，廖朝陽也質疑某種版本之後殖民當前文化主體建構的適用性（陳長房 255–58, 277–91）。文中也指出後現代主義理論的包袱。

6 以下主要仰賴 Lawrence Cahoone, ed., *From Modernism to Postmodernism*。導論：Ingeborg Hoesterey, ed., *Zeitgeist in Babel: The Post-Modernist Controversy*; Margaret Rose, *The Post-Modern and the Post-Industrial: A Critical Analysis*。

7 這些學者的著作則以Ranajit Guha, ed., *Subaltern Studies*; P. Kaarsholm, ed., *From Post-Traditional to Post-Modern*（1995）; Gerardo Mosquera, ed., *Beyond the Fantastic*（1997）爲代表。

8 詳見我的另一篇論文Ping-hui Liao, "Alternative Modernity and Postidentity Politics in Taiwan"。也可參考Paul Gilroy, *The Black Atlantic: Modernity and Double Consciousness*。Charles Taylor, Benjamin Lee等人的「多重現代」計畫書可在www.sas.upenn.edu/~transcult上找到，我所主持之相關計畫內容展示網路址是www.faculty.nthu.edu.tw/~ytlin。

參考書目

Arac, Jonathan. 1997. "Chinese Postmodernism: Toward a Global Contest." *Boundary 2* 24.3: 261–75.

Bekerley, John, et al. 1995. *The Postmodernism Debate in Latin America*. Durham: Duke UP.

Cahoone, Lawrence, ed. 1996. *From Modernism to Postmodernism*. Cambridge: Blackwell.

Gardels, Nathan P. 1995. *At Century's End: Great Minds Reflect on Our Times*. (《世紀末》。薛絢譯。台北：立緒，1997)

Gilroy, Paul. 1993. *The Black Atlantic: Modernity and Double Consciousness*. Cambridge: Harvard UP.

Harvey, David. 1990. "Looking backwards on Postmodernism." *Post-Modernism on Trial*. Ed. C. Papadakis. London: Academy.

Hoesterey, Ingeborg, ed. 1991. *Zeitgeist in Babel: The Post-Modernist Controversy*. Bloomington: Indiana UP.

Huyssen, Andreas. 1986. "Mapping the Postmodern." *New German Critique* 33 (Fall 1984): 5–52. See also *After the Great Divide: Modernism, Mass Culture, Postmodernism*. Bloomington: Indiana UP. last chap.

Iftekharuddin, Farhat. 1993. "Interview with Robert Coover." *Short-Story* 1.

Jameson, Fredric. 1991. "Postmodernism, or the Cultural Logic of late Capitalism." *New Left Review* 146 (1984): 53–92. See also *Postmodernism*. Durham: Duke UP. chap. 1.

Jencks, Charles. 1990. "Death for Rebirth." *Post-Modernism on Trial*. Ed. C. Papadakis. London: Academy.

Liao, Ping-hui."Alternative Modernity and Postidentity Politics in Taiwan." *Multiple Modernities*. Eds. Dilip Gaonkar and Charles Taylor (forthcoming).

Mbembe, Achille. 1992. "The Banality of Power and the Aesthetics of Vulgarity in the Postcolony." *Public Culture* 4.2: 1–30.

Miyoshi, Masao and Harootunian, H. D., eds. 1989. *Postmodernism and Japan*. Durham: Duke UP.

Rose, Margaret. 1991. *The Post-Modern and the Post-Industrial: A Critical Analysis*. Cambridge: Cambridge UP.

吳濁流。1995。《亞細亞的孤兒》。台北：草根。

林滿紅。1997。〈以世界框架寫中國人的近代史〉。《當代》120: 38–51。

陳芳明。〈後現代或後殖民：戰後台灣文學史的一個解釋〉。*Writing Taiwan: Strategies of Representation*, Columbia University, 1998.4.30–5.2.

陳長房、陳東榮主編。1995。《典律與文學教學》。台北：書林。255–58, 277–91。

關於台灣原住民族現代文學的幾點思考

瓦歷斯・諾幹

一 台灣原住民族現代文學「出現」所衍生的幾個問題

一九八七年、一九八九年次第在晨星出版社結集出版的《悲情的山林》、《願嫁山地郎》，其收錄原、漢作者以原住民社會爲背景之文學作品，故總稱其爲「山地文學」，但隨著具有原住民族身分的作者逐漸以中文書寫的形式出書之後，「山地文學」一詞顯然已經未能承載時代的需求，《文學台灣》因此兩度以「原住民文學」爲專輯，並在第四期（一九九三年一月）探討「原住民文學」的定義，宣稱「具有原住民身分的作家作品，一律歸入原住民文學，不論他們寫作的題材爲何」。這樣的定義，在體認到原住民文學（環境）困境的卑南族孫大川而言，很快地就得到支持——將「原住民文學」的界定，緊扣在「身分」（identity）的焦點上是極爲正確的，我們認爲這是確立「原住民文學」不可退讓的阿基米得點（孫大川 1993: 97）。除了身分的確立之外，孫大川並進一步企求對題材的開放（避免誤導原住民文學的創作選擇或局限在「符合」自己「身分」的「題材」上）——我們不但要將原住民文學嚴格界定在具有原住民身分的作者的創作上，也應當將「題材」的綑綁抛開，勇敢地以第一人稱的「身分」，開拓屬於我們自己的文學世界。鄒族的浦忠成也回應上述的論述，在〈台灣原住民文學概述〉一文中指出：

「台灣原住民文學產生的基礎……，是以其所屬南島語言為創造與傳播媒介，以表達其對所居住環境，包括自然、社會的認知、想像、情感、思想等的精神產物。如果以這樣的角度去界定所謂原住民文學……這是最狹隘的界定方式。如果以作品的作者決定……不論是以各族群語言創作或以其他語言翻譯或寫作的作品，都可以歸於原住民文學的範疇。另外一種是以作品內容為認定標準，即任何以原住民為寫作題材的作品，不論其作者身分，也不論其使用之語言文字，則均可認定為原住民文學。……所以以題材、內容為區別原住民文學的依據，應是較為適當。(193)

雖然浦忠成之「以題材、內容為區別原住民文學」與孫大川之「原住民文學界定在具有原住民身分的作者的創作上，『題材』勇敢地以第一人稱的『身分』，開拓屬於我們自己的文學世界」之間似有不同，但浦忠成顧慮「以原住民的人口而言，其所能產生的作家，終究是有限」(194)，「以創作作品的題材內容為區分的標準，則可以超越前述以語言、身分為認定的範圍」(194) 因而採廣義的定義；其與孫大川舉出維根斯坦(Wittgenstein)「家族相似」的理論指出「原住民主體建構應該是『家族相似』的，而不是『本質論』的」，並「事實證明從鍾理和的《假黎婆》、鍾肇政的《獵熊的人》、李喬的《巴斯達矮考》，一直到吳錦發、胡台麗、洪田浚、明立國、王浩威等人與原住民千絲萬縷的關係，我們可以清楚地看到一個『相似家族』的形成」(104)，換句話說，孫大川認為原住民文學可以是「文字、語言」的家族相似，據此以開闊的胸襟「邀請」漢族作者加入原住民文學的「陣營」。其實兩者均對原住民文學環境的憂慮同出一轍，故而採較寬闊而廣義的定義，只不過採取不同的策略罷了！

兩人雖從作品題材、內容、族群身分提出「原住民文學」的定義，對於「原住民文學」的產生，大抵一如浦忠成所分類之民間文學(口傳文學)、創作文學(書面文學)兩大類。布農族拓拔斯・塔瑪四瑪進一步以爲「即使是文字文學（書面文學），它的基本元素還是語言，所以口傳文學可稱是原住民文學早期的主流文學」（37），並強烈主張，「『台灣文學』不能再只局限於二〇年以後的台灣鄉土文學，也不能只界定在三百年間，漢人來台之前，『台灣文學』就存在了，只是形式不同，它是以口傳文學爲主流」，壯哉斯言，這說辭也呼應著鍾肇政、李喬閱畢拓拔斯小說時的讚美說：「這才是眞正的台灣文學！」然而現實的景況是，極少人能夠很自然的視原住民文學就是台灣文學，充其量「只是」台灣文學的一支分流，這是原住民文學創作的現實。

日人岡崎郁子從台灣的外部觀察所見，則認爲「本來我就覺得沒有必要區別台語文學、客家文學、原住民文學的。將一切總稱爲台灣文學就行了。因爲作家們，不問外省人，本省人和原住民都各有對其出身的認同（identity），但比之於它，對台灣的社會、政治、文化的環境也擁有共同的認同」（273）。岡崎郁子其實暗指「台灣母土」正是文學創作的共同認同，在土地的基礎上所創作的文學自然就是台灣文學；但是在此「全稱命名」上的台灣文學爲何還會有「正名」的紛爭、糾葛與衝突呢？顯然台灣社會內部仍舊充斥著不同類型的意識形態，換言之，「正名」本來就是一項政治與文化的工程，何況在全稱命名上的台灣文學恐怕都無以解析、解除族群與階級的矛盾。但是面對「原住民文學」，岡崎郁子也認識到「就原住民作家的作品來看，和漢族在文化與社會背景全然不同的關係，以北京語的表現和思考方法也是不同本質的，在台灣文學中形成一種特色。在這種意義上，稱爲原住民文學的領域是可以成立的」（272）。然而卻也未即說明異於所謂台灣文學之原住民文學之「不同本質」爲何？以上我們將在提出問題之後提出個人之思考。

緊接著我們來看看伴隨著「原住民文學」一詞所衍生的「出現」議題。

吳錦發在《民眾日報·副刊》一九八九年七月二十一日到二十六日發表〈論台灣原住民現代文學〉

一文中指出：

隨著世界原住民復興運動的勃興，以及台灣以黨外爲主導的民主運動的升高，覺醒的原住民知青配合著接續而來的街頭運動，原住民社會內部所產生的各項議題才逐漸攤開，所謂原住民忠實的文學記錄者已隨著社會現實面的衝擊，以一枝筆抗議整個體制對台灣原住民族的壓迫，遂產生了第一批原住民社會培養的優秀作家……台灣眞正出現第一批原住民作家，是在八十年代初。

當然，吳錦發指的是以非母語創作之書面文學，而且是「一批」原住民作家的出現。四年後，孫大川提出相似的論調：

民國七十年代，隨著台灣在社會、政治、文化等方面要求「本土化」的歷史形勢，來自原住民主體自覺的政治抗爭運動亦乘勢而起。這可以說是原住民「族群意識」覺醒的第一步。圍繞在一連串抗爭運動背後，以抗議爲主題的原住民文學，開始流傳在若干文字媒體上。排灣族莫那能的詩最能表達「本土化」、「族群自覺」以及「抗議精神」的文學結盟。(1993: 97)

換言之，「原住民文學」的出現是在「被壓迫」並且「族群自覺」後所由生的書面抗爭隊伍。隨著原住民文學創作群的壯大，原住民文學開始進入台灣公共論述而被議題化，「被壓迫」與「族群自覺」的肌理也由文學評論家葉石濤做出結論式的總結[1]，並且初步確立原住民文學「納編」(incorporation)進入台灣文學的範疇。

經由以上概括性的敘述，台灣原住民族文學產生的基礎是賴語言（母語、神話、傳說）是無以割除的起點，對於原住民社會初入現代化（我們似可以以一九一四年日總督佐久間左馬太完成「五個年理蕃計畫」，初步將台灣原住民族納如國家統治範疇爲始）之前、以口授相傳接續傳遞的神話、傳說、故事、歌謠……等視爲原住民文學之母應亦爲允當，一九一四年爾後，接受日本皇民化教育，感受現代化社會之族人，以書面形式完成之文學創作視爲台灣原住民族現代文學，這樣的界定將出現以下的幾個問題：

㈠台灣原住民族書面文學的起點爲何？

㈡定義「原住民文學」及爲何定義「原住民文學」？

㈢「誰」在寫原住民文學？

㈣從葉石濤先生之將原住民文學納編於台灣文學，其所引發的討論是「原住民文學的位置爲何？」

二 身分與認同

㈠原住民文學的「接點」

在第一個命題裏，「書面文學」亦即「由語言化爲文字的剎那」，換言之，一個口傳的民族當它能夠「使用」、「運用」並「操弄」文字，書面文學於焉產生。在這樣的定義裏，台灣原住民族在近一百年歷經兩個迥異於傳統部族文化系統的國族統治，已歷經「使用」、「運用」並「操弄」兩種以上語言文字的歷史經驗，質言之，一九四五年國府統治之後，原住民使用「非族語」之中文從事文學創作自然是原住民書面文學，這才有吳錦發稱「台灣眞正出現第一批原住民作家，是在八十年代初」之語，然而其忽略排灣族作家陳英雄（一九六二年出版小說集《域外夢痕》〔商務〕、阿美族曾月娥（一九七七年曾獲中國時報第一屆時報文學獎報導文學甄選獎）自不待言。那麼在一九四五年以前使用「非族語」之日文從事文學創作自然也應是原住民之書面文學，問題是「有沒有？」答案是肯定的。近人陳素貞將鄒族先覺者矢多　一生（漢名：高一生）臨死前以日文寫成的詩篇〈杜鵑花〉翻譯發表在《台灣文藝》期刊，另筆者在《理蕃之友》雜誌[2]裏亦找到原住民文學創作多篇，因此我們可以說台灣原住民書面文學至少始自日據時期一九三二年，這樣我們才可以以比較開闊且連貫（連結口傳文學）的視野重新探討原住民文學，何況還有更多隱浮在教會裏的詩歌、唱詞，五〇年代白色恐怖下知識分子未發表的書寫以及平埔族人隱藏在歷史角落的書寫等，都是急待耙梳、整理以連貫、編造原住民文學史的脈絡。

我們可以說台灣原住民族「由語言化爲文字」的書面文學至少可以是從一九三二年談起，其作品大致分爲兩種不同性質：

> 一種是用漢語改寫各族各部落的傳說與傳統智慧；另一種則表現爲經歷官方教育與都市生活後，對部落生活的回歸與省思。（楊照 247）

我們只要將「漢語」改爲「非族語」，庶幾可以對應一九三二年以後之原住民書面文學狀態。我們或可以說：一九三二年之後以非族語乃至於以族語從事文學創作的作品通稱「原住民現代文學」，則台灣原住民文學即由「原住民現代文學」接續「原住民口傳文學」。

(二) 主體認同

由前節得知，在討論「原住民文學」的定義時不免落入「身分（血統）」、「題材」、「內容」的異己本質論中，第二、第三個命題其實是「怎麼寫？」及「是誰代表原住民怎麼寫？」的兩面刃的問題，可以在此一併討論。

假設依照孫大川與葉石濤扣緊「身分」定義下的「原住民現代文學」，會出現什麼狀況？首先，被台灣文學界視為「排灣族」女性作家的利格拉樂・阿𡠄，「泰雅族」女性作家麗依京・尤瑪，兩人均只有五〇％的原住民（排灣族、泰雅族）血統，算不算是「原住民文學」的作家？如果答案是肯定的，「身分（血統）」不必然是原住民文學的必要條件，百分之幾的血統並無礙他們創作出「原住民現代文學」作品。答案如果是否定的，我們如何將這兩位作者放置在什麼位置（當然我們可以簡單而快意地說是「台灣文學」，或者是去國族的「女性文學」）？要之，一個被人類學判定「消失」的台灣平埔族——噶瑪蘭族，竟然在前年「死而後僵」突然「復活」，並殷殷要求國民政府將噶瑪蘭族定為台灣原住民第十族，其噶瑪蘭族之族人（族群復活以前已漢化為漢人）創作之文學作品算不算是「原住民現代文學」？日後我們如何在多元文化漸熾的台灣社會裏容納可能「復活」的其他平埔族，並且如何看待長期遭致漢化的平埔族文學創作者的宣稱？換言之，眞正使得阿𡠄、麗依京、噶瑪蘭族作者的作品為原住民文學的本質肌理是什麼？是日本學者岡崎郁子的「社會背景不同、北京語的表現與思考方法是不同本質的」（272），或者是葉石濤的五點結論式的歸納，還是孫大川所認為的「最能表達『本土化』、『族群自覺』、以及『抗議精神』的文學結盟」（97）這種文學精神？答案似應該從阿𡠄、麗依京等人的「自覺與認同」尋找。

在〈原住民女性的聲音：訪談阿𡠄〉這篇文本裏，阿𡠄自承自己一半外省籍一半原住民（排灣族）

血緣會逐漸認同原住民的傾向來自於不愉快的眷村經驗，以及「找不到」外省的具體認同對象。

我從小就在在眷村長大。但是我很困惑的是，我父親跟我說我是安徽人，我從没有到過安徽，我父親是自己一個人來到台灣，我根本不知道他有哪些親戚。我的漢名也是用我父親那邊的家譜排出來的。在語言的陳述上，我很清楚我是外省第二代，問題是當我想去找一個具體的東西來確認我的身分時，卻找不到。（邱貴芬 33）

但阿媽在母親這方面卻找到了「親戚」（認同），從「認同建構論」的觀點來看，阿媽的體現了認同不是天生，認同可以是建構的。也就是在向「母親」（排灣族群）認同逐漸跨向「台灣原住民族」認同的過程裏，邱貴芬認爲，「阿媽的創作放在原住民書寫及運動的脈絡來看，不用傳統小說形式，似在拒絕小說形式通常隱含的『虛構性』，暗示原住民弱勢處境的『眞實』，不容文字稀釋。同時，阿媽創作的特有結構（傳承一個原住民女性口語相傳的故事）亦有強調原住民女性『集體創作』的意味，凸顯書寫的族群位置，與漢人社會作家標榜個人主義的寫作姿態大不相同」（130）。自此，阿媽書寫的族群位置於焉確立。

我們可以發現到「族群認同」才是使「不純粹血統」（諸如阿媽、麗依京等）的創作者具備原住民現代文學「特質」的內在機制，通過這個機制，他們的眼睛才能「看到」一個民族在這個社會與世界的生活實態；通過這個機制，他們的心靈活動才能夠與這個民族的脈搏一同呼吸、一同歡樂、一同承受苦難；也是通過「民族認同」才確認自己安身立命的所在，也才讓原住民內部社會所承認，不論他們是幾分之幾的血統或者根本就沒有幾分之幾。在這裏，「民族認同」一詞本文借用王明珂先生「民族史邊緣研究」對「民族」的定義：

> 民族被視為一個人群主觀的認同範疇，而非一個特定語言、文化與體質的綜合體。人群的主觀認同（族群範圍），由界定及維持族群邊界來完成，而族群邊界是多重的、可變的、可被利用的。(76-77)

讓我們看看歷史上的事件：一八九三年，一位漢人父親帶著五歲男孩遠渡黑水溝來到卑南平原，這個男孩後來被領養到魯凱族大南社，日後交換到卑南族 Baskau 社（初鹿部落），長大後因聰慧過人成為 Baskau 社頭目。日本據台後，助日人將布農族驅趕下山，最後成為卑南八社總頭目，這個小孩的名字叫馬智禮，卑南人，並以卑南為名，以身為卑南族為榮。日據時期賽夏族頭目日阿拐原為客家人，小時為賽夏族人領養一事已是眾所周知的事了。日據時期宜蘭南澳警察泰雅人原　勇八的父親本名是吳阿來，林家墓園墓誌上清楚寫著堂號「金浦」，閩人吳阿來為躲避日軍追擊（吳為反抗日軍之義軍），逃到泰雅族寒溪部落並化名林牛，臉上也刺上黥面，久了就成為寒溪部落的泰雅人，他其實是漢人，但這已經不重要了。一九九五年，林家子嗣追到中國大陸南方鄉下找到「金浦」堂號，但子嗣仍自稱、自認為是泰雅人。這些歷史上的事件說明了什麼？正是表達了個人在「資源競爭」下的族群意識轉向，因為「民族認同」是卑南族，所以馬智禮帶領卑南族人與布農族交戰；因為是賽夏族，日後日阿拐在樟腦利益上傾向族群利益；所以林家子嗣儘管找到堂號仍以泰雅人自居。因為他們的族群意識左右了、影響了，並自我決定行為，自然也包括書寫。

三 殖民與位置

在討論「原住民文學的位置」時，彭小妍在〈族群書寫與民族／國家〉的一篇論文中舉出法國民族學家何農（Ernest Renan,1823-91）的意見，認爲民族／國家的要素是「遺忘」，只有遺忘建國時的暴力，甚至母語、族群差異，才能出於個人意願達到族群共榮。並導出，在企圖建構族群文化、爭取族群權益的同時，如何正視歷史研究所可能導致的族群衝突、動搖國族的「危險」，是所有族群書寫的「弔詭」。因此，彭小妍認爲，「抗議、吶喊、戰鬥的呼聲充斥雖是族群書寫階段性的策略和感情，但往往質勝於文，減弱了詩歌美學上的表現。」也就是說，彭小妍認爲原住民文學既要放在國族底下討論，故在形成國族的過程中「遺忘」是達到族群共榮的必要之痛，所以在文學上的表現儘管彭小妍讚許「書寫上眞正展現原住民原創力的，是原住民獨特的情感表達、思維方式、生活體驗、文化傳統等」（74），但還是認爲最好「如果在策略、訴求和美學上取得平衡點，以族群特有的語法、音韻、情感表達方式和山林資源靈感取勝，比較能打動人」（75），因爲這樣才可以避免「可能導致的族群衝突、動搖國族的危險」（72）。危哉斯言！

孫大川以其個人的生長經驗，放大爲一個民族（卑南族）乃至於投射在台灣原住民族身上，透露出在政治上、歷史上、文化上的流離失所的處境，並因之體認台灣原住民族是「進入了黃昏的民族」這個意底下做出了哲學式的思考：

> 就像黃昏同時具有白天與黑夜的某些性質一樣，我們既不可以宣判原住民文化已死亡，也不可以鼓勵一種日正當中的幻象。反過來說，我們既要勇敢接受民族文化死亡或黑夜的來臨，同時也要積極地在黃昏時刻準備好油燈，點亮慢慢長夜。（1991: 118）

這裏提出微妙的死亡與新生此類辯證與弔詭關係，更要緊的其實是「如何準備好油燈」。

在台灣文學界嘗試開始定義「原住民文學」時，我們更應該逆向思考「爲何」定義原住民文學？當吳錦發注意到台灣眞正出現第一代原住民族作家「受到世界原住民文化復興運動蓬勃興起，以及台灣民主運動如火如荼在島內每一個角落爆起，原住民人權運動的第一環才乘勢而起，爆起了一批原住民知識青年的覺醒，配合著強有力的街頭運動」，原住民文學創作者開始以「自己的視域」強烈地宣告這就是我們這個時代的文化，而不再只是過去的回音壁，不再滿足於人類學家底下的原住民族，也不再滿足於國族敍述下的原住民族。青年文學評論者魏貽君稱「另一個社會（other society），另一個實驗（other reality）遂告出現」(209)。這個「另一個社會,另一個實驗遂告出現」正體現原住民文學的「位置」正是「邊緣」，而「我們的邊緣性，正是我們主要的資產」（魏貽君 209）。這也就是葉石濤所歸結之第三、「原住民文學是原住民提高其族群地位，抗爭手段的一部分，反映原住民所受的傷害、壓迫，爭取漢人的合作，以達成目標。」第五、「原住民文學是最有希望的文學，應可嘗試結合全世界之弱小民族文學，站在同一戰線一起奮鬥。」（彭瑞金 94）之「邊緣的可能性」。因此，魏貽君援引後殖民論述理論認爲原住民文學的位置是：

> 原住民文學乃是對國家機器之文化霸權所施予原住民族歷史記憶「制度化遺忘」的揚棄上加以理解，亦即帶有辯證性的超越意涵——換言之，透過原住民文學以「當地人視域」對部落人民歷史記憶、日常生活秩序的敍事體，可以翻轉國家機器所施予原住民族歷史記憶「制度化遺忘」之再生產的重現模式。(213)

透過對「制度化遺忘」之再生產，我們才能領會阿美族作家阿道・巴辣夫的詩句所再現的諧趣、憤怒、對抗與翻轉——一直仰望公賣局，讓巴哈洗盡我的蛋兒（阿美族語巴哈〔Pah〕是酒；蛋兒〔Tangal〕是腦或頭殼）。

當台灣原住民族倡言原是台灣的主人而今成爲台灣的第三等、第四等奴隸的同時，正宣告著台灣原住民族「成爲少數」、「黃昏民族」的「位置」其實是國家機器與優勢民族集體暴力下的結果，而這樣的「位置」是在國族底下的動態而非原態，因之原住民書寫之別於非原住民書寫的其中一個重大意涵恐怕在於「做爲一種阻止國家機器持續施予原住民族歷史記憶之『制度化遺忘』的『反記憶』之檔案工作」（魏貽君 210），而這樣的檔案工作是在承認「各個文化差異性存在之間的聯屬模式（model of articulation）」（215）的條件上，換言之，只要在「多元文化、互爲主體」的情境中，原住民文學不必亦不需要捨棄某些主體性來遷就所謂的「家族相似」或「遺忘」，只要「互爲主體」，原住民文學才具備主體位置與台灣文學乃至世界文學一同討論的意涵。因此魏貽君借用 Bhabha 與 Orther 的論析導出原住民文學乃是以「特區」的方式存在，並且主張——原住民文學既不宜，亦不能在統一性的整體論規約下被編納於台灣文學之中。

我以爲此「特區」的方式更可以用「自治區」的概念充實之。一九八九年由國際勞工組織通過，一九九一年生效的「第一六九號公約：獨立國家境內原住民族語部落民族公約」其主要意涵值得我們援引。第一六九號公約修正了第一〇七號公約的同化與整合觀點，並以「決策參與」的肯定具體回應原住民族長久以來的自主性要求。公約前言即表明，原住民族在所居住的國家中，可以掌控他們自己的制度、生活方式、經濟發展、族群認同、語言和信仰。而公約第七條第一項則賦與原住民族對自身事務的決策權，以及參與有直接影響的國家或地方發展的政策形成與實踐。也就是說，國際法上的原住民／族權利主張，早期是以平等對待與消除歧視為重點，後期則強調一定程度的自決。原住民族之所以在國際法上主張一個相對於國家其他人民的自決權利，是因為對「原住民族」產生了自覺。一方面，原住民做為原有土地的主人，以其文化負載的主體，擁有無法化約為個人權利的利益；另方面，原住民個人的自由、平等、尊嚴，也在某程度奠基於所屬族群利益的實現上。所以原住民族需求一個以族群為主體的集體權利，這個集體權利以排除他人的強制、支配為目的，即自決權。

換言之，孫大川從文字、語言可以是「家族相似」的文學邀請，不過是體現了損益原住民文學主體性的哲學姿態；葉石濤將原住民文學納編台灣文學，則掉入「融合」的陷阱之中。強調原住民文學「自治區」的概念，不過是建立原住民視域的基礎，也是在這個基礎之上，原住民文學敘述體的發言策略才得以實現，原住民文學在擁有自決權下，才具備真理性的特質。

四　主體建構

從原住民現代文學的脈絡來看，我們大致可以將其分屬三個時期，而每一個時期均呈現國家機器施予民族歷史記憶之「制度化遺忘」的殖民遺跡。

一、去主體化時期（一九三〇——一九四五）

王明珂在《華夏邊緣》一書中認為華夏的邊緣如何形成與變遷有三項變數：

㈠特定環境中的資源競爭與分配關係，是一群人設定族群邊界以排除他人，或改變族群邊界以容納他人的基本資料。㈡這種族群邊界的設定與改變，賴的是共同歷史記憶的建立與改變。㈢歷史記憶的建立與改變，實際上是在資源競爭關係下，一族群與外族群間，以及該族群內部各次族群間對於「歷史」的爭論與妥協的結果。

我們考察討論族群或民族的文獻，一般會把其構成的因素分為客觀與主觀兩大類。客觀因素又可歸納分為：㈠觀察得到的有形特色，比如血緣、語言、宗教、或生活習慣。㈡無形的基礎則為共同的歷史或經驗。在眾多客觀因素中，又以無形的（或想像出的、建構出來的）共同歷史經驗最為重要，因為它可以超越不同有形特色而加以整合。而主觀條件則為集體自我認同。以上，我們可以說「歷史記憶」是成就族群邊緣的關鍵，而有形特色則用來增強「歷史記憶」。也就是說，想要改變族群意識，就要教化成我族的「歷史記憶」，教育化成便是一個國族機器積極作用的工具。

台灣原住民族在佐久間左馬太於一九一四年完成「五個年理蕃計畫」後初步大規模地臣服於日總督府，一九一八年日總督府武官總督時代結束，代之以大正時期的文官制度，理蕃方策也有了不同以往的方向[3]。這個時期的同化政策是「同化異民族」，並施予資源上的優遇。一九三〇年十月二十七日爆發的「霧社事件」一方面迫使石塚總督的下台，一方面使日人重新檢討理蕃政策，一九三一年十二月公布的理蕃大綱可以說是回應著以往理蕃的缺失，也重新樹立較為人性的族群政策，新理蕃大綱計八條，內容可分為方針、方法與教育事業三項，其方針為「以教化蕃人，安定其生活，一視同仁，咸沐聖德為目的」（第一條）。此一時期，將原住民族「教育化成」為「皇國民」者在日後的《理蕃之友》雜誌中赤誠而赤裸地表現出來。最令人驚心的一篇公開的書信來自於曾受難於「霧社事件」，並被日人指派清點族人死難頭顱數，而事件發生其齡十二歲，後遷至川中島（今南投仁愛鄉清流部落）接受監管並領受皇民化教育之中山清，他在六年後擔任川中島駐在所警守，感念遷居當時起即蒙受森田警務局警務課長「恩惠」的一封書簡：

最近很溫暖起來了。想必課長先生日益健康。日常照顧我們，眞是感謝。託您的福，我和內人及初男都很健康地每天努力於工作。又社眾一同也都很健康地服從駐在所各位職員先生的指導，白天到田裏耕作，晚上集合到教育所學國語。因此田裏到處是青青的稻波、粟野。吹來微風飄香，大家都很高興。蕃社的禮節規矩也更好，三年前遷居當時的壞習思想或憂愁的心已不知飛向何處，如同再生，開朗的笑聲到處可聞。社眾們都說眞的再生了。今後我們一定會遵守警察誠心誠意、懇切周到的教導，一定營造一個出色的蕃社，以報答恩情。

遷居當時出生的初男，昨天滿三歲。遷居當時從課長領受很多錢，以後漸漸長大，現在已會用國語說話。今後我要培育他出眾，做一個川中島社的先覺青年。請您放心。再見。

二、漢視化時期（一九四六—一九八八）

一九四六年以降，台灣原住民族被迫無奈地必須轉換另一個國家及這個國家的語言符號，許多族人從「皇民化的日本人」轉換到「說國語的中華民國國民」，恐怕也要花不少時間適應吧！事實上，從一九四九年五月以後，山地教育業務由省府教育廳第四科承辦，首先提出的三項實施方針即：(1)徹底推行國語，加強國家觀念。(2)訓練生產技能，培養經濟觀念。(3)注重衞生教育，養成良好習慣。隨著在一九五一年一月省府頒布「山地施政要點」，山地教育的目標直指「山地平地化」。從歷年台灣政府對「山地教育」的施行要點、辦法、計畫來看，是附屬在「山胞輔導措施」底下的「教育建設」，其政策手段由同化、輔導、調整爲融合、扶植；從政策設計來看，充其量不過是「福利殖民主義」（welfare colonialism），因此其本質並非是考慮族群特性之不同，而是一體通用的統整模式（integration model），是一個國家意志主導的教育，缺乏由下而上的「人民的意志」的參與，特別是在解嚴前的政治空間裏，原住民族在漢人主導的教育裏，學習效果極差，不但缺乏進入主流文化的能力（大多數人），又不能保有固有文化特質，因此形成「民族文化盲」，甚至是「文化雙盲」的窘境。

在此時期出現的原住民現代文學僅陳英雄、曾月娥二人。

三、主體建構時期（一九八八—）

人類學者謝世忠先生認爲「原住民運動」係指涉一種某一家或地區內之原先被征服土著後裔的政治、社會地位與權利的要求，以及對自己文化、族群在認同的運動。原住民運動菁英阿美族夷將・拔路兒則提出「原住民族運動」係其一國家或地理區域內祖先原來是族群生活領域內主人的地位，後來被外來族群征服並統治的原住民族後裔，經由族群集體共同痛苦的經驗、覺醒、意識形態的建立，以組織、行動，爭取歷史解釋權、傳統土地權與促進政治、教育、經濟、社會地位之提升，即對文化、族群在認同之運動，運動的最終目標是追求原住民族自決（276-96）。夷將指出透過「覺醒」與「意識形態的建立」，才能指揮個人以及集體的「行動」，這印證了原住民現代文學作家其作品的展現，嘗受或淺或深的「原住民運動」的影響。

在族群建構的過程，原住民現代文學創作者的作品表現出向外爭取「主體」位置、向內認識自己（文化母體）的文學面貌。然而值得注意的是隨著原住民社會現實上母體文化的模糊化、消失化，恐怕必須面臨楊照所認爲的「門檻位置」（247），即「向外（使用漢文字書寫其實是再一次的進行「去主體性」）、向內（族群書寫未被族人認同以及原住民社會文化處於消失中或大部分消失的情況）的『尷尬局面』」，也是拓拔斯在台灣原住民文化藝術傳承與發展系列座談會上深深憂慮的「正視母語（文化母體）消失的危機」（72-76）。

不論如何，在跨世紀的門檻之前，原住民現代文學的處境仍舊是艱困異常，儘管未來所面臨的是黑夜或死亡，積極地培養文學人才、文學人口，尋找進入、認識母體文化的通路，建構原住民文學的理論基礎，甚至寫出台灣原住民族文學史，當是點亮油燈的火苗！

* 本文爲一九九八年五月紐約哥倫比亞大學主辦第一屆「台灣文學研討會」論文，與會期間蒙陳芳明、向陽、張大春等人交換「原住民文學」的諸種觀點，受益匪淺，在此一併致謝！

---

1 第一：原住民文學包括山地九族、平埔九族所寫的文學，皆包括在台灣文學裏面，但是原住民文學不包括日本人、漢人所寫的原住民文學題材作品。

第二：原住民文學是台灣文學裏面，最具特異性的文學，因爲它反映了原住民特殊的文化背景、歷史傳統和家族觀念，和漢人不同，所以原住民文學應發揚原住民文化的特色，並應兼顧語言的特色，磨練文學表達的技巧，提高其文學品質。

第三、原住民文學是原住民提高其族群地位，抗爭手段的一部分，反映原住民所受的傷害、壓迫，爭取漢人的合作，以達成目標。

第四、現階段的原住民文學保留漢文創作有其必要，便於對外溝通，至於母語文學則需長期的努力和奮鬥。

第五、原住民文學是最有希望的文學，應可嘗試結合全世界之弱小民族文學，站在同一陣線一起奮鬥。（葉石濤 94）

2 《理蕃之友》之前身爲《警察之友》，爲日人派駐各族落駐在所（今之警察派出所）警察之部落日常報告，一九三二年後，經由皇民化出之原住民先覺者（接受現代化教育的知識分子）已能代日警做出部落報告，其內容舉凡祭儀、書信、旅行觀察報告、部落視察心得、政令宣導、移住計畫報告等等，不一而足。

3 （甲）推行適應蕃人之簡易教育。
（乙）響應蕃人作都市觀光，及推行其他社會教育。
（丙）鼓勵適應蕃人產業。
（丁）改進物品交換制度。
（戊）蕃人病人之醫療設施。
（己）頭目津貼之給予。
（庚）狩獵用銃器子彈之貸與。（溫吉 1957）

引文書目

中山清。1936。〈川中島蕃人不忘舊恩〉。《理蕃之友》第三年六月號。

王明珂。1997。《華夏邊緣》。台北：允晨。

夷將・拔路兒。1994。〈台灣原住民族運動發展路線之初步探討〉。《原住民文化會議論文集》。台北：行政院文建會。

吳錦發。〈論台灣原住民現代文學〉。《民眾日報・副刊》。一九八九年七月二十一日至二十六日。

拓拔斯・塔瑪匹瑪。1996。《台灣原住民文化藝術傳承與發展系列座談實錄報告書》。山海文化雜誌社（1996.10）。

岡崎郁子。《台灣文學——異端的系譜》。葉迪、鄭清文、涂翠花譯。台北：前衛出版社（1997）。

邱貴芬。1997。〈原住民女性的聲音：訪談阿媽〉。《中外文學》26.2（1997.7）。

孫大川。1991。《久久酒一次》。台北：張老師。

——。1993。〈原住民文學的困境〉。《山海文化》雙月刊創刊號（1993.11）：99-105。

浦忠成。1997。〈台灣原住民文學概述〉。《文學台灣》20（1996.10）：190-202。

彭小妍。1994。〈族群書寫與民族／國家〉。《原住民文化會議論文集》。頁六七—八〇。台北：行政院文建會。

楊照。1998。《夢與灰燼：戰後文學史散論二集》。台北：聯合文學。

溫吉（編譯）。1957。《台灣蕃政志》。台灣省文獻委員會。

彭瑞金主持記錄。1992。〈傾聽原聲——台灣原住民文學討論會〉。《文學台灣》4（1992.9）：69-93。

魏貽君。1993。〈反記憶・敘述與少數論述〉。《文學台灣》8（1993.10）：207-230。

亦冷亦熱，且悲且喜

——一九九七年台灣文學傳播現象觀察

林淇瀁（向陽）

一 緒言：亦冷亦熱

一九九七年的台灣文學傳播現象，在九八年開春後亦冷亦熱、時寒時暖的怪異氣候中，回過頭去觀察，似乎也呈現著某些可喜的與可悲的錯置狀態。台灣文學以著慣有的沉默之姿，面對了自八○年代中期台灣「大解嚴」之後政治寬鬆、經濟熱絡、社會混亂的末世氛圍，在有氣無力、有話無聲的傳播困境中，試圖掙出重圍，向整個台灣社會呼喊文學存在的必要。

然則，這個戰前受過日本殖民統治、戰後受到美國經濟與文化滲透影響的台灣社會，已經愈來愈儼然有著民主資本社會的架勢，在所謂「自由市場」(free market) 的鐵則下，一切論斤論兩，論價論量，連文學也遭受市場機制的宰割。英國傳播學者卡倫 (James Curran) 所說的「被所謂自由市場機制化了的控制體系」已經形成，像七、八○年代那樣，文學還能有力量改寫一些社會變遷、重塑文化意理的年代，畢竟是，過去了。

在文學已死、傳播難遂、副刊將去的淒風苦雨中，九七年已經過去。熱的是，預言畢竟還是預言；冷的是，文學傳播似乎依然走不出文學圈子以外。這使得我們在觀察九七年的文學傳播現象之際，不能不由以下五個切面切入。

這五個切面，有些延續著九六年未了的餘波，繼續漣漪的擴散；有些已經繫好鞋帶，上路出發；有些則因爲媒介議題的設定與建構，探出了文學的牆頭，向著牆外的世界鬧春；有些則是悄悄進入學院門牆，在典籍和鐘聲之間，落土播苗。這些切面，時或似暗夜微火，爲近幾年來屈身於社會角落的文學界帶來一絲亮光；時或又像窄巷歧路，令人爲其走投無路搥胸頓足。

一九九七年的文學傳播，冷也好，熱也罷，畢竟都已過去，留下的是台灣文學界傳薪播種的痕跡，容得我們剖析、檢驗，見證這短短一年內台灣文學傳播的花開花落。

二 本體：邊切邊看

切面一：文學的與媒介的

文學評論家孟樊在觀察九六年文學傳播現象時，相當坦率地指陳「報紙副刊與文學雜誌之善可陳」(35–37)，做爲九六年的文學傳播現象剖析，這句話證諸幾家報紙副刊的關門大吉、文學雜誌的日漸萎縮，不無令人痛心的道理（王浩威 232–33）。

所幸乏善可陳不必定盡然不佳，幾家報紙關了副刊之後，儘管傳言仍在，整個九七年未關門的報紙副刊仍繼續開窗，且似乎還開出了更多、更大的窗口。在這些窗口中，探出大剌剌的旗幟的，首先是九七年一開年在台北登場、以建立「副刊學」爲目標的「世界中文報紙副刊學術研討會」的召開。這場由文建會主辦、聯合副刊承辦的研討會熱鬧十足、企圖甚大，有意「消除一般人對副刊前景的疑慮，肯定副刊在現代報業中的重要地位」（瘂弦 v）的會議，一連三天，十場研討會、二十四篇論文，加上現場展示的全國報紙副刊展，以及《眾神的花園：聯副的歷史記憶》一書的出版，在在都喻示了副刊，做爲報紙特殊版面，在文學傳播過程中扮演的重要角色，以及副刊介於「文學的」與「媒介的」

兩種媒介身分之間複雜的面顏（林淇瀁 118–19）。這場研討會，既凸顯了副刊在中文報業上歷史的、社會的與文化的存在意義，也因而有效延緩了九六年後出現的報業廢縮副刊危機。

從歷史傳承與社會變遷的角度來看，副刊的存在與延續，本來就對大眾媒介的報紙標誌著重要的文化意義。台灣的報業自報禁解除之後，市場競爭壓力漸大、經營成本負擔劇增，不事生產卻又加重支出的副刊，遂成爲報業檢討經營不善的第一頭羔羊。報業的「大眾」媒介性格先天存在，副刊的「小眾」文學特質則與之互爲矛盾，經營不善的報紙乃透過減縮、裁併副刊，企圖改善媒介經營體質，相當合乎媒介經營準則；不過，媒介本身具有文化傳衍的意義，完全根據市場、管理等企業原則所下的決定，又不必然準確。經過一年的驗證，廢除副刊的報紙，經營狀況似乎也未見起色，反倒因此喪失媒介的企業文化表徵，加劇讀者的流失。這樣的檢驗，使得原來有意跟進的報社因而緩步。副刊學術研討會的召開，無疑爲副刊的頹勢打了一劑強心針。

副刊呼息的強弱，在台灣，也關係到文學傳播脈搏的快慢。九七年之後，在免除停廢陰影下，台灣各報副刊逐漸展現新綠，曾經有一陣子（如九六年）各報副刊走向「大眾文學」的風潮暫時平息，聯合、中時、自由、台灣、中央、中華等報副刊的文學創作有增強趨勢，八〇年代中期之後的「大眾副刊」模式（林淇瀁 127–30），從這一年開始有逐步轉回「文學副刊」模式的趨勢。九七年一年內，前述幾家主要報紙副刊，發表的作品、介紹的新人，乃至以其刊載作品點燃社會矚目議題，都足以看出副刊已從過去十年間關注市場的媒介附庸性格，開始轉回強化文學做爲媒介文化特質的路子；這一年內的副刊，確實活力十足，從跌停板開始翻紅。

最明顯的例子，可從「北港香爐風波」的擴散、蔓延看出。七月中，聯合副刊一連四天刊載小說家李昂〈北港香爐人人插〉小說節錄，由於內容描述女性政客如何「以身體換取權力」，小說主角被認爲影射在野黨文宣部主任陳文茜，引起陳之抗議，而延伸出文學領域，成爲公共領域討論的議題。「北港風」的是非曲直如何，就文學傳播而言並不重要，重要的是，副刊以其文學傳播內容展現了傳播研究中所稱的「媒介議題設定」(media agenda setting)、「公眾議題設定」(public agenda setting) 的功能 (Rogers & Dearing 1988)，在七〇年代是家常便飯，自八〇年代之後已經愈來愈少，聯副掀起的「北港」風，有重振文學傳播聲威的氣勢。

這樣的氣勢，也延續到文學出版界，來自媒介與公眾議題設定的效果，使得李昂於九月集結包含該篇作品的小說集《北港香爐人人插》上市後，立即狂賣，二個月之內暢銷達十萬本，文學類書籍有此市場，也打破了九〇年以後日趨萎弱的文學出版紀錄。不過，類似的議題作品可遇而難求，對於整體文學出版市場的提振似無助益，觀諸九七年文學類暢銷書仍以大眾文學爲多，而大眾文學作品的暢銷排行則又遠遜非文學暢銷書，可以爲證。

切面二：學院的與地方的

相對於副刊的聲勢漸起、文學出版的枯等春風，學院文學教育的改弦更張，以及來自地方的文學清聲，則音調曼妙，令人欣慰興奮。

這一年中，學院傳出的喜訊計有台東師院成立「兒童文學研究所」及淡水工商學院成立「台灣文學系」兩椿，都屬大學教育改革的開創之舉，也爲台灣文學界帶來鐘鑼鼓鈸之聲。文學傳播有賴文學教育奠基，一車兩轍，缺一不可。兩校兩系的首途，預料會對其他大學產生刺激作用，以台灣文學的研究、教學與創作做爲文學院發展特色，建立風格，也會是文學院發展的重要趨勢之一。曾經率先於中文系下成立文藝組的文化大學、近年來備受台灣文學界矚目的靜宜大學、清華大學，可惜都未能在形式要件上成為領先群，急起直追，應猶未晚。

學院中的文學教育，除了台灣文學相關系所的設置外，實質的研究與教學內容當然也很重要。從九七年九月起，各大學大一學生原來必修的「大學國文」已經廢止，改為文學學程，其中甚多學校設有相關台灣文學課程，供非中文系學生選修，這對台灣文學的傳播來說，更是拓展了相當大的空間；過去非文學系學生但知唐宋詩文、不識台灣文學的情況可望大幅改善，台灣文學家的影響及其作品的廣受欣賞，也將逐年擴散開來。

此外，各大學中文系、台文系內相關台灣文學的研究室相繼設立，現代文學課程的開設逐步增加，以及台灣文學學術會議的召開，都使得台灣文學教育與文學研究愈見廣延，顯然會在可見的將來產生振文學之衰、起傳播之疲的影響。布迪厄（Pierre Bourdieu）在一篇談到藝術品味與文化資產的論述中如此強調：

> 學校的特有功能，在於有系統地發展或創造一些傾向，來製造出過教育的人，並且在數量上、乃至於質量上奠定他們持續而熱切追逐文化的活動基礎。(210)

台灣文學教育的進入大學校園，在這裏因而對未來的文學傳播打下了根基。

九七年文學傳播的可喜現象，還見諸地方與社區。已經運作多年的各縣市文化中心的文學出版，於今年內朝向編選各該縣市出身作家全集的方向發展，如新竹市推出《陳秀喜全集》、高雄縣出版《鍾理和全集》，都讓文學界欣慰。台灣文學家多有其出身之地，如果各地文化中心能集中經費，為各該地方重要文學家出版全集，供地方後進效法學習，不僅足以重建地方文化自尊，更將裨益台灣文學史料保存與研究良多。

尤其值得一提的是，年末在花蓮舉辦的「第一屆花蓮文學研討會：發現花蓮」，這場盛會可視為台灣地方文學整建的首次工程，研討會集中於花蓮出身作家的討論、花蓮文學特質的探究，通過論文爬梳、會議討論，從此「花蓮文學」自然會在整個台灣文學的園圃中散放她兼有山風和海雨的壯美。像這樣一場為地方文學研究、播撒新生種子的研討會，這樣一場重視腳下的土地與文學關聯的研討會，成功地融彙了地方尊嚴與文學特色，值得其他縣市效法學習。

當然也不能忽視政府機構為文學傳播基礎打造的相關工程。其中最令文學界高興的，應屬文建會出版、文訊雜誌社編印的《一九九六台灣文學年鑑》的出版。這本年鑑翔實記錄了當年度台灣文學的總體表現，通過文學發展現象、文學記事、文學人物與作品以及文學名錄等五項類目，台灣文學的年度面顏清晰可辨，既是可貴的史料蒐集與研究工具，也是可觀的台灣文學生態地圖；其次，是文建會出版的副刊學術研討會論文集《世界中文報紙副刊學綜論》，廣泛周延地收錄了關於副刊研究的論文，對整建中的「副刊學」乃至形成中的「文學傳播學」都具有奠基與整建的功能，也為副刊研究留下珍貴材料。

相對遺憾的是，民間出版社自行扛下的文學年選，迄九七年依舊由民間苦撐，未見起色。爾雅版年度小說選已歷整整三十個年頭，九歌版年度散文選也將近二十年，前衛曾經出版過台灣文學詩、小說、散文年選，而後中止改為台灣文學年選，加上由文建會補助、現代詩社版的年度詩選，除後者外，前三種都得自力更生。文建會（或國家文化藝術基金會）應該考慮採取年鑑及詩選出版模式，扛下擔子，全權委託各家編選出版，則集文學年鑑（文訊）、年度小說（爾雅）、散文（九歌）、新詩（現代詩社）、評論（前衛），合為年度文學五書，當能對延續台灣文學香火、擴大文學傳播帶來更多貢獻。

切面三：新生的與邊陲的

發展中的文學傳播風向，也跟隨著新興媒介的運轉而生。網際網路是其中最最具有潛力與前景的媒介。文學傳播表現在網路之上，並非始自本年，九六年《晨曦詩刊》崛起於網路之中，各大學詩社、詩人也相繼於校園架設網站，發布詩作，開啓了文學傳播的新途徑，並對傳統的文學傳播結構帶來「革命性的挑戰」（須文蔚 251）。本年最具規模的，當屬「現代詩網路聯盟」在文建會的資助上網；而最受矚目、內容最豐富、連結台灣文學網站最多的則是由學者呂興昌架設的「台灣文學研究工作室」。前者單純以現代詩人詩作的傳播爲主，後者則以台灣文學研究、台文傳播爲主要內容。兩者同時都在四月上網，宣示了與文學傳播主流媒體（副刊、雜誌、出版）一別苗頭的雄心，也紹啓了台灣文學傳播的新興風貌。另一個值得注意的是，統計文學網路中最強勁、最蓬勃的網站，應屬台語文學相關網站，如「台灣文學作品的粟倉」、「台灣的厝」等，對於推動台語文學的傳播在在帶勁而有力。

這不能不讓我們也注意到平面的文學媒體（特別是雜誌）中的台語文學傳播現象。近幾年來，小眾而具有運動性格的文學雜誌在台灣相繼誕生，同時配合著台灣意識的強化與台灣語文運動的推廣，流通在台灣文學生態圈的邊緣，其中如《台文通訊》、《台文罔報》、《茄苳台文月刊》、《掖種》、《客家台灣》、《台語風》、《台語世界》以及《蕃薯詩刊》等，更是在傳播不易的條件與環境下，持續出刊，進行戰鬥，這種有點類如六、七○年代現代詩刊競出的現象，具有著草根的特質，對於台灣文學發展的明日，也扮演著不可忽視的發動者與革命者角色。談台灣的文學傳播媒體，不能忽視這一大群看似聲音微弱、實則後勁十足的邊陲媒體，事實上，它們扮演著正是類似惠森（Andreas Huyssen）所說的「回歸當地傳統與方言」的「新生態觀」的角色（374）。

相對於這些邊陲雜誌，非邊陲的以及主流的文學雜誌，也有它們的作用與貢獻。其中，台大外文系主辦的《中外文學》近一兩年內不斷強化現代文學理論與當代西方文學論述內容，對於台灣文學界的攻錯學習，多有助益；靜宜大學中文系接辦後的《台灣文藝》，則展現出本土文學的生猛力量；同屬本土文學陣營，而編輯部在南方的《文學台灣》、與在中部的《台灣新文學》在評論和創作上迭有佳構；《聯合文學》繼續透過小說新人獎與巡迴文藝營吸引青少年階層，挖掘並培育卓有潛力的新世代作家；《幼獅文藝》、《明道文藝》也以更多的篇幅提供文學新秀創作與試驗；全國唯一一本報導文學訊息、記錄文學生態的《文訊》則在主編《一九九六台灣文學年鑑》一書後，於七月納入國民黨機關刊物《中央月刊》之中做爲「別册」形態推出；創刊已歷四十三年的大眾文學城堡《皇冠》魅力不減，並將該刊「一月一書」的小說獨立出來，隨雜誌附贈；創刊不久的《中國現代文學理論季刊》，以文學理論爲主，成效與影響如何，尚待觀察。整體來看，這些文學雜誌儘管路線、形態、內容、走向各有不同，整體的表現較諸九六年已不再「乏善可陳」。

談到文學雜誌，詩刊也不能忽略。比起七、八〇年代台灣現代詩社詩刊的風起雲湧，八〇年代中期之後的詩壇顯得寂寞無聲。詩刊一向是台灣文學傳媒之中相對的另類，作者無數、讀者有限，聲音瘖啞、卻又力道十足，尤其在喧嘩的年代中，往往獨領風騷、旋乾轉坤（五〇年代現代詩運動、六〇年代超現實主義風潮、七〇年代新世代的崛起、八〇年代本土詩學的形成等莫不如是）。唯自解嚴之後，社會苦悶不再，做爲台灣社會苦悶象徵的現代詩壇也隨之蕭條。詩刊的經營更加困頓，詩社的延續出現中繼短路，觀乎仍在運作中的詩刊（其後大抵就是詩社），要非元老級、要不就是新秀級，曾經活躍於七、八〇年代的中壯詩人群及其詩社詩刊多已煙消雲散，「只有一個『冷』字可以形容」（向明 699）。其中由幾位中壯詩人合組出刊的《台灣詩學季刊》，定期出刊，每期刊登詩作水準整齊，策畫專題、開放論壇，形成動力活水，對詩壇衝擊最大；但即使如此，加上本年新創的「學院詩人群」及其創刊的

《(後) 現代風景，台北》(以創做爲主) 來看，中壯代詩人的「熄火」狀態也還顯得相當嚴重。

從大體上看，網路與雜誌的傳播統合趨勢，也已出現，特別是新生的與邊陲的文學媒體，前者如現代詩中的《創世紀》詩刊同時擁有網站；後者如台語文學網站與眾多台語文學雜誌的連結都是。它們都展現了將來做爲文學傳播主流媒介的高度企圖。

切面四：蕭條的與暢旺的

情況稍微好些，但蕭條情境與現代詩刊類似的，是文學出版市場。根據台灣文學年鑑製作小組的資料，九七年台灣文學出版品（未計入兒童文學）總出版數約五百種，依類別分，散文最多，計一九一種；小說其次，計一八七種；評論，計五十七種；現代詩，計五十二種；其他（含合集、史料、工具書）計十一種。以台灣兩千兩百萬人口來看，這樣的出版數量，反映了文學閱讀人口的稀微，更凸顯了九七年文學出版市場的窄仄。

出版市場以讀者消費數量爲計量基準，在這個基準上，出版數量多寡決定了市場閱讀主流所在，換一句法國文學社會學學者埃斯卡皮（Robert Escarpit）的話說，「一本書的價值與其群眾規模並無直接關係，然而群眾是否存在則與書籍的存活緊密相連。」(89)，出版市場亦復如是。九七年台灣文學出版品只有五百種，如果以文學類出版社家數六十三家（依據九七年文學年鑑出版社名錄）來計算，平均下來可以得到以下的結果：

這一年內，所有文學出版社平均一天出版一．四本（500÷365）；

各家分開計算，平均每家整年只出版約八本（500÷63）；

統合計算，這一年內各家文學出版社平均每天出書約〇・〇二本（500÷365÷63）；
換算下來，平均每家出版社約需五十天才出版一本（1÷0.02）。

這個粗略的統計，簡單明白，卻又不能不令人怵目驚心。全台灣出版文學作品的出版社只有六十三家（而且細按名單，多半不以文學類書爲主要業務），已經夠少了；這六十三家出版社平均起來，各家一年才出七到八本文學書。這樣的數據，已足夠傳達文學書籍在整個出版市場中的慘澹、淒涼。

這樣的數據，進一步眞實而具體地反映了文學閱讀人口的稀少，顯徵了當代台灣文學傳播的另一困境所在：文學閱讀人口稀少，形成文學出版（含雜誌刊物）市場狹窄，文學出版工業生存不易，作家創作出版機會自然有限；連帶的是，刺激作家創作的動力、維繫作家生存的條件相對降低；最後導致作家創作動力與精力的匱乏，個人創作質量銳降、整體表現水準停滯，文學傳播生態從而更形沉悶靜寂。

如再進一步細審九七年全年度文學出版品走向及內容，尚可發現本年度文學出版的傾斜。全年度散文與小說出版合計三七八種，占所有文學書籍出版的七五%強；這些相對強勢的出版品中，進入金石堂年度暢銷書排行榜者計有五冊，其中兩本（李昂《北港香爐人人插》、周大觀童詩集《我還有一隻腳》）的熱賣，與兩書作者均爲媒介議題人物有關，一本（吳念眞《台灣念眞情》）與作者爲電子媒介熱門節目主持人有關，剩下兩本（張曼娟《火宅之貓》、劉墉《殺手正傳》）則爲市場常勝知名暢銷作家的新作。但，即使純以暢銷而論，這五本文學暢銷書在年度暢銷排行榜中所占比率還是微小，更見文學書籍的市場已經與八〇年代相去遠矣。

一言以蔽之，本年度的文學出版品在廣大的出版市場上，已經被其他非文學類書逼到市場的小角落；在書籍的大賣場書店中，迎面而來、橫躺斜倚、媚視睨笑的，多屬大眾媒介中的明星人物、熱門議題設定者或通俗文化製造者。媒介議題設定，媒體曝光度，以及讀者歡迎度等三個要件，決定了書籍市場明星的條件，並形成弱肉強食的準則。在這個出版叢林中，六十三家文學類出版社、純粹以純文學書籍爲運營標的的更少數出版社，如何咬緊牙關、度過漫長的寒冬？如何枯坐角落，等待文學之春？都不能不讓關心文學傳播與這些出版家生死的識者捏把冷汗，爲之鼻酸。

儘管處在寒冬之中，既然做了文學傳播的牛，出版的犁再苦也得繼續拉下去。這似乎是等待文學之春的出版者唯一能做的了。

切面五：熱鬧的與嚴肅的

於是，當代文學傳播的運作，文學命脈的存續以及文學人口的維繫，就必須依靠政府機構、基金會、大學、文學社團、乃至文學人自身來勉力撐持了。這些維繫與撐持的做爲不外創作獎助、文學獎、學術研討會、文藝營、寫作班、工作坊以及文學活動等。這些掖助性質的文學周邊做爲，細瑣繁多、涓涓滴滴，支撐了險困的文學傳播於不墜。檢視九六年台灣文學年鑑〈名錄〉卷，計有文學社團全國性二十五個、地方性五十三個、大學院校五十個；大學院校相關文學研究室二十三間；由基金會、縣市文化中心、媒體與政府機構、大學主辦的各種文藝營十五營；文學寫作班三十三班；文學獎更是繁多，全國性文學獎計有三十一種、地方性計有三種、大學校園三十六種。

依照這個蒐集資料仍不夠完整的統計數據來看，相較於文學出版市場的低迷，很難想像這其中的文學社團、文藝營、寫作班如何營運？如何開營開班？這名目繁多的文學獎如何頒出？這種弔詭現象的合理解釋應該是：當代台灣喜愛文學的人口其實不少，喜歡買書閱讀文學的人口則有限；樂於參與文學盛宴、感覺文學喜悅的人口甚多，實際支持文學活動的人口則稀少；關心文學獎的發布和結果的人也很多，關心作家的寫作和實績的人更是少之又少。台灣的文學傳播在如此弔詭的情境中，從而也陷入了表面熱鬧非凡，其實寒冷萬分的窘境中。

九七年的文學活動大體上延續了這種表裏不一的情境，可以不贅。其中值得一提的是，官辦的國家文藝獎在由文建會移由半官半民的國家文化藝術基金會主辦後，於本年改名爲「國家文化藝術基金會文藝獎」，首屆文學類得主頒與寫作年齡已有五十多年、一生淡泊自持的詩人周夢蝶，由於評審過程的嚴謹、得獎者實至名歸，因而建立了國家級文學獎的形象與評價，受到各界矚目與肯定。南部則有由純民間的文學台灣基金會所辦的「一九七年台灣文學獎」百萬小說獎頒贈給長期默默從事小說創作、努力未懈的小說家詹明儒。

忍受孤寂，不媚俗、不弄潮的作家獲得社會的肯定與重視，在文學的傳播過程中，具有相當正面的意義，這代表了文學雖然難敵資本主義社會市場的鐵則，但文學志業的堅持最少還是一個金科。嚴肅的寫作，在頹唐的末世裏可能不值一毛錢，卻至少能播散一顆文學心靈的美善眞誠。周夢蝶、詹明儒的獲獎，意義在此；文學獎的存在，意義也在此。這是一個標竿，在民間基金會（如吳三連獎基金會、吳濁流基金會等）、媒介（如時報文學獎、聯合報文學獎、中央日報和《明道文藝》合辦的全國學生文學獎等）早已樹立獎項權威之後，國家文藝獎的再出發，以及文學台灣基金會以民間力量踏出的鮮明腳跡，從而都應該足以提供給所有舉辦文學獎單位更多的、也更嚴肅的思考空間。

文學獎之外，九七年的文學傳播活動中，文學研討會的愈趨愼重、嚴謹，也相當可喜。這一年內，學術會議保守估計最少三十六場以上，平均每月三場，多數會議均見學界參與其中，或者主辦、或者提報研究論文、或者參與講評、主持。文學薪火的傳遞、文學成果的研究以及文學論述的建構，通過學術會議的密集舉辦，學者作家的交流討論，逐步累積，對於台灣文學的精緻與壯大，助力厥偉。其中如前述聯副年初舉辦的副刊學術研討會、年末舉辦的「台灣現代小說史研討會」，青年作協舉辦的「林燿德與新世代作家研討會」、「當代台灣散文文學研討會」，九歌文教基金會主辦的「台灣現代散文研討會」，彰化師大主辦的「第三屆現代詩學會議」，《文訊》主辦的「青年文學會議」，靜宜大學主辦的「全國兒童文學與兒童語言學學術研討會」，師範大學主辦的「台灣本土文化國際學術研討會」，淡水學院舉辦的「巫永福文學會議」等，在文學時潮的反映與論文內容的周延上都甚有可觀。

此外，十月下旬，針對鄉土文學論戰屆滿二十週年，台北先後出現了兩場研討會，其一是由台灣社會學研究會、人間出版社、夏潮聯合會主辦的「回顧與再思——鄉土文學論戰二十年討論會」，其二是由人間副刊、春風文教基金會、文建會主辦的「鄉土文學論戰二十週年研討會」。兩場主辦單位立場不同，意識形態有異，對於鄉土文學功過的歷史解釋也就各有所持。江湖路遠、恩怨猶在，文學論戰的難脫意識形態左右、歷史解釋的切面亦隨之相異，於此可見。

總的來看，無論熱戰冷戰或交戰，台灣文學傳播的基石，都有賴這些豐富而嚴肅的文學研討會，一磚一石，慢慢堆疊起來，才會更厚實、更堅穩。

三 結語：且悲且喜

一九九七年的台灣文學傳播現象大致如上。一座寶山，其上花果草樹繁多，要詳細勾描，顯然不可能；這篇觀察報告因而只能略似拂山而過的風，檢視其中枝大葉茂花繁果碩者，掛一漏萬，勢不可免。

整理起來，一九九七年的台灣文學在傳播面向上比較令人矚目的約爲：

㈠副刊甩脫停廢縮裁陰影，在自我調整與校正之下，逐步從過去十年間扮演的媒介附庸角色，重回強化文學自主傳播的沙場；這一年的副刊，活力十足，初步展現了文學傳播火車頭的聲威。

㈡學院文學教育改弦更張，配著地方文學整建的雛鳳清聲，使得台灣文學傳播的基礎工程在體制內外同步奠石。文學教育與地方文學運動的撒播種苗，爲台灣文學的發展帶來了可以期待的希望。

㈢文學傳播找到了新媒介，透過電腦在目前仍是邊地、將來卻會是中心的網際網路中開疆闢土，而且著有成績；相對的，是傳統的文學雜誌力圖保有文學傳播的既有江山。兩者之間的統合，應是未來幾年內的大趨勢。

㈣文學出版則仍然陷入流沙之中，疲極冷極困極，有動彈不得的無奈。出版市場的計量取勝，對於文學出版者帶來嚴酷的生存考驗。部分出版者（如皇冠以其既有基礎，遠流以其新闢版圖）朝向大眾文學發展，可能會是一條生路；但純文學出版的命脈如何繼續存續，則有待文學出版界思考。

㈤文學傳播活動繼續著舊有的模式進行，官方、半官方、民間的基金會，媒體以及學校、文學團體繼續扮演推動器的角色。在這些熱鬧的活動之下，隱藏著嚴肅的意義。特別是在九七年，國家文藝基金會的重新出發、文學台灣基金會的另起爐灶，對於嚴肅寫作的作家，無疑都帶來鼓勵與安慰。

在一九九七年的台灣文學傳播過程中，我們看到了不同的文學傳播生態展現出的不同冷與熱、寒與暖，也感覺到了不同程度的悲與喜、沮喪與振奮，在亦冷亦熱、且悲且喜中，台灣文學會繼續她的發展而不受外在社會環境的影響，然而她的文學傳播功能則無法不受整個社會變遷的左右。記錄並且觀察台灣文學生態及其傳播過程中的起伏升降，從而是一部文學年鑑的主要職責與義務所在。這篇觀察報告所提供的也就是記錄與觀察的功能。

在且悲且喜之餘，從而我們要爲文學年鑑九七年版的問世再致以掌聲。談到九七年的文學傳播，文學年鑑的問世顯然是其中最璀璨的明珠。台灣文學生態的代謝新陳，文學傳播現象的鉤沉起埋，盡在其中呈現。由此出發，我們有理由相信，在跨入二十一世紀之前，台灣文學及其傳播將可望因此鑑往知來，再開新局。

1 分析台灣報紙副刊的「模式」，計有主要的四種，五〇年代為「綜合副刊」，六〇年代為「文學副刊」，七、八〇年代為「文化副刊」，進入九〇年代後則走向「大眾副刊」（林淇瀁 117-35）。

參考書目

Bourdieu, Pierre. 1995. "Artistic taste and cultural capital." *Culture and society*. Eds. J. C. Alexander & S. Seidman. New York: Cambridge UP.

Curran, James. 1990. "Communication, power and social order." *Culture, society and the media*. Eds. G. Michael, et al. New York: Routledge.

Huyssen, Andreas. 1995. "Mapping the postmodern." *Culture and society*. Eds. J. C. Alexander & S. Seidman. New York: Cambridge UP.

Rogers, E. M., & Dearing, J. M. 1988. "Agenda-setting research: Where has it been, where is it go?" *Communication Yearbook*. 11: 555-594.

王浩威。1997。〈社會解嚴，副刊崩盤？：從文學社會學看台灣報紙副刊〉。《世界中文報紙副刊學綜論》。瘂弦、陳義芝編。台北：行政院文建會。

向明。1996。〈從熱情到冷感：站在九〇年代時間的中線上看詩〉。《台灣現代詩史論》。文訊雜誌社編。台北：文訊。

林淇瀁（向陽）。1997。〈「副」刊「大」業：台灣報紙副刊的文學傳播模式分析〉。《世界中文報紙副刊學綜論》。瘂弦、陳義芝編。台北：行政院文建會。

孟樊。1997。〈文學傳播現象〉。《一九九六台灣文學年鑑》。文訊雜誌社編。台北：行政院文建會。

埃斯卡皮。1990。《文學社會學》。葉淑燕譯。台北：遠流。

須文蔚。1997。〈邁向網路時代的文學副刊：一個文學傳播觀點的初探〉。《世界中文報紙副刊學綜論》。瘂弦、陳義芝編。台北：行政院文建會。

瘂弦。1997。〈副刊一百年：舊典範與新視野〉。《世界中文報紙副刊學綜論》。瘂弦、陳義芝編。台北：行政院文建會。

輯二

台灣文學作家及作品專論

輯二之一

日據前後的承接與現代之契機

前衛的推離與淨化

論林亨泰與楊熾昌的前衛詩論及其被遮蓋的際遇

劉紀蕙

一 推離前衛的必要！

陳明台在一九九七年五月於彰化師範大學舉辦的「第三次現代詩學會議」上發表的論文〈論戰後台灣現代詩所受日本前衛詩潮的影響——以跨越語言一代的詩人爲中心來探討〉[1]中，追溯一九二〇年代出生的詩人詹冰、陳千武、林亨泰、蕭翔文與錦連五人如何各自接受日本前衛詩潮之影響，例如日本「詩與詩論」集團所帶領的立體主義、主知主義、超現實主義、新即物主義，或是「荒地」詩人所強調的現實與歷史關懷，並由於他們在戰後皆積極參與詩社，從現代詩社、《創世紀》到笠詩社，而對於台灣現代詩之發展具有重要地位。陳明台的結論則指出：台灣現代詩史的發展「具有連續性、進化的特質」，從五〇年代現代詩社「現實精神比較稀薄」到七、八〇年代笠詩社「大膽的前衛的，現實主義精神的追求」，看得出「往前邁步，進展的軌跡」(107)。陳明台的結論明顯呼應他此文的前提：台灣的現代詩在「現代化的同時，回歸當代的，自身存在時空的，民族的詩，也就是獲得本土詩的性格」，是一個「終極的目標」，而這個終極目標清楚架設於「現實主義精神的追求」，因此，「戰後台灣現代詩發展史」等同於「回歸本土詩精神，回歸現實與傳統，達成詩的現實主義化的歷史」(91-92)。

陳明台帶有「進化論」的「現實主義化的歷史」之說法與台灣自八〇年代以降至今方興未艾的「台

灣文學史」建構風潮共有一致的論述脈絡。翻閱葉石濤的《台灣文學史綱》與彭瑞金的《台灣新文學運動四十年》，我們很快地就發現其中貫串的論述脈絡強調台灣文學的「歷史的責任」與「寫實主義的風格」（葉石濤 i），以及強調台灣新文學的「原始性格」是「擔負民族意識振興」與「充滿改革意識的文化運動」（彭瑞金 10）。甚至連爲具有現代性與前衛性格的「銀鈴會」做歷史回溯與文學史定位時，台灣文學史學者也多強調「銀鈴會」與所謂賴和及楊逵所代表的「台灣新文學」傳統的關聯；林亨泰本人在一九八五年「銀鈴會」研討會中，也強調楊逵在「銀鈴會」中的地位，同時切切指出由於「對殖民地統治的懷疑與痛恨」以及「現實主義的傾向」這兩大特色，使得「銀鈴會」與賴和所初創而楊逵所發揚的台灣新文學大傳統匯合（1992b: 75-76）[2]。

可是，這股以反殖民、反封建與現實主義爲原則的台灣文學論述就帶出了台灣文學史以及文選的編撰、篩選或是衡量尺標而引發的問題。以三〇年代爲例：三〇年代的確是以寫實主義與社會責任爲號召的台灣新文學運動最具自覺與政治力的旺盛時期，但這時期也正是前衛詩人楊熾昌發展一系列前衛詩論與詩作的時期。楊熾昌具有西歐以及日本超現實風格的前衛性格，詩論以及詩作皆豐。他在一九三三年到一九三七年間與鹽分地區社會寫實主義作家領導的《台灣文藝》以及《台灣新文學》壁壘分明，展開一系列探討「新精神」與「新文學」的詩論。但是楊熾昌於一九三三年創刊的《風車詩誌》卻因「社會一般的不理解而受到群起圍剿」，以至於僅出刊四期便廢刊（1995j: 253），至今《風車詩誌》除第三輯以外似已無跡可尋。今日台灣文學史界定「台灣新文學」時，居然也遺漏最具有前衛精神以及反覆強調「新精神」的楊熾昌，不但在葉石濤與彭瑞金的文學史中不見處理，就連在前衛出版社所出的台灣作家系列以及明潭出版社的日據下台灣新文學的《詩選集》與《文獻資料選集》中亦皆略而不錄[3]。呂興昌於一九九五年出版的《水蔭萍作品集》是楊熾昌半個世紀以來的作品首次以較爲完整的面貌見世[4]。這是台灣文學現代化運動反覆出現內在排拒抵制前衛的文化徵狀例證之一。

台灣文學史中前衛與本土的對抗似乎已成宿命的前提。前衛必然與寫實保守成爲辯證的拉扯，而在尋求「台灣文學史」的呼聲高張時，前衛每每會被壓抑而隱沒；在台灣文學史的論述場域中，似乎「台灣」等於「本土」，「本土」等於「鄉土」、「民族」與「社會寫實」，以至於以趨向異己而尋求變革的前衛藝術與文學時常被「台灣文學史」排除在正統之外。我們若要尋找前衛所揭開的縫隙，只有在保守寫實陣營的抗拒前衛論調之中或可覓得一絲蹤跡。

當年風起雲湧的五、六〇年代現代詩論戰中清楚顯示台灣文壇對於超現實風潮的排斥，而對於現代詩的實驗則屢屢評爲「逃避現實」、「醉漢的夢囈」、「鉛字的任意的排置」、「詰屈聱牙的散文式分列」、「內容貧乏」、「思想蒼白」等等[5]。台灣文學史家論及五〇年代到六〇年代的台灣現代文學亦視之爲「放棄了來自政治、社會、階級解放未盡的文學傳統使命」（彭瑞金 110）而有大爲惋惜之意，並斷定「西化派和現代主義文學也只是插在花瓶裏的一朵鮮花，不曾在土地上生根，終究要枯萎的」（彭瑞金 114）。五、六〇年代的寫實保守陣營與現代派的激辯已成公案，歷歷可考，或許暫時不須我們再度回顧[6]。現代派的前身四〇年代的「銀鈴會」進入八〇年代後的本土化，三〇年代與鹽分地區作家並存的「風車詩社」今日在文學史中幾乎被湮沒，是值得我們仔細探討的二個重要問題。

本文的目的便是藉由林亨泰與楊熾昌等詩人的前衛詩論與詩作，回溯二十世紀前半葉台灣現代運動與新詩的發展，重新思索前衛運動在台灣文學史中企圖展開的格局，台灣文學史持續呈現抗拒前衛的文化徵狀，以及台灣現代文學運動固著的內在阻力。正如楊熾昌於一九三四年所言，台灣文藝處於「深刻化的混沌」與充滿「雜音」的狀況（1995c: 136），但是，台灣新文學史卻企圖凸顯一股清楚傳承民族使命與寫實傳統的主流。本文將指出，抗拒遊戲顛覆與壓抑前衛衝動的努力，呈現台灣文學史中強烈企圖維持國家象徵系統、急切以父祖為依歸、畏懼與排斥所有異己與不潔之物的伊底帕斯組織化與正常化的文化徵狀；此種排拒、推離與淨化的必要使得開展欲望多元形貌的現代性無限展緩，也使得排拒成為強迫性反覆之文化動作。

此處所謂「推離」(abject)，依克莉絲特娃 (Kristeva) 在 *Powers of Horror: An Essay on Abjection* 中的說法，是被超我所要求，進入象徵系統之前必須被推離的原初母體，不然此異質體會導致意義的崩解。此推離運動，如同嘔吐，是一種自身系統的淨化作用。透過淨化的儀式，這個文化得以保全其系統之一致與正常。所以，所有對於超我以及對於「父親」來說無法同化的不潔之物都須被推離。因此，造成推離運動的正是擾亂身分、系統與秩序的物質的出現。任何不尊重規則與界限的物質，任何介於狀態之間的曖昧存在，都因被視為不道德、惡魔、陰謀而必須被推離、淨化與放逐 (118)。本人曾在〈故宮博物院 vs. 超現實拼貼：台灣現代讀畫詩中兩種文化認同之建構模式〉一文中，討論過此必須推離之潛意識原初母體以便進入象徵系統的概念，並以此推離運動說明台灣文化中反覆堆塑神龕與逃離推拒的兩極衝動 (69)。此處，本人則將藉此概念說明台灣文學史的象徵系統必須反覆推離屬於規則之外、擾亂身分與秩序、被視為不道德的前衛運動，而這種推離正是台灣文學場域反覆出現淨化運動而抵制變異的內在壓抑。

二　從「銀鈴會」到「現代派」的前衛銜接以及文學史的詮釋

五〇年代隨著紀弦倡導的現代派與「橫的移植」開始了台灣新詩的現代派，而帶起了所謂的「超現實風潮」。當我們正視五、六〇年代的超現實風潮時，我們發現：台灣現代派超現實風潮實際上受日本超現實運動中西脇順三郎以及《詩與詩論》的主知美學與批判精神影響甚深，致使台灣的超現實風潮以一種論述形態呈現，像是磁石一般，吸引論者以及詩人朝向此異己的極端出發。本人曾在〈超現實的視覺翻譯：重探台灣現代詩「橫的移植」〉一文中指出，台灣的「超現實風潮」其實已是一個以「超現實」之名爲轉化各種政治論述的結點，我們應該稱此銜接超現實語彙的脈絡爲「台灣的超現實論述」。

這個「台灣的超現實論述」的緣起至少要往前追溯至四〇年代「銀鈴會」同人林亨泰。「銀鈴會」的林亨泰與詹冰兩位「跨越語言的一代」的詩人是將光復前的前衛實驗帶到光復後現代運動的主要銜接者。林亨泰因爲其持續現代派的理論著述，而被林燿德譽爲與覃子豪、紀弦三足鼎立、共同造勢、匯融兩岸詩脈（林燿德 151）。桓夫曾於「兩個球根」的說法中指出中國大陸與日本俱爲台灣詩壇現代化運動的根源：紀弦從中國帶來戴望舒、李金髮等現代派詩人傳統，而三〇年代的楊熾昌、李張瑞、林修二以及接受日本教育，進入中文創作的林亨泰、吳瀛濤與錦連等則是台灣本有的一支現代運動根源（陳千武 39-41）。桓夫該文中並未具體指出此「球根」之實質意義。但是，當我們掌握更多「銀鈴會」的資料，以及「銀鈴會」成員如何進入《現代詩》、《創世紀》而後《笠》詩刊，我們便可以清楚理解此「球根」的關聯。

以林亨泰與紀弦的關係爲例，我們便可看出「銀鈴會」與《現代詩》的重重糾葛[7]。林亨泰生於一九二四年台中北斗，自中學時期便熟知西方現代文學，並透過春山行夫等所編的《詩與詩論》，接觸到了三好達治、北園克衛、西脇順三郎、春野四郎等倡導超現實主義的日本現代詩人（周文旺 70）。林亨泰於一九四七年加入由張彥勳、朱實與許清世所創辦的「銀鈴會」，並於同年與張彥勳、朱實、詹冰（綠炎）、蕭翔文等人將「銀鈴會」停刊一年的日文刊物《緣草》更名爲《潮流》復刊，以日文與中文並行。一九四九年的「四六學運」中，「銀鈴會」因牽連而被迫驅散，林亨泰黯然停筆：作家當時所面對的「不僅是政治歸屬問題，或者如何由日文跨越到中文的創作語言問題」，而更是必須思考如何在「複雜的政治局面下，進行不違背良心的寫作」(林亨泰 1992c: 224)。此外，加上戒嚴期間政府推動的「戰鬥文藝」，更使林亨泰的創作意願低落：「一時之間報紙雜誌幾乎都充斥著那一類的文章。戰鬥文藝的隆盛，使我對文學創作的意欲，如同在太平洋戰爭時期般極爲低落。」(三木大直 92)。

林亨泰指出，一九五三年他看到紀弦主編的《現代詩》以及其中刊登的幾位法國詩人，例如阿波里奈爾、考克多等人，他十分興奮：「就好像發現了另一種『可能性』的心情。」(三木大直 93) 他認爲，在當時的環境來說，這本詩誌的創刊，等於是「爲了那些不願跟著喊口號或是歌功頌德的人」所開闢的發表園地 (三木大直 93)。林亨泰說，當時他寄給《現代詩》的都是些「會令版面翻覆過來的『怪詩』」(三木大直 93)。紀弦在一九五三年開始看到林亨泰日本詩集《靈魂的產生》中的詩作後，便開始與葉泥四處打聽他。紀弦與林亨泰相遇後，暢談現代主義，立即邀請林亨泰擔任《現代詩》的編輯委員，林亨泰收到的聘書編號是第一號 (周文旺 72)。

今日回顧，我們發現：紀弦爲林亨泰提供了一個延續「銀鈴會」現代運動的管道，而林亨泰也爲紀弦提供了一個發展現代派的理論支柱。

林亨泰參與「現代派」，他的詩論具有舉足輕重的地位。林亨泰說，紀弦成立「現代派」並發動詩的「再革命」時，林亨泰其實是背後軍師：現代派創立後，林亨泰便陸續發表文章，「補紀弦理論之不足」，而他許多寫給紀弦的信便被以「代社論」刊登在《現代詩》上 (周文旺 74)。現代派的六大信條發表之後，林亨泰一再爲文說明台灣當時現代派運動是對於歐美與日本現代文藝思潮「批判性的攝取」(1988: 138)。林亨泰在〈新詩的再革命〉一文中甚至清楚地指出：〈現代派的信條〉的第四條「知性的強調」是源自於春山行夫透過《詩與詩論》引介的主知主義：主知主義的代表人物是法國梵樂希、普魯斯特、艾略特等人，強調反對主觀浪漫抒情的傾向，提倡以「知性之光」，像「探照燈」一樣照射世界」，而「賦與秩序」（1988: 140）。在〈抒情變革的軌跡：由「現代派的信條」中的第一條說起〉一文中，林亨泰指出梵樂希所謂的「新的戰慄」，是來自波特萊爾詩作中的「批判知性」：詩人把詩中「穩定而熟悉的關係予以隔絕，然後讓詩精神的諸特質個別而『高度自覺』地在作品本身的結構體中重新發明乃至組合」（262）。紀弦針對林亨泰個人詩中「很少是情緒的」這一特質強調：「這便是林亨泰的詩法，也是我們共同的詩法，跟那些浪漫派的殘渣所僅能使用的原始的刺激反映公式迥異。」（66–67）由此可見，紀弦取林亨泰源自於日本《詩與詩論》派的知性美學，是用以對抗新文學傳統中的浪漫派餘緒，而此導致五〇年代現代運動中傳承了日本超現實運動中的主知精神。

林亨泰本人的理論更強調詩語言實驗的種種邊緣地帶，以及詩語言以跨越疆界的動作挑戰語言的形式與形式背後的認知模式與意識形態。他的詩論中重形式實驗的符號論、略帶不快感覺的「鹹味的詩」以及具有知性批判力的「新的戰慄」都是現代派運動中最具有代表性的幾個概念[8]。林亨泰在〈現代詩的基本精神〉（原名攸里西斯的弓）中指出：詩必須有個性，有張力，像是拉開攸里西斯的弓弦一般（32），而瘂弦與商禽就是「把對於語言的嘗試如此地推展到一失足及失其立足點的最極限的地步」（37）。林亨泰曾強調「超現實主義」是「一種更細的事實」，因爲它「存在於意識中，不是肉眼可以眞確體會，是內部深層的現實」（林亨泰、簡政珍、林燿德 186）。

林亨泰的詩作中一直存在著對現實的批判，他也一再強調「現實觀」的重要性。林亨泰早年以超現實視角切入而寫成的〈春〉與〈回憶 No. 2〉，表面上讀來是達利式的構圖意象與非理性拼貼，但是這兩首詩寫於一九四九年「四六事件」之後而停筆前，透露出他在二二八事件之後的白色恐怖時期，以不寫的方式寫出歷史記憶的現實。林亨泰一九五七年前後以極限主義的方式（minimalism）實驗出的符號詩，例如〈二倍距離〉與〈風景 No.1〉和〈風景 No. 2〉，是一九六〇年代初期《非情之歌》（1962）

的前奏。《非情之歌》五十篇短詩中一系列「白」與「黑」反覆變奏，揭露了林亨泰在語言實驗之外隱藏的歷史經驗與政治批判[9]。

因此，我們了解，林亨泰所強調的「現實觀」與寫實作品中的「現實感」截然不同：寫實作品中的「現實感」可能會使得使用白話與散文書寫的過程中「喪失了轉移於『詩的現實』進而成爲詩」的契機（1973c: 29）；而林亨泰的「現實觀」是指一種觀看現實以及呈現內在現實的特殊觀點，是「對現實的積極觀點，而這份現實觀如非具有嚴肅批判精神者必定是無法作得到的」（1973b: 35）。對林亨泰而言，洛夫所標榜的「超現實主義」與他自己自稱杜撰的「大乘的寫法」，有異曲同工之作用：他認爲要達到詩人精神這種獨自活動「出神入化」之自如境界，並不一定局限於潛意識的領域，當意識受到激情所驅使也會有此情形出現（1973a: 97）。而桓夫的〈咀嚼〉則被林亨泰舉爲具有大乘寫法而「以現實觀迫近民族性」的例子：「下顎骨接觸上顎骨，就離開。把這種動作悠然不停地反復。反復。牙齒和牙齒之間挾著糜爛的食物。（這叫做咀嚼）。……在近代史上竟吃起自己的散漫來了。」林亨泰指出此詩具有如同蒙太奇跳接的手法，「使吃的意義擴大到最大極限」，而具有對於中國文化「濃厚的批判精神」（1974: 64）。

林亨泰對於商禽、瘂弦、洛夫與桓夫的評論很清楚的指向了他自己的詩觀：那便是以語言實驗的危險地帶，將文字的意義擴大到最大的極限，但同時以濃厚的批判精神觀看現實，批判現實。我們可以說，這便是林亨泰要擁日本知性超現實美學而行其具有現實觀的語言實驗的背後政治原因了。

以林亨泰在一九四九年後的〈春〉與〈回憶 No. 2〉等作品，我們可以看出「銀鈴會」原本具有的前衛性格；林亨泰於五〇年代加入《現代詩》後「會令版面翻覆過來的怪詩」與強調符號實驗、「新的戰慄」與不快的鹹味的詩等論調，也都極具前衛性。林亨泰與詹冰一樣，皆有西歐與日本超現實主義之傾向。在一九五九年《現代詩》停刊後，林亨泰與原班人馬轉移陣地，加入《創世紀》，繼續現代派引介現代主義以及超現實主義的工作；而一九六四年林亨泰創辦《笠》詩刊，原本屬於「銀鈴會」的同人詹冰、陳千武、葉泥、葉笛、錦連、張彥勳等也隨著加入《笠》。《笠》詩刊初期的現代主義色彩十分清楚，例如陳千武譯介的三好達治、北園克衛、西脇順三郎、上田敏雄、三中散生、春山行夫、田春隆一，林亨泰譯介的村野四郎，葉泥翻譯的布荷東《超現實主義宣言》，以及自十期到二十八期杜國清系列翻譯的艾略特與李魁賢翻譯的里爾克等。

但是，七〇、八〇年代《笠》詩刊的本土化傾向卻全面撲蓋此詩社的發展，致使《笠》詩刊早期的「世界文學」視野逐漸淡去。林亨泰早期因《非情之歌》的實驗風格晦澀難懂而備受批評，而在八〇年代他的詩風亦轉向白描直言的寫法[10]。這就是為什麼陳明台會指出：「銀鈴會」詩人在「銀鈴會」解散後的「個」的狀態透過加入「笠」詩社而回到「群」的狀態，雖然部分呈現「銀鈴會」的延伸，但是由於八〇年代「笠」詩社發展出的現實主義、強烈的批判與抵抗的精神，而與早期銀鈴會發展相左，甚而因「笠」的各個世代同人「相互激盪」，而造成「影響他們其後創作走向的結果」（1995b: 107）。在八〇年代《笠》詩刊回顧「銀鈴會」時，寫實主義文學的脈絡例如朱實、張彥勳、埔金、微醺、紅夢等便被凸顯[11]。《笠》詩刊吸收轉變現代與前衛的痕跡，將之化於無形，正是台灣文學回歸以賴和與楊逵等寫實主義陣營為本宗的本土化以及壓抑淨化前衛的效力。

雖然從「銀鈴會」到「現代派」、「創世紀」、「笠」詩刊，林亨泰採取的現代主義是前衛的姿態，不過，若與三〇年代的楊熾昌相比，林亨泰的前衛性中的知性成分與批判性格強烈，仍舊屬於理性與系統的產物。陳明台在〈楊熾昌・風車詩社・日本詩潮〉一文中結論處比較風車詩社的前衛精神與銀鈴會的前衛精神時，指出風車詩社的創作實驗有其界限：風車詩社「無法全盤地吸收西方新興詩潮的精義……偏向於超現實主義和象徵主義，對於理論和創作的引介，也極其片段，難以系統化，更不能彙集成爲雄厚的文學遺產……難以形成文學運動」(333)，而在〈論戰後台灣現代詩所受日本前衛詩潮的影響──以跨越語言一代的詩人爲中心來探討〉一文中，陳明台則指出「銀鈴會」跨越語言的一代在戰後具有「連續性、進化的特質」，「規模超出戰前（風車詩社），而且其內容也更加系統化、幅度極廣」(107)。

本文則將在以下討論中指出，正是因爲楊熾昌抗拒「系統化」，他的詩作以及詩論才有可能拓展出早期台灣文學中罕見的深入意識「異常爲」之境以及正視醜陋殘酷之美的邊緣地帶。也因此緣故，「台灣的超現實論述」更須往前追溯至三〇年代的楊熾昌。

三 楊熾昌的前衛性格以及其與「新文學運動」之間的矛盾

楊熾昌出生於一九〇八年台南州。一九三〇年到一九三一年間在東京大東文化學院攻讀日本文學，並於一九三二年出版具有超現實風格的日文詩集《熱帶魚》。一九三三年楊熾昌在台南集合李張瑞、林永修、張良典等七人組成「風車詩社」，推動超現實主義詩風，爲台灣詩壇「鼓吹新風」[12]。

楊熾昌他自稱「詩人走在懷疑和不服之中……用功到死的瞬間」(1995c: 138)，而他的前衛性格與至死方休的「懷疑和不服」就在他對於台灣新文學運動中的寫實陣營的批評，尤其是與台灣鹽分地帶寫實主義之主流詩人對立，清楚顯示。楊熾昌對於台灣的寫實文學發展是相當不滿的，他認爲在三〇年代的台灣，「新文學這個詞是不能使用的」，尤其是對一九三五年脫離台灣文藝聯盟而另外成立「台灣新文學社」的楊逵以及其出版的《台灣新文學》更是嚴厲批判，指楊逵等是「意氣用事之徒」，「文人相輕」，「無法容納他人批評」，才離開「台灣文學」(1995i: 223)。《台灣新文學》除楊逵外，編輯委員尚包括賴和、楊守愚、吳新榮、郭水潭、王登山、賴明弘、賴慶、葉榮鐘等，主要採現實主義原則，有濃厚的左翼社會主義傾向。但是，對於這些以現實手法直言不諱的文學作品，楊熾昌質問：「《台灣新文學》雜誌上出現的作品有值得上這個新文學的存在嗎？」他的理由之一是懷疑台灣新文學社建設「所謂殖民地文學」的運動目的，其次是指出《台灣新文學》雜誌所結合的各人「思考毫無新意」，完全沒有企圖破壞「直到現在的通俗性思考」，沒有「創造修正它的思考」，反而都是「陳腐的」，「無聊的、迎合的討人厭之味」的作品（1995c: 136–37）。

楊熾昌清楚知道在台灣以寫實主義「建設殖民地文學」是有問題的，而殖民地文學中的政治立場則更是不可企求的「嚴重的大問題」（1995d: 118）。事後回溯，楊熾昌指出，「以文字來正面表達抗日情緒，雖是民族意識的發揚，可是在日帝『治安維持法』，新聞紙法，言論、出版、集會，結社等臨時取締法，不穩文書臨時取締法等等十餘法令之拘束下……假設要在不牴觸法令下從事寫實主義的作品，便成爲一種不著邊際的產品，與現實的生活意識相去甚遠」，而成爲「樣板作品」（1995i: 224–27）。至於當時《台灣新文學》所謂的立場，楊熾昌認爲只是「在那種模稜兩可之中，讓人信以爲是政治的，其實卻不是政治的，也不是什麼的立場」，他甚至進一步責問：「如你以爲《新文學》有立場，河崎君，你就看《新文學》三月號吧。如說有立場，其立場就是再分裂和被迫清算和調整的立場。」（1995d: 118）

楊熾昌在一九三六年〈新精神和詩精神〉一文中，便曾舉日本有關白樺派的論爭爲例，指出社會寫實主義或是自然主義者的藝術表現「停滯在強烈的主觀表現而缺乏表現技巧」，在文學史上是有其極限的（167–68）。在該文中，楊熾昌介紹西方前衛運動自未來派宣言，而至達達主義、超現實主義、新即物主義等在日本引起的前衛運動與現代詩運動，以說明他所期待的新精神與詩的精神。從此文可以看出楊熾昌深受西歐以及日本前衛運動與超現實主義的影響，尤其是法國的阿波里奈爾（Appolinaire)、考克多（Jean Cocteau）與日本《詩與詩論》的春山行夫與西脇順三郎更是受到楊熾昌的熱愛[13]。楊熾昌非常推崇春山行夫與西脇順三郎在《詩與詩論》中所發展的詩論以及他們所介紹的西歐文學，他認爲人們若要接受新的文學，必須「把至今成爲先入爲主觀念在萌芽的東西收起來」，並參考西脇順三郎撰寫《歐洲文學》與春山行夫撰寫《喬伊斯中心的文學運動》之例，學習這兩位作者除了使用「歐洲精神」之外，並且「離開日本人的立場」，才有可能理解並尊重外國文學的「獨創性」（1995ii: 155）。使用「歐洲精神」與「離開日本人的立場」是離開固定身分政治的一個前提，唯有解開寫實身分，才有可能在文學傳統之中突破，而開啓此文化的新精神。

有關詩的「新精神」（esprit nouveau）以及詩與寫實之間的差異，楊熾昌在他的詩論中反覆討論。在他介紹日本自由詩革命者百田宗治《自由詩之後》一文中，楊熾昌便藉由法國梵樂希的理論說明近代詩的「精神的新秩序」：

> 從文學上除去一切種類的偶像和現實的幻影，並將「眞實」的語言與「創造」的語言之間可能產生的疑義等除掉的就是詩（梵樂希）。……詩是從現實分離得越遠，越能獲得其純粹的位置的一種形式。（百田宗治〈詩作法〉，引自楊熾昌〈詩的化妝法〉190-91）

楊熾昌強調詩必須與現實分離得越遠，越能得其純粹的形式，這便是春山行夫、西脇順三郎、安西冬衛、北川冬彥、北園克衛、村野四郎等前衛詩人在《詩與詩論》展開的新詩精神運動所強調的，也是楊熾昌以超現實主義爲基礎創立的「風車詩社」的基本態度。

楊熾昌的詩論在在呈現他認爲現實必須經過處理才能夠成爲詩的堅持：「一個對象不能就那樣成

爲詩，這就像青豆就是青豆。」(1995b: 128–29) 而對於超現實主義與寫實主義的差異，他指出：寫實主義的作品立足於現實，「落入作者的告白文學的樸素性的浪漫主義」，是由於「作品和現實混雜在一起」的緣故，而此類作品的「火焰」極爲「劣勢」；至於超現實主義的文學，例如考克多與拉吉訶(Raymond Radiguet) 等的作品，「從現實完全被切開的」，而使我們「在超現實中透視現實，捕住比現實還要現實的東西」(1995b: 130)。

「燃燒的頭髮」一詞便可以說明楊熾昌之超現實主義與前衛性的核心精神。在〈檳榔子的音樂〉一文中，他寫道：「我非常喜歡在燃燒的頭腦中，跑向詩的祭禮，摸索野蠻人似的嗅覺和感覺。在詩的這一範疇裏會召喚危險的暴風雨這件事，也是作爲詩人血淋淋的喜悅。……從燃燒的頭髮，詩人對著藍天出神而聽見詩的音樂。」(122–23) 而在〈燃燒的頭髮——爲了詩的祭典〉一文中，他繼續發展：

> 牧童的笑和蕃女的情慾會使詩的世界快樂的。原野的火災也會成爲詩人的火災。新鮮的文學祭典總是年輕的頭髮的火災。新的思考也是精神的波西米亞式的放浪。我們把在現實的傾斜上摩擦的極光叫做詩。(127–28)

透過「燃燒的頭髮」，楊熾昌將原始的感覺、波西米亞式的放浪、透明的思考與詩的世界銜接：「我思索透明的思考，……文字的意義上變得不透明。……這種思考的世界就在『燃燒的頭髮』中，這個思考的世界終於成爲文學的。文學作品只是要創造頭腦中思考的世界而已。」(1995b: 128)

楊熾昌燃燒式的思考與跳躍的意象在他的詩作中俯拾即是：例如寫於一九三六年的〈毀壞的城市——Tainan Qui Dort〉：

爲蒼白的驚駭
緋紅的嘴唇發出可怕的叫喊
風裝死而靜下來的清晨
我肉體上滿是血的創傷在發燒
……
祭祀的樂器
眾星的素描加上花之舞的歌
灰色腦漿夢著癡呆國度的空地
濡濕於彩虹般的光脈
……

或是一九三四年的〈demi rever〉：

黎明從強烈的暴風雪吸取七月的天光
音樂和繪畫和詩的潮音有天使的跫音
音樂裏的我的理想是畢卡索的吉他之音樂
黃昏和貝殼的夕暮
畢卡索，十字架的畫家。肉體的思惟。肉體的夢想

肉體的芭蕾舞
頹廢的白色液體
第三回的煙斗之後升起的思念　進入一個黑手套裏——
西北風敲打窗户
從煙斗洩漏的戀走向海邊去

2

留在蒼白額上的夢的花粉。風的白色緞帶
孤獨的空氣不穩
陽光掉落的夢
在枯木天使的音樂裏，綠色意象開始飄浪。鳥類。魚介。獸。樹、水、砂也成雨。……

〈毀壞的城市〉中的驚駭與吶喊會令人想起孟克的畫，而台南的古城的沉睡與癡呆，亦如孟克畫中的封閉世界。〈demi rever〉中流動跳躍的意象更令人想起 Paul Klee 或是 Miro 畫中飛揚的物體。楊熾昌詩作中的意象便是「肉體的思惟，肉體的夢想，肉體的芭蕾舞」，具體呈現飛舞的意念！

楊熾昌曾以「感性的纖細和迫力」、「聯想的飛躍」、「思考的音樂」、「燃燒了文化傳統的技法」、「意識的構成」幾個辭彙呈現他對考克多、中村千尾的稱讚[14]；於一九八七年間與中村義一通信，楊熾昌亦以類似的文字描述自己三〇年代的詩作與詩論：「我所主張的聯想飛躍、意識的構圖、思考的音樂性，技法巧妙的運用和微細的迫力性等，對當時的我來說，追求藝術的意欲非常激烈，認爲超現實是詩飛翔的異彩花苑。」（中村義一 292）從以上列舉幾首詩例來看，楊熾昌的詩作的確具有上述超現實詩風的特質；除此之外，我們也看到他的詩作還兼有他用以描繪日本超現實畫家福井敬一的畫的特質——「鬼氣逼人」、「淒厲之氣」與「戰慄」（1995g: 161）。楊熾昌指出福井敬一的特殊技巧是一種Negative的處理，「能表現出意識的背部」以及「魔性之美」（1995j: 251–52）。楊熾昌於一九三三年請福井敬一替他的處女詩集《熱帶魚》作插畫，一九八五年又請他替《紙魚》作插畫，可見楊熾昌對福井敬一的畫的高度評價以及他的詩風與福井敬一畫風的相近之處。

然而，楊熾昌更少為人研究的是他的小說。殘酷、血腥、死亡、異常，似乎是楊熾昌的字彙。楊熾昌自認〈薔薇的皮膚〉，〈彩雨〉與〈貿易風〉三篇是他終生的佳作，只可惜根據呂興昌的說法，在戰時被火燒燬了。從楊熾昌自己描述〈薔薇的皮膚〉中的片段，我們已可看到楊熾昌追求「異常經驗」的特質：「我嘗試把男人自己所吐的血流在女人身上，以自己的手指撫摸著，以及女人閉著眼把臉埋在男人的胸懷裏，像赤裸裸的皮膚上染滿血的怪獸一樣陶醉在愛的美」，而他所描寫的是「血腥中男女間的性的歡悅」（1995k: 241–42）。在另一篇小說〈腐魚之愛〉中，楊熾昌說他「描寫一個娼婦以那在陰濕濕的港都之家拉客的女人的性的發情、周圍的背景、照明等的作用形式描寫女人濡濕的裸體、手指的觸感」（1995k: 242）。對於醜惡之美，他說：「醜惡之美是可以抽出的。美不是皮相的，存在於其深奧處的纖細性，會在某時間出現。而被無時無地都在窺視著的作家之眼捕捉住。這也許就是無情地暴露它，要直逼人性本質的冷酷無情。」（1995k: 240–41）

楊熾昌以「肉體的思惟，肉體的夢想，肉體的芭蕾舞」以及「燃燒的頭髮」將我們帶到符號的物質性以及精神的邊緣。從楊熾昌對於轉換文化身分、跳出民族立場的建議，以及要求詩必須遠離現實，詩必須是經過處理的現實，字義的不透明性，拓展意識底層的呈現，再加上他超現實風格的跳躍燃燒意象、鬼魅染血而妖美的氣氛，我們自然了解爲何他會一再被鹽分地帶寫實主義陣營批評爲「耽美」、「頹廢美」、「醜惡之美」、「殘酷之美」、「惡魔的作品」（1995k: 240–42）；我們也了解楊熾昌的前衛詩論與「神經症的異常爲作品」（1995k: 242）與他對「傳統」提出的挑戰，爲何會給予台灣文壇「甚大的震撼力」，而使得他自己「一時之間，似乎成爲眾矢之的」（1995i: 226），使得《風車詩誌》僅維持四輯便被迫中止；我們更了解爲何他不被明潭出版社與前衛出版社列爲「台灣」新文學。

四　排斥與遮蓋之下

林亨泰的《爪痕集》中〈爪痕集第一首〉呈現歷史被扭曲遺忘的主題：

像乾裂的河床
留在時間裏
隱約可見的爪痕

無指向的方位
緊扣著空間
歷史縮成拋物線

不回首的記憶
將山脈烙印

過去的歷史事件無法留存紀錄，如同飛鴻飄離而不留爪痕，只能隱隱約約在時間洪流乾涸之後的河床間，從河床乾裂的痕跡度想河水流過時的深度與質量。記憶被埋藏在山脈的皺摺之間，若不翻轉表層，是無法看到的。而文學史的發展亦如同河水川流而過，乾涸後便有無跡可循的危機。被排斥與遮蓋的前衛歷史呈現了什麼問題呢？

三〇年代的楊熾昌藉西歐與日本的前衛與超現實來實踐文學革命，四〇年代的林亨泰同樣朝向西歐與日本的超現實以翻轉本地的現實，五〇年代的紀弦借重林亨泰，而八〇年代後現代詩人林燿德努力挖掘出林亨泰的歷史地位，爲其編寫年表，出版作品全集，其背後的政治目的皆是如出一轍：表面上這些前衛詩人藉著西方與現代來批判本地的抒情與寫實傳統，實質上是借現代而展現種種對抗意識形態的政治抗拒。在一次與林亨泰和簡政珍會談的時候，林燿德強調「對所謂合法化的語言傳統的叛逆，本身就是一種反體制的訊息」，而現代詩的基本精神便是「從語言本身開始反體制的意識歷程」（林亨泰、簡政珍、林燿德 176）。台灣現代詩人與理論家依附於「超現實」的論述，是藉著切割與壓縮現實元素，將現實做非邏輯的拼貼與置換，反身批判現實。語言革命的顚覆力絕不僅在於形式，而必然延展深入語言背面的意識形態以及社會體制。

然而，以楊熾昌與銀鈴會、現代派、笠詩刊等的前衛性相較，我們發現楊熾昌極爲個人甚至是酒神式的放浪思惟深入意識層次繁複之境，而發展出台灣現代文學中首次以「精神症的異常爲」以及殘酷醜惡之美爲元素的作品，翻轉寫實主義伊底帕斯症的系統結構，而得以遊戲於多元形貌的文學欲望流動。個人化的偏離系統正是抗拒與翻轉既定語言系統內僵化意識形態的激進做法。

以國族論述為後盾的現代性與個人化偏離系統的現代主義發生了無法彌合的裂縫。寫實主義作家緊緊守住寫實原則的方式，邁向國族建構的大道，排斥所有外來的異己之物，遮蓋過去曾經發生的「深刻化的混沌」與「雜音」，推離語言的多種實驗，反而砌塑了另一種僵化的現實體制。現代性的必要加上以進化論與系統論來篩選文學史，則使得個人化而多元「異常」的文學創作被模範在正統之外而須被推離與淨化。台灣文學的「正常」是所謂的「新文學運動」，此「新文學運動」無法放棄寫實身分政治，文學創作以國族立場與本土精神為前提，而無法嘗試接納異於己的他者經驗與翻轉現實的形式實驗，使得從語言改革為起點的台灣新文學卻轉變為民族意識高昂與改革文化的社會寫實運動。台灣現代文學場域中反覆出現的這種意識形態矛盾，揭露了企圖依附父祖而推離自身／異己的恐個人化現代之徵狀。

1　陳明台所用「跨越語言的一代」一詞最初是由林亨泰在六〇年代所提出，是指接受日文教育、以日文創作，而光復後必須改以中文創作的作家（林亨泰 1992b: 79）。陳明台此文發表於一九九七年五月在彰化師範大學舉辦的現代詩學會議。本人於同年幾乎同時亦在韓國漢城的「東亞細亞比較文學國際學術大會」發表〈台灣現代運動中超現實脈絡的日本淵源：談林亨泰的知性美學與歷史批判〉一文，該文指出因文風晦澀而備受批評的林亨泰其實因受日本主知美學之影響而在其前衛詩中具有清楚的歷史批判精神。

2　呂興昌在〈林亨泰四〇年代新詩研究：跨越語言一代的詩人研究之二〉一文中，指出林亨泰「戰後的四〇年代後期，因參加『銀鈴會』而開始公開發表詩作，繼承了台灣新文學自賴和以降，如楊逵等人所特別正視的現實批判之文學傳統」（273）；朱實在一九九五年為了「台灣詩史『銀鈴會』專題研討會」而撰寫的〈潮流澎湃銀鈴響：銀鈴會的誕生及其歷史意義〉一文中亦附和林亨泰所言，強調「銀鈴會」承繼「戰前『反帝反封建』的台灣文學傳統」(19)。

3 葉石濤的《台灣文學史綱》與彭瑞金的《台灣新文學運動四十年》二書皆未討論楊熾昌的詩論以及其前衛詩之意義；台明潭出版社出版的《日據下台灣新文學》的《詩選集》主要僅收錄《台灣民報》、《台灣新民報》、《台灣文藝》、《台灣新文學》的詩作，《文獻資料選集》也僅收錄《台灣民報》、《台灣新民報》、《台灣文藝》、《台灣新文學》、《台灣青年》、《台北文物》、《台灣》等刊物的文論，而未包括較具「雜音」(楊熾昌1995c: 136)的《台南新報》、《台灣日日新報》或是《風車詩誌》的詩論與詩作。

4 此作品集中收錄了《燃燒的臉頰》、《紙魚》、《風車詩誌》第三輯中的作品以及散刊於《台南新報》、《文藝汎論》、《媽祖》、《台灣日日新報》、《華麗島詩刊》等報紙的詩作、小說與評論，雖仍有大量戰後作品未得收錄，但已經可以看出楊熾昌的現代詩人輪廓。

5 言曦的〈辨去從：新詩閒話之四〉、唐文標的〈詩的沒落：台港新詩的歷史批判〉、陳鼓應的〈評余光中的頹廢意識與色情主義〉與〈評余光中的流亡心態〉，以及尉天驄的〈對現代主義的考察——幔幕掩飾不了汙垢：兼評歐陽子的《秋葉》〉與〈對個人主義的考察——站在什麼立場說什麼話：兼評王文興的《家變》〉可做爲此類文字之代表。相關討論可參見蕭蕭〈五〇年代新詩論戰述評〉、李瑞騰〈六十年代台灣現代詩評略述〉及李歐梵〈中國現代文學的現代主義：文學史的研究兼比較〉。重新檢討台灣五、六十年代現代主義中超現實運動的討論，則可參見奚密〈邊緣，前衛，超現實：對台灣五、六十年代現代主義的反思〉一文。

6 可參考趙知悌(尉天驄)編《現代文學的考察》以及《鄉土文學討論集》。

7 以下有關林亨泰的討論，本人曾在一九九七年五月在韓國漢城舉辦的東亞比較文學研討會中提出的論文〈台灣超現實脈絡的日本淵源：以林亨泰爲例〉中部分處理過。

8 林亨泰主要詩論有〈現代詩的基本精神(攸里西斯的弓)〉、〈中國詩的傳統〉、〈談主知與抒情〉、〈鹹味的詩〉、〈符號詩〉等。有關林亨泰詩論的評論，可參考旅人〈林亨泰的出現〉以及《林亨泰研究資料彙編》中的文章。

9 對於林亨泰超現實以及極限主義式的詩作，本人在另外一篇文章〈省略扭曲法：台灣現當代超現實文學中被消音肢解的記憶〉已做發揮，此處便不重複討論。

10 例如林亨泰在《跨不過的歷史》中刊載一九八五年到一九八九年所寫的詩作便是如此。僅舉一例：「力量來自哪裏？／不是咬牙 不是搥胸／不是埋怨 不是流淚／力量來自哪裏？／不必發誓 不必焚身／不必廝殺 不必流血……」（〈力量〉）

11 「銀鈴會」本身的成員雖包含傾向法國現代主義，介紹象徵主義、超現實主義的綠炎（詹冰），但亦有銜接俄國普羅文學論點，強調寫實文學與反映社會黑暗面的埔金、朱實、微醺、紅夢。如林亨泰〈銀鈴會文學觀點的探討〉一文所示，現存五冊的《潮流》（一九四八年到一九四九年間）中的評論文字以綠炎（詹冰）一人的篇數最多，共七篇；但是也只有他一人較有法國現代派的論述方式。其餘微醺（六篇）、紅夢（五篇）、埔金（五篇）、朱實（四篇）、淡星（四篇）等則都多傾向俄國高爾基、普希金以及中國魯迅等的普羅文學寫實主義。

12 根據林佩芬一九八四年在《文訊》刊登的訪談稿，楊熾昌說明自己素來嚮往荷蘭風光，而台南七股、北門地區的鹽田架設的風車亦讓他神往，而將詩社取名「風車詩社」，想「對台灣詩壇鼓吹新風」（1995: 275）。

13 《詩與詩論》以春山行夫、西脇順三郎、安西冬衛、北川冬彥、北園克衛、村野四郎等人為代表，以超現實主義為旗幟，企圖銜接後來被超現實主義者納入陣營的法國梵樂希的詩論以及阿波里奈爾與考克多等前衛詩人。《詩與詩論》活躍期間約是昭和三年到昭和六年（1928-1931），但是影響延續整個昭和十年的階段，直到大戰開始方止。

14 在與一九三六年發表的〈土人的嘴唇〉同名但發表日期不詳的文章〈土人的嘴唇〉中，楊熾昌列出現代詩最佳的特質：「詩持有的一種表現就是感性的纖細和迫力，聯想的飛躍成為思考的音樂，而該擁有燃燒了文化傳統的技法的巧妙性。」（142）楊熾昌曾以同樣文字描述日本女詩人中村千尾的詩集《薔薇夫人》與考克多〈洋燈的思惟〉（162-64）。

引用書目

Kristeva, Julie. 1982. *Powers of Horror: An Essay on Abjection*. 1980. Trans. Leon S. Roudiez. New York: Columbia U P.

三木大直。1997。〈悲情之歌：林亨泰的中華民國〉。陳明台譯。《笠》197: 84–99。

中村義一。1995。〈台灣的超現實主義〉。原文載於日本《曆象》107（1987）。陳千武譯載於《笠》145（1988.6）。後收錄於呂興昌編訂之《水蔭萍作品集》。台南：台南文化中心。289–93。

朱實。1995。〈潮流澎湃銀鈴響：銀鈴會的誕生及其歷史意義〉。《台灣詩史「銀鈴會」論文集》。林亨泰主編。彰化：磺溪文化學會編印。11–22。

羊子喬。1986。〈超現實主義的提倡者——楊熾昌：訪楊熾昌談文學之旅〉。《台灣文藝》102: 113–15。

李歐梵。1993。〈中國現代文學的現代主義：文學史的研究兼比較〉。收錄於林燿德主編《當代台灣文學評論大系II：文學現象》。台北：正中。121–58。

李瑞騰。1996。〈六十年代台灣現代詩評略述〉。《台灣現代詩史研討會》（1995.3–5）。收錄於《台灣現代詩史論》。台北：文訊。265–80。

呂興昌。1995。〈林亨泰四〇年代新詩研究：跨越語言一代的詩人研究之二〉。原載《鍾理和逝世三十二週年暨台灣文學學術研討會論文集要》。高雄：高雄縣政府，1992.11.25。後收錄於呂興昌著《台灣詩人研究論文集》。台南：台南市立文化中心。273–346。

周文旺記錄整理。1988。〈台灣的「前現代派」與「現代派」：林燿德訪林亨泰〉。《台北評論》4: 68–76。

林亨泰、簡政珍、林燿德會談。1990。〈詩人與語言的三角對話〉。《跨不過的歷史》。台北：尚書文化。170–215。

——。1968。〈現代詩的基本精神〉（原名攸里西斯的弓）。彰化：笠詩社。

——。1973a。〈我們時代裏的中國詩㈠〉。《笠》54: 91–97。

——。1973b。〈我們時代裏的中國詩㈣〉。《笠》57: 32–35。

——。1973c。〈我們時代裏的中國詩㈤〉。《笠》58: 29–31。

——。1974。〈我們時代裏的中國詩㈥〉。《笠》59: 62–64。

林亨泰。1984a。《靈魂的啼聲》（1942–1949）。收錄於《林亨泰詩集》。台北：時報。

——。1984b。《長的咽喉》（1955–56）。收錄於《林亨泰詩集》。台北：時報。

——。1984c。《非情之歌》（1962）。收錄於《林亨泰詩集》。台北：時報。

——。1988。〈新詩的再革命㈡〉。《笠》147: 136–44。

——。1990。〈跨不過的歷史〉（1985–1989）。收錄於《跨不過的歷史》。台北：尚書文化。

——。1990。《事件與爪痕》（1972–1985）。收錄於《跨不過的歷史》。台北：尚書文化。

——。1992a。〈抒情變革的軌跡：由「現代派的信條」中的第一條說起〉。原刊於《中外文學》120（1982.5）。後收錄於《見者之言》。（彰化：彰化縣立文化中心編印。260–79。

——。1992b。〈跨越語言一代的詩人們：從《銀鈴會》談起〉。原刊於《笠》127（1985.6）。後收錄於《見者之言》。彰化：彰化縣立文化中心編印。230–36。

——。1992c。〈銀鈴會與四六學運〉。原刊於《台灣春秋》10（1989.7）。後收錄於《見者之言》。彰化：彰化縣立文化中心編印。224–29。

——。1992d。〈台灣現代派運動的實質及影響〉。「現代詩研討會」演講稿（1991.6）。後收錄於《見者之言》。彰化：彰化縣立文化中心編印。280–95。

——。1995。〈銀鈴會文學觀點的探討〉。《自立早報・本土副刊》（1991.8.26–30）。後收錄於《台灣詩史「銀鈴會」論文集》。林亨泰主編。彰化：磺溪文化學會編印。33–64。

——。1996。〈台灣詩史上的一次大融合（前期）：一九五〇年代後半期的台灣詩壇〉。《台灣現代詩史研討會》（1995.3-5）。收錄於《台灣現代詩史論》。台北：文訊。99-106。

——。1997。〈現代詩與我〉。引於三木大直〈悲情之歌〉一文。92-93。

林佩芬。1995。〈永不停息的風車：訪楊熾昌先生〉。原刊載於《文訊》9（1984.3）。後收錄於呂興昌編訂之《水蔭萍作品集》。台南：台南市立文化中心。263-79。

林燿德。1990。〈林亨泰註〉。收錄於林亨泰著《跨不過的歷史》。台北：尚書文化。151-69。

邱婷。1995。〈林亨泰：台灣詩運發展的見證人〉。《文訊》117: 28-29。

紀弦。1956。〈談林亨泰的詩〉。《現代詩》14: 66-67。

唐文標。1978。〈詩的沒落：台港新詩的歷史批判〉。《文季》1（1971）。收錄於趙知悌（尉天驄）編《現代文學的考察》。台北：遠景。46-94。

奚密。1996。〈邊緣，前衛，超現實：對台灣五、六十年代現代主義的反思〉。「台灣現代詩史研討會」（1995.3-5）。《台灣現代詩史論》。台北：文訊。247-64。

旅人。1994。〈林亨泰的出現〉。收錄於呂興昌編《林亨泰研究資料彙編》。彰化：彰化縣立文化中心。95-112。

尉天驄。1978a。〈對現代主義的考察——幔幕掩飾不了汙垢：兼評歐陽子的《秋葉》〉。《文季》第一期。收錄於趙知悌（尉天驄）編《現代文學的考察》。台北：遠景。1-24。

——。1978b。〈對個人主義的考察——站在什麼立場說什麼話：兼評王文興的《家變》〉。《文季》第二期。收錄於趙知悌（尉天驄）編《現代文學的考察》。台北：遠景。33-45。

——（主編）。1978c。《鄉土文學討論集》。台北：遠景。403-17。

康原。1992。〈詩史的見證人：跨越語言一代的詩人林亨泰〉。《文訊》75: 106-9。

張漢良。1981。〈中國現代詩的【超現實主義風潮】：一個影響研究的仿作〉。《中外文學》10.1: 148-65。

陳千武（桓夫）。1970。〈台灣現代詩的演變〉。《笠》99: 38–42。

陳明台。1995a。〈楊熾昌・風車詩社・日本詩潮〉。原發表於「賴和及其同時代的作家：日據時期台灣文學國際學術會議」（1994.11.25–27）。後收錄於呂興昌編訂之《水蔭萍作品集》。台南：台南文化中心。307–36。

——。1995b。〈清音依舊繚繞：解散後銀鈴會同人的走向〉。《台灣詩史「銀鈴會」論文集》。林亨泰主編。彰化：磺溪文化學會編印。92–115。

——。1997。〈論戰後台灣現代詩所受日本前衛詩潮的影響：以跨越語言一代的詩人爲中心來探討〉。原發表於彰化師範大學舉辦的「第三次現代詩學會議」（1997.5.17）。後刊登於《笠》200: 91–108。

陳鼓應。1978a。〈評余光中的頹廢意識與色情主義〉。原刊於《中華雜誌》172（1977）。後收錄於尉天驄主編《鄉土文學討論集》。台北：遠景。379–402。

——。1978b。〈評余光中的流亡心態〉。原刊於《中華雜誌》173（1977）。後收錄於尉天驄主編《鄉土文學討論集》。台北：遠景。403–17。

彭瑞金。1991。《台灣新文學運動四十年》。台北：自立晚報社。

楊熾昌。1995a。〈檳榔子的音樂〉。原發表於《台南新報》（1934.2.17, 3.6）。後收錄於呂興昌編訂之《水蔭萍作品集》。葉笛譯。台南：台南市立文化中心。121–26。

——。1995b。〈燃燒的頭髮：爲了詩的祭典〉。原發表於《台南新報》（1934.4.8, 4.19）。後收錄於呂興昌編訂之《水蔭萍作品集》。葉笛譯。台南：台南市立文化中心。127–33。

——。1995c。〈土人的嘴唇〉。原發表於《台南新報》（1936）。後收錄於呂興昌編訂之《水蔭萍作品集》。葉笛譯。台南：台南市立文化中心。135–39。

——。1995d。〈台灣的文學喲・要拋棄政治的立場〉。原發表於《台南新報》（1936）。後收錄於呂興昌編訂之《水蔭萍作品集》。葉笛譯。台南：台南市立文化中心。117–19。

——。1995e。〈新精神，詩精神〉。原發表於《台南新報》（1936.5）。後收錄於呂興昌編訂之《水蔭萍作品集》。葉笛譯。台南：台南市立文化中心。167–75。

——。1995f。〈《喬伊斯中心的文學運動》讀後〉。原發表於《台南新報》（1936.4.7）。後收錄於呂興昌編訂之《水蔭萍作品集》。葉笛譯。台南：台南市立文化中心。151–58。

——。1995g。〈洋燈的思惟〉。原以南潤筆名發表於《台南新報》（1936.4.26, 5.?）。後收錄於呂興昌編訂之《水蔭萍作品集》。葉笛譯。台南：台南市立文化中心。159–65。

——。1995h。〈詩的化妝法〉。原發表於《台灣日日新報》（1937.9.19）。後收錄於呂興昌編訂之《水蔭萍作品集》。葉笛譯。台南：台南市立文化中心。190–91。

——。1995i。〈回溯〉。原發表於《聯合報・副刊》（1980.11.7）。後收錄於呂興昌編訂之《水蔭萍作品集》。台南：台南市立文化中心。221–29。

——。1995j。〈紙魚後記〉。原收於《紙魚》（1985.11）。後收錄於呂興昌編訂之《水蔭萍作品集》。台南：台南市立文化中心。251–53。

——。1995k。〈殘燭的火焰〉。原收於《紙魚》中（1985.11）。後收錄於呂興昌編訂之《水蔭萍作品集》。台南：台南市立文化中心。231–46。

葉笛。1996。〈日據時代台灣詩壇的超現實主義運動：風車詩社的詩運動〉。「台灣現代詩史研討會」（1995.3–5）收錄於《台灣現代詩史論》。台北：文訊雜誌社。21–34。

劉紀蕙。1996a。〈超現實的視覺翻譯：重探台灣現代詩「橫的移植」〉。《中外文學》24.8: 96–125。

——。1996b。〈故宮博物院 vs. 超現實拼貼：台灣現代讀畫詩中兩種文化認同之建構模式〉。《中外文學》25.7: 66–96。

——。1997。〈台灣現代運動中超現實脈絡的日本淵源：談林亨泰的知性美學與歷史批判〉。《東亞細亞比較文學國際學術大會》。韓國，1997.6.20–21。出版中。

蕭蕭。1996。〈五〇年代新詩論戰述評〉。《台灣現代詩史研討會》(1995.3–5)。收錄於《台灣現代詩史論》。台北：文訊雜誌社。107–21。

鍾理和文學發展史及其後殖民論述

應鳳凰

一　前言

作家鍾理和咯血去世，在一九六〇年八月四日。

由於他在一九五九、一九六〇這兩年，已經在聯合副刊上，登出不少精采的短篇小說，他那文字洗練，情感眞摯的寫實筆法，很得到五〇年代末也爬著格子的小說同行之讚賞。報紙上剛刊出他貧病交迫猝然去世的消息，在林海音主編的聯副上，八月裏即出現了馬各、文心、林海音等一系列扼腕慨嘆的感性悼念文章。方以直（王鼎鈞）刊在《徵信新聞報》的〈悼鍾理和〉，甚至比這三篇文章還早了幾天（1960.8.11）。

但也就是這一些了。我們回顧副刊上的這幾篇短文，作家的驟逝，也許曾在範圍不大的文藝圈中，引起小小的波紋。況且，還不能叫「文藝圈」，或許把範圍縮小在當時的「寫小說圈子」較符合實情——簡單的說，就是同在一個副刊上寫小說的作者們，痛失一位傑出的同行，當然，還要包括一群喜愛小說的該刊讀者群。他們尤其同情這位同行的貧病寂寞：鍾至死都不能眼見自己寫的作品得以在台灣成書出版，死而有憾。林海音在台北文化圈登高一呼，幾個人成立了「鍾理和遺著出版委員會」，其實是她「五十、一百的捐來了幾千元款子。預約的情形很好，書一出版欠款就還清了」（林海音 214）。

鍾理和在台灣的第一本書《雨》就是這樣出版的，趕在他「去世百日祭」當天，放在他的供桌上祭弔，以慰亡靈。五〇年代末的台灣，雖然沒有七〇年代、八〇年代那麼蓬勃的文學出版市場，但出版一本書何至於這麼困難，竟到了要在遺囑上交託未謀面的文友，向人捐款印刷的程度？不說「反共文學作品」早已生產了數千萬字，文藝小說更是滿坑滿谷，當時的「大業書店」、「光啓出版社」、「文壇社」等，這些是專門出版文藝作品的，生產書類都在百種以上。顯現小說家鍾理和在當時文壇，眞正是處在相當邊緣的位置，他的寂寞艱困，不難想像。

如果台灣文學的歷史，在一九六〇年底就全部靜止，時間停頓，再沒有以後的七〇年代到九〇年代，則這位在戰後才從北平回到台灣，且五〇年代的十年之間，寫作力最旺盛，因而產品也豐厚的小說家鍾理和，很可能默默給掩埋在大批反共小說或懷鄉散文裏，悄悄地消失於五〇年代的台灣文學史，而得不到像今天這樣響亮的名字。然而，到底歷史是不可能在六〇年代門口就停頓的。就像時間不可能停頓一樣，它一步一步往前進，並不止息。歷史翻到七〇年代的鄉土文學運動，八〇年代的台灣意識論戰，甚至九〇年代的後殖民論述——台灣幾次較大的文化論述，都把鍾理和作品，圈到他們的討論範圍加以檢視。鍾理和的人與作品也就在歷次論戰之後，一步步走過經典化的旅程。

舉一個最明顯的例子：台灣鄉土文學運動展開於七〇年代，尤其在中後期達到頂峯。在這波重視寫實，召喚知識分子把眼光集中到腳下這塊泥土、身邊這個社會現實的文化環境下，遂有唐文標刊在《文季》的長文：〈來喜愛鍾理和〉，大大肯定這位擅寫農民生活的典型「鄉土作家」。這時候，遠景出版社出版的黃春明小說集已頗受歡迎而能不斷再版，寫小說有年的王禎和、陳映眞等，在文化圈的聲名亦日見高升。應該是這樣的時代氛圍，遂有了一九七六年《鍾理和全集》的出版：此時距作家去世已經十六年。也可以說，鍾理和作品開始普及，是伴隨著鄉土文學運動，甚至本土論述的浪潮而逐步高漲的。

八〇年代以來，由於兩岸各文學史書，總是將台灣文學史的五〇、六〇、七〇年代，標成「反共」、「現代」、「鄉土」文學等，以十年爲一斷（段）的機械式分類，造成許多人不清楚鍾理和這位「鄉土作家」到底該放在文學史哪個年代較爲正確，此其一。其二是他特殊的「中國經驗」——日據時代台灣如火如荼的皇民化階段（亦即一九三七至一九四五年之間），這位整個在殖民地時代長大的鍾理和，正好缺席。由於他爭取同姓婚姻的特殊個人際遇，加上他熱愛寫作，使他與同輩作家如呂赫若（一九一四）、張文環（一九〇九）等有極大的區別——他在那八年間浪跡中國大陸，並且早在一九四五年的時候，就於北平出版了他的第一本中文小說集《夾竹桃》。

換句話說，他比戰後其他忙著從頭學習中文的台灣作家如陳火泉、楊逵、鍾肇政等，更早「跨越語言的障礙」。他這項提早掌握中文的能力，不只使他在五〇年代小說界有一枝獨秀表現，他的中國經驗及觀點，包括書簡與日記，由於早早形諸文字，就像吳濁流作品一樣，到了八〇年代，亦成爲文化界熱烈討論「文化認同」、「民族意識」、「中國結」時，拿來舉例、辯論的焦點。當然他的「中國經驗」在這些論述中，歷經不同的詮釋與運用，例如以他的傳記拍成電影時，取名爲「原鄉人」。這個「原鄉」形象，在陳映眞的書評〈原鄉的失落：試評夾竹桃〉裏，意義則完全顚倒過來：單看陳映眞的題目：「原鄉的失落」，就不難明白。但也因爲陳映眞認眞批判了鍾理和的「認同危機」與「殖民地作家性格」，使得鍾理和在九〇年代新一波的後殖民論述上，依然炙手可熱。

固然這幾場論爭不論內容如何，一直被稱做是「意識形態」的紛爭。但如果它們眞造成鍾理和文學的逐步經典化，到底這些論述與鍾理和作品有什麼關係，又是怎樣的關係？本文的範圍正是把焦距對準鍾理和的人與作品，並以這二十年間（即七〇年代以來）幾場較大的相關論述爲半徑，藉此回顧自唐文標、林載爵、張良澤、葉石濤、陳映眞、古添洪以降，各評論家對鍾理和作品所反應的不同觀點與爭論。透過這些不同論點的互相對話，一來呈現台灣文學思潮具體的發展過程——巧合的，幾場重要文學論戰的內容，從「社會意識」、「民族意識」到「後殖民論述」，正好可以依序對照鍾理和文學最重要的三個面向。故而我們在重新閱讀鍾理和作品的同時，可據以探索其在台灣文學史上的歷史位置。特別是時序已到「後殖民論述」興盛的九〇年代末，鍾理和文學的「後殖民特性」既未充分開發，本文將在這方面多所發揮。正是在這個「後殖民」論點上，也順便讓作家鍾理和，「回歸」到他所該占據的歷史位置——他固然是鄉土作家，但他更是一位身處「日本殖民時代」以及「之後」的台灣五〇年代重要作家。

二 鍾理和文學及其社會意識

鍾理和文學中的社會意識開始被提出來，並加以強調，時空背景已到台灣七〇年代初期。七〇年代做爲一個「文學時期」，論者認爲是相當「完整的十年」(陳芳明 222)，因它始於一九七〇年釣魚台事件：瀰漫於台灣社會的西化意識，逐漸被因此而起的一股強烈「中國民族意識」所取代；加上一連串國際外交上的重大衝擊：中美建交，台灣退出聯合國，促使知識分子紛紛要求立足台灣，參與社會改革。直發展到一九七九年底的「美麗島事件」畫下句點。兩個事件，正好一頭一尾，很好的說明了七〇年代台灣所處的國際局勢與社會背景。就在這樣的環境下，台灣文壇也正好一前一後，產生了兩場規模不小的文學論戰。

前面一個論戰發生於一九七二年，由關傑明、唐文標等，分別從《中國時報》、《文季》、《中外文學》上開打，打擊的對象是台灣現代詩，指責現代詩的逃避現實、虛無、敗德，沒有社會意義。這場中心思想明顯在批判盛行於六〇年代「現代主義」西化思潮，一般簡稱爲「現代詩論戰」。後一個規模更大，一九七七年的「鄉土文學論戰」，從陳映眞、王拓、尉天驄，到葉石濤、彭歌、余光中、朱西甯，因許多人加入而形成幾個不同的論戰陣營。施淑說得好，這是台灣文學史上一場「文學與現實及歷史大規模對話」(308)。

一九七二年的現代詩論戰乍看似與鄉土文學論戰不相干，其實不然。這場論戰就其思想內容來看，其實正是鄉土文學論戰的先鋒，像是爲第二場打頭陣的，可算是七〇年代整個文學論戰的上半場。例如關傑明批評台灣現代詩一味生吞活剝西方技巧的皮毛，「是文學殖民地主義的產品……永遠只有模仿、抄襲、學舌。」而唐文標一系列論文，從〈詩的沒落〉到〈僵斃的現代詩〉，產量雖多且長，火力旺盛，中心思想其實簡單：他就是以文學的社會功能論，批判「腐爛的藝術至上論」：

> 〔詩人〕他們生於斯，長於斯，而所表現的文學竟全沒有社會的意識，歷史方向，沒有表現出人的絕望和希望。每篇作品只會用存在主義掩飾，在永恆的人性、雪啦夜啦、死啦血啦，幾個無意義的習用語中自瀆。(190)

另一個例子也頗能證明「現代詩論戰」只是七〇年代「上半場」的，是唐文標在這一系列痛打台灣現代詩的過程中，並非光是破壞而沒有建設——他儘管罵盡現代詩的不是，卻於論戰中間找來一個本省小說家鍾理和，用他的話，「是南台灣一個草地郎」，敲鑼打鼓推崇其作品的好處，這就是刊登在《文季》第二期的〈來喜愛鍾理和〉：

由於中國文學一向都是由士大夫以至於「都市才子」的拿手好戲，文學的偏食症候極爲嚴重，

> 鍾理和的「農民文學」因此顯得特別珍貴，通過鍾理和，我們希望了解五十年代的台灣農村生活，他的小說也必然有一定的文學以外的社會價値吧。（史君美 260）

這樣的意見可說是他批評現代詩「沒有社會意識」的翻版。做爲台灣七〇年代一個左翼文藝理論的提倡者，就當時的整個文化環境來說，唐文標扮演了「旗手」的角色，成績自然是値得肯定的。但是單就鍾理和文學發展史這條孤立的脈絡來看，這篇文章從文字到文學理論，比較上顯得粗糙，嚴格的說，算不上一篇夠水準的文學批評，以下試引該文兩小段文字：

> 鍾理和小說中有一些愛情生活，以至離家出走的故事。這些「反抗傳統」，「爭取婚姻自由」，是有時代意義的。但是在五十年代，這些畢竟已是過時了。
>
> 在當時日本欺凌中國人，以及偉大的民族抗日戰爭，他沒有採取更積極的立場，沒有參與更建設的行動，更很少看他提及，這一點不能不說他的世界觀太狹隘，只能在個人的愛情生活中轉迷宮之故了。（史君美 281）

撇開「時代意義」之類典型的左翼八股不談，但既有「時代意義」怎麼又產生「過時」的問題？另一個矛盾是：「民族抗日戰爭」偉大不偉大，跟鍾理和的作品好或不好，並沒有直接關係。唐文標說的「當時」，應是指鍾理和小說《笠山農場》的時空背景（只有這部小說是以日據台灣爲背景的）。既寫一個農場，有什麼必要非和「偉大的抗日戰爭」扯上關係？提不提抗日，和「世界觀狹隘」也看不出有何關聯。如果唐文標的邏輯成立，大概凡寫抗日的作品該都是世界名著了。況且「抗日戰爭」的「偉大」，實在是道地中國觀點，他忘了台灣「當時」處在日本殖民政府統治之下，如果必須參與「民族聖戰」，只能被徵去當「日本兵」跟中國人打仗。

鍾理和作品中的社會意識當然是其文學成果裏極傑出的一面。個人並不認同唐文標提到「通過鍾理和，了解五十年代的台灣農村生活」時，肯定的竟是「他的小說必然有一定的文學以外的社會價值」。相反的，鍾理和筆下清楚的社會意識，最能顯現其與眾不同之文學特性，他這樣的「價值」，不必一定是文學以外的。

從一則鍾理和日記，特別能看到他這方面的思想傾向：

> 我讀過林語堂的《吾國吾民》《啼笑皆非》及目下在讀第二遍的《生活的藝術》而深深地覺得林語堂便是這樣的一種人，這種人似乎常有錯覺，當看見人家上吊的時候，便以爲那是在盪鞦韆。(177)

帶著這樣的思想傾向，鍾理和寫的短篇〈故鄉〉系列，展現的是他戰後從北平回到南台灣，所看到的農村凋敝萎頓的悽慘景象：

> 〔火車外〕一望無際的田壟，全都氣息奄奄，表明稻子正在受病。車中人〔農民〕像守在臨終前的親人床邊似的，迷惘地眺望著展開在車窗外的田野。

這是他回到故鄉〈竹頭庄〉揭開故事之前描寫的旅途風景。「故鄉」系列的第二篇〈山火〉，又是「一個悽厲的觸目驚心的場面」。鄉人出於「愚蠢的迷信」，到處自己縱火燒山，所以鍾理和回到久別的家園，看到的是：

> 沒了枝葉，已失去本來面目的相思、柚木、大竹和別的樹樹木木，光禿禿地向天作無言的申訴。在它們的腳邊，山岡冷冷地展現著焦頭爛額的灰黑色的屍骸。

這些對台灣農村的深入觀察，注意到鄉村凋敝的現實面，而不是一味跟著政府宣傳的，呈現處處「樂利豐收」，卻與事實不符的塗粉彩寫法。也是鍾理和文學這些特徵，才構成唐文標等人所提倡的：寫具有社會意識的文學，「是腳踏在這個有泥土的地面的，是由這個社會產生的」，他說了大多數農民想要說的話。

在七〇年代兩個論戰之間，當時正在台南成功大學執教的張良澤，尤其是鍾理和文學的熱心推廣者。光在一九七三及一九七四這兩年，他就寫了下面這一系列論文：

㈠從鍾理和的遺書說起：理和思想初探　《中外文學》（1973.11）
㈡鍾理和的文學觀　《文季》（1973.11）
㈢鍾理和作品概述　《書評書目》（1974.1）
㈣鍾理和作品中的日本經驗和祖國經驗　《中外文學》（1974.4）

就角色功能來看，張良澤與唐文標最大不同之處，是前者把鍾理和作品從一般性的小說提升到大學中文系的講堂。唐雖然也是教授，但他教的是數學，不像張良澤可以名正言順在成功大學中文系成立「鍾理和研究會」，可以在學校的系報出鍾理和專輯，甚至一九七三年暑假，在台灣大學給中文系師生做專題演講。在鍾理和文學發展史上，尤其編輯出版推廣其作品，六〇及七〇年代，各有一個大功臣，前者林海音，後者張良澤。有意思的是台大中文系這場演講，是「研究生以上才有資格聽講」的，從聽眾間有人問「鍾理和是哪個朝代的人？」的現場情況，我們不難從這冰山一角明白當時台灣的中文系教育，與台灣當代文學是處在何等陌生及隔膜的狀況。

三 鍾理和文學與中國民族認同

七〇年代上半場的現代詩論戰，提倡「社會意識」或左翼理論，與鍾理和文學的關係已如上述。現在挪到下半場的「鄉土文學論戰」——它所激發的幾個主題，除了上述「社會意識」之外的「中國民族意識」，與往後八〇年代的論戰及思潮更息息相關，不但是後來「台灣結」、「中國結」論戰的源頭，也是以後各方談民族認同的開始。

幾本文學史書都把「鄉土文學論戰」的起點，從余光中登在聯合副刊那篇短文〈狼來了〉(1977.8.20) 算起。這樣的說法，並沒有堅實的研究做基礎。筆者認為正確「鄉土文學論戰」的起點，應該再往前提三個月——應該從葉石濤在《夏潮》第十四期發表〈台灣鄉土文學史導論〉算起。論文發表於一九七七年五月一日，文章刊出的同時，論戰就算正式開場了。隔月陳映真針對本文而寫的〈鄉土文學的盲點〉，代表戰場上已燃起熊熊戰火；至於余光中、彭歌等人的文章，只能說他們又拉開了另一條戰線。我們從九〇年代有利的歷史角度往回看，就知道葉陳的才是論戰主線，以後二十年的論文，不但頻頻引用他們的文章，八〇年代幾場論戰，主要也從這裏延長。

葉石濤的〈導論〉，主要在說明台灣鄉土文學的長遠歷史，以及以「台灣意識」為核心的文學史觀。

文章一出，立刻受到陳映眞的抨擊：他發表〈鄉土文學的盲點〉，認爲台灣文學的反帝反殖民特性，屬於第三世界文學，是中國文學的一部分；他更強調的是「中國民族意識」，並批判葉的「台灣意識」之說，是「用心良苦的分離意識」（許南村 1978）。這時候，我們看到釣魚台事件以來，一直主導七〇年代文化思潮的「中國民族意識」，與鄉土文學論戰的關係。事實上，就在陳葉論戰的同時，「中國民族意識」論述還觸及對具體文學作品的批判，這就是刊在《現代文學》復刊號第一期，陳映眞寫的〈原鄉的失落〉。

說來也巧，七〇年代的「現代詩」及「鄉土文學」兩場論戰，在上下場分別挑起論戰戰火的兩位主將：唐文標與陳映眞，都在戰火最熾之際，找了鍾理和作品來做爲他們提倡社會意識與民族意識的實例。換句話說，七〇年代文學思潮最重要的兩個面向——社會意識與民族意識，在鍾理和文學中都有可觀之處。當然，一九七七年陳這篇，與一九七三年唐文標那篇最大不同，在後者的例子是正面的，是拿鍾的作品來提倡、支持「社會意識」的；而陳映眞是以〈夾竹桃〉做爲論述的反面例子，光從題目「原鄉的失落」就十分清楚。

鍾理和的《夾竹桃》寫於一九四四年，用「江流」的筆名，一九四五年四月由北平馬德增書店出版，是他生前唯一親見出版的一本小說集。寫作的時間很重要：一九四四年中日戰爭尚未結束，我們雖認定鍾理和是戰後五〇年代的重要作家，但這本書卻是他唯一的戰前作品。又由於寫的是當時經歷，也就是淪陷時期的北平生活，在鄉土意識高漲以後的台灣，很少評論家談論這部作品，大半史書如果必須提到，特別是大陸的評論者，一概以早期作品技巧尚未成熟一筆帶過。

〈夾竹桃〉是北平版的首篇，全文約三萬五千字，算是比較短的中篇小說。小說寫一個北平大雜院裏，幾戶人家的生活。既是透過作者主觀的眼睛所看的世界，也有幾分受魯迅思想影響的社會主義色彩；鍾理和借了小說主角——一個「來自南方」知識分子的冷眼旁觀，從情節與對話，直接間接批評了北平人性格中的陰暗面，諸如他們的貪婪自私，貧困髒亂，虛榮與好鬥。

陳映眞是戰後極少數特別注意到這篇小說的評論者。他用了將近一萬字的長文，「批判和分析」鍾理和的「錯誤」，認爲鍾「慨慨然欲自外於自己的民族和民族的命運」；認爲「地主階級出身的」鍾理和，「對自己的民族完全地失去了信心」，他的民族認同，因此「發生了深刻的危機」（陳映眞 1984）。

所以，陳映眞的結論是，鍾理和對中國的命運和問題沒有理性的認識，看不見「隱藏在其中的中國的正體」。中國的殘破和落後，是因爲中國「正在和外來帝國主義，內在的舊勢力作著最艱苦的搏鬥」，正在承受「必要的陣痛」。陳映眞把鍾理和作品歸入他分成三類殖民文學中的第二類——這類作品總括的說，就是「喪失了民族自信心」的殖民地知識分子的作品。

這篇書評實在是七〇年代一個很好的實例，用來說明「中國民族意識」如何做爲一種意識形態，而成爲一把文學批評的利器。想想看，鍾理和是迢迢從台灣去大陸，是親自在北平生活了六年，依據本人生活經歷寫出來的作品。而陳映眞寫這篇評的時候，還沒有去過大陸——他說鍾理和「看不見中國的正體」，而從未踏進北平一步的陳映眞，反倒能看見。到底誰的「民族意識」才是全憑想像的？

鍾理和如果不是對中國民族太有自信心，也不會在同姓婚姻受阻之後，帶著鍾愛的妻子離開故鄉直奔大陸；他有完整高小日文教育，語言既沒有障礙，很可以像其他留學生一樣跑到東京去。況且，除非陳映眞的潛意識裏不認爲鍾理和與北平人一樣是中國人，否則中國人性格的陰暗面，難道是不許批評的？事實上，一個受的是殖民地現代教育，二十六歲才第一次到北平的青年作家鍾理和，以他短短六年的生活與觀察，便能寫出像〈夾竹桃〉這麼一部對中國民族性觀察如此敏銳的作品，實在是他才華出眾的證明。有意思的是，北平人本身，不但沒有像陳映眞批評的，認爲這麼寫是「喪失批評者自己作爲中國人的立場」，正相反，大陸學者在總結鍾理和文學的時候，反認爲他的思想特點正是「強烈的民族感情」，因爲鍾的前半生「都生活在日本帝國主義統治下的地區，他深知中國人民在帝國主義統治下的苦難」（潘翠菁 133）。

我們回顧台灣文學史歷來的小說作品，〈夾竹桃〉可說是極少數，由台灣作家在戰前寫出北平生活，仔細觀察北平社會的小說。陳映眞在論文中也肯定其「現實性」：

……在這大雜院裏充滿著不堪的貧困和道德的頹敗——吸毒、自私、偷竊、幸災樂禍、賣淫和懶惰。如果這就是大雜院；就是當時的北京城；就是當時的中國，沒有人應該對它的現實性有絲毫的懷疑。(98)

依據唐文標前面提倡的「社會意識」標準，正是珍貴的歷史與社會紀錄，引唐的句子：「鍾理和小說中，寫出了一些窮苦的生命，寫出了中國貧窮的歷史故事。」

以現實性來看〈夾竹桃〉，它正是一部不折不扣的寫實小說。從小生活在台灣農家的鍾理和，很難得的，由於進過漢學堂，不但有能力駕馭流暢的中國語文，更善用農村中動物植物的精采譬喻：

他們是生長在磽瘠的砂礫間的，陰影下的雜草。他們得不到陽光的撫育，得不到雨露的滋養。他們忍耐、知足、沉默。他們能夠像野豬，住在他們那已昏暗、又骯髒、又潮濕的窩巢之中，是那麼舒服，而且滿足。

他們不怨天、不尤人，而像一條牛那麼孜孜地勞動著，從不知疲倦。（江流 11, 3, 17）

陳映眞對這篇小說的另一大批評是：鍾理和用了太多「他們」。出現這麼多「第三人稱的多數總稱『他們』」，造成「實際上生活在大雜院中的」鍾理和，與他所描繪的對象「隔離開來」，而成爲一個「旁觀的人」。

我們今天重新閱讀〈夾竹桃〉，實在看不出作者成爲「一個旁觀的人」有什麼被批評的理由。鍾理和在小說中清楚寫著男主角曾思勉，是「由南方的故鄉來到北京」。既然小說主角另有自己的故鄉，自然，而且當然到了北平成爲一個旁觀者，不能說這樣就是「自外於自己的民族」。

前面已經提過，整個七〇年代，討論到或讀到〈夾竹桃〉的人畢竟不多，大多數讀者心目中的鍾理和，除了是位寫鄉土小說的作家，更是帶著妻子迢迢投奔大陸原鄉的「原鄉人」。前面已說明七〇年代是一個「中國民族意識」瀰漫與主導的年代，所以多數人不是根據他的文章，而是他的行爲，來解讀鍾理和。這種解讀法極明顯的例子，就是七〇年代尾端根據鍾理和一生故事開拍的傳記電影。由李行導演，秦漢與林鳳嬌主演的影片，片名即取做「原鄉人」，以「原鄉」做爲鍾理和傳記或人格的最高表徵——強調作家不顧一切投奔他所慕戀的文化原鄉：中國。這與他衝破封建枷鎖，帶著戀人私奔，同樣富於傳奇性同樣浪漫，甚至更爲浪漫，否則不會做爲片名，或成爲拍片的理由。

相對於一般人眼中的原鄉人形象，七〇年代有年輕學者，開始踏入本土文學的拓荒研究並給予新的詮釋。這時期重要的文章，當是林載爵寫在《中外文學》，後來常被提起的〈台灣文學的兩種精神：楊逵與鍾理和之比較〉。文中不但提出鍾的文學代表一種「台灣文學精神」，開始追溯本土文學之特性（此時還是一九七三年，算得上是這類研究的拓荒之作），並且特別舉出鍾與楊逵迥異之處，是他「表現出一種默默承擔的隱忍精神」，林載爵強調的是作家鍾理和之悲憫胸懷：

他參與著他的同胞和整個社會的災難與不幸，……鍾理和小說裏的自己和其他人物，都是在默默的承擔著苦難，然而，這種隱忍精神卻是剛毅的，堅強的。(15)

林載爵提出鍾的「隱忍」精神時，猜測他用這個詞，有許多成分是為了與楊逵的「抗議精神」做對比而創的。楊逵之抗議精神自然是針對日本殖民主的壓制而發；至於鍾「隱忍」的是哪一個殖民對象？如果根據林文前半篇幅都在談「殖民地與舊社會雙重環境下的台灣知識分子」，似乎是日本。然而整個後半篇，尤其談到鍾理和文學時，所舉用的例子，清一色是他戰後描述台灣農村及周遭生活的作品，絲毫未提及《笠山》，表明鍾的「隱忍」精神，並非在抵抗日本的殖民淫威。事實上，一來台灣的皇民化運動時期，鍾並不在台灣而在北平，二來，鍾又不曾以日文創作，很明顯他的「隱忍」精神云云，可說與日本殖民並不相干。

總之，七〇年代的鍾理和，既有學者的肯定，電影又吸引了更多人的眼光，促成「鍾理和紀念館」從初步構想到捐地、捐款、破土典禮等過程在八〇年代初一一完成。可以說，就是在這麼一個盛行鄉土文學作品、也瀰漫中國民族意識的年代，同時具有這兩樣文學特性的作家鍾理和，終於在他成長的家園土地上，豎立起戰後台灣作家第一座文學家紀念館。這是所有五〇年代戰後作家都沒有的殊榮。這樣的熱鬧與風光，跟他在五〇年代活著時候的冷落寂寞，成了強烈的對比。

四　鍾理和文學與後殖民論述

七〇及八〇年代台灣特殊的背景與文藝思潮，可以充分對照鍾理和文學的「社會意識」、「民族意識」已如上述。唯其文學中的第三個面向——也是經歷日據時代之戰後作家最有可觀的一面——其文學的「後殖民」性格，至今反未受到注意。儘管九〇年代以降，部分學者已開始了台灣文學的殖民論述，但皆未留意到鍾理和文學所提供的，屬於台灣背景所特有的實例。近年歐美風起雲湧的後殖民理論，基本上脫胎於西方背景，特別是英法等十八世紀以降的殖民歷史，應該說，這些理論是從歐美殖民歷史「生長」出來的。台灣狀況很不一樣，從鍾理和的例子，可以看出其文學的「後殖民性格」有其特殊的複雜面。

陳映眞寫於一九七七年的〈原鄉的失落〉，是戰後台灣文壇較早注意到台灣文學的殖民地性格，甚至可以說，它是最早關注台灣文學後殖民論述的一篇論文。陳文一開頭，就把殖民地文學分成三大類：

第一類是殖民者的文學，亦即帶著「人種和文化上的優越意識」而寫的作品。

第二類是「被殖民者」的文學，他們受了殖民者的教化，「看不見他自己民族的立場，從而拒絕和自己的民族認同」的文學（他把〈夾竹桃〉就歸在這一類）。

第三類才是他所肯定的，「以摯熱的愛……揭發那殘破和落後」的「積極介入」的文學。

陳映眞做此分類的同時，可說也精闢而有力地凸顯了台灣文學，包括戰前與戰後的殖民地文學特質。九〇年代台灣的後殖民論述大體上承襲西方的後殖民思潮。論者最常引用的《逆寫帝國》(Ashcroft, *The Empire Writes Back*)，這本純以英語世界殖民文學爲基礎及理論的著作，單就西方殖民的狀況來分類，很巧，與陳映眞有類似的分類法——

第一類是代表殖民主語言及文化，包括君臨殖民地的一些探險家、旅行者等，描寫當地民俗風光的作品。舉台灣的例子，應該就像西川滿等日本作家寫的，歌詠台灣風光的詩文。第二類是當地人在受了殖民教育之後，以殖民主的新語言寫出的，受殖民主肯定的作品。台灣的現成例子，應該是日據下的「皇民文學」作品，如陳火泉的《道》，周金波的《志願兵》。第三類才是殖民地作家在去除殖民主的語言文化影響之後，呈現其本土（獨立的）文化傳統的作品。

仔細檢視西方殖民理論，這三類的分法，其實也在說明整個殖民文學形成的過程——先有殖民主的教化，後有受教化殖民地知識分子的形成與追隨。看得出來，這些知識分子或理論家在殖民「之後」，如此細緻的檢視「被殖民者」與殖民主之間區別的語言文化，目的很明顯：是要在自己身上「去殖民化」，是有意識的在分辨兩者不同的文化傳統之後，殖民地本身的文化特色才能凸顯出來。

比較之下，尤其從鍾理和的例子，我們就知道台灣文學的「殖民性格」要比前述的西方理論複雜得多。台灣殖民的狀況，不只單純的在政治上有「殖民與被殖民」的日台關係，若要加上語言與文化傳統，還必須添上夾在中間的，影響十分龐大的「中國語言文化」在當時所形成的：日本—台灣—中國，緊緊結合而成的三角歷史關係。我們看〈夾竹桃〉，就是最好的例子。

〈夾竹桃〉寫於一九四四年。這一年正是中國對日抗戰的後期，換句話說，戰爭還沒有結束，這時候的北平，正是所謂的「淪陷區」——跟台灣一樣，也正是日本人的殖民地；不一樣的只是，台灣被日本殖民的歷史，要「資深」得多，已經快五十年。必須先理解這個歷史背景，才能深入閱讀鍾理和文學。從小受過日本語言及文化教育的鍾理和，在當時北平人眼中，固然是台灣人，但更多時候，他被中國人當成日本人看待，這類狀況鍾理和在北平寫的一篇〈白薯的悲哀〉裏，有生動的描寫：

例如有一回，他們的一個孩子說要買國旗，於是就有人走來問他：「你是要買哪國的國旗？日本的可不大好買了！」又有這樣子問他們的人：你們吃飽了日本飯了吧？又指著報紙上日本投降的消息給他們看，說：你們看了這個難受不難受？（《鍾理和集》，頁95）

再回頭看〈夾竹桃〉，以及陳映眞所批評的作者之殖民地性格。必須認淸的是，鍾理和雖來自使用日文的台灣，卻不是用殖民主的語文：日文，而是用「被殖民者」的中國白話文寫出這篇小說的。因此，十分弔詭的，〈夾竹桃〉可就前述殖民理論所加的語言文化不同角度，對作者的殖民身分做不同詮釋：鍾理和既可以屬陳映眞所說的第一類，「帶有人種和文化上的優越意識」，也可以屬第三類：「積極介入」、「以摯熱的愛……揭發那殘破和落後」。

至於陳映眞認爲鍾所應屬的第二類，「看不見他自己民族的立場，從而拒絕和民族認同」的「被殖民者的文學」，筆者認爲倒還頗有討論的空間。首先，前面已提到，就一九四四年「北平淪陷區」的時間空間座標來看鍾理和，特別由其被當地人看做日本人的身分立場，他雖用中文寫作，斷不是「被殖民者」的文學。陳映眞在文中批評殖民地知識分子的認同危機時，是這麼說的：

> ……於是有一部分人拚命地使用殖民者的語言，穿著殖民者的服飾，模仿殖民者的生活方式和一切的文化，鄙視和輕賤自己的同胞，一意要按照殖民者的形象改造自己。(107)

這樣的批評對象，令人立刻聯想到吳濁流寫的〈先生媽〉裏頭，那位鎭日穿和服，使用日本姓名的「先生」；或者陳火泉在日據時期用日文寫的長篇《道》中那位主人公，如何刻苦努力要將自己改造成眞正的日本人。然而這些批評，無論如何都輪不到鍾理和。鍾理和的人與作品，既不「使用殖民者的語言」，更不「模仿殖民者的生活方式和一切的文化」。相反的，鍾理和一直仰慕嚮往的，是與他同一血緣的漢族文化。

是的，陳映眞頗有創意的題目「原鄉的失落」，也許並沒有說錯。當鍾理和帶著炙熱的仰慕投奔而去，當他還沒有眼見北平的情況時，也和當年陳映眞寫評的時候一樣，因滿懷的民族意識而抱著美麗的國族想像。然而他在北平目睹各處的「貧困、饑餓、道德敗壞、愚昧、迷信和疾病」之後，他的「原鄉」失落了，他的國族想像幻滅了。〈夾竹桃〉的男主角於是產生了下面的「民族認同危機」：

曾思勉對這院裏的人，甚爲不滿與厭惡，同時，也爲此而甚感煩惱與苦悶，有時，他幾乎爲他自己和他們的關係，而抱起絕大的疑惑。他常狐疑他們果是發祥於渭水盆地的，即是否和他流著同樣的血、有著同樣的生活習慣、文化傳統、歷史與命運的人種。（江流 13）

這樣的認同危機是怎麼產生的？最直接的答案就是：根本不必狐疑，他身上的確是「有著不同的歷史與文化傳統」。陳映眞在評文中說得好，鍾理和原是「從一個比較近代化、比較合理化的社會，進入一個前近代的、半封建的，甫爲日本殖民地」的中國；「在這樣一個社會中成長的鍾理和，便具有一個近代社會中的人的一些價值觀」（105）。

如果說，鍾理和與中國民族之間有所謂「認同的危機」，他與台灣之間卻沒有相同的問題。相反的，在兩相對比下，他開始懷念台灣的鄉親，並促成他構思了一個帶有烏托邦色彩的長篇小說《笠山農場》。在〈夾竹桃〉中，鍾理和如此寫他的主角，同時表達自己：

當他由南方的故鄉來到北京，住到這院裏來的時候，他最先感到的，是這院裏人的街坊間的感情的索漠與冷淡。一家一單位，他們彼此不相聞問……

富有熱烈的社會感情，而且生長在南方那種有淳厚而親暱的鄉人愛的環境裏的曾思勉，對此，

甚感不習慣與痛苦。(江流 15, 16)

前面引用的句子，古添洪在他的論文中，認爲代表了作家鍾理和的「社群理念」，這樣的社群理念正是從北平的疏離生活中產生的，既影響他寫《笠山農場》，使它增添了烏托邦色彩，也決定了〈夾竹桃〉在內容上及形式上的走向：

> 這社群理念是他在客家社群裏，在笠山農場墾拓的經驗中孕育而稍爲加以烏托邦化的產物。這烏托邦化的心理過程，可以從《笠山農場》寫作的時空距離來解釋：鍾理和在生活疏離的北京時期曾草稿了四章，我們不妨認爲他那時已有整個腹稿，而正式寫作時的一九五五年，美濃笠山農場已經不復了。這「疏離」與「懷舊」，爲《笠山農場》披上烏托邦的色彩。鍾理和的〈夾竹桃〉與《笠山農場》應兩兩對讀，讓他們對話，才能充分獲得欣賞。(80)

古添洪進一步認爲《笠山農場》這部小說，是鍾理和社群理念的具體表達，「在其中刻畫了群的歡娛，勞動的樂，人際間親暱的關係（包括男女間、女子間、主僕間），堅毅與自力更生。」(81)此時我們比較鍾寫的兩個不同社群：一個是寫北平大雜院生活的〈夾竹桃〉，一個寫台灣南部耕種咖啡，與世隔絕的《笠山農場》，就很明白鍾理和的社群認同，並沒有像陳映眞說的，所謂「喪失民族自信心」的問題。倒是陳的詮釋，無心暴露了，籠統的把殖民主義一概歸之爲帝國主義的，左翼理論本身的問題。殖民者蠻橫的掠奪壓制，固然是帝國主義，但殖民時代因語言文化產生的影響十分複雜，恐怕應該更細緻看每一個不同的實例。

關於《笠山農場》這本構思於四〇年代北平，完稿於五〇年代台灣（一九五六年得到國民黨「文藝獎金委員會」頒給長篇小說獎金），自費出版於六〇年代初（作者去世一週年）的長篇小說，當它隨著全集再版，受到一般讀者注意的時候，已經是鄉土文學興盛的七〇年代。更有意思的是，小說故事的時空背景比這一切都更早，寫的是日據下的三〇年代——除了南台灣農村的鄉土背景，主題及情節卻是鍾理和自傳性的同姓婚姻。我們對照鍾理和在一九三二年（十八歲）時協助笠山農場，認識並愛上鍾平妹，到小說結局男女主角雙雙私奔——鍾理和帶平妹離開台灣時正是一九四〇年。

換句話說，這本書若以「構想在北平時期」為中心來看，它是完稿於北平時期之後，所描寫的時空背景，卻又在北平時期之前。這樣的以日據時代為背景的小說，在民族意識高張的七、八〇年代，逐漸成為眾家討論的議題。我們繞了一圈仍然回到鍾理和文學的「後殖民性格」。

前面已提到，唐文標批評這篇以日據為背景、自傳性為主的愛情小說是「世界觀太狹隘，只能在個人的愛情生活中轉迷宮……」。同類的批評，也出現在一九七七年《台灣文藝》的「鍾理和作品研究專輯」上。葉石濤在與張良澤的對談中如此評論：

> 他把全副精神都放在牧歌式的戀情上，……「抵抗」不夠，這篇小說的架構就脆弱了。雖然《笠》是得獎的作品，但是為了得獎而顯得畏畏縮縮，顯得不夠勇敢是不應該的。(1977: 12)

我們讀了七〇年代各家批評，不免感慨，「殖民地作家」眞是難當——〈夾竹桃〉批評得太多，《笠山》批評得太少，都成了批評家的箭靶；「太勇敢」或「太不夠勇敢」都顯得可疑。

不過到了九〇年代，葉石濤對《笠山農場》又有新的詮釋。他認為，這部小說之所以沒能反映殖民地統治的現實，甚至「連一個日本人的影子也找不到」（1994: 69），眞正的原因是：

> 五十年代白色恐怖的時代風暴，使鍾理和的小説世界變形，他放棄了嚴正的主題，只在狹窄的人性領域裏耕耘。……很明顯地，鍾理和設計排除了這篇小説的民族矛盾的介入。……這也是在那個時代作家得以生存下去的最重大條件。（1994: 78）

五〇年代作家鍾理和再次證明他在台灣文學史上地位的特殊性——他被「殖民教化」給塗在身上的色彩，還不是一次，而是雙重的——陳映眞批評他受了日本人殖民教化，不能與自己中國民族認同，這是他身上第一層殖民地作家性格。等到解嚴後台灣九〇年代，葉石濤又指出鍾理和身上另有第二層的「殖民性格」：他在一個威權統治、國家機器以高分貝提倡國家意識形態（Official Nationalism）的五〇年代，必須扭曲自己的寫作風格，以求生存。即使他寫作期間，已是在日本殖民政府離開「之後」，即使整個台灣社會從這角度看，已經「去殖民」，即使他在語言的即刻轉換上，並不像其他日據下台灣作家那麼困難。

五 結論

如果說鍾理和是台灣文學史上極具代表性的作家，最突出的部分，應該是他身上這些與台灣殖民地歷史無法分開的，所謂的殖民地作家性格。台灣文學的獨特性其實也在這裏：不論相對於第一世界，或相對於中國大陸文學，這漫長的、繁複多變的殖民歷史，在在使台灣文學有其獨一無二的風格特性，無法成爲「中國文學的一環」。

至於把台灣納入十九世紀以降西方帝國主義所侵凌的各弱小民族，所謂第三世界文學的一環，台灣的情況與他們又有很大不同。我們看《帝國大反撲》這本書所寫的，龐大的英語世界所遭受的殖民狀況，以及因之而誕生的整個「後殖民」理論：他們強調的是英語（殖民主語言）背後所夾帶的無所不在的文化力量，包括它無形中對殖民地土著文化傳統的摧殘。建構後殖民理論很重要的一本書，薩依德的《東方主義》(Said, *Orientalism*)，便是分辨出殖民者在政治經濟手段之外，其實還有另一隻看不見的黑手，那就是透過語言、學校、教科書、博物館等等無形的教化，建構出一套「現代知識」，這套知識逐漸告訴你，西方文化是好的，本土傳統是次等的；薩依德既看出這套知識與眞實世界有一段距離，也告訴讀者這套知識是怎麼建構出來的。

台灣與第三世界國家如印度、非洲等殖民經驗，最明顯不同，當然是他們受英、法等歐洲文化殖民，而台灣殖民主帶來的語言卻是日語。不同殖民者自然帶來不同的殖民手法，東方與西方，差異之明顯是毋庸置疑的。就英語世界「後殖民理論」建構的歷史背景來看，台灣的「後殖民」情況也非常特殊——他們是殖民主離開、政權獨立後，知識分子才逐漸建構起有別於過去殖民史的本土文化。

台灣的殖民背景與歷史，比較上更複雜而多變。最大不同是——一九四五年日本殖民主殖民了五十年離開之後，台灣即刻「回歸祖國懷抱」，由遠在南京的新政府派官員來「接收」——就實質的情況看，這是由一個新殖民政府接上一個舊的殖民政府。於是，本地知識分子還來不及思考身上的殖民色彩，新的政府已經帶來大批「消毒人員」，不由分說，快速的在這片土地上努力「去殖民」——國民黨在五〇年代全力「推行國語」，並透過種種法令規章，消除日本文化在台灣的影響與遺留，是最好的說明。可惜，這個「南京政府」才過了四年，就輪到它「投進台灣的懷抱」，一九四九年國民黨丟掉了中國大陸，整個政權不得不轉移到小島台灣——很多人因此認爲，五〇年代的國民黨政權既沒有另外一個母國可回，它對台灣這塊土地，就不該叫做「殖民」。

台灣七〇年代以後興起的鄉土文學運動，若就其致力建構本土文化，追尋台灣文學歷史的性質上看，與西方後殖民理論在強調本土特性與分辨殖民影響上，有其本質相近的地方。有意思的是，從鄉土文學到本土運動，如果它也可以算做一種文化上「去殖民」的歷程，它所要去除的對象又是誰？日本殖民文化還是中國文化？看得出來，它要「去除」的殖民教化影響，色彩也是雙層的。別說七〇年代葉石濤「台灣意識」、「台灣文學」的提出必須先掛上「鄉土文學」的招牌；當時翻譯整理日據下作家作品，須先表揚其「抗日精神」，不願也不敢多提皇民文學；更明顯的例子，還有葉石濤在一九七八年（文壇的鄉土論戰風聲鶴唳及美麗島事件前夕）說出：「鄉土文學根本上就是三民主義文學」之類，他自己後來都無從解釋的話。

從這些例子，看到台灣歷史背景的特殊性——台灣文學與第三世界文學的歧異處，如此複雜的「雙重殖民」，正是它獨特的地方。西方後殖民理論儘管是西方殖民歷史的產物，對台灣不見得合用，但有一個基本原則是通的——「被殖民國家」在形成「後殖民理論」的過程，燭照了殖民主在文化上威權的、鴨霸的嘴臉：因精神層面的殖民，不像軍事或經濟手法一樣，很容易讓一般人看得清楚。我們正好可以拿他們洞見威權（Hegemony）的蠟燭，來照看台灣文學歷史上，幾次意識形態的變遷或建構的過程。五〇年代提倡的「反共文學」，當然是國家機器在建構國家意識形態時的產物，葉石濤在提出台灣文學具有「反帝反封建的歷史傳統」時，同樣的，也在建構一個有別於國家意識形態的、反殖民的「台灣意識論述」。大家這樣建構來建構去，我們在閱讀他們對文學作品具體批評的時候，就應該有一定的警覺性。

鍾理和寫作最豐盛的階段，正是五〇年代國民黨剛進台灣，致力鞏固政權最早的十年，也是一個高唱「戰鬥文學」、「反共文藝」，提倡文學爲國家服務的十年。如果鍾理和文學發展史可以是台灣文學發展史一個很好的抽樣，與其說台灣文學傳統是「反帝反封建」，不如說，因其多次被殖民的歷史經驗，是一個具有濃厚殖民地性格的文學傳統。評論家既然理解鍾寫《笠山農場》有多少變形與扭曲，自然明白日據時代那些被稱做「皇民文學」作品的，有多少是透過「意識形態」眼鏡閱讀的結果。

探勘鍾理和文學發展史，除了上述後殖民理論的參照，其他西方理論，也提供台灣文學研究者更多思考的空間，例如鍾理和作品的「經典化」過程。若按照薩依德的理論，文學經典的形成，並非單純從文壇中挑出最好作品而已。其形成歷程背後，有強烈的意識形態因素，包括社會的、政治經濟的；例如英國人在殖民地教導當地人「標準英文」的同時，也透過學校這類生產知識的機構，樹立英國文學「經典」的權威——「經典」可說一大部分是如此「運作」出來的，殖民主掌握了語言，也就同時掌握了經典的最高權威。一九九三年出版的《文化資本：文學經典形成的問題》（*Cultural Capital: The Problem of Literary Canon Formation*），Guillory 更在其強勢意識形態造成的美學包裝之外，進一步提出「大眾文化消費」的因素。這些理論運用到台灣文學，就會發現鍾理和作品經典化的過程，是一個很有意思的例子。固然它背後也有強勢意識形態造成的因素，但其間文學思潮的流動，族群意識的消長，綜合而形成的美學標準已不是那麼單純，例如鍾理和具有純熟書寫「北京話」及其優美敍述的文字能力，他擁有這些豐富的文化資本，才能屹立於其他台灣鄉土作家之間而毫不遜色，究竟戰後至今台灣一直是中文書寫的天下。但其經典化過程，既非像英國是由殖民主來樹立權威，相反的，是「被殖民」作家找尋本身歷史的同時逐漸受重視，其經典形成與「去殖民」的過程相輔而相成。

另外，目前已有的台灣文學史書，雖然在態度上重視文本，但做法上，卻只著重介紹各時期的作者及時代，很少照顧到作品出現後的影響和變化。我們的文學史比較是靜態的：首先說明時代背景，然後排比作品或介紹作者，或把前述次序顚倒。如此「管前不管後」的做法，其實只看到「不變」而沒能看到它「變」的部分，對「文學歷史」來說，只說了發生，沒說發展。比較於西方文學史書，台灣及中國的同類著作，常是資料的蒐集排比遠多於其間的變化分析，極少評論家能多方面顧及文本與背景之間的互動，常常只提了作品怎麼產生，而不問它怎麼被接受，怎麼流傳。從研究者的角度來看，表現於對文本的重視，除了其形態變化值得分析，文學的社會功能、群眾接受心理變化的研究應該也是一個重要的方向。

回到鍾理和文學。近二十年台灣文壇儘管經歷幾次論戰與意識形態的變遷，鍾理和握筆在文學園地裏認眞、嚴肅耕耘的身影，經歷幾場風雨吹打，影像反而更爲淸晰。也可以說，是他對「文學」二字的嚴肅態度，激發他創作了不僅具個人風格，更代表台灣這塊土地特性的作品。一個社會的文學思潮，可以隨著時間改變而吹著不同的風向，然而做爲好的、嚴肅文學作品的本質條件應該是不變的。現在回首五〇年代，不論省籍，究竟剩下幾個名字還留在台灣文學史上閃亮？那幾千萬字爲追隨國家意識形態而寫的反共詩歌與小說，還留下幾部經典作品？文學究竟不能只是意識形態的工具，它還有許多別的東西。尤其鍾理和，他對文學的態度太認眞了，必不肯輕易把文學當成工具——他是整個生命獻給文學的「倒在血泊裏的筆耕者」[2]，在一九六〇年生命的最後一刻，倒在稿紙上咯血去世——應該是這樣的形象，這種以生命對待文學的嚴肅態度，使他的名字在台灣文學史頁上逐漸鮮明巨大，尤其在那整個提倡文學爲國家意識形態服務的台灣五〇年代，「血泊」所象徵的，並非國家或意識形態，而是文學本身。所以文學史上的鍾理和，能逐漸從血泊中站立起來，且站立的高度，足以和一整個時代的主流文學：總計千千萬萬字的反共作品相抗衡。是的，既然是「文學的」歷史，諸如意識形態等等文學以外的東西，恐怕不容易在這樣的歷史上久留。這是我們重新探勘鍾理和文學發展史所能得到的最好的啓發。

---

1 「故鄉」系列由四個短篇組成：分別是〈竹頭庄〉、〈山火〉、〈阿煌叔〉、〈親家與山歌〉，寫於一九五〇年前後。生前投寄屢遭退稿，一九六四年十月以遺作發表於《台灣文藝》第一卷五期「追悼鍾理和紀念專號」。

2 陳火泉在一九六四年十月刊於《台灣文藝》悼念鍾理和的文章，以此爲題目，後來張良澤出版的鍾理和作品評論集，也以之爲書名。

引文書目

Ashcroft, Bill., et al. 1989. *The Empire Writes Back: Theory and Practice in Post-colonial Literatures*. London: Routledge.

Guillory, John. 1993. *Cultural Capital: The Problem of Literary Canon Formation*. Chicago: U of Chicago P.

Said, Edward W. 1978. *Orientalism: Western Conceptions of the Orient*. New York: Pantheon Books.

古添洪。1996。〈關懷小說：楊逵與鍾理和——愛本能與異化的積極揚棄〉。收入《認同情慾與語言》。彭小妍主編。台北：中央研究院中國文哲所。

史君美（唐文標）。1976。〈來喜愛鍾理和〉。原刊於《文季》2（1973.11）。收入《鍾理和殘集》。台北：遠行。

江流（鍾理和）。1945。〈夾竹桃〉。《夾竹桃》。北平：馬德增。

葉石濤。1983。〈從鄉土文學到三民主義文學：訪葉石濤先生談台灣文學的歷史〉（對談日期1978.11.1）。彭瑞金記錄。

原刊於《台灣文藝》。收入葉石濤《文學回憶錄》。台北：遠景。

林海音。1976。〈一些回憶〉。《鍾理和殘集》。台北：遠行。

林載爵。1973。〈台灣文學的兩種精神：楊逵與鍾理和之比較〉。《中外文學》2.7（1973.12）。

施淑。1997。〈現代的鄉土：六、七〇年代台灣文學〉。《兩岸文學論集》。台北：新地。

唐文標。1976。〈詩的沒落〉。原刊於《文季》1（1973.8）。收入《天國不是我們的》。台北：聯經。

許南村（陳映眞）。1978。〈鄉土文學的盲點〉。原刊於《台灣文藝》革新號2（1977.6）。收入《鄉土文學討論集》。尉天驄編。台北：遠景。

陳芳明。1994。〈七〇年代台灣文學史導論〉。《典範的追求》。台北：聯合文學。

陳映眞。1984。〈原鄉的失落：試評夾竹桃〉。原刊於《現代文學》復刊號一（1977.7.1）。收入《孤兒的歷史，歷史的孤兒》。台北：遠景。

葉石濤。1977。〈秉燭談鍾理和〉。《台灣文藝》54（1977.3）。

——。1994。〈新文學傳統的承繼者——鍾理和：《笠山農場》裏的社會性矛盾〉。《展望台灣文學》。台北：九歌。

潘翠菁。1980。〈台灣省作家：鍾理和〉。北京《文學評論》雙月刊2（1980.3）。

鍾理和。1976。《鍾理和日記》。《鍾理和全集》之六。台北：遠行。

——。1991。〈白薯的悲哀〉。《鍾理和全集》。彭瑞金編。台北。前衛。

在我們貧瘠的餐桌上

五〇年代的《現代詩》季刊

奚密

至於詩這傻事就是那樣子且你已看見了它的實體；
在我們貧瘠的餐桌上
熱切地吮吸一根剔淨了的骨頭
——那最精巧的字句？

——瘂弦，〈焚寄 Y.H.〉（一九六四）

導言

就其文學史的意義而言，七〇年代初的「現代詩論戰」，在台灣現代詩史上，可說是自二〇年代中期的白話文與文言文之爭以來爭議性最大，影響最深遠的事件。然而，論者往往不自覺的是，七〇年代以來的現代詩論述幾乎都是透過鄉土文學運動的鏡片，多多少少帶著歷史的「後見之明」來看待這場論戰的。這樣的視角很容易落入「目的論」（teleology）的窠臼，而忽略了事件發生和演變過程中一些複雜、曖昧、被淡化甚至被壓抑的因素，而簡單地接受了所謂的「公論」：「現代詩論戰」是對五、六〇年代現代詩極端現代主義的批判，以回歸傳統來糾正惡性西化，以擁抱現實社會來取代個人意識流的象牙塔。這類的論述只是繼承了「論戰」中「傳統」與「現代」，「中」與「西」，「寫實主義」與「現代主義」的僵化對立，並延續了「論戰」中將主題題材與語言風格混為一談，以前者做為價值判斷之主要依據的前提（奚密 1998a: 72-81），而對這些前提本身的社會文化語境並沒有深入的分析。同時，對現代主義最為人詬病的主張及其產生的結構條件，也缺乏持平的論述。從文學史的角度來看，現代主義以及「現代詩論戰」的正負面意義仍有待更深刻、更全面的重新評價。

這個課題當然不是在本文有限的篇幅裏所能妥當處理的。下面我只想做一點「尋根」的工作，為現代詩的發端探源。如果現代主義是「現代詩論戰」的批判對象，那麼其「始作俑者」當屬《現代詩》季刊。《現代詩》於一九五三年二月一日創刊，一九五六年二月一日提出《現代派宣言》，「現代派」正式成立，一九五九年三月以後即呈現後繼無力的狀態[1]，到一九六四年二月一日出版了第四十五期後終於停刊。本文試圖結合文本分析和文學史研究，借助法國社會學家布迪厄(Pierre Bourdieu)的理論[2]，從文學社會學的角度來回顧這份深具歷史意義的詩刊，探討它得以出現、流通、並造成重大影響的種種文學與文化因素。在闡述過程中，我也將以日後「現代詩論戰」做為主要的參照點，針對其中對現代主義的主要批評提出不同的看法。

《現代詩》崛出的歷史背景

台灣在二次世界大戰後的荒蕪匱乏，眾所周知。後面會談到《現代詩》的發行及個別詩人的境況，可做為具體的例子。這裏先把注意力放在當時的文壇上。《現代詩》面對的是什麼樣的文壇呢？這可以分兩方面來談。首先，當「現代詩論戰」發生時（一九七二—七三），現代詩（新詩、用白話寫的自由體詩）在台灣詩壇的主流地位早已穩固，不容置疑。但是在一九五三年，新詩仍處在邊緣、弱勢的地位。《現代詩》第二期的社論開頭就說：「新詩被一般人藐視，在今日，是毋庸諱言的」（1953.5.1.）。第三期社論也說道：「新詩的生存和發展之不被重視和常受阻礙也是有目共睹的」（1953.8.20，封面）。

當時什麼樣的人寫舊詩呢？在〈不跟他們爭一日之短長〉裏，紀弦談到「舊詩之僅僅存在於少數達官貴人之唱和贈答與提倡」（《現代詩》15（1956.10）：80）。舊詩在傳統文化裏所享有的優越地位仍然根深柢固，知識分子中寫舊詩的人數遠勝過寫新詩的人數[3]。當紀弦說它僅僅存在於少數人群中的時候，恐怕是有意貶低舊詩的勢力，爲新詩打氣，鼓勵有志於新詩的年青作者。從他對新詩之惡劣處境的一再感慨來看，當時新詩的社會地位和文化資源遠遜於舊詩應是不爭的事實。前引社論裏的「達官貴人」就是一個例證。同一篇社論又說：「有人鑑於舊詩之藉端午節的詩人大會顯得聲勢浩大，熱鬧非凡，而就替新詩揑一把汗，擔心它的遭踐踏而夭折，這其實是一種過分的憂慮。……舊詩在朝，新詩在野。我們寫新詩的，無權無勢，加之經濟困難，自掏腰包辦詩刊，已經是一百二十萬分吃不消了……。」一九五七年當他回應覃子豪對現代派的批評時，紀弦曾激動地說：「未聞對於舊詩有所冷嘲熱諷，惟獨找到新詩的頭上來大放厥詞。難道寫舊詩的官大，不敢罵，寫新詩的多半是些兵士、學生，好欺負些不成？」（《現代詩》18（1957.8.31）：3）

再舉一例來證明五、六〇年代舊詩仍舊擁有強大的文化勢力，在大學校園裏亦可見一斑。如《阿米巴詩選》所記載的：一九五五年十月「高雄大學（醫學院）同學會雜誌第一卷第一號發行……其中刊載杜（聰明）院長與教職員學生酬對的古詩詞。當時校園在杜院長與國文教授許成章等人提倡下，學生吟詩蔚爲風尚。杜院長同時成立『還曆詩學獎金』鼓勵古詩詞創作」。白話詩直到一九六三年五月才在新成立的校刊《南杏》上刊載，提倡白話詩的「高醫詩社」在一九六四年才成立（王浩威 327）。

在當時的大學校園裏，即使有新詩詩社的成立，新詩卻是完全被排除在大學課程之外的；中國文學教授公開嘲笑新詩的例子屢有傳聞。這個現象到一九六八年九月開始實施九年國民義務教育時，才有了極有限的制度上的鬆動；國中國文課本有史以來第一次選入兩首現代詩：楊喚的《夏夜》和余光中的《鵝鑾鼻》（徐望雲 115）。即便在九〇年代，數目雖略有增加（一本課本裏選兩首現代詩），但是選詩的標準仍然是極度保守的（奚密 1995）。

當時對新詩的輕視也反映在出版方面。如果我們觀察一九四九到一九五二年的出版情況，根據張默在《台灣現代詩編目（一九四九—一九九二）》裏的統計，這四年裏共出版了二十六本個人詩集，一九五三年共出版了二十四本（3-7）。根據覃子豪的說法，這是五四以來詩集年產量最高的一年。雖然在數量上有明顯的增加，但是其中政治抒情詩占了相當大的比例，別類的詩作出版仍相當有限。至於報紙也呈現類似的情況，刊登的或是官方提倡的反共詩，或是格律整齊的豆腐乾體新詩。而商業性出版物則以言情爲主流。新詩在出版市場裏的劣勢持續於整個五〇和六〇年代，這點從下面兩個例子可以看出一斑。一九五七年墨人和彭邦楨編的《中國詩選》由陳暉經營的高雄大業書店出版。在其評介文字裏，紀弦說：「我首先願向大業書店老闆陳暉先生致敬，因爲在這黃流滔天的出版界，除他沒有第二個人肯下資本來印行大量的純文藝作品……」（《現代詩》17［1957.3］：26）覃子豪也欣然道：「大業……肯花資本來印行這本不是『暢銷』的讀物。但出版後，卻暢銷奇佳，超過該書店出版的任何書籍。」（182）《中國詩選》的暢銷在當時文壇是個異數，所以才值得大書特書。但是即使遲至一九六四年六月，在《笠》詩刊的創刊辭裏，林亨泰仍有這樣的感慨：「某大報主編對詩有必須偷偷地塞進去的看法，及書店老闆對於寄售詩集或詩誌的冷漠態度。」（林亨泰 300）

新詩在當時受到歧視（尤其是知識分子的歧視）的一個重要原因是：它和古典詩相比，顯得容易淺俗，好像不需要高深的文化素養即可爲之。紀弦在一九五三年八月《現代詩》第三期的社論裏說：「人們對於新詩向來有些看法是荒謬而且錯誤的。……其中最嚴重最致命的一種……便是以爲新詩最容易寫詩人最容易做。而其作怪爲禍之烈實較之反對者的反對打擊者的打擊爲格外來得嚴重來得致命些的。」除了承認「敵對勢力之頑固與龐大」之外，紀弦也反省批評了新詩詩人本身的「不健全與不爭氣」，「欠團結欠合作以及奮鬥的意志」。他呼籲青年詩人「先把寫作態度嚴肅起來並對新詩其物下一番研究的功夫……不要輕易動筆！也不要急於發表！」

《現代詩》的箭頭一方面對準舊詩，另一方面也對準了當時的新詩。紀弦指出社會對新詩的偏見「主要是由於不少自以爲寫詩的人之曲解以及自以爲老牌子作家之爲了應酬與拿稿費而對群眾大談其外行話」。從理論的介紹和討論到作品的實驗與實踐，《現代詩》批評的是當時新詩圈子裏的業餘態度，強調並不是任何會寫白話的人——甚至包括一些作家——就會寫新詩的。至於詩評，紀弦指出，「所謂學者，教授之輩，所謂理論家，批評家之流，全都是些新詩的絆腳石，新詩的劊子手！」（5〔1954.2.20〕社論）這都是針對新詩評論尚未專業化的批評。從正面的角度，《現代詩》首先提倡一種嚴肅的、專業的態度。這種專業／非專業的嚴格區分，既標誌著新詩與舊詩的一個根本差異，同時也導向現代美學的建立，奠定了新詩——從此以「現代詩」命名做爲一個獨立的社會範疇，一個具備自身規律、高度發展的「文學場」（literary field）的基礎。它的意義有二：第一，這是《現代詩》所標誌的前衛性和現代主義的特色之一；第二，從六〇年代以來「現代詩」代替了「新詩」或「白話詩」之稱，變成一個集體名詞。它成爲台灣和中國大陸文學史一個重要的分歧點。

然而，新詩所面臨的困境當不止於舊詩的排斥和新詩的非專業化。當時新詩最容易得到、也是最雄厚的文化資源來自官方（黨、政、軍）。國民黨政府遷台稍加穩定後，即開始有系統地實施文藝政策。

除了幾乎完全掌握大眾傳媒外，並以各種文藝獎金、文藝寫作班、報章雜誌和廣播電台來提倡與獎勵符合官方意識形態的文學。下面簡單的有關年表當可闡明一二[4]：

＊一九四九年五月二十日警備總司令部發布戒嚴令；十月新生報副刊展開「戰鬥文藝」的討論。

＊一九五〇年三月一日蔣中正正式復職；四月成立中國文藝獎金委員會，五月中國文藝協會，青年寫作協會，婦女寫作協會相繼成立；六月十三日公布「勘亂時期匪諜檢舉條例」；十二月文協以「文藝到軍中去」的口號推展軍中寫作培養軍中作家。

＊一九五一年三月二十七日文藝界發表「抗議共匪暴行宣言」；中國文藝協會、中國青年反共抗俄聯合會藝術工作隊、台灣廣播電台等合組「自由中國詩歌朗誦隊」，男女隊員四十多人，由宋膺指導練習。

＊一九五二年台大詩朗誦隊在台大法學院舉行三天朗誦；朗誦詩有紀弦、覃子豪、墨人、鍾雷、鍾鼎文、李莎、彭邦楨、蓉子、鄧禹平、余光中、夏菁、上官予等作品。

＊一九五三年蔣中正頒布《民生主義育樂兩篇補述》。

在文藝刊物方面，除了張道藩主持的《文藝創作》，光是軍中就有：《前進報》、《精忠報》、《革命文藝》、《戰旗》、《中國的空軍》、《中國的海軍》、《聯勤月刊》、《憲兵雜誌》、《戰鬥青年》等報章雜誌。以做為文藝政策喉舌的中華文藝獎金委員會（也是由張道藩主其事）為例，它訂有「徵求文藝創作辦法」與「獎勵文藝辦法」兩種條例。前者是經常性的，後者則於每年五四及國父誕辰（十一月十二日）舉辦。徵求作品的標準是「以能應用多方面文藝技巧發揚國家民族意識及蓄有反共抗俄之意義者為原則」，錄取者每首爲一百至二百元新台幣。文藝獎金以長詩爲主，第一獎一千元，第二獎八百元，第三獎六百元（葛賢寧、上官予 81-82）。各種資源提供了許多新詩發表的管道和獎勵，但是它們認可與提倡的是「反共文藝」，是「戰鬥文藝」（一九五五年春蔣中正再度宣布此政策），是「推行文化清潔運動勵行除三害」的文藝（「三害」是指「赤色的毒」、「黃色的害」、「黑色的罪」，一九五四年提倡）。換言之，如果當時也有所謂新詩主流的話，我們可以籠統稱之爲「政治抒情詩」。

試舉一九五二年五月獲得中華文藝獎金委員會長詩獎的〈黃河戀〉爲例。作者鍾雷，以第一人稱的角度和抒情語氣，以歌謠的形式（「我要唱啊，唱啊，／唱出一首無韻的歌」），向一位女性的「妳」傾訴對祖國的思念之情，歌詠對祖國的愛慕。祖國是慈母，詩人「在我金黃色的童年裏，／我曾經天天偎依著／妳金黃色的／帶著泥沙的乳汁／成長得又快又健強」（273-84）。

政治抒情詩的一個特點，也可以說是它藝術上的局限，正在於它的僞抒情性或僞個人性（「政治」的基本定義是「眾人之事」）。換言之，它雖然具備某些個人性的語碼，但實際上它所表達的並不是個人化、內在化了的眞實，而仍然是通過公眾化——甚至是公式化——的語言和意象來表達概念化——亦即公式化——的思想和感情（用現在的話來說，就是狹義的「政治正確」）。〈黃河戀〉中這樣的例子比比皆是：「奔騰澎湃／波濤洶湧的黃河」，「古老而多難的黃河」，「赤色的魔鬼」，「千萬苦難同胞」等等。幾乎無一例外的，像〈黃河戀〉這類的政治抒情詩，它歌頌的必是故國山河的雄偉壯麗與歷史傳統的悠久，它哀嘆的必是長期戰亂給人民所帶來的苦難，它表達的必是對萬惡「共匪」的譴責，以及反攻必勝的信念與決心。此詩不但在得獎之後刊載於《文藝創作》上，而且「先後曾在台北各大廣播電台朗誦廣播」（鍾雷 284）。

戰後台灣的政治抒情詩基本上與對日抗戰文學裏的政治抒情詩是一脈相承的，大致不出艾青、田間以及抗戰期間「街頭詩」、「朗誦詩」、和「口號詩」的範圍。〈黃河戀〉的開頭和結尾皆引李白〈將進酒〉的頭三行：「君不見／黃河之水天上來，／奔流到海不復回。」以古典詩的經典之作來引介現代新經典，兩者都是官方所認可和支持的。就當時的台灣詩壇而言，這樣的作品象徵的是文化上普遍的保守與守舊。覃子豪在引介西方詩時曾說：「在目前的自由中國詩壇，無論提倡那一派，均爲現實所不許，而且必將爲現實所嘲弄，無論浪漫派，象徵派，或意象派。」(126–27)

從當時的「文學場」的局面來看，除了仍然擁有龐大文化資本和象徵資本的舊詩及官方推動的政治抒情詩之外，在大眾媒體上較常看到的是仿二、三○年代新月派的新格律抒情詩。紀弦曾告誡《現代詩》讀者說：「誰要是以爲凡大報副刊上發表的東西必定是好的，那他就大錯特錯了。因爲副刊編者不一定懂得詩的好壞，況且他有他個人主觀上一己之好惡，只是在編輯技術上，他往往需要這麼一塊四四方方整整齊齊的豆腐乾子來補白一下而已，有什麼了不起的呢？」(《現代詩》11〔1955秋季號〕：89）這類作品往往格調不高，每每淪爲浪漫主義末流的感傷與濫情。它之所以被允許存在正由於它和通俗文學，甚至風花雪月的流行歌曲，是同質的，它們並不構成任何意識形態的威脅。換言之，這其實和政治抒情詩公式化的歌功頌德，感國憂民是同質的。

或有論者以爲從大陸來台的詩人將五四文學傳統強加在台灣詩壇上。這種說法忽略了兩個重要的歷史因素。第一、台灣二○年代白話詩的起源本已和五四文學革命有直接的淵源；日據時代台灣詩人和大陸詩人亦有程度不等的接觸（如吳瀛濤和當時在香港的戴望舒交往），雖然總的來說，日本現代詩對日據時代的台灣新詩有遠較廣泛的影響，當無異議。第二、誠然大陸來台的詩人對五四文學傳統較熟悉，也有某種認同，但是在「白色恐怖」時期，大陸作家廣泛被禁的情況下，一般人爲了避免有任何政治牽連而不敢收藏、閱讀五四作品，遑論公開討論或傳播。舉一實例：詩人秀陶以流亡學生的身分來台，五〇年代初在台南糖廠做文員，負責公文作業。據詩人自述，每個月他會接到台北國民黨部的公文，上列禁書書單，然後根據書單他得把禁書從糖廠圖書館裏挑出來。奇怪的是，公文並不指示應該如何處理這些禁書，因此詩人就把它們隨便堆在辦公桌上，也就在這種極偶然的情況下他才得以閱讀諸如魯迅、臧克家、艾蕪等人的作品[5]。在當時緊張的政治局勢裏，即使是像徐志摩這樣「安全」的作家（安全的原因諸如：新月派的右傾政治立場，徐志摩的英年早逝，徐志摩好友包括胡適和梁實秋等在台灣的地位名望），在五〇年代也不是輕易可以看得到的。他的流行其實是六〇年代以後的現象，和上述他的「安全性」當有密切的關係。

面對舊詩與政治抒情詩的雙重局限，《現代詩》採取的對應策略是多元而不是單元性的。如果如前所述，它對舊詩有著鮮明的對立立場的話，它和政治抒情詩之間的關係則要複雜得多。這裏面有很多原因。從文學的角度來看，政治抒情詩縱然難脫陳詞濫調的窠臼，但是其中的確也描寫了不少近期大陸移民的流亡經驗，觸及了生離死別的刻骨銘心之痛。早期的《現代詩》並不乏像〈黃河戀〉一類的作品。例如第一期就刊登了李莎的〈飄響的旗〉和〈頌歌〉，上官予的〈念故鄉〉，和明秋水的〈春風頌〉（〈春風頌〉最後兩行曰：「自由中國掛滿了鮮豔的畫面！／自由世界充滿了勝利的歌聲！」）。它們顯然仍是上面所說政治抒情詩傳統的延續。這類作品隨著日後「現代派」的成立而漸漸匿跡。

從文學社會學的角度來看，政治抒情詩背後所代表的雄厚的文化資源不但是可資利用的，而且與《現代詩》存在之可能性也是分不開的。在官方大力提倡戰鬥文藝的情況下，即使不參加得獎活動的詩人（當時的詩人多半是軍人、學生或公務員），仍然因爲各種官方（尤其是軍中）文藝刊物的存在而得到最初發表作品的機會，把他們推向創作之路。至於如中國文藝協會開設的教詩創作的文藝班，就更直接地培育了一批年輕詩人。此外，在《現代詩》上發表的好幾位詩人，包括紀弦在內，都曾以政治抒情詩得過官方的文藝獎，也參加了官方辦的詩歌朗誦會。一九五二年紀弦以〈鄉愁〉一詩得到中國文藝獎金委員會獎，次年他的《革命革命》再度得獎，在一九五三年十一月由教育部主辦的做爲「社教活動」的詩歌朗誦會上，紀弦朗誦了他的「交響詩」〈祖國萬歲詩萬歲〉。他在一九五三年出版的《在飛揚的時代》，根據《現代詩》上的廣告詞，就是一本政治抒情詩詩集，收入他一九五〇到一九五三年間的「反共抗俄詩篇」（見第二期封底）。另一位也頻頻得獎的詩人是瘂弦。他的〈冬天的憤怒〉一九五四年五月獲中華文獎會長詩第二獎，同年他的長詩〈祖國萬歲〉獲軍中文藝獎金比賽特獎。

這些得獎的作品並沒有收入紀弦和瘂弦日後出版的詩集，今天已經不容易找到了。這點暗示了《現代詩》以前與以後的詩壇的一個根本而巨大的變化。自「以後」的角度觀之，即使在詩人自己眼裏，這類作品的文學意義並不大，甚至他們並不希望自己傳世的文學名聲和政治抒情詩有任何牽聯。事實上，紀弦對這點並不迴避。在回應余光中的批評時，他坦承那些反共詩「只是一種宣傳品而已，宣傳品就是要這樣寫的。爲了政治上的目的，像這類反共抗俄的宣傳品，我是常常寫的。……我認爲它們很少有藝術價值，所有我不會把它們收入爲的藝術品的詩集」（《現代詩》22〔1958.12〕：2）。用本文的理論語言來說，早年詩壇主流的象徵資本並不能直接轉換成現代詩與現代主義興起之後詩壇的象徵資本。兩者之間實有相當大的距離。但是它在當時曾經是一股可觀的助力，既是一項經濟資本，也是文化和象徵資本。對像紀弦和瘂弦這樣獨立籌辦詩刊的詩人來說，得官方文藝獎的意義固然帶來經濟上實質的支援（以用來辦私人詩刊），更是象徵資本的獲得與累積。換言之，得獎的榮譽和名聲可以提高他們在官方（和軍中）眼中的合法性，因而他們能獲得某種程度的包容或自由，去從事他們有興趣的其他類型的文藝。這種象徵資本甚至可能贏得新的、更長期的文化資源（如在官方出版機構任職）[6]。

從大的歷史語境來看，戰後台灣的文化資源幾乎完全掌握在國民黨政權的手裏。在官方政策與語言隔閡的雙重因素之下，日據時代曾經活躍的本省籍詩人多半不得不中斷寫作和停止發表作品，除了極少數例外，如：吳瀛濤、林亨泰、錦連、李政乃等。而新近移民來的作家，他們在大陸已有某種程度的文名和編輯經驗，對五四新詩傳統有相當的認識，對詩壇活動的組織與運作方式也頗熟悉。這些都是他們已有的文化資本，使他們能夠在台灣順利進入文化領域，進而開闢新的文藝空間。一九五二年九月《自立晚報》設立「新詩週刊」，由紀弦、葛賢寧（1915–61）、鍾鼎文編輯，後來交給覃子豪和李莎（《現代詩》6: 69），維持到一九五四年冬天覃子豪移至《公論報》副刊為止，共出了九十四期。又如當時潘壘任《寶島文藝》的主編。他經營的暴風雨出版社曾在一九五二年出版《詩誌》，由紀弦主編，但只出了一期就停刊了。從在報社擔任副刊編輯到自資創辦詩刊，從文藝沙龍的私人聚會到面向社會的詩刊詩社的成立，從詩刊到詩選、個人詩集和譯詩集的出版。雖然在經濟資本方面，五〇年代的《現代詩》詩人絕大多數是貧窮的，但是在文化資本上，他們相對來說仍算是富裕的。

《現代詩》的出現和發展不但無法獨立於其所處的文學場之外，我們更可以進一步說，它也必須在該文學場所允許的種種可能範圍之內醞釀、選擇它的策略，建立、鞏固它的立場。綜合上面所述，《現代詩》的立場可以做出下面的總結。第一、相對於古典詩，它強調新詩的現代本質和時代性，主張用白話的散文來表達詩的本質。在第四期的社論裏，紀弦將孔子的「思無邪」做了如下的詮釋：「『思』者，詩之本質，即情緒與想像；『無邪』即天眞或眞實。所以『思無邪』，就是眞情流露的意思。」（1953.11.20，封面）

第二、相對於古典詩的吟唱傳統，反共文學裏的詩、歌不分，以及報紙副刊常登的韻腳整齊的新格律詩，《現代詩》強調內容決定形式，不主張押韻與固定的形式，認為詩與歌必須分家：「詩是詩歌是歌我們不說詩歌」（第十二期社論題目）。它的意義必須透過歷史的視鏡才能凸顯出來：七〇年代初的「現代詩論戰」其中一項重要的批評就是現代詩無法吟唱，不像古典詩那樣朗朗上口。七〇年代中期興起的校園民歌，將現代詩譜曲來唱，七〇年代後期鄉土文學運動以後也有某些結合詩與歌的努力。這些正證明了前期《現代詩》主張詩、歌分家的深遠而普遍的影響，以致成爲後來者反對的目標。但是以這點來批評《現代詩》，忽略了它在五〇年代的正面意義：在五〇年代的歷史語境裏，《現代詩》所反對的除了古典詩和新格律詩外，還有詩、歌不分的反共文學。當時大批中華文藝獎金委員會贊助下產生的反共詩歌，不但通過電台、勞軍和「社教活動」廣被流傳，而且也在各級學校裏教唱。其中最著者如：趙友培的〈反共進行曲〉(1950.5)、〈游擊進行曲〉、〈人人參戰歌〉、〈青年節歌〉、〈勝利曲〉，孫陵的〈保衛我台灣〉(1950.5) 等等（葛賢寧、上官予 82-83）。到今天爲止，中國大陸仍然稱現代詩爲「詩歌」，「詩」和「歌」沒有清楚的界線，這點又構成台灣和大陸文學史的另一個重要差異，不能不溯源於《現代詩》的巨大影響。

第三、相對於淺薄的浪漫抒情，《現代詩》強烈反濫情感傷，主張「把熱情放到冰箱裏去吧！」（第六期社論題目，1954.5 夏季號：45），並致力於抒情詩之外另闢蹊徑，拿出知性詩、圖象詩、符號詩（林亨泰）、電影詩（錦連）等實驗性強的作品。第四、相對於政治抒情詩，隨著「現代派」的成立《現代詩》上的反共詩逐漸減少以致絕跡。第五、在五〇年代的白色恐怖氛圍下，它採取的是一種謹慎的、有限度的自由主義的態度，始終與「政治正確」保持著不即不離的關係。現代派宣言中的六條信條，最後一條從原來的「無神論」改爲發表時的「愛國。反共。擁護自由與民主」。在這個基礎上，《現代詩》得以運用詩壇主流的部分文化資源來推動與實踐它的新理念。

《現代詩》的策略可以說是介於「地上」與「地下」、「官方」與「民間」之間；它在兩者的對立之間開創了一個實驗性和自由度較高而又不觸及政治禁區的文藝空間，在政治意義上基本「正確」的情況下從事文學意義上「激進」前衛的活動。前者是手段，後者是目的。《現代詩》強調它是一份「專門的，純粹的詩誌」，「既不拿機構津貼，又不能大量勞軍」（5〔1954.2.20〕，社論）。它對戰後台灣詩深遠的影響來自它標誌的這種新的美學立場以及上面所發表作品之實踐。這也就是現代派所標誌的「新現代主義」。

「新現代主義」也好，「新詩再革命」也好，下面我想進一步分析的是《現代詩》所標榜的新美學是如何深刻地改變了台灣詩壇的生態。除了上面已提出的幾點特色外，我要強調此新美學並不僅僅見諸於文本，還必須包括詩人的氣質、風度、品味、涵養，我借用「習尙」（habitus 暫譯）一詞來涵括它們。根據布迪厄的理論，habitus 是客觀結構和個人歷史匯合之後所產生和重組的一套傾向；如果「文學場」像一場撲克牌遊戲，那麼王牌就是「習尙」和資本。因此，「習尙」其實暗含一個「生產實踐的方法系統，和理解與欣賞該實踐的系統」（Bourdieu 19）。它既生產實踐，也同時生產該實踐的表徵。《現代詩》所標榜的美學流露出什麼樣的一套「習尙」呢？下面我把它分成三方面來談：專，窮，狂。

㈠專

前面已提到《現代詩》強調詩的專業化。所謂專業化的意義是多重的，它建立在多組對立價值的嚴格區分上。首先，它是舊詩與新詩，也就是「現代的」（具時代性）與「過時的」區分。第十一期社論的標題是：〈誰願意開倒車誰去開吧〉。但它並非詩之專業化的唯一條件，其他的價值區分還包括了「嚴肅的」與「通俗的」，「藝術的」與「商業的」，「詩的」與「非詩的」對立。在反面意義上，這些對立的價值針對當時「舊詩在朝，新詩在野」，舊詩和新詩在社會地位和文化資源方面相當懸殊的局面。而在正面意義上，它們強調詩的獨立自主性。《現代詩》第一期裏有彭邦禎的五首詩，其中一首題爲〈詩的定義〉，以擬人化的詩做爲第一人稱敍述者，提出「詩神」的觀念。紀弦在第五期的社論裏呼籲大家做「新詩的衞道者」和「新詩的殉道者」，這是古典詩傳統裏所沒有的觀念。在第十五期的社論〈誰有資格作詩神的上賓〉裏，紀弦說：「在詩的世界裏，人人平等。誰是有才能的，誰就可以自由進入，無條件地居留。詩的大神所關心的，只在一首詩的好壞；你的社會地位如何，富貴或是貧賤，官大官小，錢多錢少，他一概不管。如果你的詩才的確甚高，即使是個販夫走卒，在他的殿堂裏，也一定被待以上賓之禮，備極榮寵；反之，你的詩才庸劣，即使位居顯要，亦無法取得他的優容，給你點什麼面子的。」(1953.2.1: 81) 在專業化、學院化的文學評論還沒有建立以前，《現代詩》的詩人們拒絕知識分子業餘、印象式的（通常是負面的）評論。第五期裏方思並引艾略特來支持他們認爲只有詩人才有資格寫詩評的主張 (1954.2: 16)。

詩專業化的意涵遠超出職業的分工和知識的範疇，而意味著詩是超出世俗動機和活動之上，具有生命本體的意義，是個人精神或心靈的一部分。做爲個人的志業，寫詩和賴以維生的職業是截然分開的。例如，紀弦任教的成功中學的同事（詩人宋膺也是成功中學的老師，是個例外）和學生（除了幾位因寫詩而成爲《現代詩》同仁的學生，如黃荷生、羅行、楊允達、尉天驄），沒有人知道路逾路老師就是詩人紀弦。許多在職軍人在發表作品時也用的是筆名。《現代詩》提供的新詩園地吸引了許多年輕人，對他們來說，寫詩往往是出於一份單純的憧憬，一種青春情懷的寄託。試舉署名「世紀」的〈喜訊〉一詩爲例，詩雖然幼稚但很能傳達年輕人的心聲：

我的詩稿第一次變成鉛字。
幼時樹蔭下讀海涅的詩集，

曾發誓做個詩人。
如今，這夢想
終於帶來了喜訊。（《現代詩》11〔1955 秋季號〕：93）

對詩的非功利性、非世俗性——亦即精神性、本體性——的強調，也吸引了許多士兵和流亡學生。相對於一般青少年，《現代詩》的許多詩人很早就經歷了離家背井的辛酸，看到了社會上的不平等和苦難。尤其對於身在軍中的詩人來說，他們或被拉伕，或是在生活無靠的情況下投身軍旅。「當時的所謂軍中的作家們，其來源多是戰亂中的流亡學生，再不然就是一些在戰亂中爲了獲得餬口的機會被迫或不得不自願投入行伍的小知識分子群。」（尉天驄 104-6）相對於重階級、獨裁、以「犧牲小我，完成大我」的集體意識取代個人意識的軍隊，非官方的《現代詩》提供了一個抒發自我的自由空間。在一首題爲〈變〉的詩裏，軍中詩人王容描寫一位老兵平白無故地死了，變成白雲和長著翅膀的安琪兒，

最後剩一根脊骨，
變一位灰色的詩人深思著（1954 秋季號：92）

五〇年代包括《現代詩》在內的詩人對詩的執著和認同，與當時的高壓政治環境與壓抑的社會氛圍是分不開的。也因此，詩人之間，不管原來認識或不認識，透過詩刊作品或詩社舉辦的活動，常常能建立起一份同病相憐、相濡以沫的深厚友誼。《現代詩》第一期裏沙牧的〈無題〉用直白的語言說出這份

感情：

我不要別人做我的上司，
也不要別人做我的部下；
我不願做別人的奴隸，
更不願將別人踩在腳下。
……
我什麼都不要，
除了友誼和詩。(1953.2.1: 11)

在一九九七年懷念詩人梅新去世的紀念文章裏，尉天驄回憶五〇年代的詩壇說道：「一份小小的《現代詩》就自自然然地成了大家互相傾訴的園地。在正常人看來那些語言有的眞正是怪異的，甚至有時怪異得近乎荒唐，但是就這樣，你的苦難和我的苦難，你的無奈和我的無奈也是彼此勾聯起來……。」(104) 尉天驄也提到辛牧五〇年代的詩系列〈同溫層〉，認爲當時詩的確是「他和他的朋友們同溫共暖的小天地」。

詩的專業化和本體化在鄭愁予早期的作品裏可以找到動人的表述。一九五一年的〈野店〉裏有這樣的句子：

是誰傳下這詩人的行業

黃昏裏掛起一盞燈
　啊，來了——
　　有命運掛在頸間的駱駝
　　有寂寞含在眼裏的旅客

「詩人」不但成了一門「行業」，而且它是可以傳承的。不論在中國還是西方傳統裏，這都是一個新穎的概念。「掛起一盞燈」和騎著駱駝的旅人的意象暗示詩人就像是大漠裏唯一的一家旅店，它爲漂泊的心靈，寂寞的生命提供了一個落腳歇息的處所。鄭愁予的另一首詩〈山居的日子〉(1952) 給了我們如此輝煌的意象：

展在頭上的是詩人的家譜，
　哦，智慧的血系需要延續，
　我鑿深滿天透明的姓名。
唱啊！這裏不怕曲高和寡。

「詩人的家譜」在高邃的星空裏展開，那裏是他的原鄉。天上人間的對比貫穿於鄭愁予早期的作品中。他發表在《現代詩》上的第一首詩是第一期的〈雨絲〉，它描述一段失去的愛情——完美的愛情是屬於天上的，存在銀河閃爍的星斗間，但是如今只剩下記憶，在茫茫雨絲中像「摔碎的珍珠／流滿人間」

(1953.2.1: 7)。〈雨絲〉的最後一節多年後在羅大佑〈滾滾紅塵〉的結尾仍可以隱隱聽到回聲：「至今世間仍有隱約的耳語／跟隨我倆的傳說。／滾滾紅塵裏有隱約的耳語／跟隨我倆的傳說。」

我曾在他處討論過現代漢詩裏星的象徵意義，其中最核心的層面就是詩人與俗世的格格不入。詩人做爲「謫仙」在現代漢詩裏被賦與了新的意涵。

《現代詩》對純詩、純美學的提倡，加上類似的背景和境遇，使得它和五〇年代的前衛藝術有水乳交融的契合與密切的互動。和《現代詩》來往密切的藝術家包括：東方畫會和五月畫會的若干成員、畫家兼詩人梁雲坡、木刻家兼詩人秦松、木刻家陳其茂等。楚戈先寫詩後來更致力於繪畫和藝術評論，商禽主要寫詩但也畫畫。沙牧的詩集《永恆的腳印》封面是梁雲坡設計的。《現代詩》的紀弦（我們別忘了繪畫原是他的本行）、商禽、楚戈、辛鬱等當時都極爲支持前衛藝術。一九六〇年第四屆東方畫展在台北新聞大樓舉辦，紀弦的〈野蠻的時代〉一詩就是前去參觀有感而作的：在後記裏他告訴讀者寫此詩的原因：「我在畫展會場中曾親耳聽到幾個知識青年在說：『這畫的是什麼啊？什麼也不像。』『簡直亂畫！』『我也會畫。』『眞是莫名其妙！一點也看不懂。』我聽了很生氣……」（謝佩霞 7）

《現代詩》和藝術的因緣更不止於此。當年東方畫會的朋友之一是畫家和小說家施明正，「回回開幕，他都不請自來，穿著畢挺的燕尾服，戴著刷白的領結、手套，風度翩翩地擔任招待。當他不再出現會場之時，也是……他瑯璫入政治獄服刑多年之始。」（謝佩霞 4-5）一九五八年十二月的《現代詩》登了紀弦寫給施明正的一首詩〈贈明正〉。在序裏他記載夏天時施氏從高雄到淡水作客，贈紀弦橘酒兩瓶，相交甚歡。「明正和我相識，才數月耳，何以就能建立起如此深厚的友誼呢？此無他，他是我藝術上的同志，文學上的同志，彼此抱負相同，見解如一，當然是一見如故，物以類聚了。願明正有一間畫室：願我的畫筆終有再提的一天。」（22〔1958〕：14）

一九九七年《創世紀》冬季號是一期題為「東方現代備忘錄」的專號，對東方畫會和《現代詩》的歷史因緣做了一次寶貴的回顧。東方畫會的八位創始會員，多半是流亡學生和職業軍人。他們在五〇年代初從西畫家李仲生習畫，地點是在李氏安東街的畫室。李氏因曾「目睹摯交畫友黃榮燦因莫須有匪諜罪名慘遭槍決」而不准弟子組織畫會。一九五五年他「藉口養病遷往員林，……學生錯愕不敢置信的發現李門深鎖」。一九五六元旦東方畫會成立，十一月申請政府核准被拒，因為根據「戒嚴時期人民團體組織法」規定，已有「中國美術協會」立案在先，同類性質團體不得重複設立。所以他們改以「東方畫展」的名義申請而幸運獲准（任何民間團體如不經政府核准，可能會被扣上「結黨營私，意圖顛覆」的罪名）（謝佩霞 3–5）。一九五七年在新生報新聞大樓舉辦第一屆「東方畫展」。

為什麼用這麼多篇幅來談東方畫會呢？除了它與《現代詩》的因緣之外，在《現代詩》第三期裏有這樣的一則通告：「敬請讀者諸君注意用電安全」，呼籲大家切勿非法用電。最後一項注意事項是：「偷電即犯法，而且容易觸電，發生火災，不可因小失大！」（1953.8: 58）這令人聯想到東方畫會成員五〇年代初期因畫畫苦無場地，從空軍總部友人處借來位於龍安街約三十坪大的防空洞，在夜間偷偷作畫。為了解決照明的問題，他們接線路燈（謝佩霞 7）。《現代詩》上突兀的通告（僅此一次）很有可能是出於詩人的善意警告。

(二)窮

東方畫會也好，《現代詩》也好，其艱難處境除了政治環境外更來自窘迫的經濟狀況。《現代詩》詩人群中普遍是軍人、學生和教員，在戰後台灣社會他們屬於經濟的下層。詩人楊喚一九五四年三月七日因為臨時得到一張電影招待券，匆匆趕往西門町，在搶過平交道時被火車輾死，年僅二十五歲。

爲了一場免費電影而遭此橫禍，正因爲楊喚在軍中任文書上士，平時連香菸都買不起。至於《現代詩》，是紀弦獨資創辦的，以他中學教員的薪水，拿來養家（包括母親和妻兒），已經相當吃力。《現代詩》幾乎完全由紀弦一手包辦。他告訴我們：「編輯、發稿、校對、跑印刷所、製鋅板、買紙、車紙、印封面、印內頁、包紮、發行、拉廣告、收廣告費等等，都是躬親處理。一兩個得力的學生偶然幫幫忙而已。」（《現代詩》13〔1956.2〕：33）。因此，他「希望大家勿以瑣事、長信、無必要的訪問乃至閒坐聊天等等方式前來影響編者工作情緒，盡可能地節省編者的時間與精力，就是愛護本刊的至意了」（《現代詩》17〔1956.3〕：35）。《現代詩》標榜的是「克難精神」，而實際上它也是靠著這份精神支撐了十年之久。

《現代詩》辦到第三年，出售數量從五百本增加到兩千本，才能做到收支相抵（《現代詩》9〔1955春季號〕：3）。紀弦原來希望增加到三千本的時候就可以有足夠資金將季刊改成月刊，但是這個願望始終沒有實現。在第十一期的〈編輯後記〉裏，紀弦在感謝讀者的支持時說：「我們知道本刊讀者大多數像我們一樣的貧窮，甚至比我們還要來得困苦。」（1955: 127）因此他呼籲讀者只要幫忙介紹訂戶即可。但是《現代詩》的經濟狀況並沒有好轉，第二十一期的〈編輯後記〉開頭就說：「窮是我們最大的致命傷！……本期遲出，其原因至極簡單：我們沒有錢買紙和付印刷費，這就是我們所遭遇的眞正的困難。……至於這一期終於能夠出版，是因爲我賣了一隻有紀念性的指環，一大包貴重的書，和當了幾件冬天的衣服；另外，還有一位朋友，慨捐數百元。」（1958.3：無頁碼）。面對著停刊的命運，紀弦發出「最沉痛的一聲求救的呼號」：「五年多了，我手創的詩刊，這一艘遠涉重洋的大郵船，難道就此讓它沉沒下去嗎？不！不行！我還有一輛腳踏車可賣。我要犧牲一切，爲本刊的繼續出版而奮鬥，直到餓死或凍死的一天。」他請求讀者伸出援手，即使十塊錢都感激不盡。

詩人的窮也在當時許多詩裏流露出來。秀陶的〈新閹者〉呈現了這樣的一幅現代都市的浮世繪：

她告訴我那張 Debussy 的價錢
我乃變了個閹者
無能爲力
我就走了
雖然她仍以大而白眼壓我
以乳房在玻璃橱上畫WM（《現代詩》17〔1957〕：9）

詩中的「我」連一張古典音樂唱片（即使是翻版的）都負擔不起。當藝術碰到鈔票時，詩人只能低頭認輸，落荒而逃。敏感的詩人在性能力與經濟能力之間畫上等號，一方面揭露出都市人所承受的巨大而直接的經濟壓力已侵入個人最親密、最基本的生存空間，另一方面詩人以自嘲的語氣感嘆在現代社會裏金錢誠然是最強力的春藥。因之，女店員對光看不買的顧客的鄙視（在服務業尚未達到專業水準之前的台灣，不買東西而遭到店員白眼的經驗是不足爲奇的）和對其豐滿身材的誇張展示實是一體之兩面。WM既是女性乳房的圖象式意象，也是「女人」和「男人」的英文縮寫。詩人用散發著性誘惑力但現實勢利的女售貨員來代表都市，尤其是它拜金和重商業利益的一面。這點亦見諸其他同代詩人。再舉孫家駿的〈店員〉一詩爲例：

還是讓我站在窗橱外靜靜的欣賞吧！

免得妳又笑我叫不出那些貨物的名字。（《現代詩》11〔1955 秋季號〕：93）

做爲窮詩人，他們的無力感呼之欲出。

孫家駿的〈店員〉引自他的組詩《台北街頭行吟》，共包括六首詩，除了〈店員〉以外，分別是〈三輪車夫〉、〈擦鞋童〉、〈酒女〉、〈乞者〉和〈黃牛〉。他以簡潔的語言，短詩的形式（二至八行），多樣的敍述角度和語氣，勾勒出五〇年代台北的風貌（如今，三輪車六〇年代即遭到淘汰，擦鞋童也已少見，而「酒女」更已成了陳舊的歷史名詞）這組詩表達的是對都市小人物的同情，它以反諷的語氣，批判物質文明所帶來的人的物化；「繁華」社會的背面往往是貧富不均和弱肉強食的殘酷現實。試舉組詩中的〈酒女〉爲例：

灌以大量的酒精，
這是塊被收割著青澀的歡笑的土地。

感謝那些抬舉妳的君子啊！
幸虧他們都是聞其聲而復嚐其肉的呢。（《現代詩》11〔1955 秋季號〕：93）

詩人連接用三個被動的意象：被灌酒，「被收割」，被「嚐其肉」，來表達酒女被壓迫、物化的不堪處境，他又用對立的意象（如第二行的「青澀」與「歡笑」的並列）和反諷的語氣（如第二節的「幸虧」和「君子」——表面上說酒女應該感謝那些侮辱她的客人），來描寫酒女生涯不足爲外人道的辛酸，寄予她以同情，並隱含抗議之意。

以含蓄而充滿悲憫的筆觸，季紅是這樣描寫〈下夜班的男工〉的：

這樣枯萎的
這些梅樹。這樣的蒼白。
夜是更其無情的戕害。

與這樣的敵人戰敗了回來
在這樣不如意的早晨，使人
看見如此衰敗的蠟黃的花瓣
以及
濕冷的花蕊。

沒有女子會如此慈愛
會置它們於紅紅的唇上。

沒有什麼他們將適合，除了
這樣冷白的
被霧糾纏的早晨。以及他們的女人的生活。(《現代詩》17〔1957.3〕：10)

頭兩節用梅樹來比喻下夜班的男工，以極古典的意象來寫極現代的現象，以自然來寫人爲的制度，本身即暗含對比的張力。梅花本是傳統文學藝術裏的「歲寒三友」之首，它的挺拔，它的高雅，是中國文化中的精神貴族。但是在這裏它卻「戰敗」了，「枯萎」了。是什麼使得它如此呢？它的「敵人」是夜班強加給工人們的不正常的起居作息，及長期如此所帶來的對精神和身體的耗損。他們病態的「蒼白」與「蠟黃」，和女子的紅唇形成強烈對比，暗示一味追求經濟利益的制度的不人道。

《現代詩》刊登了許多同情社會弱勢者的詩作，它們背後未必有任何社會批判意識或道德目的，它們更直接來自詩人自身的處境和親身的經歷。貧窮使得他們對詩更加的執著，因爲詩象徵一個超越現實，遠比現實美好可愛的世界，一個自由平等（憑個人才氣而非財富地位來決定「誰有資格作詩神的上賓」）的世界。窮詩人，一如窮藝術家，意味著人的尊嚴和理想主義。紀弦的《現代詩》也好，瘂弦、張默、洛夫的《創世紀》也好，詩人爲了辦詩刊借貸上當鋪，儼然成了詩壇傳奇。到了七〇年代，隨著台灣的經濟起飛，大部分詩人的情況得到改善。「窮」不再是詩人的標誌，詩刊也鮮有因爲經費不濟而辦不下去的。而到了九〇年代，這段歷史更像是天方夜譚了。

㈢狂

詩賦與這些絕大多數處於低階層的詩人一種自我認同和一份尊嚴。他們以不隨俗而自豪。這點可以分成互爲表裏的兩方面來理解：一是詩人與通俗文化的對立，二是個人主義的標榜。

沙牧自稱〈我是怪誕的生物〉——

我詛咒別人所歌頌的事物，

我鄙視人們所喜愛的一切，
愛我所愛的，
恨我所恨的，
我是怪誕的生物，
這是任何力量所不能改變的哪，
我就是我。

說我是異端，
說我是瘋子，
都可，
而我仍帶著原始的純眞
和由一切醜惡所激起的憤怒，
傲然地，大踏步地，
向前走著，
而且，大聲地，
唱著我自己的歌。
我是怪誕的生物，
這是任何力量所不能改變的哪，
我就是我。（《現代詩》4〔1953〕：69）

不管是「別人」、「人們」、還是「他們」，在五〇年代的現代詩裏，單數的「我」和複數的「他們」的普遍對立代表了生活品味和生命價值的對立。沙牧的「我」「大聲地，唱著我自己的歌」，紀弦也說「我有我的歌」（奚密 1998c）。「狂人」一類的意象不斷出現在《現代詩》裏。辛鬱在《愛》一詩中自稱是「狂人」（5〔1954〕：33），商禽（羅馬）自喻爲〈暴徒〉：他——

闖入一倖存於二十世紀的古老園中
凝固了風
踏碎了花
溶化了雪
塗汚了月
砍倒曲橋上十四株外國樹
磕破畫廊上每一塊西洋磚
搗毀了你們所有的盆景的
我是一個暴徒（《現代詩》8〔1954冬季號〕：141）

變形而醜陋的「風花雪月」呼應前面所討論的流行的淺薄的抒情詩。值得注意的是，詩人欲打倒的不僅是古老的中國，也是西洋。相對於因襲已久的成規，詩人是叛逆而不合時宜的，因此他們被社會嘲笑和不容。薛光華的〈短句〉描寫的正是這樣的一位詩人：他天眞地以爲自己可以改變這個世界，但卻遭到種種「凌辱和酷刑」，最後更被送上斷頭台。然而，他臨死仍不妥協：

卡察！
隨人頭落地的是瘋子的詩集，
是圍觀群眾的哄笑，
是太陽的墜落。

於是風也來嘲戲詩人，
翻弄他浸染血跡的頭髮，衣服，
翻弄他未閉合的眼睛，
翻弄他用血寫成的詩集。

他的詩集，赫然的！

（《現代詩》9〔1955春季號〕：13）

他們強調自己的怪，自己的特立獨行，以和庸俗的一般人，甚至一般作家，區分開來。楚卿的〈你的讚歌〉中的「你」或「你們」即指涉一般作家：

我底尊貴的「作家」啊！
我多麼驚異於你們的世界，
人都是一般齊，心也一般正
面孔也是一般的平整，

於是，我就難怪古怪多端了——

我是一個額角峋嶙面目可憎的詩人啊！（《現代詩》5〔1954.2〕：23）

用「古怪多端」、「面目可憎」來形容自己，其實是在講反話。有感於詩人的窮和出版詩集的困難，詩人刻意地自別於暢銷作品和通俗文化。吳瀛濤的〈音樂〉將「糜爛的爵士」和「都市的喧嘩」聯想在一切，並與貝多芬的永恆樂章相對立（《現代詩》4〔1953.11.20〕：72）。同期司徒衛的〈畫廊所見〉尖銳地批判了藝術的商業化和藝術家的媚俗：

以五千元標售兩個蘿蔔；
四隻蒼鷹要攫取十兩黃金；
在廉價的人道主義的饑民圖上，
遂氾濫著濃厚的金之饑渴的菜色。

作著風雅交易的畫廊裏，
通貨膨脹是惡性的啊！
好瘦弱的藝術家，
以風竹一般的瀟灑姿態；
並以諂媚的笑容著色；
傾聽突肚如葫蘆的大腹賈

（一面瞇著眼睛欣賞）
用斯文的假嗓子，驚嘆
顏料、裱褙、畫工市價之上漲。(65)

像這類的作品不可勝數。不僅僅發表在《現代詩》上，在同期重要的詩人作品裏都普遍得可以看到。它們的批評對象不管是流行音樂，商業藝術，還是通俗文學（紀弦：「消閒性刊物」），背後的動力是對金錢至上之物質主義的不滿，對平庸卻權威的藝術規範的不屑，和對社會「廉價的人道主義」之虛僞的嘲諷。詩人持叛逆的態度，不肯妥協，甚至寧願玉碎而不願瓦全。他們驚世駭俗的作風和作品必須在這樣的脈絡裏去理解。也是在這樣的脈絡裏我們才能理解秀陶的〈車上〉一詩：

那就更奇怪了
車上又有小蛆爲老蛆站起來
所以這蛆是矛盾的
而且比較複雜（《現代詩》17〔1957.3〕：9）

結論

《現代詩》以一私人自費、印刷簡陋的純詩刊，能在四年內突破兩千份的銷路（十三期〈編輯人的手記〉），估計達到一萬以上的讀者，在整個現代漢詩史上，都是相當可觀的。它之所以能夠在五〇年代崛起，並給當時和日後的台灣詩壇帶來巨大的影響，實來自多重因素。本文分析的重點是，紀弦和同仁詩人如何有效地運用他們原已擁有的文化資本，並將官方的文化資源做策略性的運用和轉換，因而得以提供《現代詩》出版的必要條件，及在文化空間裏獲得新的立足點。從另一個角度來說，新的立足點的建立也必然同時改變了原來的文化生態，帶來新的象徵資本。我認爲《現代詩》帶來最重要的新象徵資本具體表現在互補互動的一套「習尙」上面，它包括了：對詩之本體論意義的認同與對詩做爲個人志業的理念，詩人在社會階級和經濟結構中的弱勢，以及詩人自覺地有別於通俗文化和標榜強烈的個人主義。如果文學和文化史上，新潮流的興起往往採取和主流對抗的姿態，每段時期的歷史語境仍決定了對抗的獨特面貌，不能一概而論。以《現代詩》爲代表的五〇年代詩壇不論和古典詩傳統，還是和五〇年代以降的台灣詩壇相比，都有著重大的差異。相對於五〇年代，九〇年代的台灣詩壇既有延續之處（例如以詩做爲個人志業和某些詩人的個人主義），也有明顯的差異（如詩人的經濟狀況和詩人對通俗文化的態度）。當詩人或讀者感慨九〇年代的詩人不像五〇年代的詩人那樣執著於詩時，其實只是證明了詩壇生態——包括象徵資本和習尙——的轉變而已。今天重讀紀弦下面這首散文詩，〈最後的一根火柴〉，它潛涵的「狂」和「傲」，它流露的悲劇感和樂觀，讓我們深深感到五〇年代的詩壇是一去不復返了：

> 最後的一根火柴，靜靜地躺著，在火柴匣子裏。沒有人知道他的價値和意義，也沒有人關心他的存在。他的熱量是極其有限的，他的光度是微乎其不足道的。但他將帶給一個龐大的帝國以迅速的崩潰與毀滅；使一曲交響樂的演奏突然中止；造成今後三千個世紀的開明時代；或者是點亮了一盞新的天燈當日月與群星悉被摘去時也說不定。他靜靜地等待著。……

總有一天，會讓你們看見，悲劇的幕啓開，奇蹟出現：我是一根火柴，最後的。（《現代詩》3〔1953.8〕：48）

---

1 一九五九年三月二十日出版的第二十三期裏紀弦公布《現代詩》社長由林宗源接任，編輯工作移交給黃荷生。一九五九年僅出了此期。一九六〇年出版兩期合刊：24–25–26合刊出版於同年六月，27–32合刊出版於十一月，而且合刊的篇幅比過去單期都要短。雖然接下去兩年（1961–63）每年仍恢復四期，但是篇幅縮短很多，以第四三期爲例，連封面封底總共僅八頁。文中引用《現代詩》，均承商禽先生提供，謹此致謝。

2 布迪厄的研究對象是工業革命以來高度資本化的現代西方（主要是法國）社會的文化邏輯。在現代社會裏，文化與其他社會範疇（如經濟、政治）有相當明晰的區分，而在文化這個範疇裏，又有各個獨立自主的小世界，如文學、藝術、宗教、教育等。布迪厄稱它們爲「場」（field）。就文學場來說，他關注的是文學的生產、出版、流通、消費的機制、演變、與實踐。他企圖在唯心論和唯物論之間找到一個折衷和綜合的角度，修正前人研究文化史的兩個傾向：要不就是強調客觀的社會結構命定了文學的特質（結構主義），要不就是強調個人意念與想像世界乃文學的唯一動力（現象學）。布迪厄認爲這兩者之間必然存在著相輔相成、生生不息的循環關係：文學場的成員（包括作家、批評家、編輯等）無意識地在發掘、累積文化資本和象徵資本，以便爲自身取得有利的位置（position-taking）。爲達到此目的而運用的種種策略必定取決於客觀的結構性因素，而並非是無限量的。本文主要參考著作包括：*Outline of a Theory of Practice*; *Distinction: A Social Critique of the Judgement of Taste*; "Flaubert's Point of View"; "Social Space and Symbolic Power"; *In Other Words: Essays Towards a Reflexive Sociology*; *The Rules of Art: Genesis and Structure of the*

Literary Field; Practical Reason: On the Theory of Action。有關布迪厄的理論，我從和賀麥曉教授（Michel Hockx）的討論裏獲益良多，謹此致謝。

3 這點和三十年前張我軍在《糟糕的台灣文學界》（1924.11）裏所抨擊的現象是類似的：「〔舊詩人〕爲作詩易於得名，又不費力，時有總督大人的賜茶，請作詩；時又有詩社，請吃酒作詩，既能印名於報上，又時有賞賜之品。」（吳瀛濤 362）

4 參考：見林瑞明，《台灣文學年表》；林亨泰，《見者之言》；葛賢寧、上官予，《五〇年來的中國詩歌》；劉登翰、朱雙一，《彼岸的繆斯：台灣詩歌論》。

5 根據與秀陶的電話訪談，時間是一九九八年四月十九日。謹此向詩人致謝。

6 這個詮釋並不意味著我否定詩人寫政治抒情詩的眞誠，它反而意味著藝術與政治之間錯綜複雜關係的另一面。事實上，在《現代詩》第一期裏紀弦並不否認好的政治詩仍然是藝術，只要它不淪爲口號標語。至於創刊宣言的語言將文藝活動比喻爲戰爭，將鋼筆比喻爲武器，「向一切醜類，一切歹徒，瞄準，並且射擊。」甚至有像「國家興亡，詩人有責」這樣的口號，在在顯示出它無可避免地受到主流論述的滲透。

引文書目

Bourdieu, Pierre.1977. Outline of a Theory of Practice. Trans. Richard Nice. Cambridge: Cambridge UP.

——1984. *Distinction: A Social Critique of the Judgement of Taste*. Trans. Richard Nice. Cambridge, Mass.: Harvard UP.

——1988. "Flaubert's Point of View". *Critical Inquiry* 14 (Spring 1988): 539-62.

——1989. "Social Space and Symbolic Power". *Sociological Theory* 7.1 (Spring 1989): 14-25.

——1990. *In Other Words: Essays Towards a Reflexive Sociology. Trans. Matthew Adamson. Cambridge: Polity P.*

——1996. *The Rules of Art: Genesis and Structure of the Literary Field*. Cambridge: Polity P.

——1998. *Practical Reason: On the Theory of Action*. Cambridge: Polity P.

王浩威（整理）。1985。〈檔案II・編年〉。《阿米巴詩選》。高雄醫學院阿米巴詩社編。台北：前衛。

吳瀛濤。1979。《台灣新詩的回顧》（1969）。《現代詩導讀》。張漢良、蕭蕭編。台北：故鄉。

林亨泰。1993。《見者之言》。彰化：彰化縣立文化中心。

奚密。1995。〈今天爲什麼要讀詩？〉。《聯合報》副刊。1995.8.26–27。

——。1998a。〈台灣現代詩論戰：再論「一場未完成的革命」〉。《國文天地》。13.10（1998.3）。

——。1998b。〈星月爭輝：現代漢詩「詩原質」舉例〉。《現當代詩文錄》。台北：聯合文學。第三章。

——。1998c。〈我有我的歌：紀弦早期作品淺析〉。《現當代詩文錄》。第六章。

徐望雲。1990。〈與時間決戰：台灣新詩刊四十年奮鬥述略〉。《中外文學》19.5（1990.10）。

尉天驄。1997。〈懷念梅新〉。《創世紀》112（1997.10）。

張默。1992。《台灣現代詩編目（1949–1991）》。台北：爾雅。

覃子豪。1977。《詩的表現方法》。台中：曾文。原文發表於一九五七年《聯合報》副刊。

葛賢寧、上官予。1965。《五十年來的中國詩歌》。台北：正中。

劉登翰、朱雙。1996。《彼岸的繆斯：台灣詩歌論》。百花文藝。

謝佩霞。1997。〈回首東方來時路：中國第一個抽象藝術團體的誕生〉。《創世紀》113（1997.11）。

鍾雷。1973。〈黃河戀〉。《六十年詩歌選》。王志健等編。台北：正中。

輯二之二

歷史寓言與政治想像

台灣認同與記憶的危機

蔣後的迷態敍述

柏右銘（Yomi Braester）著
黃女玲 譯

本文集審查，台灣文學怎樣寫台灣認同。本學會也以這個問題爲主。當我演講這篇文章的時候，牆上掛的學會布告說：《文學台灣——Writing Taiwan》。Writing Taiwan 這英語名詞可以說表示「台灣在寫」或者「書寫台灣」，就是「把台灣寫出來」。所以作者的事業就是書寫一種可以形成台灣認同的文學。

在蔣經國時代軍法放寬之後，這種情況之下，很有趣的來審視台灣文學與電影。自一九八〇年代中期，台灣文壇出現了一種新的文體，主張再度喚起以往種種潛藏壓抑的記憶，並以此鑄造一種台灣認同。這主張似乎暗示著，以往那些不能說起的種種，都能藉此機會抒發暢談。但是，令人好奇的是，就在白色恐怖的祕密被揭發出來的同時，台灣的文學與電影轉向迷態敍述。這種主張之下產生的故事文本——不管其故事處理的是最近的過去，還是抽象的寓言故事——其中的謎題，往往在故事結尾無法有任何的解答。爲何這種種的揭發，奪走了眞實性？爲何這種種的潛藏記憶，必須繼續處於錯置的狀態？還有，這種以文學來建構台灣認同的文本，能提出什麼樣的訓示意義？

依我之見，這種迷態文體，正顯現出這些台灣作家自認既無法重新追溯過往記憶，也不能「拯救歷史」。因為他們所呈現出來的過去，是一種缺席的狀態，甚至為記憶所塑造的過去，也是以一種未定、未完成的敘述體展現出來。

這種敘述體崩潰的象徵性症狀，可以從很多迷體故事看出來。這些作品模仿《羅生門》似的結構，以多重版本的方式來呈現故事。平路的短篇小說《玉米田之死》（1983）、楊照的長篇小說《暗巷迷夜》（1994）、何藩的電影《時代之風》（又名《豪門聖女》1990），以及楊德昌的電影《海灘的一天》（1991），都是這種文本的代表作。這種敘述者大量症，正該歸功於後現代主義，因為它宣稱完整敘述體業已駕崩。在這蔣後的時代，台灣作家自由的選擇創造自己，而這種分歧多面的文學敘述，卻使得故事中的主角，還有讀者，必須選擇過去的不同版本解讀故事的方式。

然而，這種危機的產生，並不單單源於歷史的增殖性；應該說，就在做證詞發布的那一刻，也就是當記憶無法變成歷史的時候，危機就存在了。舉例來說：楊照的《暗巷迷夜》說明了《羅生門》式結構是如何由見證人本身產生出來的。《暗》小說是由兩個交錯片斷的敘述構成的。但事實上只有一個觀點，即敘述者僅只一個，因為當這個敘述者分別與兩個女人談話時，他本身就是主動創造記憶的兩種版本。記憶不僅因為他聽誰講話而改變，也會因為他跟誰講話而改變。敘述者無法成為詢問者，只好說出一則迷態故事，因為記憶把原來應該重新建構的歷史給擦拭掉了。

讓我們也從楊德昌所執導的《牯嶺街少年殺人事件》（1991）這部電影，來看看記憶在眞實事件之中所具有的功能。一九五〇年代早期，收音機上的新聞報導之後，會公布一長串的名單。這名單上的人在戰爭中走失了，而他們的親人正透過收音機的廣播在尋找。這種意象的象徵意義非凡——當人們試著與他們的過去聯繫的同時，這過去也會通過這些名單而湧現於現在。名單上的人可能早已亡故，就算沒那麼糟，他們可能也無法聽到這廣播。並且，國家的形成意味著其人民會讀相同的報紙和小說；

這種認同感的形成，就是藉著這種在閱讀、傾聽上的共享而有的——尤其是在同一時刻傾聽相同的名單。廣播上那種當時當下的最新消息，無巧不巧的與追尋過往相繫，結果，過去成了緊急新聞。對大部分的聽者而言，收音機上呼喊一連串的名字，而聽者却不知所云。這種只聞其名，不知其人的效果，使得這名單變成一種文本，而這文本與聽者幾乎沒有什麼關係。也就是說，這廣播創造了一種集體記憶，而這記憶追溯過往的方式，就是回憶消失的人。雖然對那些把名字公告在廣播上的人而言，他們所尋求的，是再度團圓的可能，但是，這些名單卻使得過去具體化了。如果把戰爭的傷亡名單，大聲唸出來，則其效果與這名單並無兩樣。這名單應用了一種集體追悼的動力，其效果就像越戰紀念牆、猶太集體屠殺追悼儀式、以及愛滋床單。

但是，集體記憶也常常與集體遺忘並肩共存。台灣的外省人以追憶消失的人，來創造他們的過去，但此同時，國民黨也消滅了一些異己，並且把他們的名字從大眾紀錄中取消掉了。打從國共內戰到白色恐怖，具體化的記憶與受壓制的記憶，就一直互相爭鬥排擠。台灣集體記憶的形成，其實這些不同版本的過去事件之融合。多重沉默導致了多重敘述，而這兩者都無法單靠自己的力量，來創造一致的過去記憶。蔣後的迷態敘述，不但指出了這種沉默是如何繼續支配著敘述的身分，還點出了書寫記憶無法轉變成歷史見證，也就是個別記憶依然受制於集體記憶。這些故事之所以屬於蔣後文本，不但因爲它們帶出了與官方版本互相牴觸的論述，也是因爲它們使人開始注意這種長期制約的沉默，還有這種慢性的記憶宰制，而導致作家無能作證。其結果就是，這些證詞使得讀者陷入一團神祕的迷霧，因其中的多重敘述從不互相吻合，所以他們的偵探故事也從來不能水落石出。

爲了詳述蔣後時期這種無法水落石出的故事情節，我在此要把焦點放在兩部眾所熟知的作品，即陳映眞的《山路》(1983),以及劉大任的《杜鵑啼血》(1984)。在這兩部作品裏,記憶都無法提供任何的解答,因爲所追述出來的記憶,都由於太過沉痛而無法做直接的記錄,甚至連事後的承認都不可能。結果,經驗與語言的表達兩者互相排斥,而記憶卻成了見證者的仇人。

陳映眞在八〇年代中期的作品就反映了這種衝突與矛盾:即一面是率眞地想要復原過往記憶,而一面卻承認記憶無法追回失去的吐露能力。陳映眞原來乃是流有五四運動血液的政治作家,也就是說,他原本是相信語言所應該具有的力量的。如今他竟必須如此來證實記憶證據的不足與局限,實在令人不得不感到心酸。他八〇年代的小說所描寫的,大部分是他在監獄中的七年歲月,即一九六八年到一九七五年之間。但就連他這些間接的自傳性書寫,都駁斥了任何接觸過去的可能,換句話說,他身為白色恐怖的生還者,卻無法爲他自己受迫害與監禁的年歲做見證。在陳映眞的一部短篇小說〈趙南棟〉裏,有一位出獄的受刑人,她用日本童話《蒲島太郎》來比喻她自己的苦惱。那童話說的是蒲島太郎到龍王宮裏做短暫逗留的故事,而那個前受刑人的故事則是「跳接到一段完全不同的歷史苦惱」。當蒲島太郎再度回到他自己的故鄉時,他發覺已經過了好幾個世紀(陳映眞 1988b: 80)。藉著這樣的比喻,陳映眞揭示出他的故事主角都是在他們自己的故鄉遭受放逐。

面對歷史的變遷而有的過時書寫現象,在陳映眞的《山路》這部作品裏,有明顯的揭露。這故事發生於一九八三年,故事開始於一位五十出頭,名爲蔡千惠的中年婦女,因爲狀況危急而必須住院,但院方卻查不出她有任何明顯的身體疾病。根據醫生的診斷,她的病起源於完全失去生存意志。她的妹婿——李國木——發現她的健康之所以開始惡化,是因爲她從報紙上看到一則報導,消息顯示她年輕時代的朋友——黃貞柏——在被關了三十二年之後,終於獲得釋放了。黃貞柏與李國木的大哥,李國坤,因爲參與反國民黨運動,而遭逮捕。李國坤被捕不久就遭槍決了。國坤死後,蔡千惠就留在李家幫忙他們，因爲她對李家說，她與李國坤背著李家父母，偷偷結了婚。

千惠另一個版本的故事，改變了國木的觀點。千惠病逝於醫院以後，國木幫忙整理她的遺物，結果，他發現一封千惠寫給黃貞柏的信，而此信一直都沒有寄出去。這封信透露出一件隱藏多年的事實，即千惠事實上是黃貞柏的未婚妻，而她之所以認識李國坤，只因爲李是黃貞柏的戰友。千惠的哥哥背叛了李國坤與黃貞柏，於是千惠決定去幫助國坤窮困的家庭，這樣，她就可以爲她哥哥贖罪。在此信的結尾，她對黃貞柏說，他出獄的事情驚醒了她，因爲在此之前，由於國木的支持照顧，她才初嘗了一段痲木而安逸的生活。台灣的人民，包括她自己，已經忘記了黃貞柏還有他的戰友。隨著這段記憶的再度來臨，千惠必然失去生活上的支持，因爲她勢必將與這樣的生活告別。

千惠的「覺醒」言明了舊創帶給人的影響，它就像是時間的裂縫，因爲這道傷口從過去延展到現在。蒲島太郎這個故事，正巧可以拿來比喻千惠的處境。這個神話收集在《萬葉集》裏，說的是蒲島太郎娶了龍王之女的故事。在龍王宮住了三年之後，他因爲想家而決定打道回府。在他離開龍王宮之前，他妻子給了他一個盒子，而且還警告他千萬不要打開。他回家發現他待在海底龍王府的短短三年，竟然等於在地上的幾個世紀。絕望之餘，他打開了那個箱子。結果，紫色煙霧從箱子裏釋放了出來，並且把蒲島太郎團團圍住。不久，魔法將蒲島太郎變成了一隻鶴，接著，此鶴就飛去與他的妻子團圓了[2]。這個故事所講的，不僅關於蒲島太郎回家後的定時性變形，也關於徒勞的歸鄉情懷。在《山路》這個故事裏，時間的摧毀效力之所以跑了進來，乃因爲黃貞柏的出獄，打開了千惠的潘朵拉記憶之盒(順便一提：國木是在一個漆盒裏找到那封未寄出的信，而這個子題，正好與蒲島太郎的故事做一對應)。

蒲島太郎之所以被時間所影響，是因爲他打開了那盒子；同樣地，千惠之所以崩潰，是因爲她知道黃貞柏出獄的事。就像很多的受創生還者一樣，她降服於一種定時性的死之願望，因爲這件消息不僅驚醒了她的記憶，也喚醒了她對現狀的意識[3]。一旦她放下了她的政治性武器，她也降低了她的心理防禦。她不再需要爲了活下去而掙扎，因此，生活本身也就失去了意義。再者，跟那些長期坐監還有被處死的人的命運比較起來，她的存活似乎變得非關道德。千惠現在的存在狀態與她追憶的能力，兩者一起消磨了她的心理平衡感。這種摧毀的力量，比起她過去的傷痛，還要傷人。千惠剛建立好的歷史意識，只有加深她的時間錯置感。只有藉由死亡，她才能解決這個難題。如同王德威所說的，她的死「卻更是塡充歷史罅隙的必要手段」（1988: 276）。諷刺的是，只有藉著自我毀滅，千惠才能重申過往事件的意義。也就是說，千惠對過去做出證詞的方法，乃是透過沉默無語與記憶擦拭。

陳映眞藉著他寫的故事揭示一件事實，即記憶只能以破裂的聲音而存在。他的短篇小說〈趙南棟〉也是謹遵《羅生門》式結構，透過四個不同敍述人而寫成的故事。在《山路》這個故事裏，國木的記憶產生逆轉，因爲他看到了蔡千惠寫給黃貞柏的信。這封信可以算是千惠的靈魂從墳墓飄浮出來所做的證詞，因爲它不但使得壓抑的記憶浮到表層，也讓歷史紀錄得以結算清楚。但不可否認的，她的證詞來得過遲了，因爲當千惠最後打破了沉默的僵局時，她的話也因著這封寄不出去的信，而變得錯置了。

其實這封信可以取代政治壓迫與心理壓抑所造成的沉默。終其一生，千惠都強迫自己必須保持沉默，這點從國木聽到千惠唱歌那一幕就可以證實了。當國木還是小孩子的時候，他聽到他的嫂嫂（千惠）對她自己唱出一首反抗歌曲。當國木問她在唱什麼歌時，她立刻答道：「沒有哇……不能唱，不可以唱哦。現在……」（58）雖然這段插曲暗示著總有一天，她必須再度唱起這首歌曲，但是千惠還是堅持要保護國木，避免他插足政治。之後，她把心中所有的祕密，寫在這封信上。但是，即使她把所有不能說的事都寫了下來，她還是繼續讓這些祕密隱而不宣。她變得沉默寡言，而且還偷偷把信藏了起來，爲的是要讓她的心事隨著她自己而消逝。

這封信之所以不能被寄出去，還有，千惠之所以不想把信寄出去，乃因爲千惠明瞭了一個弔詭的跡象，即她親眼見證了一個只能透過沉默來了解的過去事件。在這封信中，千惠解釋說她必須把事件公開出來，而且，她還嘗試著要將她自己與黃貞柏的記憶做一些調節變動。在信的結尾她要求黃貞柏一件事：黃貞柏對她的認識停留在她還是少婦的時代，而千惠所要求於他的，就是要他保留這段記憶就好。然而，她的記憶卻在她嘗試作證時，辜負了她的期待。很多批評家都認爲《山路》基本上是一部懷舊之作，但是，驅使千惠把此信塵封起來的，並非因爲追憶過往的不可能性，也不是因爲寄出信，過去的美好印象就永遠粉碎。相反的，原因起於千惠承認了記憶本身，乃是她痛苦的泉源。那種察覺記憶的存在本身，就是她對自己的暴行。也許在她寫信的過程中，千惠就了解到這種問題，即創傷經驗並非僅僅保留在過去事件中，也存乎於當下回憶的過程裏。這封信從意欲對過去作證的立場，變成千惠的另一種見證，即在面對她所經歷的過往經驗時，她宣示了她生命不可能存活的事實。身爲一個見證人，她不能再活下去，而做爲證詞而言，她的這封信也不能寄出去。

書寫本身無法提供既具有時效性，而又正確無誤的證詞。這個事實不僅從這封信可以看出端倪，也可以由之前千惠爲國坤重新立墳的事件找出跡象。諷刺的是，千惠這麼做也是由於另一項反抗國民黨的鎮壓舉動——即一九七九年的高雄事件——打破了重提政治犯名諱的禁忌。因此，千惠就爲國木的哥哥訂做新的墓碑。雖然這墓石令她回想起國坤在記憶中的地位，但是其上的碑文依然錯置了眞實事件。只有部分的眞實得以恢復：雖然墓碑上婉轉地把國木家人包括在亡者的後代之列，但是，卻沒有提到國坤的「妻子」。不僅如此，此墓碑在時間與空間上，也包含有某些荒謬現象。碑上寫著國坤的死亡之年是一九五二年，那是政府當局宣布他死亡的那一年，但是，實際上，他早在一九五二年之前兩年就已被處決。再說，此墓碑是在一個空地上被立起的，裏面也只放有國坤的衣服，因爲他的遺體一直沒有被歸回。

國坤墓碑上刻的只是部分的事實，而他的墓碑也是處於錯置的狀態——這些問題證實了一種不可抹滅的傷害，即過去事件的主要證人已遭受毀滅，連其他所有牽連在內的人都必須保持緘默。更嚴重的是，每做一次證詞都要與前一次不純的口供相對抗。千惠的信駁倒了她第一次的證詞，即她對國坤的家人所捏造的故事。這封信重寫了她的一生，也就是說，此信以截然不同的說法，把她以前重複了好幾遍的故事，又再說了一遍。對於千惠一再地重複她的生命故事，國木似乎有點感到不耐煩；他認爲千惠這麼做要不是出於懷舊，就是對過往太過執迷了。可是當他讀過這封信之後，他才明瞭千惠之所以一而再、再而三地覆述她的故事，就是要遮掩這故事本身的荒謬性。

就像她捏造的生命故事以及國坤的碑文一樣，千惠的信也是一種錯置的證詞。雖然信的內容可以說句句實言，但是它無法像執行作證工作那樣，產生溝通記憶。此信從來就沒有寄給收信人，相反的，它卻落在一個不應該知道其祕密的人手裏。千惠一直避免讓國木與黃貞柏見面，爲的就是不讓國木知道了事情的眞相，同時，也爲了保護她這個過繼的母舅，免得他也要承受她的痛苦記憶。當國木閱讀此信——並且把信的內容封鎖在他自己心裏面時，這封信才達到完全的無效性證詞。在故事結尾他低聲啜泣著，但當他的妻子問他是怎麼回事時，他並沒有說什麼：「沒什麼……我，想念，大嫂。」(66) 千惠似乎也教導了國木要否認過去，要封鎖那首她永遠不能教他的歌。一旦要對過去做證詞時，這封寫出了實情的信，再也不能改變根植於國木心裏的習慣了，亦即，要對過去否認。

國木變成了千惠沉默的共犯，一個無能的證人。當醫生問他千惠的病因時，國木就立刻想到了黃貞柏出獄的事，但是，他卻一再地說他也不清楚。剛開始他「近乎本能地」(38) 否認他所知道的線索；第二次醫生問起他時，他心裏想著：「可是，叫我如何當著那些醫生、那些護士，講出那天早晨的事，講出大哥、黃貞柏這些事。」(43) 這不僅因爲國木不願意洩漏他的家庭祕密以及他的苦痛，更因爲他無法面對其他人說出他所知道的一切；若這樣做的話，他等於把他自己擺在證人的席上。藉著《山路》裏蔡千惠的苦難故事，陳映眞以蔣後台灣的歷史背景，對他的書寫做了重新定位的嘗試。然而，基於此背景，這故事也顯示了文字書寫本身總是被延遲，因爲這些證詞所傾訴的對象，不是那些無言的死者，就是那些活聾子。

劉大任的〈杜鵑啼血〉雖然在台灣認同這個課題上，呈現出另外一種觀點，但是他也拾起了這個相同的議題，即跨越沉默的深淵作證的難題。劉大任所陳述的是文化大革命的壓抑經驗——而間接地，他也提到蔣氏統治將他放逐到美國的事件。由於劉大任在一九七〇年代早期所從事的政治活動，國民黨把他從台灣驅逐出境。到了一九八三年，劉大任第一次獲得回國的許可。那次的回國，以及早先在一九七四與一九七七年到大陸的開眼界之旅，使得劉大任重整他的左翼思想，而且也讓他從政治活動中跳脫出來。我在一九九七年對作者劉大任做了一次訪談，其間他說道：「寫作，是我唯一的出路。」[4] 然而，由於他先前全心投入政治，他發現他自己的寫作技巧已受到了損壞。他說：「我的書寫已不再是文學創作。」他在回台後不久即寫下了〈杜鵑啼血〉這部小說；藉著這作品，他說明了在這個政治變革與敍述記憶的時代，他想要尋回自我的聲音。

這故事所發生的背景，是一九八〇年代早期的中國大陸。敍述者，胡教授，是新加坡華僑。在故事發生時，他正在美國任教。他在追蹤一條線索，那是一九六八年刊載在紅衛兵布告欄上的《蘆洲戰訊》。根據這條線索，他發現他失蹤了四十多年的四姑媽，冷玉風，就住在中國大陸，而且化名爲冷峯。爲了去探望她，胡教授拜訪了一個專爲高階黨員所設的療養院，但是他卻無法與他姑媽進行任何談話。除了突然爆發出一句令人難以理解的話之外，冷峯根本連她外甥的存在都無法承認，更不用說跟他做任何的解釋，像是她爲何在一九三〇年代與家人斷絕關係，以及她在文化大革命時，是如何失去理智。療養院裏的人所能告訴他的，也不過暗示說他姑媽在一九六八年曾遭受過殘酷的對待，之後她有兩年的時間幾乎無法說話，到現在她也很少開口。只有在胡教授離開中國大陸之後，他才找到了謎題的答案。他在香港發現了《蘆洲戰訊》在一九六八年遺失的部分，那裏面提到冷峯爲了追隨她的老師兼情人，羅誠，而抛棄了一切。就這樣她跟隨著羅誠這位共產黨領導人，居住於大陸偏遠地方。這份報導還進一步指出，在羅誠抛棄了她還有共產主義的信念之後，冷峯不僅將他處決，還把他的心給吞吃掉了。

在〈杜鵑啼血〉這部作品裏，冷峯這個角色受盡了精神折磨，而且還被禁錮於一所精神病院裏。這樣的描寫乃是用過往的創傷，來比喻記憶的錯置。冷峯的現在經驗會一再地重複過往的創傷，而導致這些傷痛的原因，不僅僅是文化大革命這個近因，一些像五〇年代的反右派抗爭，還有更早以前的國共內戰，這些遠因也必須考慮在內。就心理層面而言，冷峯數度被父親形象的角色所背叛之後，她的生命就重複著一種懲罰的形態。當冷峯突然離家而追隨她的老師羅誠時，她表現出來的，是那種對完美父親形象的需要。可是當羅誠背叛她時，她狠狠地啃他的肉、喝他的血。之後，她把先前爲羅誠所保留的情懷，投射到黨的身上，等於是「嫁給了中國的革命」(179)。她瘋狂的起因，絕不僅僅是由於在身體上遭受紅衛兵的凌辱；當毛澤東反過頭來攻擊他所培養出來的共黨官員時，很多人都深深覺得受到「偉大的總舵手」[5]所欺騙了。當冷峯覺得被毛澤東所背叛時，她只好轉而懲罰自己，因此退化爲失語的狀態。她的生命裏，有三次因失望而轉身遠離父親形象，而這三次都伴隨著重大的歷史分裂，因爲她漸漸與社會生活脈絡失去聯絡、與所有家族斷絕親屬關係，從而轉爲噬肉洩憤，到最後只好放棄所有語言溝通的可能。

這種重複的創痛經驗，並沒有一個單純的影響源頭。不管是嚴重的歷史事件，還是心理分析診療，都不能對冷峯的症狀提出一個決定性的解釋。相反的，她之所以沉默無語，說明了她所經歷的政治壓迫年代，只能算是一團迷霧。這種沉默只有藉著體會字裏行間的言外之意以及閱讀其他相關資料，才能做補充解釋。

故事中的敍述者，胡教授，無法對這團迷霧做出前後一致的解釋：可能是因爲他不能對主要事件，建立一種有條有理的版本敍述，但也可能因爲他很難重新塑造一種敍述體，來再度連接發生在冷峯身上的多重鎭壓事件。他了解過去事件的線索只有三條：他的姑媽、醫治冷峯的徐大夫、還有《蘆洲戰訊》。針對這個記憶危機而言，三兩條線索所代表的，是不同的解釋。冷峯拒絕恢復過往記憶。胡教授把一張冷峯和她的姊妹在一九三〇年代所照的相片放在她的床邊。他的用意是想刺激冷峯的記憶，可是她根本忽略這張照片的存在，甚至連碰都不碰一下。冷峯不僅與她的家人斷絕關係，甚至在面對這張相片所代表的歷史時刻，她也是忽略不理。不管是對紅衛兵還是對她的外甥，她都一概將過去拒絕於門外。她的記憶之所以會崩潰，說明了她無法辨認這些過去，就是她自己的過去。在她精神錯亂之後，她再也無法把她的過去和現在，看成是同一個主體所經歷的兩段時刻，因此，當她被迫面對她的記憶時，她只能陷入沉默。

在療養院裏，胡教授聽到了一段官方的否認版本——也就是徐大夫閃爍其辭的說法。從一開始，胡教授就知道他必須不顧徐大夫的反抗，去探究他所需的解答：

> 我耐心等待對方進入正題。我深信他們對我這次拜訪的來龍去脈有一定的掌握，唯一不放心的只是，我不知道他們願意透露多少。我只能不斷告誡自己，最好的策略是佯作不知，然後，在對方無意流露的線索上，窮追上去。(154)

這一景的心裏獨白，強調此故事情節與偵探小說的相似之處，亦即透過特定的詢問技巧，找出問題的癥結所在。敍述者的說詞，讀起來就好像是經典間諜名著裏所用的語言，尤其當雙方表面上談著幽默的俏皮話，然而胡教授心裏很明白徐大夫知道的不少，只是表面上裝傻。整個談話過程中，胡教授都想辦法得到更多答案，但同時也小心翼翼不讓對方發現，自己知道的有多少。胡教授與徐大夫的對談顯示，記憶的錯置，把問題的癥結擺在死胡同裏了。

可以說，徐大夫與冷峯在否認記憶的這件事上，合作無間，因爲他不僅僞稱冷峯的瘋狂，並沒有隱藏任何值得探究的原因，而且，他還積極地幫助冷峯壓抑她的祕密。當冷峯突然間說出一句語無倫次的話時——一句呑吐不清的話，但至少是一絲願意溝通的跡象——她立刻就被帶回房間，而徐大夫所說的，也不過是對她的「退回」表示驚慌與不安（183）。佛洛伊德似的療法，會鼓勵病人多做語言表達，但是徐大夫鄙視這種方法，還把它稱之爲「西方那套唯心論的精神分析方法」(158)。顯然地，這療養院對病人所施加的唯一成功療法，就是開出傳統處方讓病人停止內出血（181）。共黨官方只會盡可能地把暴動的跡象，深藏在表層底下，因爲要他們在共產烏托邦的框架中暴露任何的裂縫是不可能的。

《蘆洲戰訊》對冷峯的記憶危機所提供的解釋最爲複雜，因其報導把瘋狂所造成的沉默、宣傳性眞假參半的說詞、以及猛烈性的鎭壓等等，都摻雜在一起。胡教授可以利用的資料，也不過是從美國圖書館拷貝下來的，不完整的《蘆洲戰訊》。其上所提供的，是有關冷峯在三〇年代中期的一些行跡與動向，不過這也只是第一部分的證詞。當胡教授在別無選擇的情況下出示他的圖書證，並要求館員協助尋找他要的資料時，他確實是要到了一份拷貝，但是，其上的相關文章卻已經被刪除。而且，上面的文字資料還有經常被切斷以及廢除的痕跡。剛開始主編瘋狂興奮的呼喊與叫囂，就已經把文章給截短了，後來新聞處的檢察官又爲它做暗喻性的支解。原來的題目是「斬斷反革命修正主義兩面派冷峯的黑手！徹底摧毀舊省委的新反撲！」但是文章敍述者卻象徵性地把它縮寫爲〈斬〉文。這個縮寫的形式比原來的題目聽起來還要暴烈嚇人，因爲它似乎隱喻著此文章具有使人頭落地的能力[6]。

的確，《蘆洲戰訊》所揭示的，就是書寫不僅不能成功地描繪記憶，而且，還會嚴重干預我們追憶的過程。在逼使冷峯瘋狂的事上，《蘆洲戰訊》扮演了一個重要的角色；這份謀殺性的報導文字，明顯地要她償命，因其上寫著：「血債要用血還」（172）。當紅衛兵引用這篇文章來反對冷峯，並且藉此攻擊她的舊傷時，這篇〈斬〉文就變成暴力的工具了。冷峯曾經做過一份聳動性的證詞：她控告另一黨派的成員逼她把羅誠的肉給吃了。結果，後來紅衞兵故意曲解她這份證詞，並以此來攻擊她。可以說，她是被逼著去呑吃她自己所說的血淋淋的話語。由《蘆洲戰訊》上的報導就可看出，作者歷史性的證詞到後來竟然呑吃了作者自己的聲音。

最後，敍述者也看出自己處境裏的記憶危機。胡教授明瞭自己也不知不覺地成了共犯：「是不是因爲我一開始先埋頭在查證冷峯這個名字的眞實身分的工作裏面，一步步接近眞相的結果，反而使我不敢面對潛意識裏認定必然發生了的悲劇呢？」（172）這個問題是沒有解答的，因爲顯然地，從沒有任何的觀察者能成功地握有揭示過去的證據。這些富有多重變化、卻又殘缺不全的故事版本，瓦解了胡教授了解歷史眞相的嘗試。因此，這部小說的偵探結構也就鬆動分解掉了。〈杜鵑啼血〉裏所包含的多種不同的聲音，不僅無法彼此互相輔助證實，而且還相互限制排斥。由於這些證詞既片面又沒有定論，因此，到最後敍述者只好充滿疑惑地結束了故事。

〈杜鵑啼血〉這部類似偵探小說的作品，不但在故事結尾沒有找出問題的解答，還留下了一個聚集的證據，等待人們去加以解釋。最主要的證據就是冷峯對胡教授叫著說：「快吃，趁熱，快吃掉，快吃掉。」(183) 胡教授在香港取得的《蘆洲戰訊》上那篇文章，上面所引用的冷峯的話就跟這句話一模一樣，那是冷峯力勸軍隊隊員吃掉羅誠的內臟時所說的。然而，這兩段話的相同性，也可以看成是罪責的減輕，亦即把它看成是一種重複的狂言囈語，因爲這句話同時也是被紅衛兵用來指控她、逼她就範的證據。這故事結束時，故事裏不同版本的說詞並沒有達成任何的和解，依然還是充滿矛盾與似是而非的證詞。如同王德威所說的，劉大任藉著偵探小說的結構所要揭示的，就是找出眞正答案的不可能性。這部作品的力量就在於這種不確定性所造成的鴻溝——我們都會有解決謎題的欲望，然而歷史的偶然性根本就是毫無道理、飄忽不定的。以王德威的說法來講，即「歷史是……一條意義罅隙，一個理念謎題」(王德威 1991: 195)。

《杜鵑啼血》不僅是一部談記憶破裂的寓言，它同時也言明了一個事實，即作者重拾歷史記憶的欲望，必定會橫遭重重的困難阻撓。從故事的標題就可看出，作家意欲對歷史創傷做見證的不可能性。這句因爲白居易 (772–846) 的〈琵琶行〉而有名的成語 (其間旦暮聞何物，杜鵑啼血猿哀鳴) (685–86)，被劉大任賦與了新的意義。這個成語還曾引起很多的解釋：《異苑》裏有句話尤其說得相當切題：「人山行見一群，聊學之，嘔血便殞，人言此鳥啼至血出乃止，故有嘔血之事。」[7] 這個解釋明確指出，此鳥的叫聲能誘引聽者做自我表達，但是一旦說了出來，將會導致自我犧牲。在這個作品中，劉大任將杜鵑的特性，移轉到杜鵑花上。他對那些被冷峯澆溉的杜鵑花的描述是這樣的：「這成百上千朵晶瑩白潤的杜鵑花，簡直就像是個含著一口又濃又腥的鮮血，從那麼多的咽喉裏蠕動著，迂緩而無從堵塞地湧流出來。」（161–62）[8]與其說這些花代表著噬血的食人者，不如說它們象徵著敘述者嘗試道出記憶的痛苦。因此，這裏的杜鵑花不僅寓示著作家在蔣後的時期所面對的處境，也暗示著暴動的過往，以及由於暴動鎮壓而造成的沉默無語。劉大任所引用的意象，回應了陳映眞在一九六四年出版的一部作品：〈淒慘的無言的嘴〉。莎士比亞曾將血淋淋之傷口喻爲無言的嘴（陳映眞 1988a: 165），而陳映眞實際上就是借用了莎翁的聯想，這點從其小說的名字就可看得出來。

「杜鵑啼血」這個標題也暗指敘述者在時空上的錯置。據傳杜鵑鳥把杜宇遭放逐時的悲鳴給傳神地覆唱了出來，因此白居易在〈琵琶行〉裏也借用杜鵑鳥來重述這種哀愁。劉大任在這故事裏把胡教授無效的歸鄉情節，與他解決謎題的無能編織在一起。胡教授可以說是一個遭受雙重放逐的人——他是居住於美國的海外華僑，而他到中國大陸的尋根之行卻是空忙一場。胡教授與冷峯兩人都分別把他們到中國的旅程想像成歸鄉之行，但最後都重新體會著一種更爲濃厚的錯置感。冷峯努力地想在民族歷史上留名，而胡教授則致力於了解過去。然而，冷峯不但無法尋根，還一直重複著這種放逐經驗：先是逃離家園，再來是遠離事實，最後是遠離語言溝通。胡教授最先到中國大陸時，滿以爲可以保留自己局外人的客觀態度，結果卻發現自己陷入事件的迷惘之中。雖然他試著想在沉默與瘋狂之間建立一座橋樑，但是他無法提出一個決定性的證詞。不管是冷峯的狂言囈語抑或是胡教授的理性追尋，都無法毫無疑問地澄清過去的眞相。當他們試著想在家鄉或是原來創傷時刻找出認同時，卻體認了歸來的矛盾性。

這個故事發生的場景，蘆洲，這個名字更加深了這種錯置感——一種事件無法在歷史時間上找到定點的錯置感。當人物回到這個地方來時，歷史就開始重複了。蘆洲是冷峯以及胡教授的家園，也是羅誠祖籍的所在地。羅誠就是被派往蘆洲出使任務的，同時也是在這裏被逮捕的。在蘆洲這個地方，冷峯再次地面對羅誠，並把他的心給吃了。冷峯的罪證就刊印在《蘆洲戰訊》上，而且很可能她也是在蘆洲這個地方反抗黨的指控而喪失了理智。而胡教授也是因爲回到蘆洲而遇到了他的姑媽；胡教授說：「我的血緣，也應該可以追根到那裏去的了。」(163) 蘆洲——這個劉大任用來隱約比喻中國的地方[9]——是犯罪的現場，是受創的傷心地，更是促使事件不得不一再重複的地方。歷史的前進，只是把人物帶回原來的地方。然而這個集中所有事件的地方，卻是令人捉摸不定的。雖然根據記載，蘆洲乃是古地名，但是人們已經很久不用這個名字了。按照字面上的意思，它是指蘆葦的沙洲。如同漂浮不定的蘆葦沙地一樣，蘆洲是一塊無人能涉足的地方。蘆洲是意識形態上的烏托邦，也是歷史上的反烏托邦：這個空有之地代表著受創經驗所帶來的永恆錯置。

胡教授在時空上所遭受的放逐，說明了蔣後敍述體在記憶與認同上的危機。最終，不僅胡教授的敍述飽受歷史錯置之苦，就連劉大任的書寫本身也遭到同樣的命運。〈杜鵑啼血〉這部作品道出了台灣作家在爲過去做見證時，所引發的弔詭性。這故事所說的，無非是對五四運動這個歷史包袱的重新評估，以及五四與當代台灣的相關性。此作品中追溯過往之謎這個母題，其實在很多方面都是刻意而小心地典出魯迅的〈狂人日記〉，因爲魯迅這部作品裏的主角就是一個牽涉到吃食人類的瘋狂人物。自從一九一八年魯迅出版了這個短篇故事，歷史似乎並沒有經歷多大的變革。胡教授找不出任何可信的證詞版本。他的信息來源——冷峯和《蘆洲戰訊》——兩者都因爲曾經積極參與或涉及暴力行動，而有失偏頗：冷峯是顚狂不語，而《戰訊》則有嚴重爲黨宣傳的嫌疑。結果，見證者與受害者都有可能成爲犯罪的共犯。到最後，就連自命的偵探員也與他偵測的案件牽扯不清。在劉大任的筆下，胡教授這位有如胡適先生般的謙和穩健之士，必須在魯迅徹底改革的世界中尋根[10]；然而，胡教授卻自己也捲入了鎮壓過去記憶的行列。

就隱喻性的層面而言，當冷峯叮嚀胡教授要「趁熱吃」時，她似乎正把一個血淋淋的心臟攤開在她侄子的面前。而就象徵意義而言，此舉把五四時代殘留下來的中國人互相殘殺吃食的氣息帶到了八〇年代，並且促使劉大任用書寫的方式，擔起證實當代歷史之殘暴的重擔。然而，就像胡教授一樣，陳映眞、劉大任、以及其他的當代作家，都只能重演時代的分裂動亂，而把歷史的沉默與瘋狂，併入他們的書寫當中。

如同劉大任所說的，當他在寫〈杜鵑啼血〉這部作品時，他相信矯正歷史作用力的時候已經到了：魯迅那一代所謂犧牲小我、完成大我的觀念，我們這一代的人應該加以顛覆質疑。在劉大任看來，八〇年代的使命，就是要把自我看成一個單獨的個體，並要「把自我從大我解放出來」[11]。我們可以說，記憶的危機這個議題，起源於作家發現創造個人記憶的需要。而所謂的個人記憶，就是要能對抗像《蘆洲戰訊》那種控制個人思想之書寫方式的個人記憶。《蘆洲戰訊》以集體之名義發言——以國家、群眾、革命的名義發言——然而蔣後的作家所做的，就是避開支配著五四偉大書寫的「大我」集體記憶，並試著把他們自己，從其中抽離出來。這麼做的話，他們就必須放棄歷史學家的偵探工作，而重述個人記憶中的層層沉默。

1　這種文類結構乃以黑澤明導演的《羅生門》（一九五〇）而命名的。此影片改編自芥川龍之介的短篇故事《竹藪中》

（一九二一）。

2 這個神話故事有多種版本，請參閱《日本古典文學大辭典》（東京：岩波書店，1983）1：317–18。

3 此處是關於生還者的「釋放後創傷」以及「無法健全」的症狀。請參閱亨利・克里斯多的〈創傷與老化：生還者的三十年歲月〉(Henry Krystal, "Trauma and Aging: A Thirty-Year Follow-up" 76–99)。

4 根據劉大任，私人訪問錄（1997.5.29）。

5 可參閱王小光（暫譯），《失敗的權威魅力：武漢的文化大革命》（暫譯）。尤其是頁四、五六、二七七。

6 這篇虛構的文章類似現存的紅衛兵小冊；比如：一九六七年五月二十九日的《經濟批判》就曾刊載一篇文章，名爲「斬斷劉少奇伸向外貿部門的黑手！」順便一提：在柏克萊大學的中國研究中心就有收集紅衛兵小冊的拷貝，而劉大任就曾在那兒留學。

7 引自《中文大辭典》（台北：中國文化大學，1990）4: 1671。亦可參閱于石等人所編譯之《常用典故辭典》（463）；或Stephen L. Field, "Injustice and Insanity in Liu Ta-jen's 'The Cuckoo Cries Tears of Blood'"（230–31）。

8 劉大任把紅杜鵑與文化大革命的暴力做聯想，也是因爲他思及周瘦鵑的一生（一八九五—一九六八）。周是以園藝技巧而聞名的作家。在他的《花木叢中》（在他死後於一九八一年出版）一書中，周描述杜鵑的生長，並詳述他如何將杜鵑花移植爲盆栽。於一九六八年，周被紅衛兵所謀殺：出自劉大任，私人訪問錄；亦可參閱周瘦鵑，《花木叢中》(29–31)。

9 根據劉大任，私人訪問錄。

10 在我對作者劉大任做私人訪問時，他解釋說他小說中的胡教授就是以胡適爲典範而創造出來的，而胡適代表的是小心謹慎的改革者；不像冷峯，她代表著魯迅那種走向完全自我犧牲的改革家。

11 根據劉大任，私人訪問錄。

引文書目

Field, Stephen L. 1991. "Injustice and Insanity in Liu Ta-jen's 'The Cuckoo Cries Tears of Blood'." *Tamkang Review* 21.3: 225–37.

Krystal, Henry. 1995. "Trauma and Aging: A Thirty-Year Follow-up." *Trauma: Explorations in Memory*. Ed. Cathy Caruth. Baltimore: John Hopkins UP. 76–99.

于石等編譯。1985。《常用典故辭典》。上海：上海辭書。

王小光（暫譯）。1995。《失敗的權威魅力：武漢的文化大革命》（暫譯）。香港：牛津大學。

王德威。1988。〈里程碑下的沈思：當代台灣小說的神話性與歷史感〉。《眾聲喧嘩：三〇與八〇年代的中國小說》。台北：遠流。269–88。

——。1991。〈追尋「歷史」的欲望：評劉大任的《杜鵑啼血》和《秋陽似酒》〉。《閱讀當代小說》。台北：遠流。191–96。

白居易。1988。〈琵琶行〉。收錄於《白居易集箋校》。上海：上海古籍。2: 685–86。

周瘦鵑。1981。《花木叢中》。江蘇：金陵書畫社。

陳映眞。1988a。〈淒慘的無言的嘴〉。《陳映眞作品集》。台北：人間。1: 153–66。

——。1988b。〈趙南棟〉。《陳映眞作品集》。台北：人間。5: 67–149。

劉大任。1984。〈杜鵑啼血〉。原刊於《中國時報》（1984.3.31–4.3）。收入《杜鵑啼血》。台北：遠景。153–92。

謊言的技術與眞理的技藝

書寫張大春之書寫

黃錦樹

向上的路和朝下的路是同一條。

——Herakleitos

做爲八〇年代台灣文壇的寵兒的張大春，以其寫作技術和姿態上的多重變化、特技[1]與多產而成爲當代台灣最重要的作家之一。顯明的技術主義傾向，以大量的作品、少量的評論，及藉由文學體制——學院內外的授課及在諸大文學獎（尤其是中國時報、聯合報兩大報文學獎及聯合文學）帶來了敏感的革新；也藉由他的影響力或多或少的影響了當代台灣小說的生態——如「發掘」了某些作家。然而對於這麼一個重要作家，竟然不見論者全面討論，遠不如那些議題性的作家（如女性議題、同性戀議題等），也是一件值得注意的事。同樣值得注意的是，張大春做爲文壇寵兒的這將近二十年，正是台灣政治、社會變化最急遽，社會言論空間呈現爆炸狀態的空前時刻，一個**身分考核**（不論是省籍、統獨、性別、性傾向、階級）的時代，張大春也似乎**先天**的被赦免了——尤其是關鍵的省籍問題。以他身爲外省第二代的代表性作家之一，討論眷村文學時的重要舉例，竟也輕易的通過了時潮的檢驗。這種不輕易被捲入「身分」議題、不易被身分議題所設定[2]——對於議題的「免疫」——的特徵，或許正是做爲台灣當代文化病徵之一環的張大春小說寫作眞正問題所在,「免疫」或許正是一種病徵。而那也即是本文關切的議題。這關涉張大春所選擇的寫作姿態,自我設定的文化角色;他對於語言及寫作信念、他的信仰和貫徹始終的寫作哲學,就本文的概括,也即是所謂的「撒謊」問題,對這樣的問題的討論,基本上也即是針對文體、形式的意識形態分析。而經由這一關鍵詞的分析,可以進入它所指涉或刻意不去指涉的世界,以探勘當代台灣某類知識人的精神狀態——不管那是屬於台灣的後殖民還是後現代狀況。在必要的情況下,也將試著將他和他的同時代人做一番比較。

以下大體圍繞著幾個問題對張大春的寫作展開症狀式閱讀:一、張大春的撒謊史及相應的撒謊的正當性問題、撒謊行爲所表徵的精神狀況、非議題的議題特性,這一問題或許可以具體化爲(張大春)「有沒有離開他的『公寓』」;或者,他之不斷的改變寫作的姿態,究竟爲的是什麼——究竟在追尋什麼;二、文體、心靈與意識形態的童年、青春期問題;三、啓蒙與商品美學問題。藉由這樣的一個重要的個案,也許可以了解在這麼一個過度複製的時代,某類小說家的精神狀態和心靈處境。

一 後設謊言,或眞理的技藝

誠如詹宏志指出,《公寓導遊》「極可能是了解張大春最關鍵的作品」(楊澤主編 1994: 368),因爲集子中所收錄的多篇作品幾乎預示了張大春後來的發展(詹文有清楚的舉例),它的重要性正在於它是一道內在的橋——聯結了張大春兩個不同時期,對語言、眞實兩個不同信仰的階段。除了〈牆〉、〈透明人〉兩篇比較「嚴肅」處理戒嚴時代解嚴前夕台灣政治現實的作品[3]外,後期作品中的**基本語調**已經確立。攏統的說,是**後設**(meta-)——它或者展現爲清楚的後設小說(metafiction)的形式,或者不;更大膽的說,他甚至是放棄了對象語言,或拒絕承認對象語言的存在——否絕了它的眞理效度。同時,連帶的，他基本上放棄了抒情，企圖讓語言的感覺性歸零。

顯示爲後設小說那是最易辨識的部分，從《公寓導遊》中的〈公寓導遊〉、〈旁白者〉、〈寫作百無聊賴的方法〉諸文，一直到近期的《沒有人寫信給上校》（1994）、《野孩子》（1996）都是，作者以一種「你相不相信那是我（作者）呢」的姿態現身作品中；而其他的，則只聞其聲而不見其人——留下了影子、氣味和聲音，一種比張大春考核小說時常用的判準——**腔調**——更爲深沉的**語調**[4]，以不在的方式在場。關於這兩點，他自己有相當清楚的說明。在〈坦白從寬〉一文中，他敘述自己從前期到後期的轉變，在一九七九到一九八三年間在中國時報系從事媒體工作：

> 它讓我從一發不可收拾的少年濫情之中逐漸掙繭而出，開始揣摩並發現他人是如何「敘述」的。最初，我總是藉別人的材料說自己的話，日後才慢慢體會：每一個受訪者其實都不須要經由我的筆去潤飾或美化；他們各有各的腔，也唯有掌握那些獨具個性的腔，才能比較完整而清晰地表述材料。
>
> ……整體的觀察和經驗使我不再能夠以純稚爛漫的態度易動感情。在爾後的一段時日裏，這種習於透過旁觀冷眼以自省省世的態度使我極易對創作的形式產生厭倦之感，我很難安份地「守住」某一種小流（說？）寫作的敍述方式或修辭風格，以至於更不能忍受一篇作品讀起來像「小說」，尤其我已經用某種腔調書寫過的小說。（楊澤 1994: 361, 362）

這是非常重要的告白，「坦白從寬，抗拒從嚴」，借用大陸文革時整頓、修理右派的口號自我調侃，以他在小說中業已放棄的抒情，頗有自我清理的意味。第一段引文：社會經驗磨去了「純眞」，發現了他人話語的自然形式（如何敍述——各自的腔），也可以說是掌握了擬眞的訣竅，再現形式之本質；第二段引文透露出某種焦躁的情緒，對書寫形式的厭倦、對小說「本色」（讀起來像小說的小說）的不耐，形式於他如衣服，「被用過」則棄之如敝屣。而不動情與對形式的不耐煩、不斷尋求更換形式，則是他後期作品中呈現的基本精神狀態。

(一) 懷疑：小說之道

從這裏回頭去看張大春尚未對形式感到厭煩、依舊有情的少作，在橋的另一端的《雞翎圖》，看看在那個謊言的技術尚未令人生厭的世界裏，青春的哀愁究竟是怎麼一回事。從〈懸盪〉裏想自殺的重考生、〈劇情〉裏準備聯考的青少年和他的父親、〈捉放賊〉裏頭捉賊及做賊的大學生、〈咱們倆一塊去〉裏頭老夫妻閒居的日常、〈阿郎再見阿郎〉中爲反映妓女「悲慘生活」而花嫖妓錢訪問妓女的年青作家、〈練家子〉最終「我要回家」的脆弱呻吟、〈夜路〉中遇襲的作家和疑遭鬼附身的狗最終相濡以沫，「紅磚地上，兩個影子竟也連成一整片黑了」、〈四強風〉中多話的賊向受害者「我們不是那種，那種，壞人」的結巴表白、連標題都很新文藝的〈星星的眼睛〉離鄉的老藝人、混流氓的孫子、未被染黑的外鄉女孩，「帶她回去、帶她一起回家去！」的多情呢喃、〈雞翎圖〉中的老兵及他當做家人豢養的那群投注了深情的雞……都帶著一種青春、單純的感動或哀愁，或者不知所措——〈四強風〉中不夠社會化的年輕的賊、〈雞翎圖〉不知所措的年輕排長、〈阿郎再見阿郎〉中不夠世故，執著於「爲社會而藝術」、「**因情而造文**」的年輕作家——尤爲典型。這些第一階段的作品，頗爲吻合王安憶在〈處女作的世界〉中所界定的帶著作家成熟後必然失去的原初熱情的處女作（作家第一階段的作品）的特徵，

「帶有非常純粹的感性，這種感性沒有受到污染……它都是自己創出來的邏輯，不一定一環扣一環，非常合理，而且他有種手足無措，似乎無法爲他的東西命名。」(1997: 170) 帶著「因爲理性還沒有來臨」而不可名狀的憂傷。王安憶同時指出，處女作之所以可貴，還因爲它裏頭存在的懷疑精神：

> 這之中眞是有一種痛苦，非常難言的痛苦，它不知道不要什麼，也不知道要什麼，處在非常大的難言之中。……它對這個世界感到困惑，不能理解，但它滿心充滿了良善的願望，它想去接受，可是受到了阻礙。(171–72)

這種處女作階段的痛苦、懷疑在張大春的處女作時期，清楚的表白於他爲《雞翎圖》所寫的自序〈書不盡意而已〉，只是「它對這個世界感到困惑，不能理解」的「這個世界」必須理解爲「小說的世界」。該自序中有一些重要的段落，可以幫助了解認眞的撒謊以捕捉現實的那一個時期的張大春因「不知道不要什麼，也不知道要什麼」而造成的「非常難言的痛苦」，因「無法明確地辨認自己所扮演的角色」(1980: 1) 而「大哉疑」：

> 如果說小說的詮釋植基於描述，那麼小說的描述是什麼？描述的程度與限制又是什麼？在根本上，小說的「眞」是不是能夠趨近普遍及恆久的基準？我個人的詮釋又是否經得起這個基準的考量呢？困惑於詮釋者所必需的嚴苛自責，我再三地想著：少不更事，却編織疊架搜尋鋪陳了四年，用以捕捉個人經驗的意義尚且不足；又何以闕說於社會的種種滄桑？然後我必須警覺地想起；小說的「雖小道，亦有可觀」之處在哪裏？微渺的重要性又在哪裏？(1980: 2)

停筆於小說有半年有餘，我經常思考著的問題就在這裏：如何假定我的描述是「寫實」的？又如何證明我的詮釋不是大膽而武斷的？我所框架所呈現的文化景觀是未經扭曲的嗎？至少，某些故事裏的人物都是我現實生活中所接觸甚至相處過的人們的投影，而無論有心無心，投影勢必導致曲折和差異，勢必是朦朧的。那麼，我足夠「公正」嗎？這只是寫作技巧的問題？還是小說作者先天的權限被忽視而擴大了呢？

從台灣現代文學史的背景來看，這很顯然是對鄉土文學論戰留下來的問題的一番深刻的回應。文中「環境裏一度藝文風潮的變革迎身而過」、「『寫實』的情懷和語言幾乎成爲新一代小說作品的普遍特色」，更道出了這種自我設問的歷史背景。對小說的本體提出質疑——小說的「眞」的依據在哪裏？他的答案是「描述」，而描述又只不過是一種帶有個人色彩的詮釋；相對的，它的普遍有效性自然也是頗有問題了。用「詮釋者所必需的嚴苛自責」、「我足夠『公正』嗎」這樣的修辭，涉及的是對那做爲「透過描述呈現現實」之**詮釋者**的寫作者的倫理責任、植根於「寫實」中必然的道德要求。一方面是對小說寫作者角色的自我質疑，問題可以轉換爲「詮釋者如何可能」、「如何面對詮釋的界限」、「可能被克服嗎」；這樣的問題必然延伸至對於小說本質的質疑——「小說的『雖小道，亦有可觀』之處在哪裏？微渺的重要性又在那裏？」、「這只是寫作技巧的問題？還是小說作者先天的權限被忽視而擴大了呢？」，用他最近的話來說，是：小說的「本體論」究竟是什麼？（詳後）

就小說而言，〈阿郎再見阿郎〉赤裸裸的道出了對另一個生活世界的「再現」是幾乎不可能的，即使親身投入，也只可能得到一連串無意義的重複與空白、緘默與無關痛癢。有趣的是，信奉社會寫實的王安憶，也曾有過爲寫作而造訪類似「阿郎的情人」的經歷。在〈白茅嶺紀事〉中她記述她去採訪一大票勞改營中的女囚犯，總結道：「我們談話的對象基本上可分爲兩類，一類是經常被採訪的，她們的講述因反覆操習而具有完整的形式，有合理的邏輯，內容也比較豐富；另一類是不常被採訪的，她們的講述零亂，前言不搭後語，不通順，文不對題，卻常會有即興的表現。」更重要的是對這兩種不同材料的處理：

> 處理第一類的故事有兩個問題，一是區別眞僞，二是從「作僞」中去認識其本人的眞實性；處理第二類故事的問題則是需具有心理學和邏輯學的研究能力，將材料補充推理成完整又眞實的事實。(王安憶 1996: 318)

不管哪一種材料，都需要重新編織，而第一種材料由於已經被賦與了形式，可能經過了一番虛構，還必須加以還原處理，把「眞實性」還原出來；第二類，經過重新賦與形式之後，自信可以讓它「補充推理成完整又眞實的事實」。雖然她也曾因「想到我們也許是虔誠而感動地一個接一個一共聽了十幾位女人的謊言」而沮喪，卻也眞誠的相信眞實、眞理在她完善的技藝下被完整的捕捉：在自己的筆下，素材的人生展開了不同的「可能性」(318) 之旅，展現爲一種可能的存在方式——關涉的不只是做爲原型的對象，而是自我——「實驗性的自我」，以進行**深思的疑問**[5]。而敘事，是一種眞理的技藝。借這個例子回答張大春對詮釋者角色的懷疑：詮釋者可以在充分意識到自己詮釋者的有限性的情況下提供一種可能的詮釋，也可以自圓其說，那不必然是獨斷的。這也可以說是一種**小說的「雖小道，亦有可觀」之處**。然而張大春因懷疑而放棄了這一條路子。置它於「未擇之路」。甚至從懷疑走向了否定 (negation)。

因而，〈書不盡意而已〉中的痛苦和懷疑是相當重要的，清楚看出張大春對鄉土文學論戰挾本土之政治正確而來的寫實主義的信仰、對個中宣稱的「眞實」提出的哲學層次的質疑，可以讓我們看出對社會「當下現實」異常敏感、做爲外省第二代代表作家之一的張大春前後期作品和世界觀之「斷裂」或疑似「變節」的歷史成因，其實和朱天心有著近似的「當下現實」的依據[6]——鄉土文學論戰、本土化，及「寫實」的對象和義理早已被設定好的鄉土「寫實主義」。

到了做爲作家階段性生涯回顧的〈坦白從寬〉，懷疑已被定型爲否定；從有情而無情，把主體的情感從對象物可能的擬眞中抽回，冷眼旁觀，刺刺嘲謔。在最近的〈一個詞在時間中的奇遇——一則小說的本體論〉中，對早年對小說的本體論懷疑做了「本體論」的回答。對他來說，所謂小說的本體論，是「一個詞在時間中的奇遇」（張大春 1997a: 17）是「使奇遇成爲奇遇自己的目的」、「像幼兒一樣滿懷好奇地認識一整個世界」——窮盡說故事的荒誕可能性的敍事活動本身[7]——就小說而言，彷彿除了讓小說成爲小說，沒有其他的目的。在這裏，可以隱約的聽到「讓文學成其爲文學」的形式主義回聲，也即是回到文類的最低限度的要求——也是最純粹的要求——以自身爲目的[8]。他宣稱這個被他稱做是小說「自己的目的」的東西，是反工具論、反「附加價值」的；必須「放棄那個化約一部作品爲表達某種情感、思想和觀念的念頭」（1997a: 15），否定了小說做爲一種以敍事介入人類普遍生活世界的文類本身所具有的廣義的人類學意義，爲否定「擁抱當代論述」的工具論庸俗化[9]而走到了它的反面：回到了「雖小道，亦有可觀者」的「小道」；其「微渺的重要性」因限定「小說作者先天的權限」爲「小說作者的原始權限」，使得他的本體論其實淪爲另一個極端的工具論——企圖恢復的其實是小說最原始的娛樂功能[10]——因而其實並不比那些他瞧不起的視小說爲文化點綴、權力陪襯的達官政客，及視小說爲偉大情感、思想、觀念的載體的學者來得不庸俗。典型的，他的否定陷入了和被否定對象同樣的問題架構。因爲否定「是受規定制約的，實際上是遵從了這個規定然後去否定」（王安憶 1997: 171）。從張大春的否定出發，讓我們回到《公寓導遊》，討論張大春處女作時期的另一提問：小說作者應扮演什麼角色？他究竟在追尋什麼？及，探勘他最初的謊言理路。

㈡ 否定：「我輕蔑」

在〈輕蔑我這個時代〉中，張大春把他對當代商品化、庸俗化的文學環境文學價值之否定具體化爲這樣的修辭：「我輕蔑」——他說「我知，故我輕蔑」、「我輕蔑，故我有知的能力」（1995: 13）、「我輕蔑、故我創作、故我輕蔑」（15）清楚的道出張大春《公寓導遊》後書寫的基調。就「我輕蔑」這樣的修辭，可以分兩方面來談，一是「我」的問題，主體發言位置、小說家角色扮演的問題；一是做爲一種否定的姿態的「輕蔑」問題，這一部分關涉了張大春後期作品的深層語調。關於前者，借用詹宏志的用語，這個輕蔑者「我」是一個已從一個謹慎的詮釋者化身爲玩世不恭的**議論者**兼**表演者**[11]，對形式的過度警覺和不耐使不惜在書寫中時時藉由滔滔嘲謔的論議透露他的發言位置，在〈公寓導遊〉裏現身爲導遊者，帶領讀者遊歷他虛構的版圖；而這樣的導遊，其實即是幻想的現實的建構者也是旁白者，猶如〈旁白者〉中的女作家之以虛構旁白、干擾他人的人生；與女作家不同的是，做爲議論者的張大春處於一置身事外的「旁白」位置，旁白而不參與，與「現實」保留了一個本質性的距離；時間裏的現實事件，有牆爲隔，而導遊者之所以可以如此稱職，他必然是穿牆人或透明人，在所有事故的現場而不爲當事人所察覺；而〈透明人〉中的情治人員卻以他的幻想（illusion）或妄想（hallucination）來替代、或覆蓋了現實（reality）；旁白者最終告訴遊客們，公寓裏的「內容」其實不過是百無聊賴，而寫作百無聊賴的方法也只能是百無聊賴；於是在張大春這一批出租公寓，只見透明導遊，旁白百無聊賴。此後「我」導遊、「我」旁白、「我」透明、「我」議論、「我」輕蔑、「我」百無聊賴、「我」無所不在。「我」輕蔑，所以「我」在；「我」在，所以「我」輕蔑。而這樣的輕蔑的議論著、表演著的「我」，從此再也沒有離開公寓——也離不開，因爲那是他唯一的家：語言牢籠（The Prison-House of Language）[12]。

〈公寓導遊〉、〈透明人〉、〈寫作百無聊賴的方法〉、〈旁白者〉這些作品不只成熟的確立了「輕蔑我」的主體位置，更出色的演示出它在形式上被合理化、被內化進作品的形式裏。內化進他所謂的「決定了作品意義」的腔調，是爲輕蔑主體的居所。

張大春在不同的文學獎評審場合上，慣於補捉寫作者的腔調，並以之決定技術是否成熟，而他較全面的談這個問題則見於其〈小說稗類〉之〈踩影子找影子：一則小說的腔調譜〉(1997b)，有一段重要的話：

> 腔調的確常可以被取材與修辭所決定，不過，它也可以是一種語言策略。做爲語言策略，小說的腔調容有完全對反的功能與意義：讀者或爲之催眠而越發融入文本表面的情感；或幡然偵知文本內在的諷刺。兩者在小說家那裏是並存的，在讀者那裏却只能摭拾其一——要麼，隨之歌哭；要麼，附之訕笑。(15)

腔調一般而言爲題材所決定，而爲「本色語」；眞正的問題在於：張大春認爲讀者和作者的位置不一，作者可以二，而讀者只能二選一，作者比讀者多了「一」——讀者的位置本質上劣於作者。問題在於，張大春所強調的「二」（「表面的情感」／「文本內在的諷刺」），二者是可以並容的，還是本質上是不能共存的？從他的描述來看，二者的關係類似於對象語言與後設語言的關係，自信可以讓它同時並存而不致讓讀者同時發現的張大春，大體仍然低估了讀者，雖然那是他給「世故的讀者」預留的位置（也是「輕蔑我」的主體位置）——問題不在於它不會同時被讀者發現，而是「表面的情感」必然會被「文本內在的諷刺」所否定、取消，因爲後者的存在原就爲了質疑前者存在的合理性，做爲對前者的否定而存在著。意義果其然爲**語調—形式**所決定。相對而言「表面的情感」是留給「天眞」的讀者的，它早已被「輕蔑我」所輕蔑。

這樣的一種二元並存的寫作，其運作的方式，相當接近羅蘭・巴特（Roland Barthes）所定義的神話（myth），它「是一個奇特的系統，它從一個比它早存在的符號鏈上被建構：它是一個第二序的符號學系統」（羅蘭・巴特 1998: 174）。這被羅蘭・巴特稱爲「元語言」（metalangage）的第二語言中，「談的是第一語言」而非客體；在這樣的系統中，可以有兩種看待能指的方式，「視它爲語言學系統中的終端名詞，或者神話系統中的第一個名詞。」（177）前者被稱做**意義**，後者則爲**形式**，它「一方面很充實，一方面又很空洞」；「它的功能是扭曲，並不是使事物消失」（181）。從**神話讀者**[13]的角度來看，因爲謊言已經達致自然狀態，所以這樣的神話便同時存在。從這樣的角度來看，張大春無意識的複製了謊言的神話，把現實扭曲成幾近空無的狀態。

張大春後期作品中或許眞是因爲作者刻意植入那他以爲可以並存的二，結果作品的意義總是被那「第二」所主導，以致「第一」總處於被否定、被置疑、被顛覆、被取消的浮動狀態，而無法安心的去捕捉它的對象；甚至於總是折返、指向那內在的「二」：**輕蔑我之輕蔑**。在此，「後設」已同時是「元」：它不是後於，先至先於作品而存在。輕蔑我之輕蔑被作者揚升爲一種超驗的所指（transcendental signified），它成了張大春小說的本體，那不斷尋求奇遇的詞。

對形式不斷的擬仿，卻又不斷的否定，幾乎每幾年就「要『換一種東西』寫寫，歷史小說、科幻小說、武俠小說、偵探小說、鄉野傳奇小說乃至新聞小說、週記小說等等」的張大春，究竟在追尋什麼？新鮮感？還是——反過來，並不是他在追尋什麼，而是被什麼所追逐？或許問題該轉換爲：張大春到底在逃避什麼[14]？從謊言的邏輯來看，一、「說謊家的第一誡是：不可輕信自己。」（張大春 1989a: 70）因而輕蔑者之輕蔑，必然的如影追尋著輕蔑者，是以必然遭受「輕蔑我」的反噬，唯一的方法是「換一種東西寫寫」，不斷的踩影子找影子；然而那也只是治標之道——因爲「輕蔑我」的存有原是一個無盡的匱缺，一個無底洞，它的漂移是永恆的流亡。二、「謊言和謊言之間存在著某種共謀關係，彼此餵哺，互相支援。」（張大春 1989a: 37）因爲謊言是一個無盡的過程，所有的謊言都需要其他的謊言支援、掩護，所以「說謊者決計不可以回頭，一定要堅持到謊言淹覆全世界和一整部歷史無限膨脹的極致……」（張大春 1989a: 310–11）悲哀的是，在他所有的謊言裏都自我埋設了自毀裝置，且以之做爲動力，而展現爲書寫之能趨疲[15]。用羅蘭・巴特的話：「神話的功能是要掏空現實：它確實地是一種無止的湧出、流失，或許是蒸發，簡而言之是一種可覺察的缺席。」（1998: 201）其終究的結果是現實的被迫缺席。

因而致命的是，「表面的情感」/「文本內在的諷刺」這種特殊裝置及信念讓張大春後期的小說永遠只能是**後設謊言——關於謊言的謊言**——而非謊言。窮究於謊言的後設形式而忽略了**眞誠的撒謊**原是小說的天職[16]——忽略了謊言的技術原即是眞理的技藝，也低估了讀者對於文類的辨識力。借祕魯小說大家巴爾加斯・略薩在〈謊言中的眞實〉裏的話：

確實，小說是在撒謊（它只能如此）；但這僅僅是事情的一個側面。另一個側面是，小說在撒謊

的同時卻道出某種引人注目的眞情，而這眞情又只能遮遮掩掩、裝出並非如此的樣子說出來。（巴爾加斯．略薩 1997: 71）

文學沒有欺騙，因爲當我們打開一部虛構小說時，我們是靜下心來準備看一次演出的；在演出中，……他企圖讓我們拿他的謊話當眞情來享受，而不取決於他忠實地再現生活的能力。（79）

問題甚至不在於張大春撒了太多的謊，或太會撒謊，而是他那自戕式的否定讓他很難得認眞的撒謊，怯懦於和讀者在「眞情」的層次上溝通（**暴露自己**）[17]，分享憂懼，而逃避抒情，反而將之貶斥爲「表面的情感」。說得嚴重一點，用一個必然爲張大春所不齒的詞，讓它產生奇遇：這是一種失去**愛的能力**的表徵。**對於對象物的愛**[18]。從這點來看，在張大春的撒謊哲學中其實已否決了謊言的眞理（詩的眞理），而把眞理膚淺化爲一種表演的姿態和附帶的議論[19]。從他的作品的自我說明來看，《大說謊家》所暴露的主體位置在《撒謊的信徒》中獲得進一步的強化，也即是更明確的道出做爲書寫者的張大春的「信仰」所在：他是一個以撒謊爲信仰對象的信徒。這種信徒和一般的信徒不同的是，他其實什麼都不相信，其徹底的程度，和笛卡兒（R. Descartes）類似：只有懷疑本身是不可懷疑的。而張大春的懷疑和輕蔑是一體的，故「我輕蔑故我在」[20]。

和朱天心做比較，同爲外省第二代，同樣經過解嚴—本土化的精神創傷，同樣捍護著文學的尊嚴，同樣以台北都會爲基本的現實參照，同樣對某些人事物輕蔑，同樣做爲議論者，可是朱天心在對不滿的現狀進行反擊時，卻表現爲對信仰的維護——相信「眞情」的存在，而以信仰反抗絕望。更重要的是，她把它化入書寫的形式中，以探勘、發掘被遺忘的社會死角爲她的人類學觀照。「我記得」，因爲「我相信」；「我相信我所記得的」，而以個人的記憶反抗集體的遺忘。而對自己所相信的、所記得的負責，也不吝於暴露個人的歷史局限性[21]。可是張大春似乎一直沒有離開他的〈走路人〉：「我逐漸發覺到記憶和夢、歷史、宗教、政治、新聞報導一樣，都是些你相信之後才眞實起來的。」（張大春 1994〔1986〕：56）而把他的懷疑和否定演化爲他與現實有所關涉的小說（相對於鄉野奇譚）之本體論。而不動情的懷疑論者、完美的撒謊信徒之悲哀在於，他首先不能相信自己，以至於世事荒涼，一無可信。這當中存在著兩種辨僞學，一種是從技術上、理論上解構僞書的眞實性，甚至從相對主義的角度證明「所有的書都有可能是假的」這樣的命題，說什麼也亮不出「眞本」——即使手上有，他也懷疑是假的[22]；一種是直截了當的亮出考掘所得的「眞本」。

在這個基本上是進口的文類（現代小說），在所有的技術和形式幾乎早已被開發殆盡的情況下，技術上要突破是難乎其難的，更多的是借既有的形式，在個人的舞台上進行表演，而其意義和價值，反而取決於存在者經驗的新奇性，以及經由存在者之技藝和意志的中介，對形式做改造——而「因情而造文」，其最終目的並不在於展示技藝，而是技進於道，觸摸「眞情」，領受他所信仰的神的光照[23]。反之，則從藝的世界裏退回匠，在匠的格局裏展示他傲人的技術，縱使匠心獨運卻遺器忘道[24]，而主體的視域卻反而被限定於語言本身——因爲對他而言，語言之內，已無任何實在。

對於熟悉文學成規的世故讀者而言，不管作者的技藝多麼繁複，不管他化了多厚的彩妝，都很容易就可以在文本深處或某個陰暗的角落，辨識出那不相信自己的本體。從這個角度來看，離開處女作時代的張大春的作品，即使品類繁多，卻並沒有太多的變化，其實都共享著一個母題，傳達了共同的訊息：知識分子喋喋不休的牢騷——我懷疑，我輕蔑，我不爽，我幹。雖說「張大春諧擬讀者所熟稔的風格及形式規範，目的是在『顚覆』人們看待文學創作或文學閱讀時所倚借的一些習慣和期待。」（蔡源煌 232）可是小說做爲一種虛構敘事，做爲一種文類，其內在秩序的合理性令它和外在現實之間存在著不可輕跨的間距[25]，只能影射不能指涉（和新聞相較）[26]。小說之爲「小道」其卑微由斯可見：其實它否定、**顚覆**不了什麼——除了它自身（以第二層的符號系統否定第一層的語言系統）以外——它什麼也否定不了。尤其是那種「後設謊言」的小說[27]。

從表演者的角度來看，表演者面對的是同樣的問題，「……當一個藝人模仿林洋港的口氣談司法改革，我們可不能認眞去考慮他的意見，反而應該欣賞聲音表情的神似。」（詹宏志 1994: 372）如楊照所指出的《少年大頭春的生活週記》：「……小說（或週記）精采處往往不在故事、不在意見、更不在人物刻畫，而在其游走文類間隙的設計力。」（張大春 1992b: 181）這種「以敍述凌駕一切」[28]的形式美學其實是以個人爲中心的，蘊含著一種以作者中心的一種英雄主義：眞正的主角在表演者自己，不是語言、不是情節，當然更不是人物。預設了否定的理性，然而卻是主體過度的理性和意志，不容許語言施展其自身的意志，自然也不容許文本的機制遂其自身的理智，作者雖然宣稱所有繁複的形式設計都是爲了增加文本的多義性、打破既有的閱讀成規，然而在表演者無所不在的輕蔑笑聲裏，看到的卻是一種反啓蒙的啓蒙者[29]的偏執與獨斷。從〈坦白從寬〉到〈輕蔑我這個時代〉，他以「受害者」的語調陳述他之所以成爲大說謊家的由來：戒嚴時代的單音和謊言大敍事，解嚴後價值解體、各式的贗品庸俗假貨大敍述充斥，暗示了在那樣一個以謊言爲眞理的時代，即使是以說謊爲其本色的小說，也失去了說謊的正當性。彷彿唯其如此才再也不會被謊言的世界所污染。從這個角度來看，雖然張大春的美學實踐一向被視爲反映了解嚴與解構、後現代的精神狀態，然而由於其內核卻過度保留了被迫害的創傷——以創傷爲棄絕的理由——無形中卻仍然內化了、自然化了極權主義的謊言邏輯，並且不加反省的將之展開爲一則冒充後現代的神話[30]，使得他的〈透明人〉的迫害妄想持續存活且惡化如朱天心〈從前從前有個浦島太郎〉（朱天心 1992）中的被迫害妄想者。爲對抗謊言的世界而在文本內部裝入自毀裝置，而讓文本內部展生了精神分裂[31]。

二　如果……那後來呢

㈠　城市無故事

從張大春小說的兩種本體論來看，或者是純粹的敍事，或者反敍事——博議、旁白、好現身說法做模仿秀的敍事人，兩種本體論其實都共同指向一種和故事有關的鄉愁：對傳統說書人的召喚。絕對的置身事外，只有他在場才有所謂的故事——他先於敍事，可以隨時橫加干擾，轉變語調，插科打諢，胡說八道。張大春在兩種小說的本體論中都刻意的爲這樣的主體保留了一個鮮明的位置。而這兩種有關說書人的小說本體論其實分別享有不同的語法，一種是張大春所強調的語法，一種是他所棄絕的語法。前者的表達式是「**如果……**」，後者是「**後來怎麼樣**」。

前者的代表作是收於《四喜憂國》（1988）中的〈如果林秀雄〉。全文從「如果林秀雄從未出生，……」開始，而後以如果林秀雄如何如何或不如何如何展開角色的各種可能性之旅，和〈公寓導遊〉類似，藉這樣的句構來展示小說寫作、角色命運的多重可能性。「**如果……如何如何**」做爲敍事之所以得以展開之假設的可能條件，敍事的動機（motivation），其實和它的反面互依共存：「**如果不……又如何如何**」。可以舉《野孩子》的一個片段以爲示範：

> ……如果不是這場雨，或者它祇是一場小雨，我才不會馬上跑回家。不跑回家，我就不會接到那通倒楣的電話。沒接到電話，我當然不會對著話筒胡說八道。如果沒有那樣胡說八道一通，我的人生也許眞地會不一樣。（1996: 19）

在這如果／不的隙縫之間，謊言被後設了。而在其他同類型的作品裏，**如果／如果不**被隱藏在敘事語調裏，而讓基本的假設句的狀態更無所不在、無形無狀。

會被「如果／如果不」徹底瓦解掉的「後來怎麼樣？」，則往往以否定的方式出現在他的討論裏。如討論朱天心《想我眷村的兄弟們》：「泯削了小說裏的情節、動作、對話和角色，其實往往也就剝落了讀者閱讀文本時一個主要的習慣——那個追問『後來如何？』的習慣；取而代之的是『何以如此？』。」這裏強調把讀者的閱讀期待轉化爲思考問題（1995: 131–32）；《野孩子》裏敘事者聽同伴談她不堪回首的往事時，「覺得非常愉快」：「因爲你其實和故事裏多麼大的危險或多麼深的痛苦一點關係也沒有，你祇是坐在那裏吃著翠菓子、喝著冰紅茶而已。你祇會關心：那後來呢？那後來呢？」（1996: 115）涉及的是一種敘事模式給與的讀者位置：玩賞及無關心，一種對故事的慣常消費；《我妹妹》：「那後來呢？就像每個讀小說或寫小說的人都不停在問著的問題。我們問：『那後來呢？』的剎那，所關心的其實是時間；我們寄情於時間帶來一點拯救、一點滿足、一點希望。」（1993: 96）趨向於肯定它的救贖效果。〈以情節主宰一切〉則是正面的肯定它的藝術效用：

> 以情節爲中心的小說（也即是前文中所謂「讓情節主宰和彰顯一切」的小說）根本不必在乎「現實中的人性」或「人性的現實」有多麼複雜，它也不意圖在虛構的體制中捏塑（或曰：「捏造」）一些「類似眞實」的人物，它祇是要讓讀者回到那個非常原始的、「追問後來怎麼了」的狀態中，經歷一連串懸疑、驚奇、滿足和顛覆——……。（1995: 142）

張大春非常強調最後一點（「顛覆其預期的情節」），以之爲免於墮入庸俗化的但書（同頁）——然而似乎僅僅是脆弱的簽署——當顛覆成了格套，則仍然可以預期。「如果／如果不」在這裏被強化為「就是這樣——就該是這樣」，「後來怎麼樣」被加上個自反機制讓它變成「後來並不怎麼樣」，「沒有後來」或「後來其實並不是像你所想的那樣」[32]——兩種本體論在語法上找到了同一性。

不管是哪一種本體論，被語法所規定的世界觀、決定的世界，張大春確實離不開他的語言公寓。這裏必須補充談談他的故事和敘事鄉愁的生產條件。這必須回到公寓的隱喻。所謂的公寓，它確切無疑的指稱了都市，然而上海人馬克思主義者城市作家王安憶又哀傷的告訴我們，其實「城市無故事」：

> 城市無故事。……故事已被分化瓦解，我們再沒有一樁完整的事情可供饒舌的我們講述，我們看不見一樁完整的故事在我們平淡的生活中的戲劇演出。只有我們自己內心尚保留著 個過程，這過程于我們是完整的和了解的。有時候，我們去採訪啊，採訪，想獵取別人的內心過程，可是人人守口如瓶，或者謊言層出，到頭來，我們所了解的還是只有我們自己。于是，我們只有一條出路：走向我們自己。我們只擁有我們各人自己內心的故事，而城市，無故事。（1996: 431）

故事的消失，敘事對象的消失。資本主義時代，故事退化為新聞，而新聞的價值只在於它還是「新」的那個時刻，它的時間性被時效所壓縮，因而新聞中的故事被議論和解說所覆蓋；而真正的故事並不會被那樣的消耗，它保留了原有的縱深度，即使在一段長時間之後仍可以被完整的釋放(Benjamin 1936: 90)。因而在盧卡奇（Georg Lukács）那裏，是「具體的可能性」褪化為「抽象的可能性」（袁可嘉等 142-43）；在班雅明（Walter Benjamin）那裏，是經歷（*Efahrung*）的消失，所有已發生的事件，都被傳播媒體處理成引不起震驚的「經驗」（*Erlebnis*）（Benjamin 1983: 117,154）；在布希亞（Jean Baudrillard）

那裏，「事件」化爲無窮的擬象（simulacrum）……。張大春後期書寫除了投射向不必確然存在的原鄉之外，幾乎都在進行新聞的改編與評述，〈坦白從寬〉也暗示了他的無感的敍事導源於被新聞弄壞了胃口，因而不能忽略這麼一個無故事的都市所內含的經歷的消失對他作品精神狀態的投影，追求新的形式、新的技術、新的姿態（不管是自己的寫作還是他人的作品），無非是在過度熟悉而疲乏的資訊世界裏尋求一點點本雅明所說的「震驚」（shock）：「那後來怎樣了」似地感性的微弱的自我拯救。「具體可能性」（現實主義）和「抽象的可能性」（現代主義）都不是他的家鄉，只能在二者的隙縫中殺出一條以「如果」爲假設句的路：不願意遁入內在世界以面對它的破碎，致使內心的故事陷入本體論的匱缺。當不成說書人，離不開也放不下，又沒有可以說服自己的信仰。在這裏，我們可以較能理解張大春究竟在逃避什麼：也可以了解爲什麼他的否定是那麼的疲軟無力——終究不是阿多諾的「否定的藝術」，而是佛洛伊德的「否認」（disavowal）：不承認他的原始匱缺，和骨子裏對於語言、小說、文學所抱持的保守觀念。在說書人消失、故事的消散的都市，邊緣知識分子現身說法，在公園、公寓或咖啡廳，「小說」無故事，充其量只能街談巷議其不合時宜的「小道」。

（二）心智的青春期

在張大春由語言構成的世界裏，被他自己標題化的關鍵詞有二：「撒謊」及「少年」。如果說從《公寓導遊》、到《大說謊家》、到《撒謊的信徒》是前一個系列之意識的逐漸明朗化，且《撒謊的信徒》序文對謊言的本質、信徒的本質、謊言與信徒之間的授／受關係的連環質問，可以借以來探詰張大春個人的寫作哲學（如本文前面討論的），而《撒謊的信徒》可以說是他寫作哲學的無意識告白——在對「笨蛋」的無情攻擊中暴露了自身的意識形態盲點：那從《公寓導遊》到《少年大頭春的生活週記》、

《我妹妹》、《野孩子》則在語言的撒賴與青春的哀愁中暴露了另一個重大的祕密：後設撒謊者心智的年齡。

做爲少年版（普級）《大說謊家》的《少年大頭春的生活週記》，誠如聽到文本內部「張大春的偷笑」（「輕蔑我」的位置）的蔡詩萍所言，是藉由「被成人不當一回事的青少年次文化系統出發」，以「對照出成人世界也不過是另一群自以爲是的虛僞世界」以遂其「顚覆」（〔1992〕1996: 185），卻依舊向世故讀者大量的展示文學技術。它的正當性被它的反面所合理化，卻也被它的反面映照出它的位置和限度。充斥著小說技術之宣告與文學成規的炫耀的《野孩子》中的主人公，也並非眞正的破銅爛鐵（黃錦樹 1996），不過是沒有什麼往事可言的「見習」野孩子，在「如果」的假設句下遊蕩於想像的市街，終究百無聊賴於偌大的「假如」——與其成長，毋寧死。

《我妹妹》中敍事人對和「馬子」做愛的一段告白可移做形式、寫作和風格的隱喩：

> ……每一個步驟、動作甚至因之而出現的念頭，都有如例行的儀式。我們儘可能做一些小的變化——換換姿態、換一切可以換的東西；除了我們的身體。我們在變換著一切的同時也發現一種變換不去的感覺一直隱伏在我們變換不了的體內：恐懼。我們都在恐懼著我們那太容易厭倦和被厭倦的軀殼。
>
> ……當一切無法變換和無法被變化的時候，我們祇有另外找一個軀殼。（〔1992〕1995: 112）

做愛、文學形式、商品在易於厭倦和求新、重視美學的包裝這一點上[33]，是等同的，且有著共同的深層基礎：需求—欲望。被**厭倦**之**恐懼**所追趕，被某人搞大肚的「我妹妹」沒有恨，只是恐懼生下像自己的小孩；拿掉它，而以〈我剛剛拿掉一個小孩〉命名她瀕臨瘋狂的瞬間，她兩歲半時的口頭禪「那有什麼意義」於焉下沉爲這部作品的基調。關於青春的哀愁、成長和對象物的缺席，都在下列對話中顯現：

> ……那些馬子們和我妹妹至少有一個相同的內在——她們都不想生下一個和她們相像的小孩。
>
> 「你會不會想要有一個像你一樣的小孩？」我妹妹接著問我。
>
> 「像我一樣？」（113）
>
> 十八年後，我搖著頭答覆我妹妹：「像我的話，就不要長大。」（114）

「像我的話，就不要長大。」座標了一個永恆的青春叛逆的正當位置，被凝結的時間性；猶如「我妹妹」之以瘋狂凍結趨向成長的時間。是以「父不詳」的我妹妹的孩子在成形前被處決，猶如小說中以夢與失言暗示我妹妹做爲敘事者不斷逃避、尋求替代的、眞正而現實中不可碰觸的愛戀對象物：她畏懼再生產的子宮。生產與再生產，複製與抗拒複製，無能讓人物認眞的悲傷[34]，不斷的在形式上遊牧、自我否定，爲的是不願回家，「在奇遇、磨難和危險的歷程中已然分享到逃家——其實也就是違抗禁制——的樂趣」（張大春 1995: 20），以爲回家即象徵了成長的停滯，而忽略了「逃家」並不必然是一種成長，猶如《野孩子》的終局，以死亡的方式拒絕成長，或置於無限的流浪，其實也正是對於成長停滯的肯定。不能愛而不敢愛，無法認眞的悲傷的角色，最終達致的是形式本身因無法成長而體現出的深層悲傷[35]，而讓欲望成爲對商品的欲望——張大春的「少年」系列獲得了市場上空前的成功，可說是文學技術商業化的成功例子，但也幾乎暴露了他小說哲學中蘊含的「取悅」對象的問題：技術之求新，形式之求變，不全然是藝術的考量。借阿多諾的話，在資本主義的市場機制中，藝術之求新，不過是社會擴張中的資本再生產之對應物，爲的是在市場中具有持久的競爭力（Adorno 1984: 31）。而前文所論及的在作品中埋下**自毀裝置**（self-destruction apparatus），卻也正是商品美學——美學革新（aesthetic innovation）——的機制之一：——一種僞造的退化（artificial obsolescence）裝置，是一種商品的時間測定設計，在預定的時間內自我報廢，以刺激消費者產生新的需求（Haug 1986: 40），爲消費者提供了表面的新奇與樂趣，以他個人的品牌和勢力，甚至一度主導了台灣「嚴肅」文學商品的品味。

三　結論：無能再現者的再現策略對「台灣經驗」之再現

本文以台灣當代名氣最大的小說家之一張大春的作品（包括小說、評論等）爲討論對象，做症狀式的閱讀，著眼的不只是他書寫台灣經驗時的再現策略，更力圖探勘已被張大春發展爲台灣有史以來最大規模的小說特技的再現策略深處的文本裝置（也就是謊言的技藝），及那樣的裝置的意識形態意義。這樣的討論涉及的並非內容意義上的「張大春展示了怎樣的書寫策略」、「張大春再現了怎樣的台灣經驗」、「張大春的書寫策略再現了怎樣的台灣經驗」；以張大春的個案來看，更是這樣的問題：一、何以他的書寫總是體現爲對再現台灣經驗本質上的無能？與及，二、這種再現上的本質性的無能的再現策略再現了怎樣的台灣經驗？在這樣的觀照下，張大春的作品是否在形式上可以歸類爲「後現代」或姿態上是否「後殖民」都已不是那麼重要的問題。以下圍繞著幾個問題展開：

一、謊言技藝及謊言哲學中的無意識及其神話功能。這一部分首先涉及一個歷時過程，也即是對小說家張大春寫作史的「成長小說」式的重構；就歷史背景而言，是鄉土文學論戰後逐漸確立的本土及寫實的正當性，及相應的對外省人嚴格甚至粗暴的「身分考核」，與及接踵而來解嚴，舊的一元神話及謊言的瓦解，新的、層出不窮的、多元的謊言和神話的不斷被生產和複製。在這樣的大環境下，從略顯稚嫩而眞誠再現台灣經驗的張大春，經過一番反省思辨之後，躍身而爲一個文學特技的表演者。經驗被新聞取代，而此後也幾乎離不開新聞式的思考和感知事物的方式（也許除了他的「大荒野系列」——那是一個和司馬中原、朱西甯、高陽等外省第一代作家的小說世界和心靈世界親密對話的界域），在實踐中逐漸建構起他的謊言哲學和形式邏輯。其多姿態和多產，幾乎可以說是再現了台灣解嚴後的多元幻象及追求新事物（新聞化的事件）的速度和永不滿足的需求；然而也就在這裏，竟可以發現他以他神話式（Roland Barthes 意義下的神話）的書寫策略構築了一己的謊言神話，在作品貌似多元的姿態的深處竟然可以聽見一個清楚、單一、獨斷的聲音——原來一個輕蔑一切的主體寄寓著。那個聲音並非向主體自身，而是向外；故而那不是自我的反思之聲，而是一個獨裁者居高臨下時的嗤笑聲。這樣一個「以撒謊爲其信仰」的主體的主體位置的暴露，在《撒謊的信徒》中被負面認同的獨裁者中一覽無遺。從而也讓我們看到了，張大春再現的其實是一個這樣弔詭的「台灣經驗」：解嚴後貌似多元的變相獨裁的複雜結構，及個中自稱信仰者的自以爲是的理性暴虐。謊言的受害者成了最佳的代言人。

小說的語言、姿態都嚴格的要求理性化的張大春（相對於詩的朦朧），主體力求掌控筆下的一切，其操控、耍弄、顚覆語言與形式，不只是企圖讓一己的意志凌越語言與形式的意志，其實更暗含著一種異化的啓蒙。一再重複的對讀者的閱讀品味和習慣進行訓誨、嘲弄，已自成格套，構成了張大春小說的基本腔調；這種施虐式的策略的快感訴求明顯的已遠遠超過了他對台灣當下歷史現實問題的思考。從這個角度來看，做爲張大春寫作史的「成長小說」是一則沒有啓悟而成長過早停頓的小說；在做爲第二序語言系統的同義反覆中，可以發現他不只漸漸失去了他的角色和對象，甚至也幾近於失去語言——所有的訴說，皆是非對話性的權力者意志的獨白。

二、從這往下，又可以進一步了解，張大春一貫藉「如果」的假設句而廢棄「後來怎麼樣」以避免技術上的平庸的策略考量，其實也體現了一種在都市裏過快的速度中被扭曲的時間意識，即未來感的喪失。在似乎什麼都可以快速的被複製的台北都市，所有的未來總已經帶著過去式，也都似乎可以在「如果」的假設句中被如實的虛構演繹，連經驗和新聞都無法避免。張大春的策略與及說是抗拒，不如說是馴服——一種貌似抗拒的馴服——有意識或無意識的內化了它的邏輯，而在小說的書寫中被合理化爲一種必要的技術要素。該種與存在者的經驗無關的、非親身經歷的事件，在「如果」的假設句中被進一步的抽象化、擬象化，而失卻了感性的質地。這讓當下的歷史失去了歷史具體性與經驗的新奇性，被取消了時間標記和深度感，是以即使是在張大春貌似最有現實感、最具當下現實的表層細節的作品中(如《撒謊的信徒》、《沒有人寫信給上校》)，也不難感受到它底層廢墟式的一片「大荒野」。這讓他的書寫，在無意識的深處體現爲一則當代台灣都市文明心靈的蠻荒紀錄。

此外，張大春一系列的青春期叛逆的故事恰好爲我們標示出他那自我意志的信徒、那獨裁者的心智年齡：他是一個拒絕長大的少年——恆處於叛逆具有無上正當性的青春期。唯其如此，他才可以那麼坦然的輕易擁有絕對，體現爲少年的法西斯。張大春等於是在宣告他不（只）是他那個世代的同時代人，從「再現台灣經驗」的角度來看，他這種回撥時間所再現的正是「大頭春」那一個最沒有未來也最沒有過去新的世代的「哀愁」：在時間的無深度中，除了自己之外對所有的對象物沒有愛的能力；除自己是眞實的之外，外在都是虛擬世界，都屬於「如果」；心靈早已過度衰老，最後的拯救不過是在流行商品的更新速度中做外觀的徒事更新。

從商品美學的角度考察，卻也可以看到商品美學機制在張大春書寫策略中的高度內化，內化於做爲神話的第二序的符號系統中的文本裝置；做爲神話及商品設計者的「輕蔑我」的主體位置，及設定的自毀裝置，都和商品革新的廣告策略如出一轍。從而再現了台灣都市經驗中這樣膚淺的流行時尚眞理：新，就是好[36]。

總之，**穩固的謊言神話**、**永恆的青春期**和**不斷求新的商品**三者在張大春的書寫策略中最終取得了同一[37]。從而再現了當代台灣某類文人再現現實上的自廢自殘以至無能爲力、「我的朋友阿里薩」式的虛無的悲哀。而我們，也一直沒有收到他寄自特洛伊或威尼斯的來信，也不知道是否該繼續等下去——如果眞的是「沒有人寫信給上校」。

---

1 用他自己的話：「幾乎每幾年，我就要『換一種東西』寫寫，歷史小說、科幻小說、武俠小說、偵探小說、鄉野傳奇小說乃至我自己發明的新聞小說、週記小說等等。」（張大春 1994a: 362）

2 除了政治小說——似乎，這種情況被歸入一個同樣含混的修辭底下——「後現代」。本文傾向於在節用大名詞的前提下嘗試深度描繪出它**是什麼**。

3 〈牆〉以頗爲懷疑論的立場處理反對運動中的知識分子，不論是語調還是思辨都接近朱天心的《我記得……》（遠流，）；而〈透明人〉之處理戒嚴時代如影子般的特務文化，其調侃、玩世不恭的語調，卻近於後期。

4 腔調大體指的是：一、題材所限定的本色語（如：什麼樣的角色說什麼話）；二、一篇小說統一的敍事口吻；三、作家個人語言修辭上的特殊習慣，爲風格要素之一。這裏區辨性的「語調」指的是第三個意義。細部討論詳後。

5 借米蘭・昆德拉談到《生命中不能承受之輕》時的修辭：「暈眩是理解特麗莎的關鍵之一。……它可以做爲我們的可能，一種存在的可能。我創造了特麗莎，一個『實驗性的自我』，是爲了理解這種可能，理解暈眩。……深思的疑

問（疑問的深思）是我所有的小說賴以建立的基礎。」（孟湄譯 29）

6 當然兩人原始的立足點並不相同——朱的大觀園和張相對的踏入社會「寫實」。惟可以看見類似的痛苦和懷疑。詳筆者，〈從大觀園到咖啡館〉（朱天心 1997: 235–44）。

7 這或許能解釋張大春爲何對自己的「大荒野系列」情有獨鍾（石靜文 239），對他而言，那才是「純粹」的小說。誇張一點來談，張大春這種「純粹」小說的主張乃是做爲對此地鄉土文學主張的否定，可是所投射的原鄉卻是過去的對岸，一如司馬中原筆下的神州傳奇。

8 這種傾向從他帶有認祖歸宗意味的論文〈那個現在幾點鐘〉（張大春 1992a: 101–32）、在朱西甯早期作品中發現新小說的技術樂趣，到論莫言某些短篇小說的〈以情節主宰一切〉（張大春，1995: 139–48）、成英姝的處女作的技術趣味的〈凝視時間〉（1995: 149–56）都可以看出他技術主導的價值取向。

9 借他「爲文學不安寫的狂序」〈輕蔑我這個時代〉中從《儒林外史》借來的話：「不耐煩作時文」（1995: 12），即不向當道的文學價值、文化要求妥協。

10 理論上，他的訴求比那些「以內容取悅讀者」的作者還要高得多。由他在〈污衊小說，也污衊色慾：新人類小說的劣質性〉中對於當道的情欲書寫的痛斥（張大春 1992: 225–30）可見一斑。借用他在〈凝視時間〉中的修辭，這種取悅是企圖操作出讓「任何一個世故的文學讀者都會覺得有趣的實驗」（張大春 1995: 154），他的技術要求（尤其是對他人作品的技術要求）假定的是世故的文學讀者。更重要的是，由於把「世故的文學讀者」內化爲他作品及意識中的隱藏讀者，使得他的後期作品充滿了技術的噪音。後文論之。

11 詹宏志在〈張大春面面觀〉中從歷時的角度概括出張大春的三個面：呈現者、議論者、表演者（詹宏志 1994: 365、369、371），從結構的角度來看，後期張大春的「議論者」身分是和「表演者」身分不可分的。

12 詹宏志：「在張大春眼中，語言不僅不能溝通，簡直就是圍牆，每個人都活在自己的語言監獄裏。」（1988: 8）這關聯著幾個問題：一、張大春語言世界的語法；二、歷史、記憶問題。後文討論。

13 羅蘭•巴特指出有三種不同類型的閱讀神話的方式：神話生產者的類型（接受它的意識型態效應）、神話學家的類型（解碼，了解何者被扭曲）及神話的讀者的類型（189–90），達到的效果都不相同。本文的分析大致採後二者：摧毀及了解其功能。

14 在可以說是〈旁白者〉之展開的《我妹妹》中，借一個精神醫師之口對「我」說：『「你從來不在你的作品裏暴露自己。相反地，你的東西都是某種保護你那自我的工具。」……「你在逃避，你的小說是你逃避的交通工具。我想瞭解的是：你在逃避什麼？」』（1993: 90）自省：「……我沿著故事的時間軸線一直走下去，逃避著我所不瞭解的自己並假想那就是我的治療。」（96）書寫做爲一種治療也是老生常譚，問題在於，以這樣的不斷逃避、不斷否定的形式，究竟是爲了治療什麼？

15 針對《大說謊家》中因六四事件而有過一次連載上的中斷，且以一段作者聲明（略具魯迅〈無花的薔薇〉意味的——檢驗文人是否有起碼的倫理反省）做替代，楊照和王德威都把它當眞，可是張大春後來在〈預知毀滅紀事〉一文中卻不吝指出並說明它也是謊言的一部分——以貫徹他的撒謊邏輯（張大春 1998: 200–3）。這似乎是一種「超自然」的冷漠。

16 王德威在讀《大說謊家》時即已發現類似的問題，而批評道：「我倒是覺得貫串小說的虛構故事部分，牽扯過多而漸失頭緒。說謊家儘可撒下瞞天大謊，但如何在撒謊之後，把謊圓得嚴實，不是易事。」（王德威 1993: 98）

17 只有在另一種後設語言（論述性的而非神話）中會做一些表白（如序跋之類的），及以那樣的語言寫成的〈猴王案考〉：「隱藏在《西遊記》嘻笑怒罵的諧語嘲誚背後，其實蘊含著多少頑世者沉鬱的隱衷。」（1992c: 312）

18 福樓拜可以說「波華麗夫人就是我」，馬奎茲可以說「《迷宮中的將軍》就是我」，可是張大春的情況卻相反，他在小說中不斷透露的訊息是：他們都不是我。他當然可以辯稱說他所寫的不是以人物爲主的小說，可是我們因此可以看到他近期兩部自己頗爲看重的長篇因此而呈現出致命的問題。《沒有人寫信給上校》呈現出的作者和角色的關係是個中語調不斷的明示或暗示「如果是我，我才不會那麼笨」，而與關鍵角色疏離；而《撒謊的信徒》，作者在自序中即曾提出這樣的問題：「耗費我這樣一個小說家的心智和精力去寫一本大多數讀者認爲是在影射一個材實庸劣、識見知淺的政客的作品，值得嗎？」（張大春 1996: 6）在否定之餘，提出的是一連串哲學關切：「爲什麼信徒會撒謊？信徒又爲什麼不會撒謊？什麼樣的謊言會召致信徒？什麼樣的信徒又會聽信以及傳播謊言？謊言的本質是什麼？信徒的本質是什麼？——質言之，這部小說的名字是如何可能的？」（6）這一系列可以移爲對張大春寫作——撒謊哲學的提問充分顯示了他的思辨能力，可是回到作品，卻令人訝異的發現：小說的滔滔雄辯其實是一種非辯證的責難——以各種眞實或虛構的理論片段、或眞或假的歷史細節，去論證作者不可挑戰、毫無妥協餘地的預設：他是個笨蛋（112）。所以在第一八〇頁借笨蛋的父親阿龍「像昔時日本巡警大人那樣的時代那樣」，響亮的「一巴掌摑在他下巴上」。作者不願化身進入他的內在，「堅持他怎麼會是我」而不斷的在對象和輕蔑我之間拉開一個不可跨越的距離；所以這個笨蛋沒有內在世界、沒有矛盾、沒有感情、沒有愛的能力，沒有厚度：他是一個百分之百純的笨蛋。這種赤裸裸的輕蔑造成的代價是，暴露出作者對於角色失去了愛的能力。那是角色是否能成立的條件，不論作者是多麼瞧不起被影射對象——然而他不願給予他生命。**沒有另一個可能**。作者強化他對當下現實的成見（指沒有依小說的遊戲規則被檢驗），而不惜讓它在藝術上留下缺憾。透露的是這樣的訊息：「這種笨蛋不值得同情」、「笨到這種程度還談什麼救贖」。那一把雄辯的罵聲讓作者把角色一腳踹開，自己躍居爲雄赳赳的主角。

19 這似乎可以借詹明信（Fredic Jameson）對後現代主義作品特色之一的描述：「一種新的平板性或無深度的出現，這是一種最名副其實的膚淺性。」（1998: 28）同樣的，詹明信也指出了「情感」（affect）的消失」也是後現代作品的表徵之一。

20 從這個角度來看，相對於現代主義文學中脆弱的、觀點受限制的小主體，張大春這種全知全能、目空一切的大主體，其實恰恰回到了十九世紀寫實主義小說全知全能的那種大主體。

21 張大春，〈一則老靈魂：朱天心小說裏的時間角力〉（1995）；王德威，〈老靈魂前生今世：朱天心的小說〉（朱天心 1997）；黃錦樹，〈從大觀園到咖啡館：閱讀／書寫朱天心〉（朱天心1997）。

22 楊照也已敏銳的注意到了這一基本問題：「如果說的都是謊言，爲什麼還要說？如果一切都是謊言，爲什麼還要說？如果一切都是謊言，那『怎麼說』是不是就不再值得注意、也無從評價？」（楊照 1995: 211）

23 即使是張大春頗受好評的代表作之一〈將軍碑〉，王德威也曾不客氣的指出它「文學的原創性並不強，邊配人物的塑造亦嫌生硬。作者顯然心存葛西亞‧馬奎茲（Garcia Marquez）《百年孤寂》式的模子，卻缺乏大師奇詭的想像及足夠篇幅，以鋪陳一深厚視景。」（王德威 1988: 273）

24 張大春即把對龍應台小說批評的精采批評題爲〈做指引？還是做知音？〉（1992a: 173–202），而中國傳統文學的知音論，其實它的訴求是「知心」，是超越語言或藝術媒介而探其心志；然而依他的謊言哲學，對「知音」的設定只怕是知其匠心而非眞情。

25 用張大春自己的話：「小說是不必急著破案的，因爲小說不必爲搶功而破案。小說有強大的耐力和韌性，它有自己的章法，它得顯現敍述本身的意志和能量，它是一種追求內在秩序和結構的東西。」（1994b: 313）

26 即使是張大春頗爲自得的「新聞立即小說」，嘲諷的說，以台灣社會、政治新聞之多姿多彩，那樣二度模仿的小說是難望其項背的。

27 相對於張大春的魔幻而不寫實，不一定魔幻然而信仰眞情寫實的巴爾加斯‧略薩認爲：「人們不僅僅依靠眞理生活，他們也需要謊言：他們自由編造的謊言，而不是強加在他們頭上的謊言；以本來面貌出現的謊言，而不是披著歷史外衣、走私進來的謊言。虛構豐富了歷史的存在，使歷史得以完善，用我們的悲慘處境加以補償：總是渴望並夢想比我們實際上能獲得多的東西。」（1992: 82）至少可以補償並不完滿的現實，以進行集體的治療。

28 借〈那個現在幾點鐘〉裏頭的用語（張大春 1992a: 113）。

29 在張大春的重要論文〈人人愛讀喜劇〉（張大春 1992a）中對於王禎和與黃春明的發言位置（所扮演的作家角色）做了重要的區辨：王禎和是企圖和他所設定的讀者（家鄉小人物）站在同樣的位置（162）；黃春明則是「立足於『這小鎮』而對外於『這小鎮』的讀者發出呼喊或吶喊」（163–64）。從這樣的角度來看，張大春做爲一個作家，其實是自居於一個比讀者高的位置：諷刺者的位置（張大春：「諷刺所預設於諷刺者的道德立場往往高於被諷刺者。」(156)），只是被諷刺的對象不只筆下的人物事，還包括了他的讀者，這是張大春最與眾不同的地方。

30 關於張大春作品的後現代指認，詳陳長房（243–46）。

31 《我妹妹》是一次治療的嘗試，以類似告解的方式「坦白從寬」。其意義詳後。

32 如《撒謊的信徒》最後一章〈春水寒蛙〉，張大春出場；《沒有人寫信給上校》張大春處處以小說家現身，最後上校的靈魂和作者對話；《野孩子》最後第二章〈假如〉以「假如你什麼都屁事都沒說，假如你可以在所有的事情發生以前就把它們忘記，假如……」（1996: 212）都是格套化的句點。

33 齊邦媛教授：「張大春寫作策略創新的速度，可以比美今日科技世界產品的速度。」（1993: 174）

34 借張大春的學生駱以軍在小說〈我們自夜闇的酒館離開〉中對卡魯祖巴的詢問：「爲什麼你的作品裏沒有稍微認眞一點在悲傷的人呢？」（駱以軍 1993 : 107）朱天心在爲駱的小說集寫的序中同樣的也以「稍微認眞一點在悲傷」做爲駱的小說成立的重要判準（駱以軍 1993: 5）。

35 對於張大春，這是無意識的。借曾經是他的影子的無意識的意識告白：「……你的鬼臉早已消失在城市冷寂的上空，所有的人卻都抄襲了你的鬼臉。……因爲早就沒有觀眾了。觀眾當初爲了騙你（啊你永恆的鬼臉），如今只會一種表情了。」（駱以軍 1993: 105–6）對於世故的讀者而言，確實都會看到同一張鬼臉。張大春用他在台灣文壇文學體制中的地位和權力有效的發掘了幾位有潛力的新人，從駱以軍和徹夜未眠的公主都是個中的佼佼者。這些新人的共同特徵在於都有頗高的技術才能，之所以再度借駱以軍的話主要在於，駱是張在文化大學中文系小說創作班上的學生，而且所完成的他在台灣文學體制小說家身分被認可的早期作品（從〈紅字團〉到〈手槍王〉，得到了象徵作家身分的諸文學大獎），都帶著深濃的張大春的影子和腔調；而在其踩影子找影子的過程中，《我們自夜闇的酒館離開》是一個重要的分水嶺，象徵著他和張大春小說哲學的分手，也標示著他做爲小說家成熟的可能。而該集子中，〈我們自夜闇的酒館離開〉尤具象徵意義，從「……或是深諳卡魯祖巴的創作習慣，只要怪異一點的方式亮相一下，明天就可以出現在他立即刊出的連載小說之中」(104)不難看出具體的影射。小說中提及的卡魯祖巴的「鬼臉」,可說是描繪出了張大春作品裏「輕蔑我」的具體形象。這一形象,又具體化於張大春〈猴王案考〉中的頑皮孫猴子的「背影」(1992c)。

36 本文草就後,讀到小說家李銳面對中國大陸改革開放以後的文學先鋒派的「副本效應」,有一段頗有意思的反省,可引以爲參照:「我的不滿是看見我們的『先鋒』們,很快的把形式和方法的變化技術化了,甚至到最後只剩下技術化的賣弄和覺悟。這種技術化的小說從外在的方面講,恰恰是對眼前這個越來越技術和越來越商品的世界的投合;從內在方面講,它們以技術炫耀和冷漠隔絕對人的表達。」(李銳 1998: 225)

37 相對於小說,張大春爲他的不同作品寫的序倒是較爲坦率及眞誠的(原諒我用這個前現代的詞),可以看做是其虛構敘事的一個補充性的回饋系統。

引用資料

Adorno, Theodor. 1984. *Aesthetic Theory*. Trans. C. Lenhaedt. London: Routleul.

Benjamin, Walter. 1936. "The Storyteller." *Illumination*. Trans. Harry Zohn. New York: Schocken. 83-109.

——. 1983. *Charles Baudelaire: A Lyric Poet in the Era of High Capitalism*. Trans. Harry Zohn. London: Verso.

Haug, Wolfgang Fritz. 1986. *Critique of Commodity Aesthetic: Appearance, Sexuality, and Advertising in Capitalist Society*. Trans. Robert Bock. U of Minnesota P.

王安憶。1996。《漂泊的語言》。北京:作家。

——。1997。〈處女作的世界〉。《小說界》1997.1: 170-79。上海:上海文藝。

王德威。1988。《眾聲喧嘩：三〇與八〇年代的中國小說》。台北：遠流。

——。1993。《小說中國：晚清到當代的中文小說》。台北：麥田。

巴爾加斯・略薩（著）。趙德明譯。1997。《謊言中的眞實》。雲南：雲南人民。

石靜文。1990（1988）。〈張大春創作的生命力〉。張大春。236-40。

朱天心。1992。《想我眷村的兄弟們》。台北：麥田。

——。1997。《古都》。台北：麥田。

米蘭・昆德拉（著）。孟湄譯。1992。《小說的藝術》。北京：三聯。

李銳。1998。〈重新敍述的故事（代後記）〉。《無風之樹》。台北：麥田。

林燿德。1987。〈蘇菲斯特的言語：從《公寓導游》看張大春的小說策略〉。張大春。1992b。

張大春。1980。《雞翎圖》。台北：時報。

——。1989a。《大說謊家》。台北：遠流。

——。1989b。《歡喜賊》。台北：皇冠。

——。1990（1988）。《四喜憂國》。台北：遠流。

——。1990。《病變》。台北：時報。

——。1991。《化身博士》。台北：皇冠。

——。1996（1992）。《少年大頭春的生活週記》。台北：聯合文學。

——。1992a。《張大春的文學意見》。台北：遠流。

——。1992b。《張大春集》。台北：前衛。

——。1992c。〈猴王案考：孫悟空考古探源事件〉。《小說二十家》。平路主編。台北：九歌。1998。

——。1993。《我妹妹》。台北：聯合文學。

——。1994（1986）。《公寓導遊》。台北：時報。

——。1994a。〈坦白從寬〉。楊澤主編。1994。

——。1994b。《沒有人寫信給上校》。台北：聯合文學。

——。1995。《文學不安：張大春的文學意見》。台北：聯合文學。

——。1996。《野孩子》。台北：聯合文學。

——。1997a。〈一個詞在時間中的奇遇：一則小說的本體論〉。《聯合文學》13.3: 14–17。張大春。1998。

——。1997b。〈踩影子找影子：一則小說的腔調譜〉。《聯合文學》13.12: 12–17。張大春。1998。

——。1998。《小說稗類》。台北：聯合文學。

張誦聖。1998。〈衝決知識疆界的創作者文論〉。《聯合報・讀書人》309（1998.4.20）。

陳長房。1995。〈後現代主義與當代台灣小說創作〉。《四十年來中國文學1949–1993》。張寶琴、邵玉銘、瘂弦主編。台北：聯合文學。231–54。

黃錦樹。1996。〈小說家的特技表演〉。《中國時報・開卷周報》（1996.9.19）。

楊照。1992。〈多重文體的滲透、對話：評張大春《少年大頭春的生活週記》〉。張大春。1992b: 178–82。楊照。1995: 198–203。

——。1993。〈青春的哀愁是怎麼一回事？：讀大頭春的《我妹妹》〉。張大春。1994: 176–84。楊照。1995: 204–13。

——。1995。《文學、社會與歷史想像：戰後文學史散論》。台北：聯合文學。

楊澤〔主編〕。1994。《從四〇年代到九〇年代：兩岸三邊華文小說研討會論文集》。台北：時報。

詹宏志。1988。〈幾種語言監獄：讀張大春的小說近作〉。張大春。1990（1988）。

——。1994。〈張大春面面觀〉。楊澤主編。1994。

詹明信著。吳美眞譯。1988。《後現代主義，或，晚期資本主義的文化邏輯》。台北：時報。

齊邦媛。1993。〈評介《少年大頭春的生活週記》〉。張大春。(1992) 1996: 174–77。

蔡詩萍。1992。〈這次，看誰在說話〉。張大春。1992b。

盧卡奇著。李廣城譯。1989。〈現代主義的意識型態〉。袁可嘉等選編。《現代主義文學研究》。北京：中國社會科學。

駱以軍。1993。《我們自夜闇的酒館離開》。台北：皇冠。

——。1994。〈「後」知死亡紀事〉。《中國時報・開卷周報》(1994.9.22)。

簡瑛瑛、賴慈芸紀錄。1990。〈性／女性／新女性：袁瓊瓊訪談錄〉。《中外文學》18.10 (1990.3)。

羅蘭・巴特著。許薔薔／許綺玲譯。1988。《神話學》。台北：桂冠。

歷史、交換、對向聲

閱讀李昂的《迷園》與《北港香爐人人插》

廖朝陽

> 不是「環境因素」，不是「遇人不淑」，不是「命運的安排」，而是「我有」，「我做了」，「我明白」，「我出過聲」。
>
> ——Fink 1995: 62

> 貧窮是人生際遇中最悲哀的一種。聖誕老人很少降臨人間，也不能免除貧窮，但是他的存在至少讓我們知道，貧窮是怎麼一回事。
>
> ——Bloch 1997: 220

李昂的小說《迷園》(1991)講的是朱影紅的故事。她是一個有教養的世家小姐，保有傳統女性的溫順性格，卻在追求獨立自主的過程中轉爲離經叛道，走出自己的路。她的一生與戰後台灣的歷史有密切的關係：幼時她目睹父親因爲政治理念比較進步而被新近統有台灣的中國政權列入黑名單，受到嚴密的監視，從此失去社會活動空間，只能退守祖先留下的菡園，形同禁閉，虛度一生。這樣的幽禁生活同時也使朱父成爲閒人，讓他有機會從事個人嗜好與文化品味的追求，年幼的朱影紅因此反而能享有親密的父女關係。多年後父親去世，朱影紅從國外回來；這時她才知道，父親的嗜好花費極大，母親為了讓父親無後顧之憂，幾乎變賣了朱家所有財產。只有菡園賣給娘家的人，並約定朱家可以在二十年之內買回。不久之後，朱母也隨著去世。此後朱影紅就在延續先人基業，恢復家族尊嚴的工作中扮演了重要的角色。這個成長的過程自然會受到一些考驗。在某種模糊的不安全感驅使下，她愛上了房地產開發商林西庚。林雖然是暴發戶，但他的權勢卻令朱影紅想起父親的威嚴。接下來是一場愛情的持久戰，朱影紅在整個過程中不斷追求感官快樂，同時為了留住男人而施展女性的小聰明，甚至陷入被虐式的迷戀。其間她也幫助林西庚發展事業，並且懷孕、墮胎。另一方面，她始終沒有忘記父親的一生，也放不下菡園的童年回憶。最後她如願與林西庚結了婚，並且由他出資贖回荒廢的朱家花園，重新修葺。接著朱影紅又成立「菡園管理基金會」，將花園捐出，使朱家祖產能為全國人民所共享。

上面的情節摘要雖然粗略，卻多少可以呈現出小說內容的離奇安排：一方面，小說極力渲染世紀末台北的頹廢生活形態；另一方面，它的意義框架又刻意凸顯了對共群記憶（甚至民族記憶）的重建與肯定。這個由雙線交疊所形成的主題編排較接近寓言體的表意結構，卻因為含有對立項的並陳而難以索解。面對這種開示與色欲交纏，文化與資本難分的情況，我們該如何反應？其實作者自己在訪談中說過，頹廢（decadence）並沒有道德含義：它是一種「極端放縱」的狀態，接近死亡與性，卻並不是一種「墮落」（見邱貴芬 1998: 105）。如果物質與欲力含有對體性（otherness），那麼死亡與性就是對體性的邂逅與迷戀，而小說要達成敍事意義的收束，建立完整的符號框架，就必須從對體性的執著中再走出來，不能永遠停留在頹廢中。本文想要做的正是以《迷園》為起點，深入頹廢與「放縱」背後，探討其中所隱含的暢力（*jouissance*）與昇華、身體與符號整編之間的緊張關係。

最明顯的例子是林西庚與朱影紅父親的關係。我們似乎可以說，林西庚是朱父的殘缺化、粗俗化分身：兩人一個是活在純粹虛耗中的父親，爲了維護、整建花園，也爲了照相機、音響設備與名貴汽車而浪擲金錢與生命；另一個則是土地投機家，善於從事掠奪性交換與資本經濟的價值儲存，而且喜歡不斷更換性伴侶，把喜新厭舊當成一種符號資本的累積，一種「交換使用權」的活動（見 Irigaray 1985: 186），從其中得到（已經超出肉欲的）快感。這兩人之間的對照顯然指向頹廢背後的複雜含意，以及由意義的複雜性衍生出來的可能性與可變性。後來兩人關係的發展經過符號框架的翻轉，果然造成類似《辛德勒名單》(*Schindler's List*) 的價值移位：父親虛耗一生，卻在無意間成爲重要的文化保存者，爲後代留下含有重大歷史意義的古蹟（李昂 1991: 301f）。另一方面，林西庚的資本掠奪似乎也可以說得到某種「救贖」，因爲他爲菡園的修葺與捐贈出力，扮演了施與者的角色。

因此，除了擁抱頹廢之外，小說其實還含有更深沉的顛倒：庸俗的交換機器（林西庚）可以成爲閒人雅士（朱父）的變體。兩人在黑格爾式的主奴辯證中形成互補關係，恰好印證了巴代伊（Georges Bataille）的禮物贈與理論（見 Stoekle 1997）；而如何超越這樣的主奴辯證就成爲故事發展的重要考慮。這裏的價值顛倒當然會造成許多解釋上的困難，特別是小說的女主角長期放浪形骸，不但耽溺於性欲的虛耗，而且參與商場利益的累積，根本無法爲讀者呈現一個「光明面」，反而加深了解釋的障礙。也就是說，小說想要呈現一種頹廢的邏輯，想要探討掠奪性交換與禮物贈與之間的神祕流轉，但是這樣的關懷偏離了大部分當代讀者單向閱讀的習慣，常會被誤解爲違背正當的道德標準或缺乏「提升人性」的力量，對「世道人心」無益或甚至有害。最早出現的幾篇《迷園》評論對小說採負面評價，表面的理由正是在李昂過度耽溺於價值錯亂的情節，在反面描寫與較嚴肅的主題之間造成無法彌補的裂痕；評論者不是說小說與惡質資本主義「妥協」，陷入「意識形態的錯誤」（呂正惠 1991），就是認定小說處處表現出惡劣的低級趣味，充滿扭曲的觀點與不合情理的人物刻畫，使整體敘事失去形式的平衡（金恆杰 1992a, 1992b）。小說本身對這些嚴苛的批評卻似乎有先見之明：在小說的開卷部分（第一部之前的楔子）有一段講到有人向群眾募款幫助一位愛滋病患，大家的反應卻是無動於衷、好玩，甚至擺道德架子，認爲愛滋病患接受「上帝的懲罰」是活該，「不捉到牢裏就太好了，還敢要人捐什麼錢」（李昂 1991: 4ff）。

後來的評論者倒是比較細心，對小說的複雜性有比較多的掌握。這些讀者通常是採取女性主義的觀點，爲小說提出辯護與解釋。整體來說，在她們的努力下，小說基本主題的預設框架已經得到相當合理的說明。例如朱影紅的性愛追求可以解釋爲一場禳祓儀式，是整個社會性別疾病的見證（黃〔劉〕毓秀 1993），也可以解釋爲一種必要的迂迴，指向父權體制殘害下女性賴以療傷止痛的緩衝區（彭小妍 1995），或者是女性面對父權壓制，起而追求完整性愛觀與更高自覺的表現，是女性成長過程的一部分（陳淑純 1996；林芳玫 1997）。然而，這些辯護的重點似乎集中在性別議題，而小說其他部分的不連接（其實是過度連接）造成雙線交疊的主題編排無法正常化，仍然是解釋者不易克服的難點：低俗的性愛也許可以拿來交換財富，但是要進一步透過財富來與家族光榮與民族傳統的重建掛鉤，不但不合寫實小說敍事的規範，也有違反政治正確性的嫌疑，要取得認可的確並不容易。例如黃毓秀在這部分就呼應了早期評論的嚴苛立場，對小說「政治線」的發展頗有微辭，認爲這部分主要是出現於倒敍中，在朱影紅追求性愛的現在生活裏得不到印證，甚至被沖淡、被否定（1993: 97f）。王德威也有類似的看法：他讚許李昂在小說中對情欲的處理表現了「耐心和自省」，但也認爲她似乎在延續《殺夫》中較粗糙的女性主義對抗策略，用簡單化的「二元對立的邏輯」來處理複雜的政治與歷史問題（1993: 185f）。

李昂在最近出版的短篇小說集《北港香爐人人插》（1997）裏以雙線分離的方式切割了《迷園》的主題編排，似乎就是在澄清文化與資本、解放與威權、消耗與保存如何交疊、爲何交疊的問題，向質疑《迷園》的評論者提出回應。在小說集裏，第三篇〈北港香爐人人插〉描寫性與權力的恣意交換，第四篇也就是最後一篇〈彩妝血祭〉則描寫貞節與堅忍的美德，表現了崇高的價值設定；這兩個主題分屬兩篇小說，在表達上已經沒有直接的關聯。〈北港香爐人人插〉的主角林麗姿過著放縱的生活，重複了朱影紅主動追求欲望的主體性。但是她缺少朱影紅那種高尚教養的保護，隨即成為有名的公用情婦，被視為來者不拒的「香爐」。最後她不但不能如願贏得愛情與婚姻，在成為重量級立法委員之後也防不了別人的閒言閒語，始終被看成是靠「睡男人」起家的人物。小說裏無所不在的長舌男則重演了《迷園》裏林西庚的浮誇；他們以評斷、幻想林麗姿的床笫生活為樂，卻沉迷於替代性的言語偷窺與空幻的意淫中，不能像林西庚那樣眞刀眞槍的消耗欲望、交換資本，只能在封閉的符號圈套裏不斷徘徊、拖延。所以，林麗姿與這些長舌男雖然各自代表某種身體政治，其中卻都找不到由文化消耗轉向文化保存的可能性。至於〈彩妝血祭〉則倒轉了〈北港香爐人人插〉的道德位階，卻也重複了它的呆滯。故事裏的王媽媽是一個地位崇高的政治犯遺孀；她的丈夫在新婚之夜被「武裝人員」逮捕，隨即被槍決，後來她堅守清心寡欲的生活，用各種耗費心力的工作（做衣服、化妝、參與黨外民主抗爭等）來克服自己的創痛。這種抽象的，接近無我狀態的「第三人稱」存在呼應了《迷園》中朱影紅父親對精緻生活的追求，但是王媽媽抹殺自我的付出並沒有脫離傳統禮教下崇尚貞節的嚴格倫理，也就始終未能突破獨尊超我的符號框架，無法走出集中保存的緊密管理，向分散共享的公共消耗開放。

這兩個故事形成對照，正顯示出《迷園》的雙重主題如果眞的是不連接，結果會是如何：在〈北港香爐人人插〉裏，女人（林麗姿）不但掌握身體，也掌握符號，占據了淫父的位置（「淫父」的理論見Žižek 1992: 158ff），而失去中心地位的輿論建置則以過度私人化來回應、對抗（群眾到處窺探隱私，散布流言）。在〈彩妝血祭〉裏，女人回歸道德典範，成為公共良知與共群記憶的化身，卻否定了凡俗人物的活動力與繁衍力，犧牲了自己，也拘束了他人，終於引出一連串的死亡事件，連她自己也不能倖免。這兩個故事以不同的方式編排意義，點出文明社會裏構成共群生活的兩個面向；如果這兩個面向不能互相疊合，個人或共群的心理平衡就會走向崩潰。按文藝復興時期歐洲新柏拉圖哲學的講法，美雅三女神（Graces）是愛神維納斯的「展開」（unfolding），也就是說，三女神透過意義的分解將內容「複雜」的愛神呈現爲比較容易理解的狀態（Wind 1967: 204-08）。如果我們可以借用這個提法，那麼《北港香爐人人插》後半部兩篇故事的主角正是「展開」了《迷園》裏朱影紅的雙重構成；雖然這裏的展開帶有翻轉，是透過分離來呈現負面對照，但是由隱晦轉向易解的方向並沒有不同。反過來說，《迷園》的解讀所以比較困難，原因也可能就在朱影紅的故事是以一種摻搭、「包攏」（infolding）的方式來保存表象背後的玄義。

《北港香爐人人插》四個短篇裏的某些角色似乎有影射眞實人物之嫌，在出書前後曾經在台灣媒體造成相當大的風波（見林玉珮 1997；王德威 1997: 37f）。加上作者描述情色一向大膽前衛，在舊作（包括《迷園》）早已有「案底」可稽；本書仍以冗長的篇幅恣意堆砌與性器官有關的辭彙或聯想，引人側目也是必然的。有趣的是，即使是在這種出版新聞的層次，本書引發的種種回響仍然凸顯了交換與消耗的基本形式：作者利用小說內容來影射、報復仇家是一種交換，而新聞界喜歡傳布、渲染個人隱私與越軌行爲則是一種虛耗；也就是說，這些現實世界的回響其實仍然是以交換與消耗爲重點，並沒有超出由《迷園》延續到《北港香爐人人插》的共同關懷。另一方面，小說集的出版引發與文學本身沒有直接關係的八卦反應，反而少有人討論作品的文學表現，也容易讓我們聯想到林麗姿在〈北港香爐人人插〉中認爲女人應該「以身體做策略向男人奪權」的主張。林麗姿這個主張在故事裏至少重複了三次，但每次都是第一句還沒講完，就被轉述者中斷，沒有機會發展說理的深度（李昂 1997 149, 152,

159)。同樣的，小說作者想要從林麗姿的主張（或她的主張被消音的事實）發展出某種開示的動作，也有被新聞八卦消音的情形。這裏我們不能把符號意義的難產解釋爲小說不求深入的結果，也不能簡單的歸罪於作者放不開父權價值觀（駝紅 1997）或陷入陽具崇拜的病理（王浩威 1997）。也就是說，意義中斷的情況既然在故事內外重複發生，其中的問題其實已經超越了文字假想或作者心境的層次，成爲在現實世界裏客觀存在的症狀。小說（或者用身體奪權的主張）與正規言論之間互相對立，缺少交換，其實正顯示出事件背後藏有窺視欲望的公共投射，而且這個層次已經使個人層次的開示動作受到干擾。

在以下的討論裏，本文將引用拉康派心理分析對「分割驅力」(partial drives) 的闡述，並特別凸顯對視點 (gaze) 與對向聲 (voice) 這兩個脫離項（前者表現爲視線，後者表現爲聲音），來說明李昂小說的現實性與批判性。簡單說，這些小說是透過形式與主題的對照關係來處理脫離項的流轉，形成敘事結構的基礎。這部分包括許多明白點出的意義指標，比較容易理解，下文就從這裏開始討論，並透過驅力理論的引導，重新審視《迷園》與《北港香爐人人插》後半部的敘事重點。最後本文也會回到交換、禮物贈與等問題，進一步點出李昂小說的文化意義。簡單說，本文認爲〈北港香爐人人插〉是一個對向聲入侵公共標記 (signifiers) 的故事，而第四個短篇〈彩妝血祭〉講的則是來自過去的視線支配了現在。這兩個短篇各自以切割的方式呈現出共群生活裏互動空間的不同側面，而《迷園》則是透過聲音與視線的自由交換，打破驅力的拘束，指向共群成員的完整互動。本文不擬討論《北港香爐人人插》前半部的兩個短篇，但就本文的解釋架構而言，這兩個故事顯然也可以讀爲相互對照，而且所處理的問題也各自呼應了後半部的兩個故事，只是人物與情節的構想比較溫和，似乎是點到爲止。也就是說，小說集前半部的兩個短篇可以視爲預備性的素描，後半部的兩個短篇則是以兩兩對應的方式延續、深化前半部的兩面對照，構成完整的，極端化的呈現。

在拉康派心理分析的理論裏，對視點與對向聲都是與驅力相對的脫離項。對視點指的並不是一個實際觀看的動作，而是觀看對象似乎藏有「盲點」的模糊感覺，是一種散發無主視線（對視線），吸引觀看者進入視覺空間的外在施力點。對向聲也一樣，是一種對體內部藏有空白點的印象，指向一個超出任何具體聲音與具體說話者之外，隱隱約約，不斷招引聽者的假想對方。對視點與對向聲都是小對形（*objet petit a*）的具體呈現，是自我認知在對體空間的投射，必須被排除在意識之外，也就是被壓抑，否則主體就無法維持現實感（Žižek 1996: 90ff）。這裏無意使用宗教學的觀念來比附心理分析，但是我們仍然可以指出，脫離項其實就是一種主體性的「包攏」：它們遁入祕義空間，既脫離符號常規的約束，卻又充滿欲望與意義，既在小對形的自由代換中異態化，虛位化，卻又不斷透過自動反覆來維持驅力的恆常，結合了虛耗與保存這兩個互相衝突的面向。另一方面，這個「包攏」空間在小說世界裏呈現爲具體的，「顯義」的文字描述，在敍事的層次再度形成對立項的跨越，重複了脫離項的雙重性，也顯示出這裏的祕義可以翻轉，可以向閱讀開放，參與符號意義的辯證與流通。

舉例來說，《迷園》在開卷過後，第一部的一開頭就指向對向聲的存在：朱影紅在小學三年級的作文裏寫下一個句子：「我生長在甲午戰爭的末年」（李昂 1991: 15）。由於朱影紅的年紀比句子的時間晚了至少半個世紀，這篇作文自然只能招來老師和同學的訕笑，這件事從此也在她心中留下不可磨滅的記憶。這裏我們可以問，如果「甲午戰爭末年」的說法背後沒有某種不得不然的強迫力，朱影紅怎麼會「沒怎麼遲疑的」（15）寫下這樣的句子？這正是超越具體字義，超越單純符號成規的另一種聲音。多年後，朱父對這裏的時間錯亂做了一番解釋：他認爲「甲午戰爭末年」的講法將影紅的出生連結到台灣歷史的轉折點，「就某種意義來說，也並沒有錯」（23f）。但是他信中的話既是高亢嚴肅的陳述，又大幅度借用官方歷史教科書的陳腔濫調，仍然呈現出歷史的聲音游離於意識與常規之外，充滿流動性與對向性的事實。

整部小說就以這樣的方式，不斷透過發聲驅力的搬演來鋪陳政治與歷史的主題線。小說引用了許多朱父的信函，納爲朱影紅回憶的內容。這是以過去與現在交疊的簡單方式呈現出不同時點之間的對應關係；而朱父的浮動聲音正是跨越時間距離的接著劑。再如菡園內部滿布文化標記與文學典故，也只有對向聲才能統合各種細節，超越外來文化就是家族傳承的矛盾，產生一種古典風致；朱影紅初識林西庚時所以能吸引對方，靠的主要就是來自菡園的古典味。從大處看，對向聲可能尖銳化，成爲先祖母陳氏的毒誓，不許朱家後代爲抛妻棄子的先祖朱鳳立譜歸宗；這樣的聲音含有無形的禁制力，支配朱家子孫數百年。從小處看，聲音的浮動不但可以使台北酒廊的歌聲、樂聲平添一層強烈的感染力，成爲眞實顯現的所在，也可以內化爲朱影紅的自省與獨白，一方面透過符號活動來整備資本主義下頹廢生活的景象，一方面也顯示出主體不能直接面對頹廢背後眞實層的空虛，必須借對向聲的內化來設立緩衝。這類脫離項入侵、干擾、補襯主體的例子所以值得探討，並不是因爲這個層次在小說裏有傳達開示性內容的作用。其實小說本身的意識形態發聲是否能在具體閱讀過程中發揮效力，的確是頗有疑問，評論者在這部分有所保留並不奇怪。但是要眞正了解小說的主題結構，我們就不能不考慮在意識形態內容的開示效力以外還有別的組織原則。例如《迷園》刻意強調性愛的主題線，結果就是敍事過程中靜態的誇示場面（spectacles）特別多，而按電影理論的說法（應該也適用於小說），靜態場面具有「鎖死動作流程」的作用（Mulvey 1975: 27）。如果不是發聲驅力不斷還原、解套，產生反作用力，這些誇示場面就會使敍事陷入極端被動的凝滯狀態。這裏小說的重點是在意義辯證本身的開展與流動（聲音的游離），不在主題內容的演述；不論是個人化的創傷經驗還是大歷史的訓示都不是重點。這是因爲驅力的脫離項是眞實層的裂縫所在，在形式上性質明確，卻是有形無體，在內容上必須呈現爲空白（所以稱做「小對形」）。就本文來說，這個內容空白的解釋是了解小說如何處理脫離項運作，如何透過脫離項的內容化來開展交換、饋贈等高層次主題的重要關鍵。

以上的討論旨在說明《迷園》的敍事含有脫離項必須開放的堅持，接下來我們要指出，〈北港香爐人人插〉正是以「外顯」的方式延續了這樣的開放性。在〈北港香爐〉裏，聲音是描述林麗姿渴求性愛的重要方式，包括有時眞有時假的叫床聲（與她來往的男性多半愛好此道），也包括她在寂寞難耐時不由自主而發出的呻吟聲。這兩種聲音其實都具有不屬於自我，脫離在外的性質；所以林麗姿聽到自己的呻吟會覺得很像叫床而「悚然一驚一陣心虛」（李昂 1997: 134f）。也就是說，這兩種聲音一正一反，卻都是浮動的對向聲。這樣的脫離項切換已經含有熟悉與不熟悉、眞實與非眞實的逆轉，也顯示出小說在性和政治利益的交換之外，還有一個對向聲交換的意義層次。這個層次是從脫離項有形無體的特性引伸出來的，而且不僅呈現爲呻吟聲與叫床聲的逆轉，也涉及小說的整體意義。一方面，林麗姿自己是個能言善道的立法委員；即使是那些看不起她的婦女團體代表也肯定她「傑出的表現與擁有的權力」，邀請她參加重要的會議（152）。也就是說，林麗姿顯然有辦法駕馭她那來自身體深處，有暢快也有痛苦的女性聲音，把它轉換成符號溝通的動力。她能忽而操弄女性媚態，忽而改採言辭攻勢（152）；這樣的描寫不僅凸顯出林麗姿政治手段的高明，更說明了公共律法與言辭理性的符號整備所以能成立，是因爲在符號整備的反面還有一個充滿身體暢力的層次，撐起符號，並且不斷與符號進行交換。這個支撐結構就是超我要求享受的絕對命令；只有它才是眞實欲望，一般意義下的性愛享受或「性器快感」只是不可能落實的假托而已（見 Lacan 1998: 6f; Žižek 1992: 124–28）。

這樣的女性聲音充滿威脅，在符號體系裏也無法安置，所以由男性主導的公共傳述必須採取相對的動作來維持一定的現實感。這就是爲什麼小說裏會出現大量喋喋不休的八卦，反覆用一些缺少變化的虛幻想像來渲染林麗姿的性活動，包括用公共或政治語言來比喻身體（陰道是人人可插的香爐，陰唇狀似台灣島等等），用誇大的揣測來戲謔取樂，用極端條理化的表列來醜化器官特徵等。也就是說，如果林麗姿進入政治符號是欲望的昇華，公共傳述釘住身體器官就是語言的退化。這一點小說文字表達得非常清楚：故事裏失控的八卦言辭（用括弧標示）往往自相矛盾，不然就是不符合第三人稱敘述者的說法。例如小說多次引述傳言，表示林麗姿自參與黨外活動以來，總共接受過男同志的「四、五十根陽具」；以桌數來算（宴會時每張桌子可坐十個人），這個數字應該等於「四、五桌」（李昂 1997: 130）。但是由江明台轉述的算法卻是說，和她睡過的男人「坐坐沒有十來桌，也有五、六桌」（139）。我們還可以算得更清楚：根據第三人稱敘述者的說法，林麗姿在「同一時間只跟一個男人上床」，努力「盡到一個做妻子〔的〕能做的一切」，直到對方失去興趣爲止（141），而且至少有幾個男人與林麗姿維持了「幾個月」的關係（134），其中最後一個男人（江明台）來往的時間光是從最後兩次做愛到表明分手就有一個月(139)，加上之前的長期來往，以及分手之後到故事開頭描寫的江明台婚禮還有一段時間，總共絕對不止「幾個月」而已。也就是說，林麗姿接觸黨外運動既然只有「三、四年」（130），還要扣掉維持較久的幾段關係，這段期間內要和「四、五十」個人發生「做妻子」程度的關係其實頗不可能。這樣一來，當傳言的另一個說法指出林麗姿「天天被至少四、五十根不同的陽具輪流操插」（140），我們也就不必再去追究這裏講的輪流是不是每天輪一圈了。但是這些八卦愛好者似乎頗重視計算的準確性（見 151 的「減法不是加法」理論）；如果連他們最引以爲傲的人數計算其實都靠不住，那麼傳言其他部分的繪聲繪影又如何讓人相信？

這些傳言追求的當然不是揭露眞相，而是透過文字（及數字）遊戲來編造幻想，用不斷衍生的符號標記來隱藏對向聲，降低焦慮。那麼這裏的對向聲說出了什麼呢？除了這些八卦男人不斷譴責、鄙視，卻又最想做的那件事，也就是淫父的命令：享受女人之外，還會有什麼？除了這些說長道短，自命高尚，用指責他人來鞏固本身符號位置的正人君子之外，還有誰會心甘情願成爲林麗姿這個狐狸精的「受害者」(158)？在小說裏，男性群眾的道德優越感不斷打擊身體，製造傷痛。另一方面，被符號「改寫」(overwritten) 的身體 (Fink 1995: 12) 卻拒絕就範，反而抓住身體與符號層、公共傳述與私密領域的重疊來「反改寫」符號，切斷意義的流通，讓符號層淺碟化，變成身體的翻版。這樣的對抗原本起於兩個極端之間的衝突，至此卻轉爲「聲音對聲音」的自體相爭：

> 律法、道、眞理必須不斷與對體的聲音相抗，與暢力、女性頹廢的盲流對敵，但是在這場爭戰中，它必須絕對服從另一個聲音，也就是律法背後的，父親的聲音。(Dolar 1996: 27)

上面已經提過，林麗姿主張女人應該用身體來顛覆男人，奪回權力。但是這樣的策略如果有效，那必然是因爲在這裏，父親的聲音（在八卦耳語中現形）只不過是另一個聲音，也就是女性的聲音，的變格而已。這樣的重疊關係可以提醒我們，在律法與文字的符號世界底下，另有一個被遺忘的反面：在這個層次，所有標舉保存的常規都會指向不爲人知的虛耗：

> 父親的聲音與女性的聲音完全不同嗎？迫害者的聲音與被迫害者的聲音有差別嗎？這裏面也許藏著一個祕密：這兩個聲音其實是分不開的；不是眞的有兩個聲音存在，而是只有一個對向聲，用一種「愈遙遠愈親近」[extimacy] 的方式去分割、禁制大對體，而且揮之不去……(Dolar 1996:

27)

林麗姿的故事將結束時，女性的聲音才以較正面的方式出現，把過去帶回現在。林麗姿憶起外祖母「有過人的聽力」，不但聽得見她下課後回家的腳步聲，也時常「聽到」地下有「地基主的聲音」。外祖母曾經告訴林麗姿：「聽，有掘土的聲音，向土下掘古井，掘太深，會掘到別人的厝頂，代誌就大條了。」（李昂 1997: 161）小說在這裏出現了一個靜止點；外祖母的話信手拈來，與這部分故事情節的開展並沒有直接、明顯的關聯（原本林麗姿是因爲看到眼前遊行隊伍裏的「男神」而回想到幼時的城隍廟印象）；而且接下來小說也並沒有刻意去發展「掘古井」明顯帶出的「香爐」聯想，切斷了性標記的強迫流通，也打破了整篇小說知識意淫化、性器官文字化的比喻結構。這就是對向聲帶給我們的洞見：脫離項是符號層的反面支撐，我們必須尊重它，傾聽它的聲音，而不是在它的「厝頂」挖洞。小說的前半部寫林麗姿想要以自己的方式去做一個「好」女人，但公共傳述卻不斷窺視她的身體，審查她的性道德和欲望，而且引以爲樂；這才是她無法和男人發展「正常」關係的主要原因。最後林麗姿討回了公道，公共傳述（包括小說本身的傳述層次）卻付出代價，退化成空洞無聊的噪音，聽不見也說不出林麗姿的女人奪權策略，只能像唱片跳針一樣，不斷重複她的第一句話。

對向聲是主導〈北港香爐〉的脫離項，《迷園》的情況卻不太一樣，因爲《迷園》的對向聲總是會受到反作用力（特別是視覺驅力）的牽制，不會走向絕對化。在開卷部分，菡園的「後現代」影像就出現在電視牆上。後來視覺主題在故事裏也反覆出現，點出脫離項的種種變化，例如帶有「死亡的氣息」的菡園舊照片，還有因照相機鏡頭折射而左右錯置的觀景窗影像（朱影紅誤信它而產生方位錯覺，不知危險，反而在大火中拍下最逼真的照片），以及幾百架朱家舊相機擺在一起，使相機形狀「變得陌生且不易辨識」的視覺逆轉（李昂 1991: 190, 202f, 262）。但是呈現視覺脫離項最具代表性的，應該是描寫北投按摩女這一段了。這裏的情節是朱影紅與林西庚在盲眼按摩女面前互相愛撫，兩人因爲第三者在場而不能出聲，使朱影紅經歷到未曾有過的感官刺激（245ff）。通常這段文字很容易就會被讀成李昂好寫情欲，無所不爲的例子，但是這裏的描寫其實對視覺關係有深刻的呈現，任何解讀如果不談這個層次，都會失去完整性。在愛撫過程中，朱影紅忽然注意到，盲眼按摩女並沒有閉著眼睛工作，反而是張著空盪盪的白眼珠，不時隨著雙手動作眨動眼瞼，「兩點小小不完整的黑瞳仁」也隨意游動，好像在投射視線。朱影紅感到不安，向後退縮而打斷了挑逗的動作；林西庚則以爲她有所示意而遣走按摩女。隨後兩人開始做愛；在「驚懼不安不知爲何來到心中不祥的死亡感覺中，朱影紅更冶蕩、放縱的迎逢起他」（247）。這段描寫結合了性、死亡與對視，透過盲眼按摩女的無主視線點出了現代生活的視覺特質。按班雅民之說，現代生活的高度發展造成傳統圖像不再能擺弄距離，使視覺經驗的風致 (aura) 傾向瓦解：「如果眼睛像鏡子一樣，用一片空白來注視我們，我們面對的就是無可跨越的距離。也就是因爲距離無可跨越，這樣的眼睛與我們之間反而沒有距離可言。」(Benjamin 1969: 190) 這裏有一個背反的現象：距離的絕對化反而造成距離消失；而這正是按摩女這段描寫的重點所在。一方面，朱影紅面對空白視線，就像是見到鬼一樣。用拉康的比喻來說，她是見到馬杜莎 (Medusa) 的頭，見到「女性器官的深淵」、「終極眞實與純粹脫離項」的閃現；這裏的脫離項「不再是脫離項，而是一出現就會打斷一切言辭，取消一切分類的東西，是牽引焦慮的終極對象」(1988: 164)。另一方面，這樣的絕對異形一旦現身，又會使相關的脫離項喪失距離感，由極疏遠轉成極親近：死亡引起焦慮，所以必須有想像對體來安頓、緩衝；這個連動關係就加深了朱影紅對性對象的需要：「對體的身像疊蓋在小對形上面；我的同類要引起我的欲望，就必須先有這樣的疊蓋。」(Quinet 1997: 140)

也就是說，眞實必須戴上濾罩，以免主體「被對視點奪去視力，或者受眞實層干擾」（Foster 1996: 138ff）。詭譎的是，這個阻擋視線，避免直接面對脫離項回看的動作並不會癱瘓主體的行動能力。事實正好相反：視線經過阻擋，反而減低了對視點的光眩，避免主體的現實感受到破壞；這不但是成立想像認同的先決條件，也是發展符號深度的基礎：

> 閹割現象的中心意義是欠缺的呈現；而對視點是小對形，可以成爲符號，代表其中的欠缺。另外，對視點在這裏等於是小對形弱化，已經具有局部施力、容易消失的性質。因爲有這樣的對視點，主體對表象背後的層次並不能有所認知，而且在哲學探討的進程裏，思想的進步總是離不開這樣的限制。（Lacan1977: 77）

《迷園》的描寫完全符合由想像到符號的轉折：在北投之夜過後的隔天早晨，朱影紅回到符號計算，把心思放在未來的行動策略上。她告訴自己，必須不顧一切留住林西庚，因爲她「將再無法忍受失去他」（247f）。在視覺異化走到極端後，眞實退位，符號轉強，一個內在的聲音再度主導故事的發展。

這部分當然也是發聲驅力還原，爲靜態場面解套的一個例子。就理論來說，對向聲與對視點之間的關係「就是生與死的關係」，因爲「聲音帶來生機，而視線帶來死亡」（Žižek 1996: 94）；兩者在《迷園》中「包攏」爲一，可以說開啓了辯證性的流動，在生與死之間不斷造成交換：當對視點被對體疊蓋，形成表裏交換（主體從眞實的異化中醒過來，或被喚醒而進入眞實；前者如遣走盲按摩女，恢復正常的隱私環境，後者如空白視線干擾兩人調情），被遮住的部分就會流向聲音，在其中現形（在此例爲進入主體內心的反思）。在更大的主題層次，這個結構樣式不斷將死亡納入生命的流動，卻沒有取消死亡的效力。換句話說，發聲驅力在回訪、還原之後仍要繼續與視覺脫離項進行交換，並不能一勞永逸，完全排除對視線的存在。例如小說結尾似乎在暗示，林西庚可能會變成性無能，朱影紅也將無法爲林西庚生育小孩。這樣一來，海盜婆陳氏的毒誓似乎是應驗了；也就是說，聲音本身似乎絕對化而變質爲死亡。但是即使在這裏，小說裏脫離項的流動仍然不斷在開啓新的可能，不斷質疑表面化的直線閱讀。當鬼魂的聲音把菡園推向異化眞實的極端，當超我的攻擊性符號體制勢力高張，似乎無可抵禦，對視點還是會適時還原，解救主體。雖然作者自己也附和一般的讀法，肯定朱家會絕後（李昂 1992: 147），我們卻有反證來說明這個毒誓到底還是不會應驗。朱影紅在「慌亂中」想到「她〈或〉將永遠不再能有他的孩子」（加標重點）；「慌亂」的反映可以說明絕後的結果並非她所願見。接下來，小說還有一段奇怪的描述：朱影紅「更迫切的想要立即能再看一眼那園子，再不然，它或已消失不見，一切俱有若不曾發生，從不曾存有。」這個詭譎的時刻一閃即逝；就在整部小說的最後一段，對視點最後一次還原，重新建立意義的轉換與視覺的凝聚，從「慌亂」之中把朱影紅拉回現實：她坐在高處俯望菡園，這時園中「燈火燦爛輝煌」，好像整個園子「正興旺的燃燒著」（李昂 1991: 312）。也就是說，「一切」並沒有消失，只是在「燃燒」生命，散發光芒。如此看來，原先菡園「或已消失不見」的想像既然沒有應驗，朱家「或將」絕後的念頭又何必非解爲可靠的預言不可？

這就是《迷園》裏透過脫離項流轉所呈現出來的敍事交換。最簡單的說法是：發聲驅力還原，可以防止小說因爲誇示場面而陷入絕對靜止；反過來說，當過去的聲音過度強勢，危及主體的生機，來自感官刺激的視線（唯物的「頹廢」）也將再次回訪，發揮平衡作用。這個敍事操作一再重複，原本可能是一種布局剪裁的方便，作用在提供一種結構性的骨架，但是不同的脫離項系統一旦形成連鎖，又呼應了故事裏各種符號標記之間的流通與交換，透過聲音與視線之間的交相轉譯來強化不同表達領域之間的共存關係，架構更開放的意義空間。這個由欲力交換牽引文字關係，進而產生意義流動的原則是收攏整部小說的形式特點，也是其中的雙拼式主題框架終能免於分裂、崩解的主要原因。

按上文的解釋，〈北港香爐人人插〉是一個交換通路中斷，對向聲權威無限上升的故事。《北港香爐》的最後一個短篇〈彩妝血祭〉講的則是另一種情況：當對視點取得絕對權威，公共律則的反作用力將會使世界停止流動，使身體欲望飽受傷害。影像是貫穿〈彩妝血祭〉的敍事重點，而且往往與死亡有關；其中最重要的自然是所謂「死の寫眞」。這批相片是由一位二二八受難者的妻子在丈夫被刑求慘死後所拍下的，據說會在事件發生近五十年後首次合法舉行的弔祭活動中向世人公開，結果卻始終沒有出現。除了這批相片外，還有遊行隊伍中參加活動的受難者家屬手上所捧的死者遺照；這些是表情僵硬的舊時代黑白人頭照，雖然不像傳說中的「死の寫眞」那麼可怕，卻也因爲像中人「俱明說著他們死亡的遙遠年代」，表情笨拙而詭異，「平添了無盡的冤屈氛圍」（李昂 1997: 181）。再來就是街頭行動劇用視覺表演來呈現引發整個事件的緝私衝突、年輕女化妝師爲應邀向與會群眾講話的「女作家」上妝、王媽媽（受難者遺孀、反對運動裏有名的道德支柱，也是名化妝師）爲死去的兒子整理儀容等等。這些細節仍然都含有來自過去的視線，也都與死亡有關。即使是「生」氣最旺的女作家也覺得不祥，因爲女化妝師告訴她，說她如果不上妝看起來會「像那些照片裏的人物」；上妝之後，她在鏡子裏看到自己，覺得很陌生，「看著明明白白是自己，但又好像不是」，最後她擦掉嘴唇上的一些口紅，卻使嘴唇看起來「像剛吸吮過血後，唇上沾著枯乾的血漬」（184f）。當天晚上，女作家看到電視插播新聞，得知東區發生火災，奪走六十幾條命，其中就有不久前才替她上妝的那位年輕女化妝師。女作家的臉因驚恐而陷入扭曲；她覺得臉上留有死亡的「印記」（210f）。在小說的最後，王媽媽投身水中，含笑死去；顯然她是爲兒子的死哀傷過度，而且悔不當初，因爲自己曾經發現兒子有變裝行爲，卻無法接受而使兒子飽受折磨。

那麼〈彩妝血祭〉爲什麼要著意凸顯死亡的主題呢?在故事裏,小吃店老闆認爲火災所以會發生,是因爲近五十年前的受難者有怨未消,得不到超度而產生「冤氣」(211)。雖然在半世紀後,政府早已走向開放,也不禁止弔祭活動,死人的聲音卻仍然沒有得到尊重。在小說一開頭,幾位即將參加追悼的年輕人對歷史的意義表現出毫不在乎的態度。年輕女化妝師明確表示,她接這個案子只是爲了幫朋友的忙;雖然在她的長輩親戚中也有人在二二八事件中受害,但是不論是那批「死の寫眞」或者是弔祭活動本身都不能引起她的興趣(168)。一位將參加街頭劇演出的年輕演員提到這次活動,也沒有表現出有什麼特別的感受,令人覺得二二八事件「顯然對他無甚意義」(166)。小說對活動當天的街頭劇表演有詳細的描述,並且插入敍述者的旁白,一再指陳表演內容缺乏歷史眞實性。雖然在某些人(包括親反對陣營的女作家)的心目中,二二八是意義重大的歷史事件,一般民眾的態度卻顯得現實而冷漠。〈北港香爐人人插〉關心的是語言改寫身體的過程,〈彩妝血祭〉的重點則是在現實環境實體化、呆滯化,使歷史正義的傳述框架受到拘束,凝結爲空泛的意識形態,似乎與忘不掉過去,陷溺於「悲情」的偏執心理沒有什麼差別。當然,正如〈北港香爐〉裏的身體並沒有屈服,而是積極發動「反改寫」,〈彩妝血祭〉裏被凍結的死者聲音也不斷打破表面的平靜,以冷眼回看,甚至展露「對視線背後的盲點」(Ragland 1995: 201),不但打亂了事件與事件之間的因果關係與連續性,也爲整個社會帶來極端化的個人災難(王媽媽之死)與脫離理性條貫,不可預測的公共意外(火災)。在這個層次,對視點現出原形而步步進逼,卻沒有什麼機制能將它轉化爲標記,還原爲聲音。

當然,小說的結尾仍然提供了某種程度的緩解。這裏出現的不是〈北港香爐人人插〉那樣的靜止點,而是一個含有完整象徵意義的物象;透過象徵意義的交疊,小說多少是重新引進了時間,也重新開啓了流動性：王媽媽倒在水中，觸動一盞小蓮花燈，使它脫離岸邊，在一片神祕的靜謐中往前漂去；現場負責爲弔祭活動拍攝錄影帶的導演拿起機器，想要拍下這一幕，卻發現「那小小蓮花燈的熒熒光亮，鏡頭錄下的將只是一片黑暗」(220)。這段描寫單純而樸直，卻非常動人，顯然其中含有眞實的閃現，能提醒我們：雖然社會想像已經瀕臨崩盤，其中卻仍然存有希望，仍然可能產生符號的流通，在無聲的層次接受聲音，讓對向聲還原。在〈北港香爐人人插〉裏，林麗姿利用身體的說服力，與男性權力相抗衡，終能脫離符號整編的強勢掌控。在〈彩妝血祭〉裏，王媽媽則以遁入黑暗的方式與健忘的社會達成和解，在最後一幕透過靜態的視覺場面來昇華身體，催化意義，在無窮遠處重建符號流通的可能性。這兩個短篇形成補襯關係，可以相互對照。

王媽媽的故事雖然隱約含有希望，卻並沒有取消整篇小說的反面意義。就公共傳述來說，烈女傳記不像色情諷刺那麼乖張，當然是比較「正面」的文類，但是〈彩妝血祭〉沒有發聲驅力的層次，所以傳主所留下的希望仍然脫不去喑啞、脆弱的性質。王媽媽的自殺表現了台灣反對運動參與者的受虐性格，彷彿是整個政治世代的總結。黃毓秀(1993)就性別政治的觀點對朱影紅的受虐情結作過完整而深入的分析。這裏我們可以根據王媽媽與朱影紅的對照，進一步討論受虐性格與後殖民意識的關聯。就性別、性愛關係來說，像朱影紅這樣的受虐者通常會被認爲是屈服於權力，與當權者合流。這裏我們卻可以舉出另一個引起爭議的受虐癖女人來說明這裏的意義轉換。電影《鋼琴師和她的情人》(*The Piano*) 的女主角艾達 (Ada) 被迫參與性交換 (用身體的局部來交換鋼琴鍵)，卻愛上物化她的男人班思 (Baines)；這樣的安排較《迷園》的朱影紅溫和，卻仍然引起極大的爭議。另一方面，艾達的交換帶來的顯然是生命，而不是死亡：

> 我們可以說，艾達是「拒絕參加」自殺：「好厲害的死法！好僥倖！好意外！活下去是我內心的選擇！」艾達溺水這一幕〈呈現死亡，同時卻也拒絕了死亡〉，形成對受虐行爲的「禁忌認同」，使禁忌本身進入表達，也邀請觀眾接取受虐者的聲音——「眞是奇怪的催眠曲，沒有錯；它是我的。」(Gordon 1996: 205f)

如果受虐者的聲音不是無主的對向聲，影片又何必邀請主體來「接取」(possess)它？當主體接受對向聲的存在，艾達的催眠曲就不會產生催眠效果而使主體沒入空無，反而可以成爲主體的認同對象，在《鋼琴師和她的情人》裏更可以轉換爲敍事層次的第一人稱旁白，不斷「邀請」觀眾進入認同。但是對向聲是符號列移動所造成的剩餘(Dolar 1996: 9)，所以我們也必須擁有造作符號標記的能力才能「接取」對向聲。追根究柢，艾達選擇活下去，「接取」催眠曲，視爲己有，是因爲她有過符號交換的經驗。符號交換帶來生命，因爲艾達在其中經驗到意義的流通，打開了深化主體性的可能。所以我們不能簡單的說，艾達與男人成立「契約」關係只是女體物結化(fetishization)的一種方式或殖民經濟的一種剝削行爲；這樣的關係其實也可以指向「愛的高峯」：主體因爲愛而接受對象的不可企及，而放棄完全的擁有，情願在對象四周「徘徊不去」；這樣的愛要成立，就不能沒有一個體制中介的對照層次，也就不能脫離「契約式的外在符號交換」(Salecl 1996: 193)。

台灣的學者對艾達的愛情有兩種有趣的解釋。廖咸浩認爲艾達與班思是情投意合的情人，因爲兩人對音樂有「共同的感應」(1994: 45)；黃毓秀則認爲班思代表前伊底帕斯期的「父母聚合體」，「融合著父的沉穩與母的慈愛」(1994: 64)。這兩種解釋當然都忽略了(至少是無法容納)班思原先「物化」、肢解鋼琴，拿它來交換艾達身體的關鍵情節，而其中忽略的兩種方式卻似乎指向文化想像的基本分歧，也就是在《北港香爐人人插》裏，林麗姿與王媽媽這兩個角色所分別代表的兩種典型。早年林麗姿所以會飽受折磨，正是因爲她放棄符號理性，接受浪漫的愛情觀（「共同的感應」），相信女人只要扮演好妻子的角色，就可以完全保有所愛，不必涉及契約式的條件交換。王媽媽的情況稍有不同：她是有地位的新娘化妝師，熟悉視覺表達的技術，但是公共傳述爲她設立固定的符號形象（正義的化身、受難者的楷模、「沉穩」而「慈愛」的母親兼父親），反而嚴重限制了她掌握符號的能力，使她無法在較「世俗」，較具交換性的層次投入主體欲望，牽引符號標記的流通。以她的符號位置來說，她的聲音原本可以發揮極大的動能，但是在失去意義交換的層次之後，這樣的聲音在客觀的符號區隔系統中還是只能屈居一隅，冰封於蓮花燈的「熒熒光亮」中，成爲景仰與讚美的對象，卻終究不能讓多數人有「它是我的」的共鳴。

從這裏再回頭考慮《迷園》的雙線主題，我們似乎可以得到一個結論：《迷園》的表述比較像《鋼琴師和她的情人》的雙重發聲，是以雙重主題的互動與交換來點明我們在兩個短篇裏看到的兩種文化想像的偏失要如何化解。《迷園》用單一角色來驗證雙重主題的互補關係，敍事框架本身已經凸顯了交換動作的往來循環並賦與正面意義，在其中找到克服、超越心理與歷史傷痛的可能。追根究柢，我們所以需要符號意義的辯證流通，不是因爲它符合取消條理秩序，解放一切異質的原則，表現了「後現代的虛無」（這是林芳玫 1997: 293f 的解釋），而是因爲只有經過「穿越幻見」（traversing of fantasy）的交換與轉化，主體才能遷居客位，將主體的分離因（cause）也「主體化」，還原爲自我的一部分（Fink 1995: 61f）。在小說裏，這個分離因可以呈現爲靜止點，可以呈現爲空間流動的開啓，也可以呈現爲兩者的拼合（如擺盪於動靜之間的菡園）；而這個分離因的所在也就是批判超越的所在：「在這裏主體可以主動做爲（以自己爲動因，以自己爲欲求者），而且可以脫離傳述（至少是暫時如此），從傳述分裂出來：不必背負大對體的包袱」(66)。這樣說來，朱影紅對盲女視線的反應雖然緩和了眞實的壓力，同時卻也打破了未經反省的性愛觀，在符號理性的常態中引進不安的因素，爲眞實背後那個批判超越的所在留下殘像；從此朱影紅就漸漸走向「穿越幻見」的路，透過符號表達的進一步複雜化來建立主體性。就主題結構來說，政治線的存在豐富了符號連結的網絡，擴展了意義自由流通的空間，也就強化了主體追求開放、自主的走向。

流通當然是交換的結果。交換的觀念通常會令人聯想到馬克思對資本主義社會異化現象與商品物結的分析，但是本文希望超越這樣的理論格局，回歸一般意義來處理符號標記的辯證與流通；也就是說，我們必須重新考慮交換觀念的一個舊的意思：「在自由與公平的原則下互相交易的理想」(Adorno 1973: 147)。例如上文說過，《迷園》的故事涉及各種形式的交換：除了情愛與資本的交換（朱影紅與林西庚的愛情）之外，還有過去與現在的交換（「甲午戰爭末年」的時間錯亂）、頹廢與典雅的交換（朱初識林時菡園的古典文化榮光增加了朱的吸引力）、視覺與聽覺的交換（對視點與對向聲交替出現）等等。小說裏的各種交換表現了一個基本原則：它們都含有歷史感，不排斥愛戀過去、美化遠方、擁抱差異的聲音。海盜朱鳳犧牲家庭，選擇赴異地冒險，是最明顯的例子。這裏的重點並不在交換的標是什麼，也不在什麼東西成爲物結，而是在交換的形式本身已經假設個人保有跨越距離，移除或者重新投入主體欲望的模擬能力；而這樣的能力與穿越幻見，抵達客位的能力已經相差無幾。陶西格（Michael Taussig）討論菲格（Tierra del Fuego）印地安人，認爲他們的

> 模擬能力所以能提高，靠的是一個多變的自我。這個自我擁有許多身像（等於「靈魂」）；而相對的，自然環境裏的動物、植物與自然現象也都被視爲靈體所寄，而且碰到人類也能「回話」。每

> 一個自然物都配有一個靈體；這個靈體模擬它，是它的分身，而且有時候會在人間現身。(1993:97)

我們不能否認，這樣的模擬能力常有變質的危險，因爲它既然離不開墨思 (Marcel Mauss) 所謂的「贈禮精神」(93引)，也就有可能轉向無中生有的剝削式交換。這一點剛好可以解釋〈北港香爐人人插〉的長舌族爲什麼能在空洞的幻想中變出無窮的樂趣。另一方面，如果不能從面對眞實的角度來理解這種充滿矛盾的交換，我們也就看不到表面的剝削背後還有更大的壓迫體制，從而失去破解大體制，取消其社會效力的可能。比較好的做法應該是：在形式的層次把這類交換也納入交換，讓隱藏在其中的呆滯符號恢復流通，重新成爲公共傳述的一部分。

在《迷園》裏，交換形式本身的交換主要是由父親的游離聲音所帶出，而且表現得非常清楚。這個聲音教導朱影紅：即使是顯然已經物結化的過去（偏離官方說法，卻不脫粗糙的單一化台灣歷史），因爲與私領域的人情事理以及個人的記憶與失敗都有交換關係（前者如納入陳氏禁止朱鳳恢復族譜符號地位的毒誓，後者如歷史的回顧由受迫害的父親說出），最後還是可以超越符號框架所造成的剩餘快感，進入公共保存的層次。例如陳氏的毒誓就現代人的觀點來說其實並沒有實質的意義，只是一廂情願的空想，唯一的作用是在表達個人的願望與不滿。可是依上文的解釋，毒誓在小說的結尾還是得到化解，而且不是以被遺忘、被壓制、被打成歷史廢棄物收場，而是眞正的消去恩怨，由繼承家族的女性傳人跨越神話時間，透過朱鳳與林西庚的類似性取得代理陳氏的資格，重新啓動毒誓背後的主體性。在安排好一切，排除男性再度背叛的可能性之後，朱影紅以獨立自主的方式做出自己的決定，解除了毒誓（即使朱家眞的絕後，毒誓仍然會隨朱家消滅而終結）。也就是說，讓過去的聲音（可能是騙子、海盜的聲音，也可能是聖賢、烈婦的聲音）以個人化、主體化的方式重新進入大歷史，製造符號標記的自由交換與流通，正是不斷干擾、打斷大歷史的一種手段。

所以，來自過去的受難者聲音是以歷史記憶的形式出現的：這已經不是單純的記憶，而是班雅民所謂的「追想」（Eingedenken），也就是對迸出式記憶（memoire involontaire）的主動追索：追想

> 不只是過去的重複或轉述而已；它的重點是要揭示過去所包含的，應然而未然的可能性。透過這樣的追憶，埋藏在過去時間底層的改變動力才能重見天日（也許很快又會消失）。……追憶的過程不斷瓦解〔大歷史〕條貫的緊箍咒，爲歷史受難者的言辭與記憶建立有反省能力的寫作、發表空間。追憶受難者並不會延續傷痛，也不會陷入悲情，只會打斷歷史的延續，讓各種苦痛的經驗從面目模糊的群眾樣板中浮現出來。(Remmler 1996: 32f)

從這個角度來看，我們可以說《迷園》的兩條主題線本來就不以結合爲單一密合體爲旨趣，而是要透過種種交換關係來整理歷史留下來的個人聲音，架構文化意義的新形態。只有這樣，這些被埋沒的聲音才有可能對任何貫通古今的封閉歷史（包括殖民者與被殖民的歷史）提出異議。在《迷園》裏，因爲符號不斷流通，即使是制式台灣歷史的聲音也會轉向變化與寬容，表現出接近靈體信仰的模擬調適：雖然日語是殖民者的語言，朱父卻可以用它來表示對新殖民文化的抵抗，而且用得心安理得；朱影紅可以爲獲取商業利益而結交政府官員，但是在捐出菡園時，卻必須謹守朱父的政治立場，排除由官方承接管理權的可能。這些表現當然並未脫離被殖民者對歷史做彈性解釋的務實觀點，是受虐式的模擬，也是不願盲目接受對視點招引的堅持。朱影紅應該是到了最後一次俯覽菡園，才明白自己的愛情是怎

麼回事；同樣的，愛台灣、愛土地的要求總是停留在抽象訓示的層次，似乎也是在等待最後一刻的「再見鍾情」，但是這個拖延、繞圈子的過程卻也使想像中台灣歷史的符號框架不確定化而顯得更眞實。

當然，歷史記憶不可能完全排除被扭曲，被條貫化而轉用於大歷史編造的可能。上文引用心理分析理論的「穿越幻見」說，用意正是要指出：分離因的主體化是避免歷史淪爲樣板的重要原則。李昂筆下的外祖母相信小孩子要學習傾聽掘土的聲音，卻又警告他們不要在別人的屋頂上挖洞，含有爲無主聲音負責的精神，正表現出小對形主體化的原則。這樣的記憶看起來相當奇怪，卻是眞實智慧所在；陶西格認爲即使在後資本主義的時代，物結機制也會繼續存在，已經點出其中的關鍵：

> 按馬克思在《資本論》裏的說法，物結的作用在製造社會經濟的剝削，所以在資本主義被推翻後應該也會消失；而後資本時期靈體論則認爲，物結也是自然物內部所含的自主社會力，所以這一部分在後資本時期仍然會繼續存在。進一步說，物結根本不應該消失，因爲在後資本社會裏，在「攢聚」的知覺模式退位後，只有讓自然物保有靈力才能促成世界人性化的理想，早期馬克思的預言也才能實現。(1993: 99)

但是在當代台灣社會與政治傳述的主流觀點下，李昂的未來派演練還是會形成嚴重的解釋障礙，使許多讀者陷入不斷對作者施虐的閱讀病理。大部分讀者應該會同意《迷園》與〈北港香爐人人插〉描寫的是女性貞操的反面。有些人會接受，甚至頌揚，其中對傳統女性道德的顛覆。但是當李昂想要進一步面對政治認同的複雜問題，一般讀者就難免會覺得她不是藝術破功，就是意識形態有問題。本文的主張是：這些作品含有一個祕義的層次，即使是兩個短篇的反面展開也只能留下翻轉、開放的解釋空間，無法降低《迷園》意義表達的高度，直接招引一般讀者。這樣的寫法不能破解意義包攏所造成的閱讀距離，卻可以換來創造性思考的提升，以及新歷史感的呈現。透過這樣的交換，李昂選擇了政治理想的堅持與歷史記憶的追索；對台灣歷史的現實進程來說，這些作品至少可以算是善盡言責吧。

引用文獻

Adorno, Theodor W. 1973. *Negative Dialectics* (1966). Trans. E. B. Ashton. New York: Continuum.

Benjamin, Walter. 1969. "On Some Motifs in Baudelaire" (1939). *Illuminations: Essays and Reflections*. Ed. Hannah Arendt. Trans. Harry Zohn. New York: Schocken. 155–200.

Bloch, Ernst. 1997. "From Spuren." Trans. Jamie Owen Daniel. *Not Yet: Reconsidering Ernst Bloch*. Ed. Jamie Owen Daniel and Tom Moylan. London: Verso.

Dolar, Mladen. 1996. "The Object Voice." *Gaze and Voice as Love Objects*. Ed. Renata Salecl and Slavoj Žižek. Durham: Duke UP. 7–31.

Fink, Bruce. 1995. *The Lacanian Subject: Between Language and Jouissance*. Princeton: Princeton UP.

Foster, Hal. 1996. *The Return of the Real: The Avant-Garde at the End of the Century*. Cambridge: MIT P.

Gordon, Suzy. 1996. "'I clipped your wing, that's all': Auto-Erotism and the Female Spectator in *The Piano* Debate." *Screen* 37.2: 193–205.

Irigaray, Luce. 1985. "Women on the Market." *This Sex Which Is Not One*. Trans. Catherine Porter. Ithaca: Cornell UP. 170–91.

Lacan, Jacques. 1977. *The Four Fundamental Concepts of Psychoanalysis* (1973). Ed. Jacques-Alain Miller. Trans. Alan Sheridan. New York: W. W. Norton.

——. 1988. *The Ego in Freud's Theory and in the Techniques of Psychanalysis 1954–1955. The Seminar of Jacques Lacan*, Book II (1978). Ed. Jacques-Alain Miller. Trans. Sylvana Tomaselli. New York: W. W. Norton.

——. 1998. *On Feminine Sexuality: The Limits of Love and Knowledge. The Seminar of Jacques Lacan*, Book XX, *Encore 1972–1973* (1975). Ed. Jacques-Alain Miller. Trans. Bruce Fink. New York: W. W. Norton.

Mulvey, Laura. 1992. "Visual Pleasure and Narrative Cinema" (1975). Rpt. in *Screen*. eds., *The Sexual Subject: A Screen Reader in Sexuality*. London: Routledge. 22–34.

Quinet, Antonio. 1995. "The Gaze as an Object." *Reading Seminar XI: Lacan's Four Fundamental Concepts of Psychoanalysis*. Ed. Richard Feldstein, Bruce Fink, and Maire Jaanus. Albany: State U of New York P. 139–47.

Ragland, Ellie. 1995. "The Relation between the Voice and the Gaze." *Reading Seminar XI: Lacan's FourFundamental Concepts of Psychoanalysis*. Ed. Richard Feldstein, Bruce Fink, and Maire Jaanus. Albany: State U of New York P. 187–203.

Remmler, Karen. 1996. *Waking the Dead: Correspondences between Walter Benjamin's Concept of Remembrance and Ingeborg Bachmann's Ways of Dying*. Riverside: Ariadne P.

Salecl. Renata. 1996. "I Can't Love You Unless I Give You Up." *Gaze and Voice as Love Objects*. Ed. Renata Salecl and Slavoj Žižek. Durham: Duke UP. 179–207.

Stoekl, Allan. 1997. "Bataille, Gift Giving, and the Cold War." *The Logic of the Gift: Toward an Ethic of Generosity*. Ed. Alan D. Schrift. London: Routledge. 245–55.

Taussig, Michael. 1993. *Mimesis and Alterity: A Particular History of the Senses*. London: Routledge.

Wind, Edgar. 1967. *Pagan Mysteries in the Renaissance*. Revised ed. Harmondsworth: Penguin.

Žižek, Slavoj. 1992. *Enjoy Your Symptom!: Jacques Lacan in Hollywood and Out*. London: Routledge.

——. 1996. "'I Hear You with My Eyes'; or, The Invisible Master." *Gaze and Voice as Love Objects*. Ed. Renata Salecl and Slavoj Žižek. Durham: Duke UP. 90–126.

王浩威。1997。〈該來看看李昂的文學成績：解剖《北港香爐人人插》〉。《中國時報》。九月二十五日。

王德威。1993。〈華麗的世紀末：台灣•女作家•邊緣詩學〉。《小說中國：晚清到當代的中文小說》。台北：麥田。161–92。

——。1997。〈性，醜聞，與美學政治：李昂的情欲小說〉。李昂1997: 9–46。

江寶釵。1995。〈敍事實驗、失落感與宿命感：論李昂的《迷園》〉。龔鵬程編。《台灣的社會與文學》。台北：東大。269–92。

呂正惠。1991。〈《迷園》的兩性關係與台灣企業主的眞貌〉。《聯合文學》83: 161–65。

李昂。1991。《迷園》。台北：李昂。

——。1992。〈金教授您錯了：回金恆杰教授談《迷園》〉。《當代》72: 144–49。

——。1997。《北港香爐人人插》。台北：麥田。

林玉珮。1997。〈新書上市，李昂、陳文茜同時落淚：到底誰像誰？全版香爐揭露林麗姿眞面目〉。《今周刊》44 (1997.9.21)。〈http://winwin. com.tw/win44/win44-3.htm〉。一九九八年七月三十一日讀。

林芳玫。1997。〈《迷園》解析：性別認同與國族認同的弔詭〉。鍾慧玲編。《女性主義與中國文學》。台北：里仁。271–96。

邱貴芬。1998。《(不)同國女人聒噪：訪談當代台灣女作家》。台北：元尊文化。

金恆杰。1992a。〈黃金新貴族：包裝與商品之間——再評《迷園》〉。《當代》71: 130–47。

——。1992b。〈有關李昂女士《回響》的幾點說明〉。《當代》73: 132–38。

陳淑純。1996。〈《殺夫》、《暗夜》、與《迷園》中的女性身體論述〉。《文學台灣》19: 128–45。

彭小妍。1997。〈女作家的情欲書寫與政治論述：解讀《迷園》〉(1995)。李昂 1997: 273–301。

黃〔劉〕毓秀。1993。〈《迷園》中的性與政治〉。鄭明娳編。《當代台灣女性文學論》。台北：時報文化。69–107。

——。1994。〈肉身中的女性再現：《鋼琴師和她的情人》〉。《中外文學》23.6: 55–73。

廖咸浩。1994。〈藍色鋼琴女：《鋼琴師和她的情人》與《藍色情挑》中的音樂、情欲、自由與弱勢論述〉。《中外文學》23.6: 41–54。

駝紅。1997。〈當Mary與Sally相遇〉。*Formosa* 5。〈http://www.taip.org. tw/document/formosa/v5t5.htm〉。一九九八年七月十九日讀。

「只可」哥哥，「害得」弟弟

《迷園》與〈第凡內早餐〉對身分「國族（主義）化」的商榷

廖咸浩

一 透明社會之夢：認同的國族（主義）化

吳濁流在日據末期暗中開始撰寫、光復後出版的《亞細亞的孤兒》，在台灣文學史與文化史上都具有劃時代的意義。這本小說可謂總結了台灣漢人自日據到一九四九年之間在文學作品中對「身分」的探討。而整個過程所形成的論述，其用以一以貫之的乃是：「國族」(nation)或「民族國家」(nation-state)的「身分」(identity)具有絕對的優位(primacy)。這套論述也相當程度制約了自一九四九年到目前爲止關於「身分」的主流討論方式——從現代性、國族、民族國家等角度，嗟嘆台灣（漢）人之無法擁有穩定的（現代化國家應有的）「國族身分」(national identity)。並以追求穩定明確的國族身分爲個人與社會最終與最高的目標。

《亞細亞的孤兒》的主人翁胡大明生於一個極爲傳統的家族。幼時曾跟隨飽讀詩書的祖父學習傳統中國文化，但在被迫就讀日語教學的公立學校後，面對技術先進的日本文化，逐漸產生了自卑感及仰慕之情。尤其在他赴日就讀大學後更是如此。但是日本對台灣漢人及其文化的歧視終於使他覺醒，並因爲渴求歸屬感而來到中國大陸。然而在中國大陸的經驗卻不如他所期待。他不但對「祖國」的落後感到震驚，也飽遭同胞的歧視。後者常因他是受過日本人統治的台灣人，而質疑他中國身分的純度，更糟的是他還常被懷疑是日本的間諜。於是他滿懷對自己的身分及歸屬的疑惑再度回到台灣。但小說最終仍以相當正面的方式結束：胡大明潛回大陸，加入抗日的行列。

如果中國在抗日戰爭之後沒有立即再度捲入內戰，那麼這個結尾並不會顯得突兀。在中國的傳統國族論述（漢人意識）及現代民族國家論述（中華民族）的雙重「彌縫」（suture）之下，台灣漢人很可以重新獲得相對穩定的、來自「現代性」（modernity）的國族身分。而胡大明式的疑惑也終將只是一個聊備一格的歷史現象。但是內戰改變了一切：在大陸全面潰敗的國民黨政府最後不得不撤退至台灣，使兩岸因冷戰而分治，從而造成了延續至今的所謂「認同問題」。

漢人在過去帝國時代並非沒有出現過「認同問題」。但目前台灣社會所遭遇到的「認同問題」顯然屬於一種新的認同形態，也就是一般所謂的「民族國家」的認同形態。它既然以新的形態出現，似乎也理所當然的要求新的解決之道。以一般常識性的說法就是：認同問題來自於「國家定位不清楚」，那麼解決之道似乎就是「把國家定位弄清楚」即可。

不過，在我們剖析這種常識看法的縝密程度之前，我們似乎要先問，（民族）「國家」是什麼？其正當性（legitimacy）何在？這種（民族）「國家」的「國族認同」又是如何成了爲一個如此迫切的問題？

首先我們必須了解到，廣義的「身分」雖然與人格的形成互爲表裡，但也早已是論述層次的建構（construct），更何況現代民族國家的「國族身分」（national identity）這個歷史性的產物？因此，對於後者的欲望便絕非深植於人性之中，而只是民族國家論述的產物。故這個議題的討論也自然必須要加以「歷史化」（historicize）。換言之，正如霍爾（Stuart Hall）所言：「就是因爲身分認同是建構於論述之內，而非之外，我們就必須把身分認同理解成爲：在某種特定的論述形構與實踐(discursive formations and practice）中的特定歷史與制度定點（site）上，以特定的發聲策略（enunciative strategies）所形成

的產物。」(4)

在民族國家興起之前，認同的方式與迫切性並不一樣，以後也很可能會改變。因此，國族認同議題的歷史化處理，首先要問的問題是，民族國家的認同問題爲何會以我們目前所熟知的方式出現？這個方式包括兩大特色：(1)國家認同必須超乎其他認同之上(primary)；(2)國家認同必須穩定與透明(transparent)。

這兩種特色都必須深入到民族國家的根源——資本主義體制——中來理解。馬克思在分析資本主義與民族國家的關係時指出：「資本主義促成了〔民族國家之〕政治體制的抽離／形成(the abstraction of the political state)」(Sayer 73)；後者既是前者的增生物(corollary)，其基礎便一樣是資本主義體制的「分工方式」(division of labor)。於是，這樣的民族國家體制便無可避免的會以「人的異化」(alienation)爲出發點來要求身分或主體(81)。

馬克思的說法是，現代性的主體是隨民族國家體制誕生的：資本主義對中世紀社會及政經體制的衝擊，不但造就了民族國家的政治體制，也釋放了「個人」(72)。但這個「個人」的觀念卻不包含個人「私己」部分，而是抽象的、屬於公領域的個人。現代國家釋放個人就是把公民身分(citizenship)賦予了全體人民。從此，公民不再具有古典時期的特殊身分意味，而變成了一種抽象身分。這便是促成現代民族國家體制中，「公領域」(public)與「私領域」(private)清楚劃分的主要原因(75)。

「這個〔抽象的〕人便成了〔民族國家之〕政治體制的基礎與前提」(80)。在這個體制中，「一個人獨特的行爲與人生境遇都只剩下了個人的意義(individual significance)」，「公共事務則變成了每個人的一般性事務，而政治功能也變成了每個人的一般性功能。」(Marx 1843: 166，引自 Sayer 77)。換言之，「個人(主義)」雖然與現代民族國家相偕誕生，但「其實踐卻必須透過國家」(Durkheim1957:

64，引自 Sayer 80）。這種抽象的、被民族國家所規範與界定的主體，就是馬克思所定義的「現代主體」（modern subject）（77）。

這樣一個現代主體的誕生是與資本主義的邏輯密不可分的。民族國家把人民變成了抽象空洞的「政治人」或「法律人」（juridical man）（83），其目的是要經由「法律有條不紊的壓迫」確保市場的自由（market freedom）（73）。這裡所謂的「法律有條不紊的壓迫」意指國家必須把個人「私己」的部分抽離，才能成其爲國家：一個成功的（能爲資本主義體制服務的）生產單位。

民族國家爲了生產，除了必須強化前述的「法律有條不紊的壓迫」，還運用了某種更細膩的宰制方式，以役人民於無形。如「經由許多人格改造（re-formation of character）的管道，對社會關係及社會身分所進行的更全面的道德規範（moral regulation）」（Corrigan and Sayer 1985, Corrigan 1990，引自 Sayer 73），也就是說，這種抽象的個人主義又是一種「道德性的個人主義」（moral individualism）（80），不但不允許個人耽溺於「自我中心」（egoism），而且對個人施以前所未有的嚴格要求（關於這點，下文會有更深入的討論）。更重要的則是，這種看似國家體制對人民的宰制，其實又同時是階級的宰制（86）[2]。

由資本主義所促成的現代民族國家體制，說穿了只是在資本主義體制中最如魚得水的布爾喬亞階級所組成的「布爾喬亞共同體」（burgerliche Gesellschaft）（Sayer 73）。是故，民族國家政治形態與階級統治本是一體兩面（Sayer 73），上述「抽象的人」也只是個「階級個體」（class individual）（69）。但「正是因爲布爾喬亞是以單一階級統治〔民族國家〕，故必須在法律上讓自己呈現出一般性的面貌」（Marx 1846: 329，引自 Sayer 74），即「必須在對外關係上以國族（nationality）自居，對內則把自己組織成〔民族國家的〕統治機器（state）」（1846: 89，引自 Sayer 73）。於是，在布爾喬亞階級所主宰的民族國家中，其階級個體所體現的主體性遂透過統治機器，變成了全民的共同主體。故布爾喬亞才得以宣稱「民族國家（就是）『社會』的體現，及個人公共身分的新基礎」（76）。民族國家既然「號稱代表全民」，便似乎理所當然可以「要求全民誓死效忠」（75）。

以上的分析讓我們初步對民族國家與資本主義的共生關係，及其以布爾喬亞階級宰制全民的本質有所了解。但是「布爾喬亞共同體」是透過什麼方式來確保其宰制呢？換言之，它是如何讓人民覺得布爾喬亞提供的「國家認同」必然是其最高身分認同？當然是透過民族主義及其醞釀出來的「道德性個人主義」。給爾納（Ernst Gellner）關於民族主義的分析爲此提供了充分的說明。

根據他的說法，民族國家式的認同根植於民族主義，而民族主義則是源自工業社會（industrial society）的新型態文化：「民族主義根植於某種分工形態」（24），其目的在於滿足工業社會——唯一以維持「不斷的成長」（perpetual growth）爲原則與基礎的社會型態」——的需求（22）。爲了「滿足這種勢如排山倒海的對於經濟成長的渴求」（25），工業社會便不能如「農業社會」（agrarian society）般安於階層嚴密的社會體制，而必須具有「流動性」（mobility）及「平等性」（egalitarianism），其目的在於方便提供工業社會所需要的勞力：一種工具性的（instrumental）、可選擇的（optional）、而且能不斷更新的勞力（24–25）。爲了獲取這種勞力，工業社會便必須爲民眾施予「通材性」的（generic）、標準化的（standardized）「普及教育」（universal education）（27–35）。使得民眾不但具有高度的社會流動力與再學習（re-training）的能力，而且能夠順利的溝通（communication）及交換意義（meaning）（32–33）。

要製造出這種勞力，便需要民族主義。因此給爾納認爲，「與通俗甚至學院的想法相反的是，民族主義在人的心理層面上並沒有很深的根柢」，而是植基於「某種現在已經無所不在的社會網絡（social order）之中」（34）。這種社會網絡，給爾納稱之爲「普及性高級文化」（universal high culture）（即識字率高，且能接受再訓練（literate, training-sustained)），與其相對的則是農業社會的「民間文化」（folk culture）（36）。後者藉由口耳相傳，前者則由普及教育及大眾媒體強力推銷；於是，這種高級文化取代了「君王、土地、或宗教信仰」，成了「現代人」新的效忠對象（36），亞當・斯密稱民族國家體制爲「現世的上帝」（Mortall God）（Sayer 76），韋伯稱之爲「民族——教會——國家體制」（nation-church-state）（Sayer 129），均爲一針見血之論[3]。顯而易見的，所謂「效忠於文化」就意味著效忠「民族國家」（state），因爲文化在許多意義上與（民族）國家是緊密結合在一起的；透過普及教育以形成「高級文化」的大業，唯國家能爲之（Gellner 37–38）。這就是民族國家的文化力量之所在；因爲它透過「高級文化」一再宣稱「可以代表個人身分的關鍵成分，可以具體而微的呈現我們」（Corrigan and Sayer 1985；引自 Sayer 82）。

基於以上的分析，民族主義的眞正企圖已無所遁形：工業社會爲了達到「不斷持續成長」的目的，而透過「高級文化」的形塑，使得「社會的成員得以在其中呼吸、生存及**生產**。」（強調部分爲作者所加）（Gellner 37–38）。質言之，民族國家是藉由「文化」傳播民族主義（甚至可以說民族國家體制的文化企圖，便是傳播民族主義）使人民接受布爾喬亞所提供的國族認同乃是其最重要的身分，以俾延續其宰制，而達到資本主義體制對「不斷成長」的要求。常被引用的安德森（B. Anderson）的「想像社群」（imagined community）說，則是進一步就民族國家如何形塑「文化」一事加以分析探討。只不過他的分析較爲現象學取向，並未對民族國家與資本主義的關係做基進的探究。

但是布爾喬亞所掌控的民族國家體制，又如何確保人民接受了民族主義的召喚，對國家效忠，從而維持生產的順暢呢？祕訣就在於運用傅柯所謂的「統治技巧」（governmentality），把民族主義對人民的要求進行水銀瀉地式的監控。根據傅柯的分析，在現代性蔚成氣候之前，西方社會的公民／法律領域（公領域）及心靈領域（私領域）各由政治與宗教分別掌管。但自十六世紀以降，西方的現代政府（即民族國家體制）開始把「城市遊戲」（city game）與「牧羊遊戲」（shepherd game）合而爲一，形成了一種「世俗的政治牧民體制」（secular political pastorate）或「全控政治體制」（police state），使得「個人化」（individualization）與「整體化」（totalization）互爲表裡。（Burchell et al. 8）這樣的政府自認爲「不但是大家的，也是每個人的」（of all and of each）（12）。表面上，這是爲了更充分的照顧人民的福祉：「讓每個子民都能獲得『經濟上有用的生活』」（12），但實則更進一步的擴充了國家機器的權力。原先（布爾喬亞）民族國家體制分割公領域與私領域，居心雖在役使人民，但效果未必全然負面。然而，全控政體卻是朝著泯滅個人私領域的方向發展。

「全控政治體制」不但要巨細靡遺的監控人民的言行（conduct），更要無時無刻不張大眼睛，以確定每個人都過著「經濟上有用的生活」。這樣的趨勢到後來就發展成了「圓形監獄」（panopticon）的心態（25），對人民的言行要求百分之百的掌握。也就是傅柯所謂經由「監控技術、對人民能力的田園式關注（pastoral concern）及公共意見的壓力」，來追求的「透明社會之夢」（dream of a transparent society）（Donald 181）。在這種體制下，人民事實上變成了國家的附屬品：必須在任何時地都以民族國家的「存續」（security）爲其最高與最終的生活目標（19），必要時還需要爲國犧牲（12）。雖然資本主義體制最後放棄了全面的「國家化」（etatization），不過，將權力下放給私人的權力機構，透過「通俗文化」（popular culture）來傳遞訊息，反而更隱藏了或自然化了（naturalized）宰制的事實（25–27）。這就是布希亞論及的後期資本主義體制經過「擬象」（simulacrum）所形成的彌天蓋地的文化控制。理論上，現代身分認同與前現代最大的不同是，前者由世襲變成了選擇（Bauman），但在民族國家體制中其實人民別無選擇。其嚴峻的國族認同早已規定好，人民「可以」選擇，但卻必須做「正確的選擇」（the right choice）

(Žižek 1989: 165-66)。

由以上可知，民族國家對身分的嚴峻要求——國家認同的「最優位化」及「透明化」——是特定歷史條件（資本主義／布爾喬亞階級）的產物。不但沒有足夠的正當性，而且其宰制企圖也相當明顯。更深入根柢而言，民族國家此一政治形態也沒有絕對的普遍性。給爾納雖然指出民族國家的體制是應工業社會「不斷成長」之需求而產生，但並不表示只要有工業化企圖的社會都必須（完全）接受民族國家的體制。非西方的傳統社會與西方工業化社會接觸時，西方往往自視先進而仗著船堅炮利強銷其民族國家體制（Appadurai 141-42），而這些傳統社會也往往因爲科技落後等相關的少數原因，而全盤放棄並不見得不如西方的傳統價值。最後落得「西方要她怎麼死，她就怎麼死」（Gourgouris 61）。而這些社會試圖經由民族國家體制獲得重生的宏願，則因無傳統的滋養而步履蹣跚、左支右絀，徒然暴露了民族國家體制的缺點（Robins）。當然，全球化時代的來臨，也使得對民族國家的欲望（national longing）與資本主義消費美學（consumerist aesthetics）之間的關係——也就是民族國家體制的「超眞實性」（hyperreality）——獲得了更多的理解（Luke 94）。

了解了民族國家體制的來龍去脈之後，我們所必須思考的是，在短期內民族國家體制仍將持續支配人類生活的狀況下，我們如何使得民族國家的流弊（如資本主義的剝削、階級的宰制，族群的衝突，性別、年齡等的歧視）降到最低限度，功能獲得最大發揮？其實個案非常簡單，就是要把民族國家的身分認同「去優位化」與「去透明化」。前提則是必須對民族國家的身分觀在「形式」（form）與「內容」（content）上的「權宜性」（provisionality）有全面的掌握。就「形式」而言，前述的系譜學研究已明白指出其歷史（局限）性（historicity），理應對民族國家身分「具有普遍性」此一迷思有解迷（de-mythifying）的功效，從而將其在人民生活中的優位性去除。但由於此身分「內容」之圖騰化所導致的對人民身分的透明化要求，則有待進一步的解迷。

「去透明化」的工作必須從體認主體的「空白」(subject as void or empty) 開始。所謂主體的「空白性」指的是一種認知 (awareness)：其一切認同內容都是由建構而來，都具有特定的歷史性，因此這些認同內容也是可以改變的。而且在特定的情境下，甚至於是需要改變的。另一方面，這個主體也是「天生具有內在矛盾」(constitutive antagonism or lack, Žižek 1989: 124–27)。因此沒有先驗的統一性。個人的主體如此，民主體制的主體亦然。不過，內容不固定、不統一乃是空白的消極意義。其積極意義則是，經由這樣一個抽象的、在「象徵秩序」(symbolic order) 中的主體，每個人才能透過「大法」(Law)，明辨各種「想像認同」(imaginary identification) 霸佔主體位置的不公不義，俾能讓自己的權利獲得同等的保障，也讓自己有同等的權利成爲獨特的個人 (Donald 175)。唯其如此，激進民主才有可能[4]。

然而以主體的「空白」抗拒「想像認同」的霸權，並不意味著身分的日常實踐要摒除情感 (齊切克稱爲「執爽」(jouissance))。身分認同本來就無可避免的包含了「情感」(emotion) 與「利益」(interest) 兩部分，而且極難一分爲二 (Smith 66–69；廖咸浩 1995；Appadurai)。更何況公民身分必須要有情感的填入才能實踐。除卻情感這一部分，事實上主體也無存在的可能。因爲這一部分正是空白主體的「積極條件」(positive condition)。若「失去此一物質的支撐，形式本身必然隨之瓦解」(Žižek 1991: 165)；要求絕對理性終必淪爲「純粹啓蒙主體」(pure subject of Enlightenment) 的怪物 (Žižek 1992: 134–36)。此即拉康爲何強調「病徵合成人」(le sinthome) 觀念之重要性：理性無法解釋的那部分，反而是人「存在的唯一支撐」(Žižek 1989: 75)[5]。故所謂主體之空白，並非意謂著主體在運行時始終維持空白，而是認識到所有主體內容的權宜性。然而，由於情感的累積是主體唯一實踐主體性的方式，主體反而能從這個理性與情感的矛盾中，理解到自己的過去與未來之間的辯證關係。同時也能對異己的感情有適度尊重（Donald 188）。各族群、個人都可以（也只能）按自己的興趣與情感填入主體的內容，不應受到脅迫；每個人「演出其公民身分時，正具現了體驗『身分之不可能』（the impossibility of identity）的不同方式」（186）[6]。

然而必須說明的是，齊切克把情感部分以「國族」（nation）來描述，容易讓人誤會情感乃是單數的。若然，則國族就不是支撐，而是內容，因爲國族主體（即，公民身分）不再可能是空白的。如此則與一般民族主義並無不同。這裡的 nation 應指的是一個國家體制內的各個不同族群或社群。也就是說，一個國家體制內，可以容許多種的情感以不同的方式去支撐公民身分（citizenship）。因此，這個公民身分的實踐也無可避免的會出現各種歧異。甚至哈伯瑪斯（Habermas）式的「後傳統」（post-traditional）意味的「文化認同」（cultural identity），都還是涉入內容層面、有違民主原則的身分思考（173–75）。

但是，民族國家追求「透明」的主要原因，就是不願承認人民的主體有感情的部分。於是民族主義不啻把公民身分本應維持的空白（empty）予以「內容化」，也就是把部分人口的感情「合理化」（legitimize）或「只可化」（Jekyll-ize）。結果必然導至其他私己的內容被排斥貶抑而無法有出路，最後終將形成所謂「被壓抑之反撲」（return of the repressed），而出現難以掌控的「害得」（Hyde）現象（Donald 188）。齊切克說得更直接：這類要把「具體內容」填入空白公民身分的企圖，「不論其動機如何的誠懇，遲早會臣服於極權主義的誘惑。」（Žižek 1991: 163–64）拉康則替「追求透明」的企圖設想了最壞的狀況：「我愛你，但是『你內部有點什麼不是你該有的東西』（something in you more than you）……所以我殘殺你」（引自 169）。

然而這種唯我獨尊的「原始情緒」（primordial sentiments）卻不是某些所謂落後或頑愚的社群（如

部落社會或非西方之帝國）天生獨有。情感基本上都是透過學習而得來（Appadurai 147），族群的「原始情緒」則更是「相當貼近現代民族國家建國大業的中心企圖」（146）。換言之，民族國家往往才是這種感情的主要製造者：彼等不斷經過國家機器及媒體（尤其是後者）生產「感情」，誘／迫使人民與之認同、將之內化。但其目的不外是「壓制內部的異議、建構同質化的主體、並強化監控其轄下的各種不同的民族」等等（146）。而族群衝突的出現正是因爲「大規模的身分認同」（large-scale identities）被「政客、宗教領袖、及媒體」「最優位化」後萌生「原始情緒」的結果：多數族群往往會「如彼所願的視此種身分爲唯一有意義的身分，並且覺得自己彷彿被一群虛情假意的人所包圍」一般（155），從而對於朝夕相處、毗鄰而居的「異族」，心中生出了不確定感、不透明感，甚至演變成「遭出賣感」（sense of betrayal）。最後這些「異族」就很可能因爲「內部有點什麼不該有的東西」，而遭到「殘殺」（154）。

前述的討論已經充分的說明了把民族國家體制的身分「去優位化」及「去透明化」的迫切性。如是則台灣社會面臨的「認同問題」就不是「台灣是什麼國家」的問題（「國家定位清不清楚」），而是「台灣要什麼國家」的問題（是否要接受國族認同的最優位化、透明化並因此而忽略如黑金、族群、階級、性別等問題）。若仍執意追求民族國家的透明社會之夢，其社會成本的付出恐難預估。反之若能想像一種「開放的國族」，才有可能在內政上關懷多元，在外交上發揮創意，如此則認同「問題」終將消彌於無形。（廖咸浩 1999）。文化的發展更能掙脫國家認同議題莫須有的束縛，自如的揮灑。

二　園主的棄絕：女性與國族認同

台灣現代小說討論身分者不在少數，而且絕大多數無法避免「國家」的問題。但對「國家」或「民族國家」（nation-state）這個論述（discourse）的反省卻長時間付諸缺如，彷彿「國家」這個觀念是根植於人性，而非特定「生產模式」(mode of production) 中的產物。評論界（不論肯定民族國家體制者或批判者；左翼或右翼）對此基本上亦少有討論，偶一爲之也傾向於簡略的肯定或否定，對「民族國家」論述的「歷史化」反省可謂絕無僅有。不過，在過去幾年中，倒是有些跡象顯示在地文化對此進行誠懇反省的可能性不是完全沒有。

接下來，我們要以兩篇九〇年代小說——《迷園》與〈第凡內早餐〉——作爲對象，來了解在接近世紀末的時分，文學作品對於民族國家體制的認同論述，思考上有何更新。

李昂的《迷園》中有兩個平行的情節：一是朱影虹這位鹿港望族之後的情欲故事，另一是其父受政治迫害鬱鬱而終的故事。兩者之間如何關聯，一直是各方討論的焦點。雖然兩條線之間確有許多線索可供鉤連對應，但論者往往傾向認爲兩者間缺乏有意義的並置關係（金恆杰；劉毓秀）。但主張內容不協調的論者往往是因爲對作者本身的立場已有預設（李昂與反對運動關係密切，故必然持較傳統——偏好民族國家——的政治立場），並以之來評量作品在表現此一立場時的準確性，才會得出前述結論。若我們不預設作者立場，則讀到的訊息會比一般想像的複雜。

本書的重心確係圍繞著國族認同發展，作者的台灣人意識也極爲強烈。另一方面女性意識在本書中也扮演了關鍵性的角色。但其對女性與國族關係的詮釋則有待進一步的釐清。

這篇小說的兩條軸線可以說是朱影紅與朱父及林西庚這兩位男性各自形成的兩重平行的關係。這兩重關係一方面分別具有國族與情欲的內涵，而兩者之間又有許多互相指涉的地方。從文本在若干關鍵所在把這兩重關係取其相似處並置可知，朱的父親與林西庚確有某種的倒影關係。甚至於朱影紅對林西庚一見傾心，也可以說是因爲在林的身上看到朱父沒有的，或朱父本可擁有但因爲政治迫害而未能實現的。

朱影紅在父親的言談中得知父親壯志未酬，而只能蹉跎歲月於菡園中，故一心想要完成父親的未竟之志。另一方面朱在情欲對象的選擇上也受到了父親的雙重影響：既要像父親，又要能補足父親的缺憾。林西庚乍看剛好符合此二要求。他在外貌及父權威嚴方面與朱父相近，但卻能叱吒商場，無往不利，從而建立了某種「台灣人的尊嚴」。由此可見，朱影紅與林西庚的情欲關係顯然不是單純的情欲關係，而的確是某種關於台灣的寓言。問題是，其中寓意何在？

我們必須從朱影紅與父親關係的寓意開始。朱影紅的父親原本有心要興辦一座中學，以便透過教育來啓迪民智。但經過國民黨的（中國／非本土）政府的迫害之後，朱父漸漸體悟到建立本土文化的必要性（雖然勢已不可爲）。從朱父的歷史我們可以得知，其志業基於啓蒙思維（Enlightenment thinking），而隨其文化民族主義而來的當然是建立民族國家的欲望。當實際政治已不可爲時，朱父的本土化企圖便只好轉而以菡園爲其對象。

朱影紅的父親固然不完全是個嚴父，但在那個年代的父女／子關係難免是建立在傳統的服從（「一向被教導成只能全然服從父親」〔147〕）上。故朱影紅所繼承之父志首先當然是要爲台灣人建立民族國家式的文化認同與自尊，但同時她也不能逾越女性的角色，而勢必兼有傳統（包括中國與日本）女性及資本主義體制下的布爾喬亞女性的特質（「生在上個世紀……末期」〔18〕）：她必須謹守分際，做爲男人的陪襯。故在情欲上她早被訓練成「必須」欲求（desire）作風強勢的男人，一個能助她完成父親志業的男人。

從林西庚的概貌看來，他正好符合這些基本條件。他的商業開拓力，他旺盛的精力與鬥志，他高大的體魄，俊美的外表，霸氣的風格，在在都顯出他有「開國元勳」的意味。而且相當程度而言，他甚至代表了他所屬的那個年代；那個年代台灣在國際上以經濟打開了某種知名度，並奠定了做爲一個獨立的民族國家體制的初步工作。這樣一個起自台灣農村、充滿生命力的男性，與朱影紅這位台灣文化古城的望族之後結合，正是無數國族神話的原型，理應獲得眾人的祝福，白首偕老。

但本書作者卻一眼看穿了（台灣）國族神話（從國民黨以迄在野黨）的致命傷。最初兩次讓兩人有機會親近，並使朱影紅動情的聚會，都在商人談生意的風月場所。理論上，對一個教養良好的女性，這並不是最適於動情的所在。然而在聲光影音效果的強化下，朱影紅竟然充分的融入了某類流行歌中的俗濫情緒中，而對林西庚產生了某種從此無法掙脫的愛意。透過想像而陷入愛河，朱影紅也不是當代第一人[7]，但本書以流行歌中的想像誘人入愛，分外凸出了愛情受到資本主義社會「超眞實」（hyper-reality）操弄的事實。作者讓他倆眞正定情的一吻發生在一塊林西庚即將建築預售屋的空地上，更是巧妙的安排。朱影紅雖被林西庚「弄得」欲仙欲死，但最後她抬頭仰望良人時，看到的竟是他「不見色欲的冷淸臉容」（李 183）。言下之意當然是，林西庚只是照章辦事而已，並無眞正的愛意。一切都只是按照（台灣布爾喬亞社會的）情欲論述在進行。

換言之，資本主義的商品化原則早已把神聖的愛情化成了庸俗的愛情神話，並且透過後者，偷天換日的把國族神話的內容掉包（或曰「還原」）成資本主義唯利是圖的物質欲望，以遂行其對台灣土地的肆虐（如炒地皮者把土地當作等待性征服的女人看待。見 229）。如此，所謂的民族國家體制不過是全球性資本主義在台灣的延伸罷了。只有在這個前提之下，我們才能把林西庚與朱影紅的關係，視爲一種「殖民」關係。而也只有在這個前提下，我們能看淸楚本書的寓意[8]。

當朱影紅仍然受困於布爾喬亞愛情觀的時候，她希望自己能名媒正娶，希望對方能從一而終，希望兩人能有愛的結晶。在這個時期她等於是完全在朱父規劃的軌跡內運行。但女性的視角使她雖然處身父權體制／布爾喬亞社會所建構的浪漫愛情神話中，卻仍舊保有未被完全吸納的另一個意識，知道自己其實並不想接受布爾喬亞社會所分派給女性的角色：

> 仍有一個冰清澈骨清醒的我，藏躲在自身的隱蔽某處，清晰而絕然的肯確在說：
> 這絕不會是我要作的。(283)

朱影紅懷孕後在等待林西庚給予更大承諾期間，心中突然冒出上述這個聲音。於是，自與林西庚戀愛以來，始終都意識到自己不斷受到「超眞實」誘惑的朱影紅，終於決定擺脫超眞實——對林西庚的「愛」，也就是對民族國家體制的嚮往——拿掉小孩。朱影紅原以爲林西庚的原始生命力加上她的文化素養，可以產生新的結晶，做爲菡園的新主人。可是最後她了解到，一切不過是在布希亞所謂的資本主義體制的模型（model）中發展：她「俘獲」林西庚的方式不過是父權社會的老把戲，其中並無生命／愛情可言；故其「結晶」也不過是另一種無生命的產物。

朱影紅直到拿掉小孩後，才眞正的肯定了自己做爲女性的獨立生命。這似乎不但意味著女性的獨立自主與男性的民族國家之間存在著近乎互斥的衝突性，而且也似乎暗示台灣文化民族主義具有某種內在的矛盾：即朱鳳（海盜／經濟開拓精神）與陳氏（本土化／文化累積精神）之間宿命的互斥。從本書視野看台灣的確如此。朱影紅與林西庚似乎就是朱鳳與陳氏的當代轉世。前者的海盜精神與後者的本土化精神，在三百年前有過慘烈的衝突，三百年後矛盾並未稍減，甚至於今尤烈。只是除了李昂之外，鮮有人注意及此。

朱影紅爲拯救菡園，處心積慮設法俘獲林西庚。但兩人結合後無法擁有子嗣的事實道盡了此舉的徒然。林西庚原先旺盛的生命力，至此已被資本主義體制掏空（「最近那方面不太行了」〔183〕）成爲只能掠奪而無能生產的資本主義打手。因此他倆的結合反倒對菡園產生威脅，使得朱影紅最後不得不把園子捐出去：

> 「那天我不再是林太太，這園子的下場……」
> 他顯然明白她話中的意思，但故意岔開話題：
> 「要不，只要有好的價錢，會給我拆了蓋公寓？」。(310)

菡園在本書中的寓意乍看是相當的清楚：它是台灣的象徵。但它如何象徵台灣，卻可能比一般想像的複雜。相對於林西庚這個資本主義的打手而言，它象徵的是台灣土地。但它同時又是一種文化的企圖。就像三百年前的陳氏一樣，菡園代表的是札根台灣的努力。不過，扎根的經營一直到朱父仍未完成。但同時扎根的努力因是文化企圖，故也隨時受到「自然」的威脅。只要稍有疏忽，園中草木馬上就會吞噬一切人文的努力。故林西庚這樣一個來自台灣農村的子弟，才會被朱相中，因爲菡園需要更了解土地、更具生命力的男性加入文化建構的行列。

孰料，林西庚卻仍然是三百年前的朱鳳，對文化無知也無力，專心致志唯掠奪而已。甚至因其海盜特質，而與資本主義結合得天衣無縫，回過頭來對此文化企圖產生威脅。是以作者讓三百年前陳氏的毒誓實現：寧讓朱家絕後，寧把園子捐出去，也不要林西庚有機會炒地皮炒到菡園來。換言之，爲了不讓布爾喬亞民族國家體制假國族之名，行掠奪之實，作者寧讓朱父所念茲在茲的民族國家志業就此斷絕。

但作者對菡園是有感情的，故在書末才會不忍的回顧。但她也知道菡園經過朱父的現代化／本土化（以日光燈照亮菡園；以照相機建檔（archiving）菡園等）經營之後，早就已經（always already）變成了資本主義體制下的「神化物件」（fetish）了。不過，這究竟是契機或絕境倒也難說。把園子捐出或終究是好事；畢竟交給了人民，而不是政府（state）。故捐出菡園的行爲本身便意味著：躲避進一步的商品化，躲避成爲民族國家體制的工具。她對台灣雖有強烈的感情，但未必一定要擁抱現有的男性布爾喬亞主宰的民族國家體制：「所以我要這座園林，屬於台灣，屬於台灣兩千萬人，但不屬於任何一個壓迫人民的政府」（306-7）。菡園或還是有機會的，只是未必要透過民族國家的形式爭取。

三 女奴的復仇：新人類與國族認同

本文則從一個新人類的角度，對植基於布爾喬亞意識形態的民族國家體制，進行檢視與抗拒。故事描述一個讀過馬克思等激進社會理論、也參加過社運的女性新人類，如何決定要爲自己購買一顆鑽石的故事。在這個過程中敍述者不斷從其個人角度審視這個布爾喬亞社會對「人民」無止境的剝削，且社會運動和文化評論也間接助紂爲虐。而買鑽石這件事，卻很諷刺的成爲她獲得獨立主體性的來源。

這個故事乍看極像是直接的控訴，但當買鑽石的企圖加入了控訴的行列之後，卻形成了某種「怪異」（uncanny）的意味。一方面，女主角在敍事的過程中，不斷的夾雜著各種各樣左翼的論述，顯示她已充分的警覺到資本主義社會中人對體制的「全面性依賴」（universal dependency）（Sayer 61）。但另一方面，她又明顯的悖離了早先參與學運時的「理想性」，變得不但虛無，而且似乎接受了她早已看透的資本主義商品美學，才會一心一意想要購買一顆鑽戒，以滿足自己某種不明的欲望。

這兩種態度看似衝突，但在本書的脈絡中卻是可以理解的。左翼的論述對敍述者而言並未喪失解釋力。她的轉變反而是肇因於這些理論的解釋力太強，而整個社會對此的關心度又太弱。她所認識的社運人士（包括她的前男友）都把全幅精力放在以國族爲主的議題上，因此，很容易就墮入前述布爾喬亞階級／民族國家體制／資本主義體制對「人民」的抽象理解。換言之，以民族國家體制爲終極目標的台灣民主運動，「向來已經」（always already）是沉浸在資本主義的商品美學中，如何能對人民有多元化、與其想像不吻合的了解呢？（朱 92）故性別、種族、階級在民族國家體制中往往從缺，尤其階級更是完全被打入了冷宮。是以，馬克思才會強調：「『國族』（nation）以民族國家面貌出現時，所獲得的存在是一個觀念（notion）、一個幻思（fantasy）、一個幻覺（illusion）、一個再現（representation）——也就是一個被代表的國族（represented nation）——與眞正的國族已全然割離」（1843: 69–70，引自 Sayer 75），這樣的體制「不過是布爾喬亞社會的扭曲呈現，其眞正內涵仍然是資本主義體制下的不公不義」（83）。

而在這個同時，台灣的民族國家體制（包括在朝與在野）更不遺餘力從「國族認同」的「最優位性」出發，經由「統治技巧」強化「人民」的「透明度」。任何「多餘部分」（excess）都必須加以釐清與吸納。這也就是爲什麼李總統會要「指示交辦相關單位研究新人類」（朱 87），而敍述者訪問的知名作者暨社運人士 A 也一定要追問她「如何定位自己，台灣人？中國人？台灣人也是中國人？中國人但在台灣？……」（97）

敍述者正是因爲清楚的意識到台灣的民主與社會運動——改革的唯一希望——完全沉溺在國族議題中，而對於不斷惡化的階級問題（「我們已經變成了世襲的農奴而不自知」（106）視若無睹（「我不知道一輩子打算呆在反對運動陣營的小馬爲什麼不再談階級問題」〔107〕），才會有虛無的轉向。

從書中對敍述者的觀點看來，一般對新人類的理解（諸如消費化與虛無化）完全沒有抓到重點。書中羅列的那一長串 A 可能對新人類的描述，都只是人云亦云的排比。作者顯然認爲新人類現象背後眞正的原因是資本主義的深化。後工業時期資本主義對欲望的大力生產，自然會使新人類有物欲強化的表現，但他們的虛無恐怕與進入社會之後面臨到的資源分配不均關係更密切。說他們是新人類，不如說他們是「新普羅」或「新貧民」。敍述者這位新普羅在收入不是特別寬裕的情況下，被迫變成了流離在都市公寓頂樓違建的「游牧民族」(94)、當代職場中的女奴(89)。在社會改革無望的情況下，她需要的安定、有所歸屬的感覺，只好從擁有一顆鑽石得來。換言之，新人類消費上的放任，其實反而是弔詭的來自於其經濟力量的拮据。

敍述者因爲意識到自己已經成爲女奴，才會認爲「我需要一顆鑽石，使我重獲自由」(89)。但敍述者明知鑽石不過是一塊堅硬的石頭，何以仍會有如此強烈的購買欲？除了商品美學的影響，實在也是因爲鑽石經過光線的作用後，確能製造資本主義造夢工廠的終極迷夢。若不能使她獲得眞正的自由，其經由燈光所製造的效果，起碼能使她租來的小房間溫暖些：「我的南方之星，確實爲我的地下室帶來了難以形容的光燦。」(108)

像《迷園》一樣，〈第凡內早餐〉也是以一個「神化物件」做結。而且，兩個「神化物件」都在明亮的燈光下(現代化)散放著迷人的光輝。但在《迷園》中，故事的主角朱影紅最後釋出了已經漸漸商品化的「土地」；而〈第〉文敍述者則是將商品帶回家去。不同的處理方式某種意義上來說是反映了階級的差異。但對認同的「國族化」(nationalization)，則是有志一同的試圖抗拒。《迷園》以還諸人民方式，來躲避資本主義藉民族國家體制所進行的掠奪，而〈第〉文中的敍述者在全無出路的狀況下，則是爲了「自由」如飛蛾撲火般擁抱鑽石。但朱影紅最後回顧時所看到的菡園的面貌，及其因「燈光」而衍生的想像／假象——「暗夜中一整園子燈火輝煌光燦，好似整個『菡園』正興旺的燃燒著」(李 312)——卻似乎暗示著(台灣)進一步資本主義化的無可避免；而〈第〉文的敍述者除非能有布希亞「不斷接受誘惑」的企圖心與後現代「雙重視野」(double vision) 的能力，這樣的階級復仇（「打劫」）(103) 也是徒然悲壯而已。如此看來，兩者在抗拒中都帶著某種宿命的無力——但這也可能是兩位作者對資本主義體制／布爾喬亞社會／民族國家體制的宰制最深沉的抗議。

---

1 給爾納在論「高級文化」(high culture) 時，對工業化前後的認同方式做了精闢的分析比較。其基本的差異就在於前工業化社會的身分是由少數精英所掌有，雖可以讓人民覺得具有權威性，卻無法強加於所有人民身上；工業化社會則把高級文化普及，而使身分變成了全民必須貫徹的論述 (50–51)。鄂土曼帝國是最常被引用的例子之一：其身分原本極爲寬鬆，甚至兼容並蓄 (cosmopolitan)，但自土耳其進行民族國家式的改革以迄今天，其對身分之嚴酷爲民主國家少見（參考Robins 69）。

2 布爾喬亞的階級宰制當然也是年齡、種族與性別等各方面的宰制 (Sayer 85–86)

3 當然在傳統社會也有效忠「文化」的現象，但因其「高級文化」只涵養了少數知識分子，故基本上只有他們會特別效忠文化。

4 乍看齊切克的「空白」與布爾喬亞民族國家的「抽象身分」極爲相似。實則民族國家的抽象公民早已有了階級（及性別、族群、年齡等的）內容，並不空白。

5 筆者與廖朝陽爲期將近兩年的辯論，焦點就在於「空白」是否能容許「情感」。廖朝陽當時的論點，以齊切克／拉康的空白主體說爲基礎。但事實上與其說他是要求「空白」，毋寧更像要求「透明」。參見中外文學一九九五年五月到一九九六年七月參與辯論的文章：包括廖朝陽，〈中國人的悲情：回應陳昭瑛並論文化建構與民族認同〉，《中外文學》，23.10: 102–26；〈再談空白主體〉，《中外文學》，23.12: 105–9；〈面對民族，安頓感情：尋找廖咸浩的敵人〉，《中外文學》，24.9: 90–106；〈閱讀對方〉，《中外文學》，25.1: 136–39；廖咸浩，〈超越國族：爲什麼要談認同？〉，《中外文學》，24.4: 61–76；〈那麼，請愛你的敵人：與廖朝陽談「情」說「愛」〉，《中外文學》，24.7: 89–108；〈本來無民族，何處尋敵人？：勉廖朝陽「不懼和解，無需民族」〉，《中外文學》，24.12: 143–55；〈狐狸與白狼：空白與血緣的迷思〉，《中外文學》，25.5: 154–57。

6 由於感情依歸各有不同，所以才需要溝通，而溝通的企圖則是要當事的雙方都放棄感情的「完全」填入。

7 如普魯斯特的《追憶似水年華》、米蘭·昆德拉的《生命中無法承受之輕》，對因想像而戀愛的現象都曾大量著墨。

8 彭小妍把朱影紅與林西庚的情欲關係解讀爲「殖民關係」。但除非是在民族國家體制與資本主義體制的共謀關係下來理解，否則一個企圖「建立台灣人尊嚴」的台灣人「殖民」另一個台灣人的說法恐難成立。時下某些討論任意把階級或性別間的宰制關係以「殖民」關係來理解，恐怕對事理的混淆多於對事理的明辨。參見筆者撰〈後殖民理論在台灣的應用與誤用〉（台北：文化研究研討會，1999. 9. 18）。

引文書目

黃毓秀。1993。〈《迷園》中的性與政治〉。《當代台灣女性文學論》。鄭明俐編。台北：時報文化。60–107。

李昂。1991。《迷園》。台北：作者。

林芳玫。1997。〈《迷園》解析：性別認同與國族認同的弔詭〉。《女性主義中國文學》。鍾慧玲編。台北：里仁。271–96。

廖朝陽。1995a。〈中國人的悲情：回應陳昭瑛並論文化建構與民族認同〉。《中外文學》，23. 10: 102–26。

——1995b。〈關於台灣的族群問題：回應廖咸浩〉《中共文學》，24.5 117–24。

——1995c。〈再談空白主體〉。《中外文學》，23.12: 105–9。

——1996a。〈面對民族，安頓感情：尋找廖感浩的敵人〉。《中外文學》，24.9: 90–106。

——1996b。〈閱讀對方〉《中外文學》，25.1: 136–39。

廖咸浩。1995a。〈超越國族：爲什麼要談認同〉。《中外文學》24. 4: 61–76。

——1995b。〈那麼，請愛你的敵人：與廖朝陽談「情」說「愛」〉《中外文學》。24.7: 89–108。

——1996a。〈本來無民族，何處尋敵人？勉廖朝陽「不懼和解，無需民族〉《中外文學》。24.12: 143–55。

——1996b。〈狐狸與白狼：空白與血緣的迷思〉《中外文學》，25.5: 154–57。

——1999a。〈後殖民理論在台灣的應用與誤用〉。宣讀於「文化研究研討會」（清華大學月涵堂）

——。1999b。〈合成人羅曼史：當代台灣文化中後現代主義與民族主義的互動〉《當代》144: 110–31。

彭小妍。1997。〈女作家的情欲書寫與政治論述：解讀《迷園》〉。《北港香爐人人插》。台北：麥田。273–301。

吳濁流。1977。《亞細亞的孤兒》。台北：遠行。

朱天心。1997。《古都》。台北：麥田。

Anderson, Benedict. 1991. *Imagined Communities: reflections on the origin and spread of nationalism*. London; New York: Verso.

Appadurai, Arjun. 1996. *Modernity at Large: Cultural Dimensions of Globalization* (Public Worlds, Vol. 1). Minnesota: U of Minnesota P.

Poster, Mark., ed. 1988. *Jean Baudrillard:* Selected Writings. Stanford, Cal: Stanford UP.

Bauman, Zygmunt. 1995. "Searching for a Centre that Holds" Ed. Mike Featherstone, Scott Lash & Roland Robestson *Global Modernities*. London, Thousand Oaks, New Delhi: Sage Publications. 140–54.

Burchell, Graham, Colin Gordon, and Peter Miller, ed. 1991. *The Foucault Effect: Studies in Governmentality*. London:

Harvester Wheatsheaf.

Corrigan, P. 1990. *Social Forms/Human Capacities: Essays in Authority and Difference*. London: Routledge.

Corrigan, P. and Derek Sayer. 1985. *The Great Arch: English State Formation as Cultural Revolution*. Oxford & New York: Basil Blackwell.

Donald, James. 1996. "The Citizen and the Man about Town" *Questions of Cultural Identity* Ed. Stuart Hall and Paul Du Gay. London: Sage Publications.

Durkheim, Emile. 1959. *Professional Ethics and Civic Morals*. London: Routledge.

Gellner, Ernest. 1983. *Nations and Nationalism*. Oxford: Basil Blackwell.

Gourgouris, Stathis. 1996. *Dream Nation: Enlightenment, Colonization and the Institution of Modern Greece*. Stanford, California: Stanford UP.

Hall, Stuart. 1996. "Who Needs 'Identity'?" *Questions of Cultural Identity* Ed. Stuart Hall and Paul Du Gay. London: Sage Publications.

Luke, Timothy W. 1995. "New World Order or Neo-world Orders: Power, Politics, and Ideology in Informationalizing Glocalities" *Global Modernities*. London, Thousand Oaks, New Delhi: Sage Publications. 91–107.

Marx, Karl. 1843. "On the Jewish Question" *Collected Works*. London, Lawrence and Wishart, Moscow, Progress, and New York, International, 1975 onward. Vol. 3.

——. 1846. *The German Ideology*. Collected Works. Vol. 5.

Robins, Kevin. 1996. "Interrupting Identities: Turkey/Europe" *Questions of Cultural Identity* Ed. Stuart Hall and Paul Du Gay. London: Sage Publications.

Sayer, Derek. 1991. *Capitalism and Modernity: An Excursus on Marx and Weber*. London & New York: Routledge.

Smith, Anthony D. 1997. *Nationalism and Modernism*. London & New York: Routledge.

Žižek, Slavoj. 1989. *The Sublime Object of Ideology*. London & New York: Verso..

——. 1991. *Looking Awry: An Introduction to Jacques Lacan through Popular Culture*. Cambridge, Mass & London, UK: MIT Press.

輯二之三

書寫的物質空間

呼喚靈韻的美學

朱天文小說中的商品與懷舊

王　斑　著
劉婉俐　譯

在世紀末急速由現代性直線過渡到後現代性的全球化過程中，現代化的陰影部分卻甚少被論及。這「進步」與「發展」的沉苛，已困擾許多來不及應對在人生、社會、文化與心理等層面快速向資本主義轉變的社會，使某些現代化成果大打折扣，令人質疑。「現代性」(modernity)，這文化、意識形態與科技、社會一體兩面的現代化，是把雙面刃的利劍。它指向未來的一面，會提出有關進步、解放、自由、全面繁榮……等的允諾；但必須留意的是，這現代化的展現，或許僅是一項託辭，以隱抑或忽視資本對前資本主義生活模式無情、激進的滲透，更遑論帝國主義的殖民了。全球化，這最新式的交易，早已山雨欲來風滿樓了，它可能是企業集團或經濟學者的一項新把戲，以便重新炒作現代化的議題，或將資本亟欲在全世界尋求低廉勞工與市場的近利舉措合理化。要了解現代化不僅止於電視廣告上的燦爛微笑和富饒景象，我們不必遠求，只需考慮到過去四、五十年來顯而易見的災難：社會與政治上的大動亂、內戰、大屠殺、環境災害、自然資源的枯竭……等等，這些皆導自於不平衡的發展[1]。

在本文中，我將討論全球狀況較不顯見的一個側面。後資本主義的擴張，已經將先前由傳統、歷史、民俗、與人際關係所鞏固的「有機」社群(communities)剷平和除魅(disenchanting)了。值得注意的是，在爭相擁抱資本主義發展和消費產品的急劇過程中，許多社會都面臨了失去其文化遺產與歷史的危機。做爲文化表述之一的文學，便登錄了身處於新時代情境中的兩難困境。文學可以記錄新社會情境中客體與主體兼具的層面。這項假設，在當代的台灣文學中初露端倪，也驗證了文學一方面主動參與社會議題，另一方面似乎又具備美學上的超越（detachment）特性。下文中將會就這兩個面向分別論述之[2]。

現代情境（modern condition）始自十九世紀的西歐與北美。工業化、科技、都會化——這些現代歷史的主要動力（primal movers），促成了一個嶄新的環境，加劇了個人脫離傳統生活模式的速度，使其投入非人的機械製造過程和市場。人變成一群沒有名字的都會群眾，成爲消費環結中的微粒。這種快速的變化是一種新舊時代的遞轉，從植根在傳統家庭、村落的社會組織形態，過渡到立基於都會生存、匿名市場和市民社會（civil society）的規範與抽象關係的新社經架構中。伴隨著現代世紀到來的，是城鄉衝突、都市社會與有機社群的對立。馬克思、韋伯（Max Weber）、盧卡奇（Georg Lukacs）、尤金・韋伯（Eugen Weber）、阿多諾、班雅明、馬庫色等一脈相承的評論家，已分析過自始至今以全球市場後資本主義爲例的歷史演變的始末。他們列舉出許多特點，諸如異化的（alienating）、抽象的（abstracting）、徵候的、或災難的等等。對這些思想家來說，科技發展的統領意象與疏離的中心階段即在大都會（metropolis）本身：這個都會環境在摒去人性（dehumanizing）的宰制、操控權力和經濟運作上皆猶如怪物一般。以消費商品交易做爲基礎的經濟，抹去了個體的差異性，將個人物化爲流通的事物，等同於消費品。陷入無法認知、愈來愈趨異質狀態中的人們，所作所爲都是隱而不彰的，也益發地遠離支持性、親密的社會環境網絡——以村莊、人際關係網、工藝和娛樂爲主的密切、情感關係。班雅明論斷這是在盲目工業化時代中「韻味（aura）的失落」所致：韻味的體驗是由傳統、儀式慶典、集體記憶、和歷史所培育出來的。韻味的消褪，也與個人身體和生產活動的直接、整體接觸的消失有關[3]。

雖然從伊甸園般鄉村不復存在之觀點出發的現代性古典論點，可能有些古怪和啓人疑竇，但其推陳出新、在平直乏味的資本主義高速道路外另闢蹊徑的烏托邦夢想，卻是值得關注的。倘若沒有想像的伊甸園來啓發我們，我們所居住的這個世界，將會是令人頹喪的「老模樣」(the way it is)，有太多現實的教條、過多物化 (reification) 的「生存理性」(raison d'ête)。在二十世紀末的現在，這個浪漫的衝動已日趨迫切和緊要。在當前變動與分裂都較工業化的十九世紀遠爲深廣劇烈的此際，疏離的現象、抽象化和物化，似乎已敲起了警鐘。現在，昔日被認定的少數大都會，正席捲了開發中國家的大城市、甚至是其鄉村地區，而令人開始懷疑在地球上是否尚有一方綠地存在。因欠缺準確描述的語彙，我仍將使用古典的物化和商品化 (commodification) 術語。這與今日尚有關聯的物化概念，如同盧卡奇在其具影響力的《歷史與階級意識》(*History and Class Consciousness*) 一書中所陳述的，是了解前進中資本主義社會整體構造的關鍵隱喻 (metaphor)；它意味著在商品交易、流水線的機械生產以及媒體密布環境的經濟體制中，置身在數以百萬計用於市場交易與消費的物品中，人們變成了一件面目不清的東西或商品。它代表著「持續性地降低工作者的品質、人性和個別差異」(Lukacs 88)。這個概念之所以是一個大隱喻，是因爲我們都被迫像個工作者般地活動著，即便在睡夢中或性事中亦然。對班雅明來說，這表示對人類經驗的大打折扣；人類的經驗和價值，年深日舊，非一朝一夕可更變，然而，現在，這經驗正被以利益爲導向的經濟之風吹得東倒西歪。

商品化和物化變得越來越無所不在，但也更加幽微難測。我指的是人際關係與機構的龐大和商品化的無處不在，正像颶風一樣橫掃著亞洲國家。在一九七〇年代以經濟奇蹟崛起於全球資本運作與世界市場的台灣社會，是一個清楚與急進的例子。當前的台灣文學對在此情況下的創痛經驗，一直保持著敏銳的觀察。我將討論的朱天文寫作，對這些狀況呈現出一種非常細緻的回應與批判。表面上，朱天文以藝術或美學的角度來把握這些情境，她的小說在潛意識的蘊涵裡顯示了政治與社會的意義。這種社會意義產生於不易察覺的地方：支離破碎的意象、對日常瑣物與性的覺察與耽樂。

已有評論者和學者討論過朱天文的纖美文風、細緻而支離的意象與文體。這種纖美風格和感性得張愛玲的眞傳。它以冷凝的驚人意象做爲時間遁止的象徵，以對抗黑暗混亂之歷史劇變。王德威指出這種纖美風格是「文字的鍊金術」(a verbal alchemy)(7)、屬一種魔鍊般的書寫風格時，已然攫取到其要旨。

假如我們認爲這不純然是作者的一種風格創新而已，還可以被視爲是一種集體意義的社會象徵動作時，便須加上歷史和「全球性」的層次來加以討論之。它可以被認爲是一種個人的表態，一個企圖說出其深層之人類需求、而這些需求正被密佈的商品化和物化所侵夷和威脅。

物化和靈韻消亡

當在台灣面對國際貿易與資本流動所形成的典型全球都市景觀時，馬克思主義者對商品化和物化的觀念似乎便派得上用場了。在這樣的都市景觀中，櫛比鱗次的辦公大樓與公寓建築，爭奪著日減的空間，留給居民的是極小的喘息間隙。在朱天文的小說中，台北永遠像是一個令人窒息的火爐。光鮮炫目的商家店面在大街上排比而過，充斥來自全世界最流行的商品；媒體訊息是人們每日呼息著的空氣；巴黎或紐約的最新時尙，翌日便掀起浪潮而被仿造。當今西方社會的明星與名人隨心所欲舉止，透過媒體的散播與傳揚，馬上便在台北引起一陣風潮的模仿，它改變了人們的打扮、外貌與美學品味。這樣的都市景觀，顯然完全振動了傳統的農村結構。造成如此改變的並不是政府、政治、人際關係或道德，社會脈動與人口活動的機制是金錢、廣告、不停的消費、與超乎一切之上無所不在的媒體。

當我們思考如斯全球景觀，如何影響個人與其攸關的物質世界、與其認知和想像力的關係時，商品化與物化的概念仍然會有所幫助。物化的過程，剝奪了物品的價值與意義，這些價值與意義是人文品質的延伸；被剝奪後的物品除了市場性（marketability）外別無其他價值，它們只為了銷售與消費之用。當人們被投入這般循環時，他們就變成了東西（things），淪為物象。在物品的使用價值（use value）被轉換成交易價值（exchange value）的過程中，滋養經驗的生產活動變成了被動的、蒼白的經驗的消費活動，商品化堵塞、甚至傷害文化記憶和歷史。它抹去了物品是如何被人們製造、經過一段長時間、通常是用手所製造出來的記憶，以及人們是如何變成他們現在的模樣、社會是如何從過去演變成現在的記憶。如同理查・特迪曼（Richard Terdiman）所寫的：

> 商品化的經驗和物化的過程截斷了它們自身歷史的完整性，它們對消費者遮蔽其生產過程，也掩去生產它們的諸多人們。這個過程，以阿多諾的話來說，就是塑造了一個前所未有的「淘空」（hollowed-out）物品的領域，以供無所不用其極的投資者所利用，但卻與任何東西皆無有機的關聯。此外，一如班雅明對阿多諾論點的擴充，如此社會與物質生活要素的「淘空」節奏——我們或許會稱之為效率——在十九世紀的歷程上越演越烈。(12)

我們也可以再加一句，如此的社會日常生活節奏在過去二十年的台灣和一九九〇年代的中國大陸，已急速加快進行中。

貨幣經濟的物化經驗以兩種方式來影響感官和知覺的活動。其一是認知活動被媒體界和廣告意象的旋風所捲吸，因為這些意象的收受大都是被動的，我們可稱之為消費者模式（the consumerist mode）[4]。消費者接受媒體所提供的任何訊息，這些訊息大半是為了市場促銷或短暫娛樂，追求純粹感官刺激。另一種截然不同、較接近不滿甚或是抗拒，可被稱為懷舊模式，這是一種企圖在抽象、淘空意象中絕望、無謂地尋找失落之地平線的心境。是一種主動地抗拒的模式，它從不接受眼前的現狀開始，夢想在華麗而單調的都市景觀之外的事物、感覺、關係、故事、神話，渴望綠地和青山。它可以喚醒物品和意象的魔幻魅力和神話氛圍，滿足對當前現況不滿的烏托邦想望。這兩種模式在朱天文對意象和認知活動的處理上，皆清楚可見。

在朱天文的小說中，消費者模式的意象迴繞不止。它們基本上是現實的一種投影或抽象物的副產品，它們在純粹是觀察者的人物面前自由地游走著。在〈世紀末的華麗〉中的米亞就是這種永不疲累的意象觀看者，「米亞是一位相信嗅覺，倚賴嗅覺記憶活著的人。」（朱天文 201）但是特殊的嗅覺，並無法像不由自主的記憶那樣從珍視的過往經驗中帶回什麼，它只能憶起一種對廣告、促銷活動、時裝秀、新風格之類的猝發事件靈光乍現的印象。川流不息的色彩、衣服質料的品牌、時裝的不同款式、以及布料的質地淹沒了米亞的意識。米亞可以一口氣從印度、日本、巴黎到台北，列出多種多樣文化的來源（origins），但淵源正巧是她所欠缺的；源頭在她的印象中被平面化掃除殆盡。這些意象所喚起的，只是純粹的色調、表面的些微差異、沒有深度的萬花筒、沒有重量的陶醉感、一種知覺上暈眩的此刻。米亞和她的情人老段，當他們在夕陽下觀賞城市線的多彩色盤時，也許是氣味相投的審美家；但，他們的感覺卻被定型在莫內的印象派畫風之中。遍灑的陽光投在米亞身上或許製造出一種洛可可式的效果，但卻喚不起任何歷史的記憶，取而代之的，則是好萊塢的電影《阿瑪迪斯》，這部電影推動了古典音樂卡帶在台灣的銷售。這對戀人對美景的情感反映似乎是一陣震顫的悚慄：「他們過分耽美，在漫長的賞嘆過程中耗盡精力，或被異象震懾得心神俱裂，往往竟無法做情人們該做的愛情事。」(202)這種耽溺是消費性多過於審美的：是消費者戀物癖的徵候。

懷舊與悲嘆

在消費與媒體的社會裏，個人被迫以二手方式體驗現象世界的環境，在如此高度轉介（heavily mediated）、媒體充斥的設定中，包含整個身體與感官知覺的生活經驗，被削弱褫奪了。因此對眞實體驗的尋索，與其他身體和物品有密切關聯的經驗，變得十分重要。朱天文的書寫，指出了一種透過緬懷想像過往的敍事所呈現出的追尋。

這種懷舊模式承襲自台灣文學中的一股強大傳統，即是對一個失落了傳統鄉村、家庭、童年及密切親友網絡世界的懷舊表現。那個懷想的村落——眷村，屢見不鮮地出現在她的小說中，並且被愛恨交加地呈現。做爲政府從大陸撤退來台後安頓軍方人員的密集聚居，這實際上的「村落」，除了當做住處之外，還象徵性地道出了對返鄉的渴望與期待收復故土的願望。因而有種失落感伴隨著眷村；本來是一個物質的住所，時日一久，便成了一種文化上的表達意象、一種小說中喜歡用來陳述眞實經驗的懷舊慾望的設定、一種村子自身最初期待的經驗。第一重失落是政治與社會的；第二重失落從更私密的角度來說，則可能被認爲是眞實性與童貞的失落。它是如此深刻地遍及個人，因爲自六〇年代以降在台灣資本主義社會文化一再改變的情況下，它具有廣大的集體共鳴。

眷村的意象包含了某種雙重性，也同時標舉出懷舊的威力。以蘇珊・史都華（Susan Stewart）的話來說，鄉愁緊抓住過往的痕跡，猶如「一種和現時已疏遠的經驗，一種只能召喚物品、起共鳴，卻永遠難以彌補的經驗」(136)。無法觸及但卻可不斷被當做一種想像的慰藉、以茲懷想與摩挲，便是懷舊對象所提供的。意識到不可能再重返過去，但懷舊卻持續地渴慕與述說著與其相關的故事。眷村失落的源頭，同時促發與編織了小說的敍事，也同時啓動與鼓舞了一種對飄渺、純潔過往的嚮往之情。〈伊甸不再〉的故事，則透過甄素蘭簡短的一生尖銳地刻畫了這種懷舊模式。甄素蘭的生活痛苦不堪，一是她日益與人群疏離（她媒體和演藝的生涯），二是她一味追尋並最後認同消逝了的世界，渴慕其中的眞實體驗。她的三個名字，象徵孤獨和異化愈演愈烈。最令她感到疏離與「憎恨」的名字，是她在當紅電視連續劇中所飾角色的名字；她較不討厭的名字是甄梨，意味著她和這齣戲導演的關係；只有甄素蘭是她的本名，出生時所取與身分證上的名字，這最後的名字表示她眷村時屬於自己的生活。

但她童年住在眷村的生活並不是如身在伊甸園中般，相反地，眷村還存在時就被描繪成一個失落的、一生下就老態的世界。在不帶絲毫情感、回溯方式的敍述中，她的童年是一種瑣碎、狹隘、髒污的日常瑣碎和挫折，不時爆出的吵嘴和情緒低潮，一種目睹母親墮落和父親愚頑的生活。這樣的生活中除了醜陋和污瑣外，卻提供了一種痛苦經驗的「眞實感」。有時她會懷念那「縫紉機撻撻撻的充實的聲音」（118），她樂於照看病中母親，扮演母愛角色，她似乎已習於一種自我折磨的經驗，在沮喪中她會用手指頭摳牆壁或燒她自己（116, 121）。即使還是個小孩，她已經培育出一種懷舊模式，會沉醉地凝視著照片，溫存著往日全家所擁有的歡樂時光。在她自殺之前，村子裏的記憶全湧向她，她想起從前眷村的日子，很多很多，不一定是快樂甜蜜的，可是都是自己的。再壞，再不快，悲傷的眼淚流下來都是自己的（132）。

當甄素蘭成爲演員之後，她成爲媒體的形象、變爲大眾消費所包裝好的形象，她對自我身分與身體的操控權越來越弱，戚雙紅，她在當紅電視連續劇中所飾演的女性角色的命運，替代了她的一切：「雙紅於世上不過一個沒有根基的人，她做得了主，局勢做不了主。」（2-23）。電視劇的導演，她的愛人，也同時是她身體動作的主導者。她被指示要觀察自己，要意識到自己正在做什麼，好遵照劇本和故事的要求。在這齣劇的某一場戲中，她正在畫一個嬰孩的臉，有眼睛、鼻子和嘴巴，但卻沒有整張臉的形狀；對導演來說，這暗示著她「認爲自己與外界之間沒有『邊界』」(133)。但對她來說，她正被轉化成她所覺察的事物，「陌生人時常差遣他們的影子來東邊拜訪她」(133)。這些陌生人，活在他們的夢中，似乎遠從另一個世界而來，有著異乎眞實的超現實質感，他們似乎是現實中的自我所渴望的投影。

對當前陌生化的深感不滿，使甄素蘭陷入了一種固定的懷舊模式中，渴望著過去她所知甚少的陰魂般人物。她在娛樂工業的崛起竄紅，是與她已然分崩離析生活的一種決裂，這種懷舊即是企圖縫補這個決裂，至少在情感上是如此。她所追尋的不是一個更純淨、更美好的過去，而是那伊於胡底的悲慘過往。她寧願以一種憂鬱的圖像來回顧過往，這樣她就可以一再地反芻過去。她展現出一種將過去或珍視事物以靜物畫般框住的罕見能力，這些承載了許多情感的懷舊物品，即是全家的生活照，也是她永遠凝視不倦的東西。這些家庭照片，提供了純眞與快樂歲月的回憶，即使在她的凝視下，這些照片已從活生生、令人不悅的現實中跳脫出來，被凍結在時光暫留的靜物中。然而，她覺得照片中人物會逸離框架(118)，爲此，她將這種照相式或「畫家式」(painterly)的認知，轉嫁到她目前的生活中來。爲了懷舊的緣故，她尋找著喚醒這自娛事物的方法，她會突然掉入沮沮的情緒中，開始框架出一件物品、一幅風景、一幅靜物畫的眞實景象：「……望著剛才她跑回來的長長黑黑的路上，把紛亂的、破碎的自己，一塊塊找回來拼好。」(120) 甄素蘭是一個擁有稀薄往事的強烈懷舊人物；她更愛懷舊這件事本身。她的慰藉來自一種與想像過往有關的高度的美學體驗。

航向烏托邦

都市生活的普遍物化，使其居民成為配合其法則與符碼的聽話操作員。這些法則的立法者是以交易、廣告和大眾媒體為特徵的經濟體制。這些社會機構依附在資本主義系統下不倦地運作著，以確保每個人都是優良、有用的、及有生產力的公民。在充斥著媒體訊息與意象刺激的社會中，個人的思想和感覺都被支配與操控著，雖然極難偵測出那幕後宰制的黑手。現在，這些宰制力倚賴著規訓（discipline）的觀念與消費來運作；身為現代、理性社會中有教養、效率高的成員之一，每個人的身心都應該牢記著社會的法則，並自我規範地遵從著這些法則。

在自我規範或自我約制的過程中，個體不再是植根於複雜內在生命和體驗的主體，而是一個在時尚和環境潮流中隨波逐流的分裂漂流者。內在、統合的意識正被消抹中，因此很難說朱天文筆下的小說人物是個有血有肉的人。事實上，「個性化」（characterization）的概念有賴於豐富人生經歷和評斷架構之完整性，對朱天文的小說來說根本無用武之地。朱的人物多是單一面向的，並且常被過於誇大地描繪。耽於感官享樂者、美學家、偷窺癖、手工藝師、角色扮演者充斥在她的小說中，這些人會鎮日地耽溺在知覺、感官、和性快感中，雖然他們很難逃離被平面化成單一面向人物的命運，即使他們用許多方式來逃脫和抗拒，但仍然和商業或消費社會運作的方式頗為相似。著名小說《荒人手記》探究了這個重點。規訓和異端、違法之間的衝突，是這篇小說的重要主題，它是一個荒人在荒蕪世界中所留下的遺囑。

這篇小說的敍述者，在描述了一個國家慶典的超大型集會之後，便緊接著對傅柯和李維史陀的著墨。這個大型集會，呈現出在擁戴領袖和對不可質疑之政治秩序的絕對信任下的眾人狂喜。反過來說，當信心籠罩一切，毫無任何疑情時，它是純真的歡樂時光。但這種「極權式」的秩序，或許仍比表面上看來的要來得歷久而彌新。一種新的、微妙的控制已接管了舊政黨的舊勢力。這是一種身心上的管制，在經濟發展過程、全球化社會中，不是領導人、而是金錢掌控了一切。前者那種集體式的、中央化的操控似乎已是過往雲煙，但身體和心靈卻都成了快感和享受新枷鎖的俘虜。

巴哈樂曲的和諧，被包夾在這國家慶典中。敍述者所繼續闡述的，似乎是這和諧促發了李維史陀終生職志。這種衝動被一種揭開潛伏在異質和混亂的民族學文獻下的底層秩序所導引著。之後的傅柯，並不是斬釘截鐵地推翻李維史陀式仔細推敲與安頓秩序的井然；傅柯看穿了權力壓迫機制所運用的高超顯微技巧留下的清晰印記，對敍述者／人物來說，同性戀、越軌、乖僻的傅柯，以及他對細微、不知不覺的控制規範技術永不止息的審驗，都爲如何不被這套系統同化和吸納上了一課。

對傅柯的祈靈，構築了一個以荒蕪的、零餘的男人／敍述者企圖規避、抵拒加諸於身心上的微妙規範控制爲目的的陳述。對他來說，傅柯有關規訓科技的觀念，揭示了一種擴展到整個大都會、後工業社會的操控形式。雖然看起來溫和親切，但卻和極權與壓制無分軒輊。權力對性和意識的操控，套上了一層科學的、臨床的、人性的外衣：它以理性分配、科學管理和臨床診療的語彙來運作著。它利用專家、醫生、精神醫師來緩解其對主體潛藏的控制力。權力是如此微妙、無所不在，以至於它能迂迴地進入我們生命最底層的深處。個人處在他或她的快樂（虛假的快樂，如同馬庫色所言）所製造出的迷醉狀態中，就像在國慶日聚集的群眾一般。它讓我們享受著對性的控制，還「使我們深信，我們已從性公開和性透明裏得到了解放，從性享樂得到了自由」（245）。這個荒人的角色，是一種研讀，研究個人如何藉由航向欲力滿足（libidinal fulfillment）的烏托邦以破除這種對身體的微細操縱。

性欲滿足的烏托邦顯然是一個提供盡情縱欲許可的地方。這篇小說中過度和變態的性愛，已被評論者視爲是在所剩無幾、僅餘支離破碎的遺忘文明世界中的一種補償和救贖；同樣被注意到的是，小說中性的尋索吻合了「爲藝術而藝術」的傾向，一種在朱天文筆下極端的東方美學主義。這種美學主義被視爲是在後工業社會中，對行將瓦解的價值和意義根源的撐持。因此，性的放縱和其美學化的渴望幾乎是難以辨識的，因而在每個陌生的行徑中，皆提供了彌補失落文化意義的欲求。

將性氾濫帶入美學的向度，並進一步將其昇華到救贖殿堂的層面，可能在禁欲上指涉了過多的「精神」價值，而難以指認出其強勢政治經濟培育出的欲力經濟所具有的複雜性。對性的迷戀和衝動追求，事實上是一種交換經濟的副產品，它將欲力的追求與其他更爲實用的活動分開。爲了達到嚴格地工具化和理性化，經濟制度將欲力的能量、身體的快感與工作和生產的範疇區隔開來；因此新近占上風的、過於自律的性，或與之有關的想像生活，在一種孤絕狀態中受到折抑。極爲明顯地，在這篇小說中，從傳統束縛與歷史土壤中失根的人體，成爲文化消費主義潮流中的漂流物。身體——我會毫不猶豫地稱之爲這篇小說的主角、抽象層面的身體——猶如旅者般周遊在這個世界中，尋找著異國情調的景色、新的感觸、新鮮的震顫，一切瘋狂的刺激皆來自於其他身體的密切接觸。羅馬的文明遺跡並不能喚起歷史意識或文化記憶，如同諺語所說的，「不到羅馬虛此生」，但在這裏，小說人物到了羅馬卻大縱其欲。文化遺產被大量印成觀光明信片、寄給朋友、做爲某種消費時，才被人重視。在這個荒人眼中，米開朗基羅畫作〈亞當的誕生〉的美和他享受著躺在他身旁的伴侶誘人睡姿是毫無分別的，這點激起了荒人欲火中燒的審美體驗。小說描述了跨國企業對歷史遺址的投資：日本的NHK資助西斯汀教堂 (the Sistene Chapel) 的復建工作。觀光地點的文獻也在持續製作中，這對戀人，情緒高昂地排排隊，按著指定好的、廣告吹捧的路線一個國家接著一個國家地，拍照和寫明信片。

這樣的旅行是度蜜月，新的景致和感受都猶如催淫劑般。即便是做爲一種抵拒成規的性氾濫，並不必然意味著性或欲力的滿足。爲性而性的追求，是去性化 (desexualized) 而非干性事。性放浪是種在自身內完成的追求，是種窄化和平面化到一心一意、單一面向活動的事物。換句話說，它是抽象化與荒蕪化的結果。

所謂性烏托邦的烏托邦，事實上是一處無人性的所在。性活動盡可能地純粹，是讀者目睹的唯一性事；雖然當主角擺盪在消費主義者心識與由懷舊、記憶和歷史所構築的意識所造成的豐富張力之間時，烏托邦意識確實進入其中。但這似乎是一種緊張，是種在眩惑表象的無盡耽樂和對過往潛藏深度的稀疏渴望之間的拉扯。在對不斷重複的性快感疲厭之後，這對同性戀人在聖彼得大教堂裏締結婚盟的決定，代表著他們對權威的肅穆韻味和已逝文明所提供之眞實性的追尋。值得注意的是，在這次的旅行中，有大量對室內聚會的描述，這些被邀請來的賓客對這對戀人的義大利朋友莫莫的收藏品大表讚賞。這是一次回溯過往的旅行嗎？莫莫是曾經在中國讀書的國際學生，收藏了許多錄音帶、手稿、古玩等等和他鍾愛的中國有關的東西。客人對這些收藏的讚嘆和反映，帶出了一個關於懷舊和記憶可同時是消費主義與烏托邦的議題。這些被請來的賓客欣賞這一字排開的惑人收藏品——茶、詩、音樂、手稿、手工藝品雕刻等等——是如此地琳琅滿目與奇異，似乎相當地不協調。這些物品包括達摩聖像、貴州織品、鄭板橋的竹和拓字、蘇州版畫、小毛驢，甚至還有一九五〇年代拍攝的意識形態電影《女籃五號》的海報。

在玩賞這些收藏品時，人們會被迫忽略掉這些物品帶有的特殊歷史或具體社會脈絡。有社會脈絡或歷史影射的物品，被當做紀念品，並將注意力轉移到過去點燃鄉愁——一種烏托邦的欲望。如我在文前所提及的，將之做爲第一手與眞實的體驗。但小說裏的這些混雜收藏品，引出整批物品的展覽價值，而非充當每件物品來源或其確切社會脈絡的強大提醒者角色。因此，它的功能是做爲一種異國情調的娛目或展示。將歷史轉換成異國情調，正是造成敍述者扞格感與無法欣賞的原因。但這只是這場欣賞收藏品聚會的某一面而已，在敍述者第二和第三回合的描述中，則無可避免地被帶入讚賞的圈子並回溯到過往具體記憶的脈絡中。其中一個小細節相當地明顯：他看著莫莫昔日在中國當外國學生時所拍的照片，在這張黑白照片中，莫莫在一片菜園裏，穿著毛裝；那是在一九七四年的遼寧大學期間。照片在朱天文的小說中，永遠是懷舊欲望的具體展現品。即使在她的電影劇本裏，也時常會在影像的流動中穿插了照片。因此，雖然這些雜然並陳的收藏可能是種娛樂，並爲消費感性作嫁；但這個懷舊的心，卻會對充當紀念品的物品有所反應，而表達出一種對純眞而可能是更爲淸純的年少、對第一手生活體驗的嚮往之情。至於莫莫之樂於展示其收藏，可能也帶有雙重的目的。他對某一地的特殊記憶，並不若他對在中國所擁有的眞純、可能是更爲灑脫的經歷要來得更加思念，中國是他眼前生活的他者。所以這些收藏品不只是擺飾，也是一種參與。莫莫正透過對他過去斷片的收集，尋找出對他的觀眾和他自己搬演自我塑像的方式。訴求的重點，並非僅只在「那時」，而更是在「現在」。敍述者感知到這種自我形塑的（self-fashioning）需求和脆弱：「我目睹這一切，怎麼像是目睹著我自己的青春殘骸，遍地狼藉。」（254）莫莫的中國記憶是一種自我認同的根源。對這個敍述者、荒人來說，這些收藏提醒了他收藏自己與記錄過往一切的需求。婚禮的莊嚴或許便是這種衝動的一個徵兆，以便去尋找一種足以抵抗無盡的、表象消費事物的與來去匆匆之感官享樂的港灣。

化日常腐朽爲神奇

在〈世紀末的華麗〉中的米亞，很容易令人想起是一個對神奇韻味永不倦怠的尋找者，班雅明對於韻味的觀念，很能闡述米亞的所作所爲。在一個科技經濟的環境中，切斷了與過去和記憶的連結，甚至是與個人身體活生生的聯繫。當身體越直接、越發陷入由人手製造出的事物裏時，米亞便尋找著和時間殘存的關聯；她所製造出的花卉殿堂與手工製紙是最佳的戲劇表現。

在一波波的時尚之後，米亞開始意識到做爲一個服裝模特兒的自己，是一個不再能辨識自我的人。她明白在不斷追逐潮流的過程中，是無法獲得眞正的質感與經驗的。她所做的唯一一件事，便是用嘲諷與自我了解的方式來隨波逐流。她與老段的關係，從某方面來說，暗示了永無止境的消費活動和人際關係物化裏偶然的裂縫，他們之間極少的牽絆，似乎是一種對缺乏人性軌跡、失落在物品中之眞實經驗的企求。

這種追尋使得米亞和老段展現了不同的懷舊風貌，這裏所謂的懷舊，不是一種對過去的單純嚮往，不像〈伊甸不再〉裏那般生動的表現方式；雖然〈伊甸不再〉中已淸楚地展示了，但懷舊並不需要具備一個從前曾經存在過的實體。猶如蘇珊・史都華所指陳的，懷舊模式是一種無需物品的悲愁，是一種對來源與觸覺環境的渴望，期待一個擁有第一手、眞實經驗的場域（Stewart 14–15）。因此當米亞與老段在彼此分享紀念品時，他們顯然是懷舊的。老段的許多紀念品對米亞來說，意味著他對某地不久前親身經歷的珍惜，卻也與當下的缺席有著密切的關聯。米亞對老段的愛意與讚賞達到了最高點，是在老段正確地道出在他們愛巢中她精心挑選的五個坐墊的買處與花紋設計來源時。

懷舊模式會在極盡詩意的情況下被誇張。在故事的末尾，不斷重複的服裝秀之後，米亞從服裝模特兒的角色中退出，耽溺於「鍊花師」的營生。當老段感覺到好像和一個中古世紀的僧侶或巫女在一起時，他並沒有搞錯。米亞收集了一堆異國植物、手工製的乾燥花和草束、五顏六色的香油和肥皂、自製的花草茶——五花八門的顏色和形狀似乎是她身體的延伸。這些收藏營造出一種迥異於超級市場的迷人隱蔽處和充滿韻味的空間。這是一個奇妙的魔圈，在其中物品從朝生暮死的消費物品，轉而進入一個生產脈絡與美學欣賞的層面。這些被除魅的物品因而重獲魅力，從大眾消費環節中解脫出來，進入了一個極端私密的空間。還有什麼地方比她的浴室、虛擬殿堂、與身體和觸覺持續而直接的體驗更爲私密的呢？她的浴室／殿堂給了她一種裸露的、不吹捧的、不趕時髦的、知覺的眞實感受。這些物品在浸染了愉悅之後，也彷彿被賦與了手工操作的魔力，這些手工製品是米亞爲了自娛與觀賞的產物。

這些迷魅和神采煥發的東西也會日漸褪色、其眞實的韻味也會消失不見。但下一個更爲激烈的行動，是去用她的雙手去製作手工箋，加上了果汁，這樣這些紙就會留有香氣。但布置一個花藝殿堂和做手工箋，只是一體的兩面；同樣都可以被視爲是一種對抗強大物化的書寫寓言。從朱天文的角度來說，這也可以說是一種對不斷剝離、除魅世界之物的再書寫，化日用陳腐爲神奇。

---

1 已有論者尖銳地指出，現代化無遠弗屆的趨勢，是等同於經濟發展及資本主義發展的，並且將社會進步視爲經濟發展的一種必要成果。譬如Neil Smith, "The Satanic Geographies of Globalization : Uneven Development in the 1990s" 一文中的立論。

2 對於朱天文作品的評論，多注重其文學或美學的面向，社會環境、城市則被視爲是與她書寫有關的背景，但我寧可將社會、歷史的層面，看做是其書寫建構的一個重要語境（context）。關於此論點，可參考黃錦樹〈神姬之舞：後四十回？（後）現代啓示錄？〉(265-312)。

3 Walter Benjamin, *Illumination: Essays and Reflections*.我認爲其中關於韻味討論的精采部分，見諸"Some Motifs on Beaudelaire"的第十、十一節，頁一八〇—九二。

4 根據Michel de Certeau 的說法，有人會說消費者可以擁有自由選擇與抵拒過多意象的意志，但是如果心靈已被鎮日迴盪的媒體意象所填滿，選擇的可能性只是一種幻覺而已。如果有其他意象組列的可能，或許還有選擇和抵拒的機會。參見Michel de Certeau ,*The Practice of Everyday Life*。

參考書目

Benjamin, Walter. 1968. *Illumination: Essays and Reflections*. Ed. & intro. by Hannah Arendt. New York: Schocken Books.

de Certeau, Michel. 1988. *The Practice of Everyday Life*. Berkeley & Los Angeles: U of California P.

Lukacs, Georg. 1971. *History and Class Consciousness*. Cambridge, Massachusetts: The MIT P.

Smith, Neil. 1997. "The Satanic Geographies of Globalization: Uneven Development in the 1990s." *Public Culture* 10.1（Fall 1997）：169–89.

Stewart, Susan. 1993. *On Longing: Narratives of the Miniature, the Gigantic, the Souvenir, the Collection*. Durham & London: Duke UP.

Terdiman, Richard. 1993. *Present Past: Modernity and the Memory Crisis*. Ithaca & London: Cornell UP.

王德威。1996。〈序論：從〈狂人日記〉到《荒人手記》〉。收於《花憶前身》。見朱天文。1996。

朱天文。1996。《花憶前身》。台北：麥田。

黃錦樹。1996。〈神姬之舞：後四十回？（後）現代啓示錄？〉。收於《花憶前身》。見朱天文。1996。

祖國與母性

李永平《海東青》之地形魅影

羅鵬 (Carlos Rojas)

傳說維多利亞女王當時是如此癡迷《愛麗絲夢遊仙境》一書，她甚至立即預訂同一作家的下一本書。然而當她第二年（一八六六）從一位 Charles Lutwidge Dodgson 收到一本非常難懂的，名爲《行列式之凝聚》(*Condensation of Determinants*)的有關數學科技的書時，她不禁極爲驚訝。這本書的作家，當然就是數學家兼業餘兒童作家 Lewis Carroll 的眞實姓名[1]。而讀過今年在台灣出版的新小說《朱鴒漫遊仙境》的讀者們，也許會經歷與維多利亞女王剛好相反的一種反應。這是因爲在一定意義上，《朱鴒漫遊仙境》可以被看成是出生於馬來西亞的台灣作家李永平六年前，即一九九二年，出版的五十餘萬字長篇小說《海東青》的非正式續集。而且如果說《朱鴒漫遊仙境》在其主題與文學風格上接近 Carroll 的《愛麗絲夢遊仙境》，《海東青》的難度便可以認爲是接近於 Dodgson 的數學論文[2]。在此，我要藉《朱鴒漫遊仙境》的出版機會重讀小說《海東青》。

一　形之性別

在《原始社區中的性及其壓抑》一書中，馬林諾夫斯基（Bronislaw Malinowski）討論 Triobriand 島上的人強烈地否認父親與子女之間存在任何肉體或生理上的關係。他們將父親看成是母親與子女這種二分關係之間的一個侵犯者（侵略者）。然而，這種群體對父親關係的否認卻存在著一個很有趣的參照物，即托島人也強烈地否認母親與自己孩子在外貌上有任何的相似之處。對托島人的這種自相矛盾我們可以找到一個很容易理解的解釋，即他們認爲母親是給孩子提供一種肉體上的「母質」(material matrix)，而父親則是通過社會關係給孩子提供形／貌 (form/image) (Malinowski 1953; Goux 218–19)。

讓・約瑟夫・古 (Jean-Joseph Goux) 指明這個例子雖然有點極端，卻能代表其他一些也許更熟悉有關繁殖比喻的「形／物」二元對立觀點。比如亞里斯多德在其關於動物繁殖的寫作中，也認爲胎兒的「母質」是雌性提供的，而其「外貌」則是雄性提供的 (亞里斯多德；Goux 213)。另外，在基督教裏，純潔受胎說也反映類似的一種觀念。以上的這三個例子反映了繁殖範例是如何被用來鞏固一些「形／物」之間的形而上的二元對立關係。

李永平的長篇小說《海東青》利用一些象徵性的繁殖範例，來討論現代中國知識或歷史上類似的一個「形／物」對立。小說最明顯的主題之一便是「國父」孫中山與「母國」中國大陸對當代台灣社會及其「特色」的不同的貢獻。意即大陸做爲「母國」爲台灣提供其大部分的文化「物質」；而「國父」孫中山的思想爲它提供具體的政治與社會框架。小說的最後一章比較直接地以繁殖象徵性的比喻闡明以上所述的對立關係。小說的兩個主人公，文學教授靳五與他的小朋友朱鴒有一天忽然聽見一首紀念「國父」孫中山的歌，於是靳五問朱鴒當天是什麼日子。按照日曆，當天不是國父紀念日，而剛好是母親節的前夜（李永平 931–32）[3]。

二　失身時間

雖然小說一方面將這種十分清楚的斷裂：即來自大陸與台灣的「母質」性文化的連續性與其來自

於「父系」的政治、社會及思想上的斷裂進行比較，另一方面小說也同時將上述概念導出爭論並將其複雜化。小說在藉用繁殖與家族的比喻來討論台灣文化與政治狀況的同時，又以更直接的方式使用繁殖與家族這兩種比喻。而最終小說又將家族、繁殖比喻延伸至其所比喻的對象身上。

《海東青》中一個不斷出現的主題便是關於母親與子女之間的關係，即一種常常被切割，斷裂的關係。最明顯的例子就是小說裏的人物安樂新——他一直在尋找母親，並且唱著一首流行的尋母歌曲：

噢！媽媽
妳敢是眞正無情
媽媽喲
給阮找無妳
噢！媽媽
到底爲著甚代誌
放棄子兒——（484–85）[4]

這種尋母主題的深度卻很容易地脫離其原本的目的，變成一種尋找本身爲目的。關於這一點我們可以在小說裏最後一次討論安樂新與其母親的片段中看出。靳五聽見樂新在唱歌，便笑著問他是否想念他母親。樂新也笑笑，回答說，「沒有啦，隨便唱唱！」(794–95)

在另一個提到樂新的段落中，一位出租車司機告訴靳五，「海東人在找他們媽媽」。除了它提到「尋母」這個題目以外，這一段值得一提的原因是它也涉及了小說另一很重要的論題，即時間。具體地說，小說中有這樣的描述：靳五「嘆口氣望進虞鄉街，眺眺弘農路浦阪路口國民代表會門樓上的大鐘。四點零五分」。而陪著他的小朋友亞星指出代表門樓大鐘，「永遠都停在四點五分，好多年嘍！」（486）特別有趣的是，靳五看過大鐘以後立即也看亞星腕上的手錶（在下面我將更詳細地討論靳五窺看別人手錶這種怪癖），而發現她手錶的時間恰好與好幾年以來終止了的大鐘的時間只差五分鐘。

這一類有關時間的討論與上面提到的尋母一段的討論的同時出現可以被理解成是一種暗示，即尋母這種現象也許會像大鐘上的時間一樣，是由於一種象徵性的時間終止造成的。同時，代表會大鐘的停止時間恰好與女孩亞星手錶的時間幾乎一致，這種古怪的同步性使我們聯想到一種母親迷失與女孩之間跨越時間性的移情別戀公式。當然，如果只是在依靠這一段情節爲基礎，這些推測未免太主觀而缺乏任何實用的意義。但本文想說明的是李永平的小說本身以一種十分清晰的風格準確地闡明了這樣的論點。

首先，我們可以指出小說中的一個很清楚的論題：成年男人與年輕女孩之間的「戀女童癖」。比如說，小說直接地討論了當年在台灣和香港童妓日漸普通的社會現象，也討論了日本文化與社會中所存在的「戀童癖」（小說中的一個人物稱其爲日本當代日本文化的「母題」〔727〕）。更延伸至小說主人公靳五自己和他的年輕女孩朋友們之間那種微妙模糊的關係（比如說，小說第八章中靳五去亞星學校接她，而當她老師開始懷疑他的目的，他必須解釋說亞星是他的鄰居而且「她家出了事」〔481-82〕）。上述的「失母」論題（即孩子離開其母親）與現在討論的「戀童癖」（即成年男人的性欲離開適齡的對象，轉移到「幼齒」的女孩身上），都被連接在另一種很有意思的現象上，即童年女孩的吸引力有時剛好恰恰因爲她們擁有的「母性愛」。

這種自相矛盾的代溝在李永平小說有關日本文化與社會的討論中徹底而明確地體現出現。例如：

在小說的第十一章中有幾位教授在討論日本電影，然後將話題轉到女明星宮條優子身上。一位叫何嘉魚的教授說，「回到剛才的話題——宮條優子雖然有十六、七歲，看起來大約只有十二、三的樣子，可是她又具有男性永遠在追求著的母性愛……這種母性型的少女明星向來是日本男性觀眾的最愛……」(741)

從這種具體的關於日本電影的評論中，我們可以從一個更廣闊的意義上認爲《海東青》所描寫的年輕女孩都擁有一個十分有趣的時間上以及性欲上的間隙。一方面，正是由於她們自己相對未成熟的性而被他人所性化了，另一方面，她們也常常被做爲「將來完成式」性化的對象，這是因爲她們所擁有的「母性愛」又同時令她們接近「戀童癖」這種禁忌的另一個極端：戀母癖（即戀童癖與戀母癖都是亂倫禁忌兩個極端的象徵性的道德違犯）。上面曾提到靳五有一個古怪的行爲，就是他經常看朱鴿與亞星（他的兩個最主要的女孩同伴）手表上的時間[5]。這個表面上完全天眞的行爲可以被理解是在拒絕年輕女性所存在的對時間連續性的威脅，而這種拒絕本身是通過她們身體被賦與的時間連續性來實現的。

三　界限鳥瞰

貫穿《海東青》有一個比較明顯的時間情境，因爲它另一明顯的論題就是它對四十年前台灣與大陸分立的一種回顧的憂思（melancholic retrospective gesture）。然而小說同時也可以被認爲是在回顧另外一個大約四十年前發生的事情，即錢鍾書一九四七年出版的《圍城》一書。而且，對這兩本小說之間關係的重視也可以幫助我們重新理解李永平小說中「時間」與「空間」的複雜相互聯係。

《海東青》與《圍城》兩部作品都是以主人公在海外逗留後回國做爲開始（《圍城》中的方鴻漸在

歐洲「留學」四年，而《海東青》中的靳五卻在美國教書八年）。另外，兩部小說的書名都十分相似地運用了與空間性和主體性相關聯的鳥類做比喻。眾所周知《圍城》一名出自一個古老的法國諺語，說婚姻是一座「圍城」。並且，小說中經常以鳥籠來替代圍城，另外小說裏許多人物的名字都有一個「鳥」字偏旁，這也進一步強調了這個鳥類的題目。

談到李永平小說的書名，上述關於《海東青》的討論也許會令人以爲書名裏的「青」是「青年」之「青」。書名很可能確實含有這層意義，可是，它也有另一個更具體的意義，即像《圍城》一樣，也是在用一個鳥類的比喻來表示空間與主體的關係。在《海東青》的第六章裏，靳五給朱鴒與亞星解釋說——

> ——丫頭，在海西，在中國東北有一種鳥全身羽毛都是青色，很大很神氣，一天能飛千里，是全世界最美麗最大的鳥。
>
> ——牠叫做什麼？
>
> ——海東青。
>
> ——哦！大鵬。
>
> ——大鵬鳥（361）。

這段對話的上下文出自朱鴒與亞星對「國父」孫中山的崇拜。既然如此，亞星接下來的對話便是，「我們國父是牠（即「大鵬鳥」）的化身。」靳五也直接地贊同亞星的觀念，他說：「對，亞星。」不過朱鴒接下來幾句話，雖然在表面上看起來也許在補強上面的想法，實際上可以被理解成是一種對上述政治概念的一種挑戰。她說——

——我們老師教我們一句成語。

——什麼?丫頭。

——燕雀豈知鯤鵬志? (361)

靳五很積極地贊成她的話,說她「眞上道」,「眞聰明,懂事」。不過,如果我們更仔細地重讀這個成語,我們會發現它也含有一個更模糊的政治意義。該成語的原文當然出自《莊子・開篇》,其描寫的是世界觀很窄的「鴳」(司馬彪:『鴳,鴳雀也。』鴳雀也是燕雀的同音詞)嘲笑大鵬之功勞:

> 彼且奚適也?我騰躍不過數仞而下翱翔蓬蒿之間,此亦飛至也。而彼且奚適也?

如果我們利用本文開始所建議的籠統範例來讀燕雀與鵬之成語,我們也許會把朱鴒間接提到《莊子》的成語理解成是一種贊成「雄性/父性」(即「鵬」——國父孫中山)對創造社會與政治「形式」的更具優勢貢獻的論點;比較而言「雌性/母性」(「燕雀」,即朱鴒等)只是相對卑微地爲社會/政治提供一個文化「母質」(cultural matrix)的作用。

不過,在《海東青》提到「燕雀豈知鯤鵬志」的那段裏,「燕雀」,即喻指朱鴒自己[6];而她自己不像《莊子》中蔑視鵬鳥,其實剛好相反,她十分佩服國父孫中山。

她這種對「鵬」的寬容對待也許可以理解成是一種暗示,即我們不可以用《莊子》開篇中的意義來闡釋小說中的成語，而應用其第一篇的終結。後者關心的是要打破平常對「用／無用」對立的概念，以便說明甚至看起來最無用的東西（比如說小燕雀）也會有自己的一種特殊的高尚價值。在此，我認為應重讀小說引用《莊子》的這個成語。具體而言，我們應了解它在「解構」它本來所代表的兩種地位與「眼界」（perspectives）的不明確等級關係。

我在這裏想強調的是《圍城》和《海東青》裏鳥的比喻都直接地跟時間與空間有關係。《圍城》中的鳥的比喻強調的是人的地位可以影響到他／她怎麼理解自己周圍的「地形」界限（這個當然也包括像婚姻這種社會範疇上的抽象「地形界限」）。然而，與此相反，《海東青》的鳥比喻暗示人的地位不僅會影響到他／她怎麼理解自己周圍的「地形」界限，並且也會影響到人本來能分別出來**哪些**地形界限。比如說，李永平的小說指出兩類「海東青」（即大鵬鳥以及海東青年）所能識別來的不同地形與時間範圍。前者（大鵬鳥）所居住的大體歷史空間與相關敍述：比如說大陸與台灣之間的地形界限；四〇年代與當代的時間界限。而後者（海東青年）好像游動於一種更加親密，附隨地形／時間環境。前者「摶扶搖羊角而上者九萬里，絕雲氣，負青天，且適南冥也」，而後者無目的地「游走」。總的來說，後者「海東青」只會間接地接近前者「海東青」的歷史性的領域；「她們」只是在本地路線圖上所出現的「大中國的縮影」才能偶然地接觸其根源之模糊幽靈。在此，我認為應重讀《莊子》的這個成語。我們應該「解構」它所代表的這兩種地位與出發點之間的表面等級關係，從而使它們成為具有同等價值的存在。

四　歷史空間

李永平的小說在兩個不同（可是互相關聯）的平面上討論時間與「時差」（即時間之斷絕）。在一方面有個人成熟以及發育過程中的時間，而在另一方面有歷史時間的範疇。小說中，前者主要指女孩長成「母親」，而後者主要指台灣與大陸（東海與西海）的四十年的分離。小說有一段描寫朱鴒考靳五對歷史地理的知識，而她選擇的方式剛好是讓靳五辨認台北路線圖上的地名的最初歷史出處(806–7)。在第三章裏靳五用同樣的方式以便考安樂新的歷史地理知識（122–24）。第八章裏，簡許玉桂議員也討論這個時間／地形融合的現象：

> 日本中國相殺，日本打輸中國打贏，中國人就跑來我們這裏劫——收！國共兩黨相殺，國黨打輸共黨打贏，國黨就跑來我們這裏成立中國大總統府！亂亂改我們馬路名，沒有道理，笑死人！華陰路哦漢陽路哦歷山街哦天水街哦南京路哦桂林路哦峨嵋街哦，笑死人！假裝我們這個小島代表全中國！假仙！假仙！假仙！（495）

這個現象的「最後」一個例子存在於小說的「序」中，李永平自己也提到這個「歷史地理」的現象：

> 瞧，小說中那一座氣象萬千燦然矗立東海惡浪之中的大城，金城湯池，三民主義的復興基地，城裏那些街名路名不正是大中國的縮影：徐州鄭州漳州錦州甘州涼州，洛陽南陽衡陽華陰漢陰淮陰，庫倫哈密西昌安東。條條大路通向市中心中華民國總統府。大江南北大河上下，千年的城闕，五族的都邑，繁星般，璀璨在中華民國臨時首都的市街圖上，可不像極一幅棠無恙、萬古常青的中國大地圖？《海東青》這部寓言，因此也是一則預言。書中描繪的那座城市，那萬種風情千樣繁華萃於蓬萊仙島的奇境，十年、二十年或五十年之後，在三民主義大纛下，豈不是可能出現於

十數億炎黃子孫棲息的古老中國大地，每一個角落每一座都城？

朱鴒，願你好好長大。（四一五）

我，像李永平一樣，也認爲小說提到的地圖，除了顯而易見的地形意義之外，也有一種時間意義。不過，跟李氏不同的是，我認爲不必將其理解成一種「預言」，而應賦與其一種「回顧的憂思」（melancholia）的涵義。如果回到以上所做的分析，我們可以指明小說所描寫的東海路線圖在一定程度上像小說中的女孩子們一樣。就是說，地圖與大陸之間的反射以及魅影（specular and spectral）關係不像女孩與自己將來要長成的成年女人之間的「預言」關係，而更加像女孩憂思對已經丟失去的自己母親這樣一種關係。

因此，朱鴒考靳五地圖／地理知識可以被理解成靳五自己窺看朱鴒（與亞星）手錶時間那種怪癖的一個反面。兩個例子都表現人物怎樣以本來象徵著時間斷裂流變的叉點做爲時間連續性本身的一種反諷式的象徵。由此，我們甚至可以進一步地說李氏的「序」裏提到的這種地圖比喻的結果是在給序（甚至整個小說）提供一種「時間之否認」的特色。就是說，靳五看朱鴒與亞星的手錶可以被理解成是潛意識地否認她們未成熟的身體以及自己本身的存在成熟性時間的挑戰。李永平自己的地圖比喻也可以被理解成是一種象徵性的看手錶的怪癖。換言之，儘管李永平企圖按照時間的進程（以及與本文最早提到的繁殖與家族比喻有關）看待歷史，而我卻認爲小說實際所含的時間斷裂隱喻卻質問這些歷史觀念的合理性和有效性。

在小說的第七章中，年輕的張澌告訴靳五，「咱們這個寶島呵呵三民主義的模範省，最不仁的地方，就是不讓小女孩子們有成長的機會。」（431）第十一章中有類似的一句話：「咱們的社會最不人道的地方就是不許小女孩兒好好長大，妳知不知道？」（744）本文強調的是小說中歷史（國家）與個人（性欲）發展之間的互相疊蓋與互相移情。因此，我們可以用這種密切的關係來重新理解上面提到的兩句話。就是說，也許小說本身對戀童癖與青年女孩的關心可以理解成有象徵性的移情作用，並且其結果在於它「不許」小說自己關於台灣社會發展過程的想法「有成長的機會」。

* 本文爲一九九八年八月哥倫比亞大學舉行的「歷史，記憶，與文化批評：台灣眼界」討論會中發言英文論文的修訂中文翻譯本。中文譯稿承蒙張潔的協助，謹此致謝。

---

1 在其《象徵性邏輯》（*Symbolic Logic*, 1896）一書的序裏，Lewis Dogson自己提到了這個故事，並否認了——「這種完全虛構的故事」（Williams & Madan 182）。

2 《海東青》出版後，有一次台大中文系教授吳宏一向李永平抱怨道，「我看你的書還要查康熙字典。」（陳雅玲110）

3 以下凡引文出自同一小說，僅以頁碼標示於文後。

4 安樂新「尋母」這個題目也出現在頁一三〇、二一四、五三七、五五三、七九五。

5 比如說，他看朱鴒手錶的一些例子出現在頁八七、八〇六、八一一、八九五、九〇三、九一四、九三六等。在頁七四六、八五七、八六四及八六九等有他看亞星手錶的例子。在頁四七一，宮青問他他自己爲什麼從來不戴手錶。

6 朱鴒（「鶺鴒」之「鴒」）以及她的兩個姊姊（即朱鸝和朱鷰）三個人的名字都有小鳥的涵義。

引文書目

Goux, Jean-Joseph. 1990. *Symbolic Economies after Marxand Freud*. Trans. Jennifer Cage. Ithaca: Cornell UP.

Malinowski, Bronislaw. 1953. *Sexual Repression in Savage Society*. New York, Harcourt, Brace and Co.

Williams, Sidney, & Falconer Madan. 1979. *The Lew is Carroll Handbook*. Folkstone, England: Dawson.

李永平。1992。《海東青》。台北：聯合文學。

陳雅玲。1998。〈台北的「異鄉人」：速寫李永平〉。《光華》雜誌（1998.8）。

亞里斯多德。《物理》。1.9.192a23。

復活的意義，無聲的陰影，及寫作的姿態

閱讀蘇偉貞小說的戲劇性

徐鋼

Every real effigy has a shadow which is its double; and art must falter and fail from the moment the sculptor believes he has liberated the kind of shadow whose very existence will destroy his repose.

—— Antonin Artaud, The Theater and Its Double

每一個眞正的影像都有一個做爲其雙身的陰影，可是一旦藝術的塑造者開始相信他已經解放了這樣的陰影，藝術也就蹣跚地邁向失敗之地，恰恰是因爲陰影的存在的本身會徹底摧毀藝術家的平和寧靜。

——安托寧．阿陶，《戲劇和戲劇的雙身》

一

閱讀蘇偉貞時，阿陶（1896-1948）的影像就奇怪地一直揮之不去：與《陪他一段》、《舊愛》、《離開同方》、《沉默之島》等篇名重疊而不斷浮現的，忽而是阿陶三十二歲扮演修道士馬修時那沉靜的雙眼和堅毅的下頷，忽而是他五十歲那年自畫像中的篷亂的頭髮，迷昏的眼神，和深凹的臉頰（Susan

Sontag 204-5)。也許是因爲阿陶的理論恰恰是進入蘇偉貞《封閉的島嶼》的密咒吧，不過，當我完全沉浸在蘇偉貞的筆意中時，也就是在有著「先入爲主」危險的「理論」被暫時摒棄時，阿陶依然頑強地走入我閱讀的視野。究其根柢，答案也許正在於阿陶是一個再合適不過的蘇偉貞小說中的主人公——他的才華橫溢，他的孤傲特立，他的完整純淨的氣質，他的爲某種目標而獻身的執著與狂熱，他的與死亡陰影的一生的糾纏，甚至他的與生俱來的精神病患，不都是又一個費敏（《陪他一段》），又一個典青（《舊愛》），又一個方姊姊（《離開同方》），又一個丹尼（《沉默之島》）嗎？

不過，在這樣的聯想背後，卻又另有著一種弔詭，或者說一個陷阱。本來蘇偉貞只是在作小說家語，那樣一種完整純粹的人，也大約只有在小說的「表現」（representation）中才有。現在突然冒出一個阿陶，一個曾經活生生的，在歐洲現代主義的高峯期獨樹一幟，又在很大程度上催生了後現代主義的眞實的人物，是不是就等於說小說的「表現」暗合了「眞實」或「現實」（reality）？如果要阿陶本人來回答這個問題，他的回答一定是「荒謬已極」！因爲，便由本文開頭的引文來看，阿陶最反對的就是對藝術表現現實的可能性的肯定——「影像的陰影」指的正是現實在藝術中的投影，藝術家一旦選擇還影子以其自由，讓它和現實再度重合，也就失去了對藝術的眞正的理解；只有承認影子和現實不重合的藝術家，才能激發出藝術本身的活力。我想，換一個角度，從阿陶本人與現實之間的關係出發，或許就可以回答爲什麼阿陶會和蘇偉貞筆下的主人公如此相像的問題。也就是說，基於阿陶與丹尼們的相似，我們不恰恰可以用他與現實世界的格格不入，以及其生存和創作的只有在死亡中才能解脫的困境，來說明蘇偉貞小說中的表現的世界和現實世界中的鴻溝的存在嗎？另一方面，蘇偉貞的表現的世界和阿陶的「眞實的」世界的重疊，也從相反的角度印證了阿陶本人在一個由有序的語言構築起來的人間世中存在的荒謬性甚至不可能性。

蘇偉貞之所以能夠劃清文學表現的世界和現實世界之間的界線，得力於她對於小說中戲劇性的因素的淋漓盡致的發揮。至於爲什麼要「劃清界線」，那是另外一個重要的問題，留待稍後回答。讓我們先來討論「戲劇性」的問題。

什麼是「戲劇性」？更確切點問，什麼是小說中的「戲劇性」？表面上看，這是一個再簡單不過的問題：戲劇性就是小說中借用大量的戲劇表演的手段，如角色扮演，舞台調度，戲劇高潮等，來推動情節的進展；抑或是以戲劇做爲隱喻，來闡述「人生如戲，戲如人生」的道理。這樣的例子在蘇偉貞的小說中比比皆是，隨手可拾：

> 費敏望著他那張年輕、乾淨的臉，這個世界上有很多演壞了的劇本，不需要再多加一個了。(1996a: 143)

這是小說收尾前費敏的一段心聲，緊接著就是她日記的終了和生命的自我完結。她已經知道她的刻骨銘心的愛情只不過是一齣戲，也已經意識到她扮演了一個錯誤的角色，或者說本來就不該扮演的角色，但是她依然堅持著給這齣戲一個完滿的結局——還有什麼比死更合適的悲劇結局？

> 馮子剛上機當天，典青送到醫院大門口，身上披了件綠薄大衣，明明屋外已經春天。綠大衣裏面是醫院的藍睡袍，微笑的臉彷佛銀幕上劇終時不可改變的定局……(1996a: 155)

這張愛玲式的筆調，寫的無非仍然是在死亡的微笑中漸隱而去的悲劇的結局。至於爲什麼這裏會刻上張氏印信，容待後文分析。

> 全如意没像以往上戲那樣選在一個重要時刻蓬地上台亮相站定，她一開戲已經直在場子中央，還是以前那扮相，烈豔地不得了，光爲了戲裏的人生而活。(1996b: 389)

這可不是一般的時候——全眷村的人聽到李伯伯尋妻都湧了來，等著看全如意／李媽媽的「好戲」，後者卻好整以暇，對台下的群情激奮不聞不問，一心一意地演她自己的「拿手好戲」。在這樣一個戲劇與現實，演員和觀眾交會、混雜、混亂的時刻中，悲劇的高潮也就醞釀成熟，呼之欲出了。

> 祖則大聲如宣誓：「晨勉，那年代的人一定不懂，人生能掌握的事實實在很少。」他裸露的背部沁出汗珠，一具哭泣的身體。在晨勉的安慰下，悲劇的心逐漸平息。
>
> 他們正在上演一齣劇，晨勉突然希望有人看到他們、學習他們，而且記錄他們。他們是那麼明白彼此的節奏，是的，不需要語言。(1994 : 230)

這是晨安和祖／丹尼的最後一次做愛。做愛本身已變得不重要，重要的是兩人的身體怎樣掌握好表演的節奏感，以融入到悲劇的氛圍中去。

難道就是這樣簡單嗎？平心而論，上面所引的這些例子並不是只有蘇偉貞才能寫得出來。幾乎任何一個作家都或多或少地借用過類似的戲劇性。問題在於，戲劇性對蘇偉貞來說，已不僅僅是從戲劇作爲一種文類之中借用的小說寫作手段之一，而是她的文學本體（ontology）的基礎，同時也是她認知世界（epistemology）的門徑。這，方是蘇偉貞寫作的獨特之處。

二

同樣寫眷村，蘇偉貞和袁瓊瓊、朱天心、張大春等人所採用的視角就完全不同。王德威認爲《離開同方》是「力作，而非傑作」，因爲「蘇並未能進一步探索眷村文化的歷史底蘊」，「她的重心毋寧仍是在一齣齣或慘烈、或詭異的愛情傳奇上。」（18）這樣的評判可以商榷，不過王德威的確點出了蘇偉貞的寫作的關注點似乎不在眷村，而是在眷村這個背景中演出的死而後已的愛情傳奇。王德威進一步聯想到蘇偉貞的小說與明末清初的《花月痕》、《玉梨魂》之類的作品的相似之處——和死亡比肩而鄰的虛耗的性愛（11）。不過，實際上僅僅「愛情傳奇」這幾個字，就足以使我們聯想起更早一些中國小說作品：李漁的《無聲戲》，特別是其中的第一篇〈譚楚玉戲裏傳情，劉藐姑曲終死節〉（李漁），一對男女伶人，生不得合歡，台上借戲文演盡傷春悲情，投水以求成全陰婚；這一邊爲愛獻身，那一廂，《姑妄言》（1730）（曹去晶）中的昌氏，明知再行縱欲即會亡身，仍然飛蛾撲火，爲欲獻身；至於眾所周知的林黛玉，難道不是爲了愛的影子或愛的概念而獻身的嗎？而後來的張愛玲筆下的曹七巧們（《金鎖記》），則又在華彩鋪陳的生命的虛耗中追憶情愛／獻身的可望而不可即。這裏隨手拈來幾個例子，就足夠說明了中國小說中的確有這樣一個傳統，也就是情愛與死亡與獻身這幾個本不相關聯的主旨之間的幾不可分的密切交織，而這樣的交織也只有在現實生活得以昇華的戲劇的瞬間才能實現。這也就是爲什麼湯顯祖的名劇《牡丹亭》會成爲幾乎是「情愛」的代名詞，而明清兩季關於情愛的小說都深受其影響的原因。

情愛與獻身交織的戲劇瞬間除了「感天地，動鬼神」，讓觀眾神馳心往以外，又別有一番深層的意義。因爲這樣的交織在中國的「文」的傳統中是幾乎不能想像的——獻身是提倡的，可是要爲「道」，或民族大義，或其他某些抽象的理念而獻身。在這樣的敍述背景下，中國小說戲曲中對於情的「死去活來」的戲劇化表現，便隱隱然構成了對「文之正統」或「正統之文」的威脅，甚至有著顚面復之的危險。這正是中國小說傳統的一部分，也的確是蘇偉貞文學本體論的基礎之一。更有意味的是，對於她來說，爲國家而獻身（《袍澤》）與爲情愛而獻身，這兩者並行不悖，且如王德威所言，相互之間「形成極具張力的對話關係」（14），在當今的台灣文壇上，自有其獨特的可觀之處。

戲劇性對於蘇偉貞之重要，還在於這是她認知世界的關鍵。就像重回她魂牽夢縈的眷村，她千不寫萬不寫，偏偏寫了一個草台戲班進村的故事，無怪乎《封閉的島嶼》中選收的〈離開同方〉的片段被恰如其分地加上了「戲班來了」的標題。爲什麼要寫戲班呢？戲班的從天而降和悄然而逝是否可以幫助重現「媽媽的同方新村」？如果可以，到底是在一種什麼樣的機制中作用的？這又和蘇偉貞的認識論有什麼關係？要回答這些問題，還是讓我們暫時「離開同方」，來看蘇偉貞《夢書》中的一段獨白：

> 非常想去獨自旅行，我現在有獨立應付自己的定力了。在這樣獨自的空氣裏不會覺得窒息與空虛，反而有恬靜，沉實的感覺，在這一刻我不是人，只是一雙眼睛，一顆心，在能接觸的空間內活動著，不是生活，只是活著（沒有別人也沒有自己）：而且每個器官單獨活著。我允許它們的。(1995: 34)

類似這樣的獨白在蘇偉貞的寫作中實際上不斷地重複地出現，其核心是孤獨、封閉，離開熟悉的世界去別處旅行，以及獨處中感覺的靈敏及與自身對話的可能性。這些意念不能不讓我們聯想起現象學（phenomenology）大師胡塞爾（Edmund Husserl）所一再試圖闡明的「孤獨的哲學家」的概念，也就是說一切意義之所以能夠訴諸語言都來源於在孤獨中的冥思，只有這樣，我們日常所熟悉的世界才能被暫時「懸置」（bracketing）起來，從而達到了解事物「本質」（the essential）的目的。我們正常的認知之所以可以而且應該被「懸置」，是因爲現象學家們已經不滿足於從事物的每一個單個的視面（frontality）去觀察事物，而是在想像中「拾起」事物以同時審視其立體的形態。戲劇所提供的，恰恰是這樣一種想像力。難怪現象學的術語與概念中，充滿了有關戲劇的隱喻。戲劇提供給現象學的詮釋一種工具和語言，可是，同時在另一方面，現象學也可以幫助我們理解戲劇性的眞正內涵。試想一想，戲劇性不是從日常生活中析離出來而產生的嗎？這難道不是和現象學中的先「懸置」而後認知有著本質上的類似嗎[1]？

基於這樣一種極初步的理論的推演，我們也就不難理解爲什麼「戲班來了」成了蘇偉貞重現眷村的關鍵。當然，寫「戲班來了」完全可能是就事寫事，其本身並不代表也並不能說明戲劇性的產生。可是，另一方面，蘇偉貞非常著重地強調了戲班和同方新村住戶的千絲萬縷的聯繫：以袁伯伯爲軸心，他和李巧、仇阿姨、李媽媽／全如意的關係實在是全書的情節主線，而小佟叔叔之全力反對戲班之滯留不去，又何嘗不是埋下了他後來爲情赴難的伏筆。這些聯繫的作用就是徹底打亂了全村的生活節奏和秩序，小孩子們不用說興奮得不得了，就是媽媽們，也是經歷了一個漫長而奇特的過程：先是被戲文所吸引，「不再對生活裏的事蜚短流長」（1996b: 119），卻又再次被生活中的戲所吸引，最後在全如意／李媽媽的出神入化的演出中，再也分不清現實和戲文的界限了。眷村的生活在戲班的到來後，已經徹底地戲劇化了。或者，我們甚至可以再推進一步，也就是說，眷村的生活的本質其實原本就是戲劇化的，就是一個不眞實的在「反共復國」的神話中建築起來的海市蜃樓，偏偏眞實的人們在其中每天眞實的日常生活，又似乎抵消了這個海市蜃樓的布景作用和不眞實性——直到有那麼一天，當復國的號角不再吹起，當眷村這些「外省人」、「外省第二代人」一再被人逼問「愛不愛台灣」時，驀然回首，才發現兩鬢已白！這其中的荒誕又豈是說得清的!?同方新村的老老少少們，卻不用等到這一刻，戲班的到來立刻就架設起了一個戲台，不但戲班在上面演，村裏的人也在上面演，至於台下的柴米油鹽，暫時也只好「懸置」起來了。混天昏地，稀里糊塗，一片戲劇化的世界，卻又大有一番「世人皆醉我獨醒」的味道。換一句話說，也就是戲班的到來所帶來的戲劇性使得眷村從大家熟知的生活中析離開來，當日常生活被「懸置」起來時，眷村的「本質」才可以初現峥嶸。這也就是我所說的戲劇性和蘇偉貞認知系統的關係。

當然，蘇偉貞不是也不可能是一個現象學的哲人，她的小說之所以可以用現象學的概念來解讀，是因爲她對於重返眷村進而詮釋眷村的執著暗合了現象學的玄理。可是，眷村是可以詮釋得清楚的嗎？實際上，就連蘇偉貞本人，都對詮釋的可能性時時地流露出懷疑——雖然小說是「框」在眷村之子攜母親亡魂重返同方新村的大框架中，可是「重返」的眞正目的是爲了在詮釋之後「離開」，而整部小說給人的印象是「離開」的不可能性，那麼詮釋的意義本身也就不能不受到懷疑。就是在這個關節上，蘇偉貞以前寫作中那種死亡或者失落（《離家出走》）的陰影才掩襲過來。比如小佟叔叔和席阿姨的愛情，反反覆覆，毫無意義，自虐虐人地延滯著，就像小佟叔叔的病，總在死亡的邊緣打轉。最後，當席阿姨接到病危通知書時，她幾乎是解脫般地來到醫院，在一片死寂中等了一天一夜，終於看到：「那推床四周圍滿了護士、醫生，在深夜的醫院長廊上一路走來顯得特別突兀，極不協調。彷彿他們是一列死亡隊伍。」(1996b: 347) 在這裏，由於重複，由於延滯，「死亡」變成了無意義的虛耗的死亡，與「獻身」與「情愛」之間已經不再畫上等號，而是帶上了一種強烈的「無用」(gratuitousness) 的象徵意味。我們應該更進一步注意到的是，這樣的象徵，反過來又對蘇偉貞借獻身／情愛在戲劇性中的交織來認識眷村本質這一寫作方式本身產生質疑。

可惜的是，質疑沒有深入下去。基於蘇偉貞對於「重返同方」的堅持，她忍不住一再安排了「復活」的轉折，就像緊接著上面所引的那一段，席阿姨「頃刻之間明白了那並不是死亡的隊伍」，相反，那是護送小佟叔叔重返陽世的隊伍。方姊姊和小佟叔叔的「起死回生」則更是突兀，更是不可思議。不過，最奇怪的「復活」莫過於狗蛋的借戲文而重生的語言能力：

> 狗蛋一聽笑呆了，再自然不過的開口講出他人生的第一句話：「你妻不是凡間女，妻本是峨嵋一蛇仙。」彷佛因爲這句子刺激了他——一個和尚和一條蛇，彷佛他上輩子懂得這話的意義，那背景勾勒他的記憶神經，牽連上故事的開始。(1996b: 110-11)

這裏所說的是，戲劇的情境和語言，重新幫助我們獲得了一種詮釋的能力，去解讀我們熟視無睹的周邊世界。這不能不說是一種「意義的復活」——熟悉的環境被「懸置」後事物原本意義的浮現。

三

直到《沉默之島》的出現，蘇偉貞才眞正可以說「離開了同方」，也就是離開了她上一部小說中對於詮釋的可能性的肯定。這樣的否定有什麼意義呢？在回答這個問題以前，讓我們先回到阿陶，來看看他在從現代到後現代轉折中所起的作用，以及他的「殘酷戲劇」的理論和蘇偉貞小說的戲劇性的關係。

對於阿陶來說，那一種過於依靠書面或文學語言的戲劇是死的，沒有「陰影」的戲劇。我們前面已經說過，他所說的「陰影」是指現實在影像中的投影，不過其投射的過程不是靠語言，而是靠把符號變成舞台整體中的一個因素，直接作用於人的感覺，而不是思想。只有這樣的「陰影」才能給戲劇一種獨立於文本和語言之外的眞正的自由感。基於這個認識，阿陶在「東方戲劇」，尤其是峇里（Bali）戲劇中找到了具有「陰影」的「眞正的戲劇」，峇里的原始戲劇，在阿陶看來，充滿了純淨的、昇華的戲劇技巧：不可思議的動作與姿態，不做掩飾的態度，後嗓發出的變調，戛然而斷的音段，鞘翅的顫動，枝葉的輕拂，鼓聲，尖叫聲，不一而足。這就是所謂「殘酷的戲劇」（theater of cruelty），代指「超越了一切限制的」「極端行爲」中的戲劇性（Artaud 85）。任何人乍一聽到「殘酷」二字，自然會想到血淋淋的景象化爲舞台上的暴力，不過對阿陶來說，「殘酷」「既不是施虐也不是流血」——「從頭腦的角度來說，殘酷象徵著原動力，象徵著無懈可擊的意念和決定，以及不可逆轉的絕對的決心。」（Artaud 3）

當然，在阿陶在戲劇界引起軒然大波的六十年後的今天，閱讀阿陶，我不得不說他的很多觀點都有修正的必要。比方說他對「東方」和「西方」的劃分太過簡單。當然他對「東方」的讚賞無可厚非，可是現在學術界連對「東方」這個概念的形成過程本身都已經進行了深刻的批評，我們也要再問一句：阿陶一方面認同「原始」的東方文化，另一方面丟棄「教化」的西方文化，是不是恰恰從反面加強了在殖民想像中對東西方硬性的劃分呢？

儘管有這樣的問題，我仍然覺得阿陶的「殘酷戲劇」的理論在今天依然很有用，而且特別與我對蘇偉貞的閱讀有關。首先，無獨有偶的是，蘇偉貞在《沉默之島》中也對峇里島情有獨鍾，將其做爲主人公晨勉和丹尼愛情旅程中的重要一站。當然，阿陶和蘇偉貞都選中峇里島，表面上只不過是一種巧合。但蘇偉貞對各類亞洲小島的偏愛是經過深思熟慮的。阿陶和蘇偉貞對小島的封閉和不溝通中所蘊藏的生命的潛流有著共同的關注，這可不是一種巧合。

奇怪的是，起初晨勉和丹尼都沒有對峇里的原始歌舞和戲劇顯示出任何特別的興趣，儘管丹尼是研究「亞洲島嶼民族的文化行爲」的博士生。他們在峇里島重逢的第一晚，丹尼帶晨勉去了島上的一個小餐館，邊吃邊看當地的舞劇。晨勉對表演無動於衷：「劇舞並無特別驚訝處，是最早的舞蹈表現形式；精緻的是餐廳的整體設計。」即便我們將時間的間隔考慮進去，也就是說在這六十年裏，西方的度假文化已經在很大程度上影響了峇里戲劇，晨勉的冷漠和阿陶的興奮仍然形成一個鮮明的對比——不管怎麼說，晨勉是一個非常西化的女人，也同樣可以被「原始的」文化所震撼。更有意味的是，她一方面對峇里舞劇表示冷淡，一方面在冷眼觀察她和丹尼的關係：

> 丹尼喝酒少得多，第一杯敬她：「生日快樂。」她覺悟到，從這刻開始，丹尼已經在建立他們之間相愛的模式，她如果接受，便該由這刻接受，一直到發生足以改變這種狀況的事情爲止。他們回住處途中，遇上一列祭拜隊伍，丹尼帶著二分酒意說：「多感人！」(1994: 109)

這一個「場景」可以這樣閱讀：丹尼愛上的，與其說是晨勉，不如說是「東方」，他所建立的「相愛的模式」，是將「東方女人」，不論多麼「西方化」的「東方女人」，納入到他的東方主義 (Orientalism) 的想像中。晨勉對峇里戲劇的排斥，實際上是排斥西方對東方或「他者」(the Other) 的想像。

在後殖民的話語體系中，這樣的閱讀是可以成立的。不過蘇偉貞的用意還遠不止這些。事實上，在後殖民和女性主義的眼光中，晨勉可以說是非常保守的：她依然認爲她是她所愛的人的一根肋骨，而且她總是一再放棄她做爲一個獨立自主的女人的立場，一次又一次地滑進西方男人的懷抱。可是，就是在這樣的模稜兩可之中，蘇偉貞對島嶼的偏愛就像一股暗流，時不時攪起激盪的漩渦。這種激盪產生的情形類似「殘酷戲劇」的內在機制，卻又比後者複雜得多。

如前所說，在峇里戲劇或是「殘酷戲劇」的核心是書面語的不存在。所有的東西都是舞台上實體性地塑造出來，或者按照阿陶的話，更確切點說，是「形而上」地（metaphysically）再現出來的。他解釋說，「所謂東方戲劇的形而上的趨勢，是有關於一系列的手勢，符號，姿勢，和音調的。它們一起組成了舞台表演的語言。這種『非書寫性的』語言，將其實體的，詩化的效果建立在每一個意識層面上和所有的感覺中，必然地使得人的思想不得不採納一種可以被稱之爲『行動中的形而上』的複雜的態度。」（Artaud 44）當然，對任何作家來說，爲了再現極端的行動，沒有語言是不可能的。但是，對蘇偉貞這樣語言功底極爲深厚的作家來說，是完全有可能將實際的身體的行動和心理的描寫分開來的。這不等於說，爲了展現「極端的動作」，心理的挖掘就應該被放棄；而是說，蘇偉貞所暗示的「心理描繪」的不可能，恰恰使得語言中的實體塑造——也就是「殘酷戲劇」的表現——成爲可能。

表面上看，《沉默之島》所揭示的似乎正好相反，即心理挖掘是可能的——晨勉（以下「晨A」）可以創作另一個晨勉（以下「晨B」），在這個「雙身」的生活和心理活動中來回溯她自己的意識。在健康的家庭中長大的晨B和晨A並沒有什麼共同之處，讀者也應該期待晨A給晨B安排一條完全不同的生活道路，以在她的想像中獲得不同的經驗，從而彌補她的心理缺憾。可是實際上晨B走了一條和晨A完全相同的道路：丹尼，蛇信銀戒，亂交，島，多友，還有神祕自殺的晨安，即晨勉雌雄同體的弟弟／妹妹——所有這些都在晨A和晨B的生活中出現。似乎一個晨勉還不夠向讀者揭示她的心理，另外一個晨勉必須要被加上，將同樣的事情再重新經歷一遍。

但是，我們不能忘了晨B出現時的情形。晨B第一次出現，是在晨A去監獄與她殺夫的母親告別的時候。家庭的悲劇毫無疑問給了晨勉強烈的心理震撼，晨勉的多重人格或心理分裂也就出現在再也承受不了震撼記憶的負擔之時。有兩位心理分析學家Bessel A. Van Der Kolk和Onno Van Der Hart在他們具有開創性的對心理創憾（trauma）的臨床研究中，將創憾記憶與普通的可敍述記憶區分開來——前者是不具備彈性的，不可變的，而後者則是一種可變的社會性行爲。也就是說，創憾記憶不能夠被納入一個人在創憾以前的認知框架，也不能在正常情形下從記憶庫中取出（153-60）。在《沉默之島》中，恰恰正是晨勉在她的「雙身」中對心理眞實的追求，證實了用正常語言在正常條件下尋取和敍述創憾記憶的不可能性。這就是我所說的這部小說中「心理挖掘的不可能性」，也同時提示了敍述語言的作用是怎樣被蘇偉貞所質疑的。小說中有一個非常可以說明問題的場景——辛，一個在新加坡操縱報業辛迪加的雙性戀者，被晨勉對她自己欲望的敍述所吸引：

> 辛到的時候，她看著他微笑，然後直接敍述黃昏時她身體發生的事，她的敍述並沒有那麼長，更顯得對辛而言是一次集中、嶄新的經驗。他順著晨勉的語意序次遊走她全身，狂野的想開墾晨勉初次放領的處女地，也是他自己的，這種渴求作愛平撫的心理由那麼深處竄出，她發現了自己愛欲的原生地。（1994: 199-200）

可是一旦她有了發現，停止了敍述，辛也就立刻疲軟了——沒有晨勉的敍述的引導，他根本不可能完成性交。敍述所代表的，一方面是拉康（Jacques Lacan）所說的「意符的世界」（the world of symbolic），由父親引導才能進入的語言秩序[2]，失去了這樣的秩序，辛也就失去了男性的充滿征服感的性衝動。另一方面，敍述代表著對完整的受社會規範約制的記憶的肯定；晨勉將女人的原始欲望與敍述的對立，並取前者而捨後者的行爲，充滿了否認的危險，似乎她甘願走上一個語言的斷崖，俯臨一片雲霧蒸騰之中，那不可追回的創憾的記憶和不可言說的欲望。

《沉默之島》使我們想起另外一部有關多重人格分裂的小說，《桑青與桃紅》。聶華苓的這部小說，曾經在台灣引起軒然大波，而今又被譽爲現代中國文學的傑作。小說的主人公桑青，在歷盡現代中國的種種苦難後，「分身」出另一個自我，名之爲「桃紅」。桃紅大膽豪放，狂蕩縱欲，漂泊無根，像極了晨勉。但是與《沉默之島》不同的是，《桑青與桃紅》在其非常自如流轉的敍述語流中，追蹤桑青精神裂變的蛛絲馬跡，成功地還原了桑青創憾的過去。當然，在很多地方聶華苓都試圖以支離破碎的語言來證明創憾的不完整性，可是不可思議的是，這些語言雖被支解卻沒有雜亂，可以很容易地重新拼裝起一個完整的意義整體。比方說，那些由八歲的桑娃在台北的閣樓中用火柴隨意拼出的字：國，殺，戰，賊，逃，罪，警，網，黑，藏，騙，毒，畸，槍，傷，亂，滅，難，夢，瘋，燒，喪，假，獸，痛，獄，襲，戀，錢，尋，飯，歡，悲，機（194-95）——這一串並不隨意的字，所傳達的訊息難道還不明顯嗎？我們幾乎可以說，桑青的創憾，已經全部清楚地濃縮在這三十四個字中了。聶華苓通過她對語言的熟的操縱，居然還原出桑青精神裂變的全過程。

這樣的語言，在《沉默之島》中沉默了。蘇偉貞選擇了不再回到「同方」——創憾發生的原址，不去深究晨勉精神分裂的歷程，而是讓兩個晨勉自由自在地走上了離開「同方」的不歸路，而且永遠對她們的過去保持一種神聖的緘默。這「沉默之島」實在是「無語之島」。所謂「無語」，就是指創憾的過去湮沒在語言的黑洞（aporia）中。也就是說，一方面，透過晨勉的精神裂變，我們可以看到語言的「影子」被愛情的「殘酷」和極端所具象化；另一方面，在愛與欲的意義確定的表面之下，湧動著一種不確定性（創憾記憶的不可敍述性，男性語序和女性原欲的衝突等）的激流，卻又在否定單一意義的確定性的同時提示著尋找失落記憶的無限可能性。這就是爲什麼兩個晨勉都一再聽到那三個神祕的預言性的問題的原因：「可以嗎？」「你要你這個人生嗎？」「跟我一起走好嗎？」——這是沒有答案也不需要答案的問題，晨勉所能做的只有請求丹尼無止盡地重複地問下去。當然，這些問題都可以毫無疑問地被解釋成來自死神的聲音，即同樣在蘇偉貞以前的作品包括《離開同方》中出現過的死神的聲音。但是死亡在這裏，更確切地說，應該被看成是確定意義的死亡，和旨在尋找確定意義的詮釋學的死亡。

提起詮釋學，我們不能不想起蘇偉貞在《離開同方》中顯示出的與現象學如出一轍的認知方法。實際上，如果現象學不一味堅持事物的本質論，它便和德希達（Derrida）等人所提倡的解構主義有很多的相通之處。比如說，現象學對只看事物的「前視面」（frontality）的認知方法的否定，其實質便是承認除了前視面，事物還有其他的視面。現象學家在觀察前視面的同時，也在想像其他視面的方法，和解構主義所說的「語言黑洞」(aporia)，也就是語言形態背後的不可表達卻又有無盡表達方法的概念，有明顯的交叉之處。當然，從現象學到解構主義，經歷了一個從「肯定」到「否定之肯定」的巨大的改變，兩者不能不加區別地混爲一談。但是兩者之間的確有著一定的承繼關係，就像蘇偉貞是在「離開同方」之後才進入到「沉默之島」一樣。

四

「無語之島」同時也是「身體之島」。不止一次地，晨勉覺得「身體是一座島」，意思是身體在對抗不斷變化的外在環境的侵入和頭腦的控制中，形成一個自我封閉的整體。晨勉之所以被丹尼／祖的身體所吸引，恰恰是因為後者免於頭腦控制的純淨：「祖的身體完全不聽祖的大腦支配，這身體單獨存在，非常自由，它怎麼想就怎麼做，而它會怎麼想，往那個方向，祖完全不控制……」一方面，這樣的身體實在可以說是解嚴以前那種軍事化的，理想化的，純淨的，不受個人意志支配的身體的延續；另一方面，身體和頭腦的對立也的確折射了實體性表現和語言、思想的書面表達的對立。

不過，這樣的身體甚至還有更深一層的涵義——它是蘇偉貞的主體借身體的表演經驗客觀世界的手段。蘇偉貞寫作的戲劇性的底蘊不在於她對各種戲劇化的寫作手段的運用，甚至也不在於她是怎樣借「殘酷戲劇」的表現方式認知世界，而在於寫作本身對她來說是一種表演，她是在她寫作的姿態中認識世界，進而回過頭來認識自我的。我在這裏指的是什麼呢？還是讓我們再來看一段蘇偉貞的「內心獨白」吧：

> 孤單地坐在碼頭邊飲啤酒，奇妙的陌生感引發生命中更巨大的寧靜與我同席，視線穿越人影織成的火網，停在黑寂的海域，那裏有一座我的小島。八天後，我帶著未完成的稿子依循原路線回到台北。一篇未完成的小說，有著眞實生活的寫照，拼湊時空板塊；生命使我了解不完整。（1994：7）

這是蘇偉貞「得獎感言」〈在沉默中了解完整〉中的一段話。這裏所展示的內心世界，和晨勉的實在差不多，只不過現在是直接以作者的口吻表達出來而已。這段話所透露出來的信息卻是極富有意味：這是作者和她在小說中所凸顯出的「自我」的對話，那一座「黑寂的海域」裏「我的小島」，難道不是「那個」「自我」的折射嗎？

Bruce Wilshire 在他對戲劇，現象學，和康德的經驗論綜合研究的基礎上，說了一句頗有眞知的話：「我們只有在被我們的身體接觸過和操縱過的世界中才能經驗我們的身體。」（155）也就是說，我們不是先了解一個事物再去操縱它，而是操縱它以達到了解該事物進而了解自身的目的。在蘇偉貞的情形中，寫作不是孤獨的冥想的延續，關於孤獨的冥想的寫作也不可能認知事物——寫出來的冥想，或更確切點說，在讀者面前擺出的冥想的姿態，也就不再是孤獨的冥想了。蘇偉貞之所以要擺出這樣的姿態，是爲了要在其身體所經歷的寫作／表演的過程中觀照自我，了解自我。寫作，生命，完整，對蘇偉貞來說，是這樣聯爲一體的。

---

1 現象學所說的「懸置」，和俄國形式主義者所說的「疏離化」（defamiliarization）有一定的相通之處，所不同的是，後者強調的是「文學性」（literariness）的實現，而前者則側重於對事物本質的認識。關於俄國形式主義的這一概念，見Victor Shklovsky, "Art as Technique"。

2 Lacan, Jacques, *Ecrits: A Selection*. Especially the first essay, "The Mirror Stage as Formative of the Function of the I," is of relevance to my discussion.

引用資料

Artaud, Antonin. 1958. *The Theater and Its Double*. Trans. May Caroline Richards. New York: Grove P.

Bessel A. Van Der Kolk and Onno Van Der Hart. "The Intrusive Past: The Flexibilit of Memory and the Engraving of Trauma." *Trauma: Exploration of Memory*. Ed. Cathy Caruth. 153-60.

Husserl, Edmund. 1970. *Logical Investigation*. Trans. J. N. Findlay. New York: Humanities P.

Lacan, Jacques. 1977. *Ecrits: A Selection*. Trans. Alan Sheridan. New York: Norton.

Shklovsky, Victor. 1965. "Art as Technique." *Russian Formalist Criticism: Four Essays*. Trans. & eds. L. T. Lemon & M. J. Reis. Lincoln: U of Nebraska P.

Sontag, Susan, ed. & intro. 1976. *Antonin Artaud: Selected Writings*. Trans. Helen Weaver. Berkeley: U of California P.

Wilshire, Bruce. 1982. *Role Playing and Identity: The Limits of Theatre as Metaphor*. Bloomington: Indiana UP.

王德威。1996。〈以愛欲興亡爲己任，置個人死生於度外：試讀蘇偉貞的小說〉。收入《封閉的島嶼》。見蘇偉貞。1996a。

李漁。1992。《無聲戲》。《李漁全集》第八卷。杭州：浙江古籍。

曹去晶。1998。《姑妄言》第一、二回。台北：台灣大英百科。

聶華苓。1988。《桑青與桃紅》。台北：漢藝色研。

蘇偉貞。1994。《沉默之島》。台北：時報。

——。1995。《夢書》。台北：聯合文學。

——。1996a。〈陪他一段〉。收入《封閉的島嶼》。台北：麥田。

——。1996b。《離開同方》。台北：聯經。

〈古都〉・廢墟・桃花源外

唐小兵

讀台灣作家朱天心近期的作品，尤其是像《想我眷村的兄弟們》（1993）和《古都》（1997），可以說是件讓評論家很爲難的事情；道理很簡單，因爲朱天心把話裏外都說盡了，而且說得有聲有色，有根有據。不管是後現代、後結構也好，馬克思商品理論也好，虛構的方法和技巧也好，都被寫進了她的小說中去。這番耐人尋味的「理論自覺」，首先表現在她的敘事內容和對象上，更可以從她極富後設（或者說元虛構〔metafiction〕）意味的布局和敘述中觀察得到，以致她的小說敘事和理論論述間出現了一種親密的互爲譯文的關係。而如此一手創作、一手點評的飽滿狀態，往往會搞得評論家多少有些手足無措，甚至不無黔驢技窮之窘。

朱天心對這種兼敘兼議的散文風格（又有人稱之爲「百科全書小說」）（駱以軍 34）的操作，在〈古都〉這部中篇裏達到了揮灑自如、爐火純青的境地。但〈古都〉的眞正動人之處，又並不完全來自這種反諷性的、自我拆解的敘述策略。在這裏，朱天心整個的語調是抒情的，筆法是內省詢問式的，目光則是憂鬱型的；在「中年懷舊」這一大情感結構下，在在表現的是彌天的悲情，流露的是對集體的和個人的歷史失憶症的恐懼。緣起於一場對當代日益陌生的台北的銘心刻骨式憑弔，這篇關於無名的「你」的敘述，以縫合個人心理創痛爲目的，但同時致力於開拓深遠的歷史想像空間，並且毅然把我們引入了一個龐大錯綜的都市潛意識區：這正是朱天心近期決心以人類學家的姿態「重新探險台北城市」

(朱天心 1992: 41) 的原始動機和歸宿，也是小說〈古都〉的感染力和美學及認知價值所在。

在進一步解讀〈古都〉及其政治潛意識之前，我想提及一下我讀朱天心時一個揮之不去的感覺，那就是她與大陸作家王安憶有很多可媲美之處，尤其是與王安憶近年以《長恨歌》爲代表作的一系列「傷心的故事」(包括《香港情與愛》、《烏托邦詩篇》和《傷心太平洋》等) 分擔著極其相似的歷史憂鬱感。甚至在敍事的自我意識和反諷機制這一層面上，朱天心的〈威尼斯之死〉(1992) 和王安憶的〈叔叔的故事〉(1990) 這兩個中篇也都表現出令人驚嘆的遙相呼應。

如果在縱深的歷史譜系上，閱讀朱天心及其姊姊朱天文的文字時，離不開回眸將蒼涼淒美視爲永恆的張愛玲，那麼在一個橫向的歷史聯結上，朱天心和王安憶也許都在書寫一個不再年輕、不復有激情的時代；中年人那種日漸壓抑下來的對嚮往的嚮往，以及對現實孤絕的叩問，成爲這兩位幾乎同齡的作家共同的敍事視角和抒情起因。她們同樣以一種兼敍兼議的筆觸探索人物的內心世界，當代城市 (台北和上海) 同樣成爲她們探索歷史和記憶的一大場景，甚至連她們的創作歷程，都可以說有某種相互映照的由簡而繁的同步變奏。而朱天心王安憶各自的關懷角度和敍述對象之間的差異，則無疑給我們這個時代與其歷史脈絡提供了一個很貼切的注釋。在當代台灣文學與大陸文學之間，尤其是兩岸各自的城市文學之間，實在是很有進行比較文學研究的可能和必要。相對與常常淪爲大而無當、或者不關痛癢的中西比較文學而言，就同一種語言的兩種文學形態進行歷史的對比參照，在我看來是大有可爲的一項學術事業。

不過這話扯得有些遠了，希望以下結尾處能再收回來。這篇以讀〈古都〉爲主的文章並不可能將朱天心和王安憶做一番系統的比較，但貫穿兩位作家近期作品的憂鬱意識和哀悼之情，揭示的也許是她們共同分享的歷史情境，是她們對歷史經驗與記憶極其相似的探尋和挪用 (Tang: 177-99)。

朱天心所悉心探尋的是台北這座見證了荷蘭殖民者、明清朝廷、日人半個世紀的占領、國民黨統治、直至解嚴後新黨政爭的飽經滄桑的歷史名城；同時她也以極其私密、喃喃耳語式的內心對白反照出一個都市人眼中密密麻麻、層層疊疊的生存空間，一個不斷引起傷痛、激起想像和回憶的現代大都會。主人公「你」顯然是一位來自中產階層的抑鬱的中年女性，置身在當代台北紛繁詭譎的街頭風景裏，她深深覺得二十年的擴建拆遷改變了她生於斯長於斯的城市，使她覺得一如流離失所的外鄉人，也使她不得不追撫燦爛的青少年往事，幾近絕望地仰天叩問：「難道，你的記憶都不算數？」而日益高張的本土化情緒和造勢，更使得寡言的她「從不停止的老有遠意、老想遠行、遠走高飛」（朱天心 1997: 169）。

正在此刻，她青少年時代親密無間的好朋友A從大洋彼岸的美國一紙傳真，直如起死回生，並約她到日本京都相會。「老想遠行」的主人公便懷了重溫昔日少年純情的意願，在一個凜冽的冬日，隻身來到她曾多次探訪的古城京都；當她又站回到四條大橋上時，一種如歸的親切油然而起，竟使她覺得「彷佛從未離開過」（朱天心 1997: 170）。也即從這一刻開始，小說宛如娓娓私語的親密敘述中穿插進了日本作家川端康成同名長篇小說《古都》的片段。彷佛隨著主人公時斷時續、按圖索驥似地對照今日的京都閱讀川端康成，她有意無意間找到了把自己的經歷和記憶整理爬梳一遍的情致和語調，歷史的京都和眼前的京都彷佛毫無扞格的重合，更反射出台北的眼花撩亂、怪力亂神。將這段關於一對孿生姊妹千重子和苗子的故事直接插入小說敘事中，不僅讓主人公與A的感情淵源有了一番重疊寫照的迷離，也給主人公在京都的盤桓平添了一層想像深度（王德威 29）。

在幽靜冷寂的京都街頭彳亍流連，主人公刻意體會營造的是憑弔故物舊跡的懷古之情。遲遲不捨離開之間，她回想起「那政爭慘烈醜陋的海島」，驟然意識到「你真不想回去呀」（朱天心 1997: 176-77）。

儘管如此，儘管眼前的京都因爲川端康成的故事而顯得寓意深遠，她卻不能不時刻想起那座使她迷失，使她傷心，但支配了她全部生命的城市。京都與台北的時空錯置只能使主人公更加完整動情地追憶已經消失或正在消失的村落、街道、幼稚園、電影院。同樣的時空張力，使她在回想自己情感生活的場景之外，也感受到大的歷史畫面的籠罩。從清朝到日治，從外來政權到新統治者，無一不曾裝扮擁有台北，無一不在建設的同時留下廢墟和斷裂。「當有一日你路過你們的綠色城墻，發現天啊那些百年茄冬又因爲理直氣壯的開路理由一夕不見，你忽然大慟沮喪如同失了好友。」（朱天心 1997: 131）

由朱天心呼喚出來的主人公「你」，以個體化的文學語言和意象，表達出當代詩人、評論家林燿德極富洞察力的「都市廢墟本質論」。在林燿德看來，「歷史的幽魂並沒有顯靈在重建的台北之上，因爲台北不是蓋在廢墟上的新城，卻更像是蓋在廢墟上的廢墟。城市的擴張取代了城市的其他意義。」（林燿德 1994）在台北，正如當代所有急速現代化的大都市，「偉大的廢墟循環系統已經預定好如何鏟除我們的明天。」在〈古都〉裏，對這斷壁殘垣的都市廢墟的考古，卻正如朱天心所立志要做的，是通過對「龐大複雜的潛意識區」的探險而完成的。這樣一個原始動機，很明確地被書寫進了小說敍述裏，那就是插入文本中的一段典型的描寫他境（heterotopia）的佛洛伊德引文（朱天心 1997: 183）。緊接著這段引文，小說爲主人公，也爲我們，設置了一個標準的「心理分析家的靠椅」：

> 有一種天氣是你喜歡的，草木鮮烈，天空蔚藍，陽光眩目，而你恰巧在空調涼颼颼的室內、車內或咖啡館或臨窗的屋裏，便容易讓人失去現實感，以爲外面也是如此的氣溫，冷，再加上反差極大的光影，就以爲自己置身在某個你想去或曾去過的國度。（朱天心 1997: 183）

這個記憶與想像的幻境只在你「失去現實感」的時刻方才出現，亦即只有在心理分析意義上的「超自我」被暫時懸置的時刻，才敞開它諱莫如深的門戶，並且讓你覺得溫馨可感。而當代台北使女主人公最感壓抑之處，正在於體驗這個幻境的機會和條件越來越珍貴稀少，也就是現實的擠壓越來越不可逃避。「除了平日不得不的生活動線之外，你變得不願意亂跑，害怕發現類似整排百年茄冬不見的事，害怕發現一年到頭住滿了痲雀和綠繡眼的三十尺高的老槭樹一夕不見……你再也不願走過那些陌生的街巷道，如此，你能走的路愈來愈少了。」（朱天心 1997: 184）。這是一個無處不在擴建、無處不在消失的城市，一個不斷製造奇蹟的同時也製造廢墟的消費文明。

至此，我們也許會恍然悟得這篇作品後面周密的匠心運思。小說的敍述結構，複製的是心理分析家面對患者／主體的誘發式敍談縷述，目的是要通過喚起記憶，引起自由聯想，從而辨認出受壓抑的欲望，甚至企望進入那一片不定無形的潛意識區。因此小說一開始，便以 I. V. Foscarini 一段關於「我」對於「你」的依戀的引文，以及對於「你」的記憶的召喚式詢問（「難道，你的記憶都不算數……」〔朱天心 1997: 151〕），暗示出你我難分難解，也確立了小說探求主體構成、挖掘心理深度這樣一個基本主題。這裏一貫到底的「你」實在是憑空喚出，是讀者自身，是對所有面對並進入這篇作品的你我他的尋呼啓發；而〈古都〉的意義，正在於提供了一個「想像的傾聽者」，用耐心而同情的沉默來幫助開拓和釋放讀者共有的潛意識區。因此整篇作品試圖編織的是潛意識的文本，是書寫一份心理分析意義上的「個案研究」，記錄的是通過談話而逐漸浮現的「你」的自我意識。因爲抑鬱而失聲無言的「你」是小說的主人公，也是小說敍述過程所營造的自我意識，是被敍述被塑造的開放型主體。

散見於〈古都〉裏的互不連貫的引文，其實是對這部小說本身結構的進一步注釋。除了川端康成的《古都》伴隨著主人公（或者更準確地說是「被敍述、被喚起的主體」）在京都的滯留，除了後半部分中反覆引申、主題音樂式漸行漸強的〈桃花源記〉，小說還龐雜地援引了包括歷代文獻、殖民記載、地方縣誌，以及勞倫斯、梭羅、萊特和佛洛斯特等作家筆下的文字。這一系列引文無疑是用來刻意標識出〈古都〉後面龐大複雜的「文本潛意識」，同時也很貼切地鏡照、提示出小說中另一盤根錯節的引文系列，那就是對街道地名的旁徵博引，形成了「鋪覆街道輿圖的那許多撥弄著記憶錯亂的名詞」(駱以軍 42)。

由不同的時代和政體前前後後積存下來，而且絕大多數已經蛻變爲空洞的名詞符號的街名地名，彷彿一個個從「都市潛意識」的深處冉冉升上來的氣泡，在台北的上空漂浮縈繞不去。或者我們也可以用佛洛伊德曾使用過的一個概念來描述這類浮游不定的符號，那就是紊亂無序的「記憶遺跡」(memory-trace)。儲藏在潛意識區的記憶遺跡是沒有時間也沒有條理的，而〈古都〉所要做的，正是通過條分縷析這一堆記憶錯亂、所指迷失的名詞，從而使得龐大複雜的都市潛意識有可能依次浮現，並且逐漸變得清晰可辨。這也正是心理分析的基本出發點和信念。

一旦意識到那漂浮的記憶錯亂的名詞其實是在不連貫地拼寫或者攪亂著記憶的內容，回憶本身也就愈加明確地成爲無可奈何的憑弔，正像都市潛意識所承載的，最終必然歸結爲「蓋在廢墟上的廢墟」以及被掩埋其間的憧憬與情欲。隨著一個屬於過往的「悲情城市」漸漸浮現在記憶的甬道裏，眼前日新月異的都市則相應地變得遙遠而無法辨認；而「一個陌生的城市，何須特別叫人珍視、愛惜、維護、認同……」(朱天心 1997: 187)？至此，對潛意識區的探險和書寫，在敘述過程中水到渠成地變爲對壓抑過程，或者說遺忘機制的質疑和譴責。

在這個層面上，與其探究〈古都〉中「艾略特《荒原》式的懷舊哀傷與對台北都會符號飄游的戀字癖，戀物癖形成自我分裂」(駱以軍 37-38)，不如面對並承認這一層懷舊情緒裏包含的批判意識。例如在省市長大選後的次日，主人公獨自來到「蕭條的昔日兒童樂園前」，無意中發現了草叢中的一塊石碑，上刻：太古巢舊址。這一段認指清朝遺跡的碑文，觸發一段歷史敘事，更給她帶來了如此驚心動魄的啓迪：

你望望身旁並肩在讀碑文的陳維英老鬼魂，說不出一句話。像是一則各種年老民族必定會有的那類寓言，你們曾經不具任何知識、歷史知識，與它愉悅自然的相處過活，待有一天你具備了了解它的知識，並略覺愧疚的重新善待它（雖然你以往對它也傾心相待），但它再也不一樣了，與過往不一樣了，這，難道又只是人或民族必定會有的中年懷舊？……你帶著哀悼的心情走避，死去的，當然包括你的一部分。（朱天心 1997: 189-90）

正是在這樣一個「你與更多的老年楓香都將加入陳維英隊伍」的時代，在這個「獨獨不提過往，過往很像那些被移植或砍掉的茄冬和楓香」（朱天心 1997: 191）的城市，主人公直覺得自己是「晉太元中武陵人捕魚爲業……」（朱天心 1997: 219）。由此，我們進入了一個「桃花源外」的想像空間，而主人公也就在A失約後空空如也地飛回台北，並將錯就錯地扮成日本遊客，拿了舊式日人地圖，鬼使神差地在理應屬於自己的城市裏尋找先她而死的過往。

這裏我們的視角和關注不再集中在那「不知有漢，無論魏晉」的幸福桃源中人，那一片理應是雞犬相聞、阡陌交通的回園景色，也一換而成凶險凌亂、高架往復的都市風景。對孤獨的迷路人的主體意識的體會和認同，取代了對世外桃源的想像。所謂「桃花源外」空間，不單是指烏托邦竟成反烏托邦，憧憬竟成夢魘，同時也承認「忘路之遠近」的捕魚人不再因爲「芳草鮮美，落英繽紛」的場景及外觀而驚異、而尋覓、而進入幻境。「桃花源外」是迷失的漁人在一片太平景象中痛感自己家園的遙遠，是漁人面對操不同語言的桃花源居民深覺恐慌，最終是參差的歷史記憶對歷史終結完滿論的挑破：「這是哪裏？……，你放聲大哭。」（朱天心 1997: 233）

這場「放聲大哭」，來自走投無路的歷史亡靈，雜糅了潛意識上升到意識層面時迫使主體所體驗的誤認、震驚和絕望。朱天心所要探險的都市潛意識，終於在此刻爆發出來，以「他／她者的語言」的形式，宣告了當代都市文明的貧乏與癥結所在。至此，朱天心所完成的，不啻是對台北古都潛意識的多層次書寫，也是中文現代城市文學中極富創新意義的一部力作。《古都》一書中所收的其他篇目也都以這樣那樣的方式力求進入都市潛意識（例如通過咖啡館的變遷〈威尼斯之死〉，嗅覺所儲藏的記憶〈匈牙利之水〉，身分與身分證的關係〈拉曼查志士〉等等），與朱天文一九九○年結集出版的《世紀末的華麗》有諸多美學與意識形態上的共鳴之處（在〈威尼斯之死〉中，做爲小說家的敍述者直接引述《世紀末的華麗》，稱其爲「我近年看過最恐怖的作品」〔朱天心 1997: 62〕）。不同的評論家早已指出朱天文在《世紀末的華麗》中是以與頹廢的當代都市並行不悖的感官語言來描寫城市外殼，〈古都〉這部中篇卻直接以都市空間及其廢墟場景做爲潛意識的形式和內容，用反覆塗寫、引申的敍述文本，縱深的歷史掃描來複印當代台北的政治文化潛意識。

對於朱天心都市小說的這一現實政治文化層面，台灣暨南大學的黃錦樹先生有極爲精采的評議。「都市化——持續的、不可避免的都市化讓本土論述奉爲命根的台灣性也在世界化的過程中被抽離、分割，而失卻了物質基礎」（259），而朱天心的「老靈魂」們對日常城市生活表象之下廢墟的挖掘，正是要在一個全息般深深淺淺的記憶空間裏，把任何關於正統身分、政治創傷的神話消解還原爲神話，因此她「唱反調式的敍事結構勢必讓她遭受本土論者的意識形態撻伐」（258）。

對於本土論神話的超越，辯證地幫助朱天心達到了再現現代都市文明的一個新高度。當黃凡和林燿德在八〇年代末期預言「都市文學業已躍居八〇年代台灣文學的主流，並將在九〇年代持續其充滿宏偉感的霸業」（黃凡、林燿德 13）時，他們所展望的正是都市文學在形式意義上的恢宏多姿，因爲都市文學的發達，往往要以意義的純潔和形式的直率爲代價爲犧牲。又因爲都市的意義恰恰是對桃花源的否定，所以都市文學必然是擺脫了桃花源情結的，屬於「桃花源外」空間。

在這個意義上，朱天心和王安憶成爲眞正的同時代作家，也就是說她們同屬於二十世紀晚期以悲天憫人的「廢墟意識」來對現代社會重新觀照、重新發掘的時代，她們又都在各類歷史大說之後找到了「日常生活」這個儘管殘損、卻無法超越的經驗方式和內容。後者一九九五年完成的《長恨歌》，以大上海半個世紀的歷史圖景爲襯托，極其細膩地追述一個平凡都市女人的情感史，從而凸現出被歷史大說所遮蔽包裹的日常生活以及最終無法逃避的生老病死。在小說的最後一刻，當昔日的上海小姐王琦瑤頗具荒謬色彩地死於非命，敍述者告訴我們那是八〇年代某一個春日的深夜，萬籟俱寂，誰也不知道發生了什麼事。

> 只有鴿子看見了。這是四十年前的鴿群的子息，牠們一代一代的永不中斷，繁衍至今，什麼都盡收眼底……牠們盤旋空中，從不遠去，是在向這老城市致哀。新樓林立之間，這些老弄堂眞好像一艘沉船，海水退去，露出殘骸。（王安憶 383-84）

當我們把朱天心和王安憶關於城市的作品放在一起閱讀時，儘管都浸透著對舊都的哀悼悲情，儘管都有一種擺脫了青春期之後的寬懷和細密，我們卻不難辨認出各自的歷史淵源和思考緯度來。這裏我既無意將兩位作家排一番名次優劣，也不可能就台灣和大陸當代文學進行任何系統的對比，我們所能看到的，卻是做爲一種主觀情緒或者心理狀態的「憂鬱感」，在朱天心和王安憶那裏都轉化爲探尋歷史的原動力，轉化爲釋放想像的詩意語言，雖然歷史本身往往並不能幫助她們從憂鬱中解脫。

一旦了解到〈古都〉所觸及的種種令人焦灼的話題、情懷、事件和變遷，這部作品本身所包含的地緣和歷史的張力也就更加富於深意。唯有從京都一座平靜安詳的 Doutor 咖啡館來隻身遙想「政爭慘烈醜陋的海島」，唯有在記憶的版圖上把台北這座「廢墟上的廢墟」一層一層地剝離，也唯有以外人的身分來痛哭這沒有了歷史記憶的桃花源，文中被敍述的主體才眞正一點一滴地流露出她和台北互爲主體、互爲文本、愛恨交織的依托關係。對廢墟古都的發掘，不僅僅是爲了悼亡而悼亡，爲了懷舊而懷舊，更是爲了在未來的集體潛意識裏，寫進蕪雜、殘破的歷史斷層和積淀。「屬於女兒的時代，她會記得的，或她會爲它的不在而驚慟的，會是什麼？會是什麼印在她的心版上？」（朱天心 1997: 199）

如果女兒在主人公的生活中可以使冥冥的未來日趨接近而且眞實得可怕，那麼丈夫則代表了使人無法再感覺親切熟悉的現實，是無可挽回的情感離異。結婚二十年的丈夫，顯然在高張的本土意識裏找到了新的激情，甚至性欲。「你看到他與周遭幾萬張模糊但表情一致的群眾的臉，隨著聚光燈下的演說者一陣呼喊一陣鼓掌，陌生極了……當晚，你丈夫亢奮未歇的積極向你，用異於平常的動作和節奏，你被撥弄著，黑裏仍然不肯掉眼淚。」（朱天心 1997: 168）

在你我肅然有別的認同政治裏寫進性別，寫進暗夜裏的性事；在一切以「政治正確」爲準則的年代，寫進遊戲態度，寫進野史軼事，這是〈古都〉敍述策略中積極、現實的方面；對台北幽靈極度憂鬱的詢喚，對深層古都充滿矛盾心理的書寫描圖，卻是以「否定性的辯證法」來擁抱未來，是對未來台灣的記憶遺跡的堅韌開發和積累。唯其如此，當主人公迷失在桃花源外的淡水河畔，驚恐之中不由放聲大哭之際，一個遙遠而莊重的超越主體「我」緩緩升起，並把讀者帶向一個廣博深厚的歷史觀照空間：

> 婆娑之洋，美麗之島，我先王先民之景命，實式憑之。(朱天心 1997: 233)

至此，〈古都〉方才完成了對開篇引文中藉 Foscarini 之口所表達的幽婉的思念情懷（「沒有你，親愛的，我孤獨難耐」）的說明和充實。至此，「你」的記憶，遙想中的古都，俯瞰下美麗的台灣島終於形成剪不斷、理還亂的意義鎖鏈，也就成為未來任何、所有的「我」必須依托把握的書寫契機。

---

1 參見張誦聖Sung-sheng Yvonne Chang, “Chu T’ien-wen and Taiwan’s Recent Cutlural and Literary Trends”。英文版頁七七中，張誦聖寫道：“The insubstantiality of traditional, chronological history is revealed by the fact that Mi-ya ‘lives by the memory of scent’ (171), that she remembers dates and years by smell and color, that sensory impressions, glossy appearances, and filmic images - all signifiers without signifieds - constitute the actual contents of her life story”。

參考書目

Sung-sheng Yvonne Chang. 1992. “Chu T’ien-wen and Taiwan’s Recent Cutlural and Literary Trends.” *Modern Chinese*

Literature. vol., nos. 1&2 (Spring/Fall 1992)‥ 61-84.（中譯‥張誦聖著。高志仁、黃素卿譯。1994。〈朱天文與臺灣文化及文學的新動向〉。《中外文學》22.10〔1994.3〕‥80-98。）

Tang, Xiaobing. 1997. "Melancholy Against the Grain: Approaching Postmodernity in Wang Anyi's Tales of Sorrow." in "Postmodernism and China." Eds. Arif Dirlik and Xudong Zhang. a special issue of *boundary 2*. 24.3 (Fall 1997). 177-99.

王安憶。1996。《長恨歌》。北京‥作家。

王德威。1997。〈序論‥老靈魂前世今生——朱天心的小說〉。收於《古都》。見朱天心。1997。

朱天心。1992。〈流水十九年〉。《幼獅文藝》8。

——。1997。《古都》。台北‥麥田。

林燿德。1994。〈都市廢墟本質〉。《中時晚報・時代文學周刊》(1994.4.3)。

黃凡、林燿德。1989。〈《都市卷》前言〉。《新世代小說大系・都市卷》。黃凡、林燿德主編。台北‥希代。

黃錦樹。1997。〈從大觀園到咖啡館‥閱讀／書寫朱天心〉。收於《古都》。見朱天心。1997。

駱以軍。1997。〈序‥記憶之書〉。收於《古都》。見朱天心。1997。

從感官細節到易位敘述

談朱天心近期小說策略的演變

周英雄

一 解嚴分水嶺

台灣的社會、政治在八、九〇年代經歷了一系列急遽的變化，徹底改寫了島上的當代歷史。解嚴的效應不僅顯現在社會的實證層次；就連再現的策略，甚至危機，也在文化與藝術的場域中逐一呈現，逼使文人作家對國家、對族群，甚至對自己的定位，都必須重新檢討。朱天心（1952–）的個案相當有代表性，似乎特別值得探討。朱天心在〈春風蝴蝶之事〉（1992）提出了「日神的後裔」與「酒神子女」的二分法，似乎與她寫作前後的轉變相當契合（朱天心 1992b: 208）。前期泛指八〇年代，這時她以伊底帕斯戀母忌父情意結爲主要母題，追敘成長的故事；後期九〇年代，她面臨認同危機，因此採用頗具爭議性的書寫策略，也是本文所要探討的問題。而兩個時期（或兩種形態）區隔不僅限於內涵；形式的變化其實也相當可觀。變革之鉅，在台灣文學發展史上，可謂前所未見，與其說是個人作風的丕變，還不如說是整個時代文風的轉型。簡單說來，前者側重敘述完整，勾勒主角個人生理、心理的變化，與成長的心路歷程；後者論斷（discursive）的成分大大增加，除披露作者個人身分認同困惑之外，另對現況提出尖銳的剖析與批判。前者敘述完整，對主角成長做有系統的追蹤；後者夾議夾敘，鋪陳主題之餘，往往悖離主旨，旁及各類心理與社會因素，並任其相互衝擊、消長，不加以主導，不賦與結論。易而言之，八〇年代，朱天心追求形式的統一，企圖塑造一個有別於現實的世界；九〇年代，朱天心將敍述、描寫與議論並置，任其互動共生，滋生一幅幅膠著不前的局面。這一種演變有其歷史的重要性，反映台灣當代政治趑趄不前的窘態，值得我們加以留意。不過，此一敍述形式本身也另具有後設的成分，凸顯虛擬寫作（以別於現實行動）的困境，因此也同時彰顯了知識分子個人身分認同的種種障礙。

二 時移事往：日神後裔的回歸

〈時移事往〉（1984）堪稱朱天心當時的力作，不但敍述鋪陳細緻，故事情節更是醞釀多時而成。早四年前出版之〈天之夕顏〉（1980）不妨視之為〈時移事往〉的雛形，因為兩個故事探討的都與伊底帕斯戀母忌父情意結有關。〈天之夕顏〉描寫父子的衝突，父親退休無所事事，叛逆期的兒子對父親，輕蔑、憎恨可以說是無以復加，父子關係甚至到達了形同陌路的地步。這時兒子認識了小魚，生命因此充滿曙光。這種男女關係之溫馨，與原先父子關係之惡劣，可以說有天壤之別。不幸的是，天有不測風雲，兒子與女朋友的友誼並不能持久，而紅顏薄命，小魚不久即因病住院，並經檢驗證實得了不治的癌症。小魚過世證實人世無常，幸福也不可靠。不過對兒子來說，小魚的死給了他很重要的啓悟，令他了解到親情的可貴，而他父親所做的一切，也都情有可原。用粗淺的小說理論，〈天之夕顏〉循的是典型的「追索」（quest）模式，探討年輕人由無知邁向世故，其間所遭遇的歷練。故事臨尾加了個中國傳統的孝道精神，乍看似為畫蛇添足，但從另一個角度來看，朱天心似乎要彰顯年輕人身分認同的困難。而這種難題也或多或少反映了一個現實，說明作者從早期就一向耿耿於懷，對自己的身分感到極端焦慮，用盡寫作辦法，想替自己找到一個可以自我定位的策略。

四年之後，〈時移事往〉處理同一個母題，描寫父子的微妙關係。不同的是，有異於它的雛形故事，此時父子不同的價值觀已經大大內化，而衝突的對象不再是父對子；從象徵的層次言，相互抗衡的毋寧是主角心中的兩套價值。主角出身醫生世家，而歷經艱辛，好不容易才獲得人人豔羨的醫生專業資格。可是從一開始，他就認識了一位才氣縱橫，天性浪漫的女子。主角暗戀愛波，可是對方與他，兩人可以說是活在截然不同的世界裏。女的追求自由，過的是波希米亞式的生活，而男的卻循規蹈矩，過的是懸壺濟世的日子，兩人自然也就無法在一起了。儘管如此，男的對女的遭遇仍然相當關心。女的生活隨性，浪跡天涯，過的是藝術家的日子，而歷經懷孕墮胎、結婚生子，丈夫身故等等浮沉，看在男的眼裏，既羨慕又關懷。女的一有什麼病痛，總要藉重男的的專業，找他幫忙。男的總共有四次進入女的的身體：第一次是女的未婚懷孕，需要墮胎，這時男的還是個醫學院的學生；第二次是替愛波接生；第三次女的得了癌症，主角替她開刀（不幸病情嚴重，無法將病灶割除，只好原封不動縫回）；第四次愛波已經亡故，遺體捐贈給學校，主角強忍悲痛，對著學生做解剖示範。也就是說，主角一生暗戀愛波，甚至決定在後者病好之後向女的求婚。諷刺的是，他四度進入女方的身體，都屬所謂「手術性的侵入」，與一般男女肌膚之親可謂大相逕庭。

整個故事談的，嚴格說不是男主角成長的過程。作者要凸顯的毋寧是兩種價值的對比：事業的成就相對於個人的自由。前者迎合功利思想；後者追求潛能的發揮。在明的層次，故事強弱分明，而男主角事業成就顯然高過愛波。可是就暗的層次言，女主角一生瀟灑自如；相形之下，男主角自嘆不如。也就是說，故事明暗涵義各不相同。讀者面臨此一兩難，勢必要問：作者又是站何立場？而寫作本身與作品中的矛盾，又存在著什麼辯證關係？寫作的對象往往原非作者所能掌控，而透過文字的再現，作者究竟有什麼意圖？從一個比較形而上的層次說，科默德（Frank Kermode）曾經有過這麼一個假設，認為上帝創造天地，無所不能，相形之下，人的能力、知識都相當有限，再說人身懷原罪，生活在一個借來的時間裏，無法參與創世紀的工程，更時時憂心末日審判的來臨。也就是說，人完全無法掌控時間的流逝，作家為了彌補此一缺陷，因此藉敍述的形式，來敷演一個自己可以一手控制的想像世界。而也正因如此，我們經營敍述力求結構完整，作品講究有頭有尾，令讀者有讀畢而後快的感覺（3-31）。雖說科默德這種假設陳義似嫌過高，基本上根據的是猶太基督的末世論（eschatology），未必能解釋世俗的虛擬話語，也不一定符合不同文化的敍述模式。但是，無疑，這個話題顯然與模仿（mimesis）的理論有關。

人跟動物一樣，都必須接受團體的約束，思想行為也求與人一致，求一致最簡單的辦法當然是模仿。如果更具體從適者生存的觀點看，人跟動物生活在一個危機四伏的世界，為求避凶趨古，苟全性命，比我們優勢的人物也因此成為我們模仿的對象。模仿時間有長有短，程度也有深有淺，原來並無傷大雅，也不致影響個人的自我認同。不過模仿如果久而成性，或甚至走火入魔，當事人不但耽溺其中，甚至將模仿行為整個內化，轉化為他的第二本性，那麼精神的混亂也就難免會發生，這種情形在動物與人類的世界中都不乏見。也就是說，模仿本來是很正常的社會行為，使得人得以與他人認同，甚至塑造某種共識、某種統一；可是這種統一的意志（will to unity）如果操之過急，問題可就難免，不但會令當事人喪失自我的立場、認同，甚至本末倒置。從馬克思主義的觀點看，模仿甚至可能導致客體的商品化（commodification）與人的戀物癖（fetishism），不但忽略了人的本質，也置主體與客體的互動於不顧（Taussig 22）。再說回小說，寫實主義作品基本上追求的就是對客體的模仿，一切力求逼眞（甚至眞於模仿的世界）、統一（統一於一個想像的境界），因而往往有犧牲主體之虞。而正因如此，現代主義對此中產階級的模仿論持保留的態度，甚至對知識本身也都加以質疑。這種懷疑的態度至少導致一項兩難的結果：一方面，現代作家將敘述性降低，情節的統一固然被顛覆了（令讀者不再迷信故事，信以爲眞）；可是另一方面，主體與客體的互動似也陷入混亂，甚至膠著的壅滯（stasis），令讀者無法摸清作者的再現（represent）的程序或立場。而朱天心小說寫作的演變與此問題架構似乎不無關聯。用比較深入淺出的說法，朱天心早期故事眉目清晰，近期作品卻敘述片段凌亂，反映出她不滿於早期格局工整的生命，因此捨整取零，降低敘述的層次，並提升論斷的層次。結果是作品的眞誠（authenticity）度大大增加，可是可讀性也相對減低。從再現與身分認同的互動觀點看，作者早期順應社會默許的成長模式與價值觀，並認爲人的認同是可以加以敘述，並明白交代的，但近期則一改前規，質疑故事平鋪直敘之可行性。近期朱天心的作品所呈現的不妨稱之爲觸覺知識（tactile knowledge），企圖用感官來捕捉現象世界，並且在這種日常瑣碎的主客體互動當中建立個人的身分認同。

三 觸覺知識：酒神的子女追索失落的世界

柏拉圖的模仿論背後含涵一個二元論，假設世界有兩個層次：現象的世界與理念的世界。前者只是假象，不能持久，因此只須利用感官即可掌握它；相反的，後者是抽象的理念，永恆但不彰顯於外，所以需要藉重知性才能了解它。這種二元論的看法，一向是西方思想的主流，雖然經歷不同時代而有所變化，但其優勢地位始終未變。到了十八世紀啓蒙運動之後理性至尊，與此也都不無關聯。不過，俗語說得好，物極必反，二十世紀後半葉解構主義與後結構主義等新思潮，開始對此二元論提出質疑，認爲不但現象不能一刀切割，而我們與世界的關係也不宜以先驗、先入爲主的方式橫加詮釋。陶西格（Taussig）就從人類學的觀點，引用佛洛伊德（Freud）與佛萊瑟（Fraser）與班雅明（Benjamin）的論點，來支持他的模仿論。根據佛萊瑟的研究，魔術分兩類：類同（或模仿）與接觸（Taussig 47）。前者循寫實主義的原則運作，透過拷貝（copy）來尋求與模仿的對象盡量契合。也正因此一心理，古時候的人會用針扎在假人身上，並相信可以藉此來施蠱於仇敵（Taussig 51）。問題是所謂的寫實主義，其實也有程度的深淺，就以假人的例子來說，它只要符合社會文化的規範，有個樣子就行了，不一定非得要做得維妙維肖，達到蠟像館的標準。

第二種魔術不靠模仿，巫師只要靠接觸即可將法力傳給對方。換句話說，談主體與客體的接觸，除了知性、理性的認知方式之外，人也可以透過感官的媒介來與外界互動，並獲致更直接、更切身的效果。巫師（甚至基督教某些教派的傳教士）替人治病，口中唸唸有詞，並手觸病人身體，病人立刻身體痊癒，便是一個最常見的例子。感官有不同的類別，如視覺、聽覺、嗅覺、味覺、觸覺等，各有不同的生理機制與心理效應。在不同的感官當中，視覺尤其受人重視。近年來論者使用沙特（Sartre）、拉康（Lacan）、班雅明、齊切克（Zizek）等人的理論，不但對權力與性別的問題提出相當精闢的見解，而且也對主體與客體的互動機制做了具體的闡發。舉個例說，班雅明分析閒蕩者（flaneur）時，即說明觀看者與被看人兩者的結合，而在過程當中觀看人的身體尤其重要（Taussig 24）。不過在所有感官當中，嗅覺無疑最爲原始，與知性、理性的差異最大，也因此最受作家的青睞。舉幾個台灣當代的例子，張大春的〈自莽林躍出〉（1987）、朱天文的〈世紀末的華麗〉（1990），與朱天心的〈匈牙利之水〉（1997）都是很好的近例。張大春藉深吸一口氣，便能騰雲駕霧，擺脫世界的羈絆，達致涅槃的境界。朱天文「以嗅覺……的記憶存活」，並藉此來挽救男人用理論與制度支撐起來的世界（216–17）。而朱天心更一步，將嗅覺的運用提升到一個更高的境界，令現在與過去、個人與群體相互沖激，也讓主體與客體的互動達到一種水乳交融的地步。

無疑，透過觸覺的知識（即經由感官而獲致的知識）這個切入點，我們更能了解朱天心近期（一九九二—一九九五）小說的走向。不過話說回頭，台灣小說的認知模式六、七〇年代的寫實之後，早在八〇年代似乎已經經歷了一番的反思、搜尋。人們生存於此時此地，雖然豐衣足食，但因國族前途未定，對個人的將來也因此未能全然確認。而經過解嚴的重大轉折，八、九〇年代的人似乎也有了新的體認，了解到我們與過去、現在、社會，甚至個人的關係，再也不能仰賴官方的說詞，而必須身體立行，親自去搜尋、反思。五〇年代至七〇年代威權體制下的官檢制度，將台灣的集體回憶大規模加以壓制、改寫，使得個人與外界的網絡也相對受到扭曲。要了解眞相本非易事，而要將過去透過文字再加以再現（represent），難度可就更加大了。作家於是利用自我授權（self-empowerment）的手法，安排某些人物，讓他們擁有穿透古今的特異功能。張大春〈將軍碑〉（1986）裏退休的武將軍帶我們回到早年抗日剿共的日子，並展示他彪炳的戰果。而他漢賊不兩立的立場不但過去如此，將來也不例外，將軍把敍述拉到將來（即碑成之日），並決然碰碑自盡來明志。武將軍具有貫穿古今的本領，用意無非要強調武將軍古今不分，對他而言，昔日意識形態正確、一致，迥異於八〇年代的是非、左右不分。乍看之下，諸如安排此類特異功能的用意，表面看似乎是要凸顯某些人物出類拔萃，可是只消從敍述觀點入手，我們也可以看出作者嘲諷或同情的用意。張大春顯然挖苦武將軍不合時宜（例如：將軍認爲兒子念社會系即代表擁護社會主義，也就是共產主義的同路人）。楊照的〈黯魂〉（1987）從宿命論的觀點，用同情兼譏嘲的口吻描寫歷代顏姓家族的悲劇，並從此引出台灣有革命理想的文人，數十年來遭受的迫害與冤屈；他們滿腔熱忱，可是卻一再遭受先後不同政權的懷疑與殘害。在此情境之下，人人生活在惶惑、恐懼的陰影下，幾代的顏家男性主人天生具有異稟，能預知他們自己與同志日後的命運。諷刺的是，他們往往死在各種可笑的情況下（如病死病床上，暴斃於風塵女子懷中，或非命死於車禍等等）。也就是說，作家賦與自己超自然的認知能力，可是得到的結果卻是瑣碎、可笑的知識，是當事人始料所不及的後果。除了楊照與張大春之外，朱天心也曾經對此一類認知模式感興趣，〈預知死亡紀事〉(1992) 就描寫主角預知各種荒謬的死亡方式，因此預做各種安排，以免死後身分不明。而從現當代台灣小說的發展過程來看，七〇年代固然寫出了若干鄉土文學，著眼於寫實的細節，但卻無法鳥瞰全局；八〇年代的解嚴時期提供了某種歷史論述，企圖突破時間，甚至空間的局限，可是獲致的成果卻往往是零散，反史詩的。九〇年代的作家因此必須各自另闢蹊徑。

現實之所以無法掌握，與過去及將來經驗曖昧難明有關，不過與現在社會扭曲變形也有相當的關聯。當下的物質與精神狀態起了相當的變化，一切突然都變世俗化，使得任何稍具理想的人都無法理解，遑論認同了。黃凡的〈賴索〉(1979) 即描述主角因政治而繫獄多年，重獲自由之後，他昔日的革命同志出賣了理想，不願與他相認，而尤其令他格外失望的是他的家庭，他一位表哥好色成癖，即使因病入院，還是要找機會溜出去找女人，而他的妻子身體肥胖，睡在一起就差點把他壓昏，這一切都令他大大的感到迷惑、幻滅。而這種幻滅感到了九〇年代可以說是變本加厲，往日我們藉以認識世界的官能 (faculty) 似乎頓然變得過時、無力，知性與理性似也失效，取而代之的是最基本的五官功能，這我們上面已經談過。我們也引了張大春的〈自莽林躍出〉，說明主角厭煩台灣的亂象，因此反其道而行，來到熱帶森林，並透過嗅覺來對抗人人一向視爲理所當然的地心引力，主角深吸一口眞氣，整個人便騰空升起，達致涅槃。這個幾近荒謬劇場的故事顛覆了常識 (common sense)，顯示人的認知模示已經起了巨大的轉變，而傳統格物致知那一套已經不再靈光，我們認識世界只好依賴「最具動物性」的嗅覺。

〈匈牙利之水〉可以說是代表朱天心寫作生涯的一大轉折，顯示她另闢蹊徑，追求現象的眞實面 (authenticity)。主角利用嗅覺來重構過去，透過花草、泥土等鄉土味，與城市鄉土的消費品（如香水、茶餚）的味道，來重新建立她與過去的關係。這種手法固然有其推陳出新之處，可是畢竟未經中介（mediation），程序未免失之簡約。有鑑於此，朱天心近期的小說除了主角之外，往往另安排了一個對手（double），與主角相輔相剋，並透過兩者的互動來勾勒出人與世界的關聯[2]。換句話說，主角透過與對手的易位互動，而來重新審思自己與外界的關係。主角建立網絡途徑有二：一方面循時間軸，重新參照過去與將，而替自己定位；另一方面，主角也同時循空間軸，在人與我、個人與社會、世界之間，塑造自己的身分認同。事實上，朱天心近作中（尤其是《想我眷村的兄弟們》與《古都》兩個集子裏的故事）有相當分量的作品，其中主角都與一個名叫A的人物演對手戲，甚至聯手編寫故事。A往往扮演主角（即敍述人）的諮詢人，他經驗老到，見識淵博，足以充當主角的導師，而更值得一提的是，他傳授的知識也都是經驗式的知識，有異於書本的常識。〈匈牙利之水〉的主角屬於外省第二代，因此必須藉重A來教他如何透過味道去尋根，認識過去，認識自我。

當然，這並不表示我們透過易位（主角與A易地而處），感官（如嗅覺）的途徑即能解決人與外界的認識論問題。〈匈牙利之水〉或其他故事中的A，不是邊緣或無根的人物，便是自絕於世，雲遊四海，而尤其值得一提的是，雖然他們見識廣、眼界高，他們擁有的經驗性常識卻經常把他們的思路帶向死亡。死亡固然可以是一了百了，把生命帶回無機的原始狀態，解決人生一切煩惱，可是死亡也等於認知與經驗的挫敗，象徵人對外界的認識與互動都自動歸零。再說，從社會的層次來看，死亡把人的認知推至極限，幾乎把人整個給放逐域外，與世界斷絕了一切的關係。朱天心似乎對此有所認識，同時也了解到人的在地性。說得明白些，也就是說人總歸有個根，而不管你喜歡不喜歡，別人一輩子都會如此看待你。朱天心的眷村情節相當濃厚，〈匈牙利之水〉之前的〈想我眷村的兄弟們〉（1991）即明顯著墨於兒時眷村的生活情趣，而到了〈匈牙利之水〉，故事雖然明寫主角與A青春時期的追憶，可是故事結束之前，主角看到一幅早期的海報，聽到一支早年的流行歌，思路一轉，回溯到當初童稚、懵懂時期的種種，因此立即起而行，登了一個廣告，徵求早年的玩伴與他聯繫。也就是說，主角與A透過嗅覺的探索重構青春的點點滴滴，可是主角也另外受制於視覺（海報）與聽覺（流行歌），並被帶回到一個更原初、更具決定性的成長期。而透過這種回憶，解嚴之後省籍問題也似乎滲過紙背顯現出來，凸顯外省人此時此地所必須面對的認同危機以及應對的策略。

四 易位的內化

易位的策略將我們擺置在他者的位置上，令我們得以一窺從平常角度無法看到的東西，以及平常我們感而不覺的自我。透過易位，我們也可以與外界重新建立關係，並對周遭的一切產生既具體又親切的認識。從再現的政治來看，易位也使得我們能夠建立自我認同，藉此來對抗當今你猜我虞的人我關係，甚至在當下分崩離析的社會中，找到一個能讓自尊、自立的自我安身立命之所。在台灣解嚴，社會自由化之後，人人生活在一個惶惑不安、價值混亂的時代，這種透過敍述來塑造的想像空間，似乎更有其迫切性。就以〈威尼斯之死〉(1992) 爲例，主角以寫做爲生，也曾獲文學獎。他看不慣台北小資產階級的生活方式，因此逃到東部去隱居。無奈定力不夠，只好又回到台北過他的市隱生活，天天找裝潢富異國情調的咖啡廳，希望能因此找到靈感，替他的故事作個結局。話雖這麼說，他的功力有所不足，寫作毫無進展。值得一提的是，最後助他解脫困境的是他雲遊四海的朋友A，A從南歐不同的地方寄來明信片，提供域外的資訊，讓他的故事得以一氣呵成。其實主角自己也曾去威尼斯遊覽過，可是滿目所見不外一般觀光城市的髒亂，卻無法體會他者文化的優點所在，也更無法把他山之石拿來攻錯。也就是說，A海外來函助了主角一臂之力，讓他塑造一個想像的藝術空間，也讓他得以逃脫現實生活的困境[3]。〈威尼斯之死〉代表朱天心創作生涯的一大轉折，而易位策略的使用不但反映她對現實根本的質疑，也暗示她對自己所做徹底的反省（包括個人的本質與寫作的本體）。這種懷疑態度的介入，固然打破她早期對寫實的自信，讓她更側重個人的主體意識，與個人經驗的眞誠性（authenticity），可是另一方面也似乎把她自己（與寫作）帶進一種沉滯（stasis）的困境。這種轉變與其說是朱天心個人風格的變化，不如說是台灣整個族群面臨的問題。對外，台灣蒙受大陸的全面圍堵，逼使台灣採取不同的名實，應用各種迂迴策略，一再尋求突破；對內，解嚴徹底改變了以往一統的局面，九〇年代的台灣似乎已成了不同意識形態與利益的競技場。而在此擾攘不休的局面裏，族群的矛盾似乎也化明爲暗，再度分化人心。朱天心身爲眷村「兄弟」，所受的衝擊不言可喻。〈威尼斯之死〉借湯姆斯•曼的書名而加以脫胎換骨，明寫創作之困難，與如何尋求解脫之途徑，實際上卻暗指台灣的亂象。這種鞭伐的筆法到了〈古都〉更加變本加厲，故事的敘述線往往爲主角論斷的思潮所打斷。

〈古都〉無疑是朱天心近年的力作，無論格局或深度，虛擬性或本土性都遠遠超越了早期的實驗。故事的前半段敘述性稍強，描寫主角與她大學同學A約定在日本重聚[4]。A爽約未至，但卻把主角帶回往年（大學）的黃金時代。在那段理想的日子裏，人際關係既隨性又眞摯（主角與A甚至享有某種同性的情感），而當時的台北都市計畫井然有序，仍然保有其樸素無華的色彩。很顯然，這一部分的故事並非重心所在，它毋寧預設是後半部另一種截然不同的氛圍。九〇年代的台北不但環境生態遭受無情的摧毀，而更令人感到詭異的是，主角從日本回台之片刻突然決定化身爲異國的遊客，手持「殖民地圖」一一重遊故地。我們常聽人說，「不識廬山眞面目，只緣身在此山中」，而主角換一副眼鏡重新審視自己的家園，用意無非是要達到所謂的陌生化效果罷了。可是，事實恐不如此二元、如此簡單。就時間軸而言，故事把五個片段加以拼湊：一、桃花源的神話期，居民豐衣足食，堪稱葛天氏之民[5]；

二、滿清海禁時期，視台灣爲海寇出沒的化外之域，因此加以隔離、排斥；三、日據時代，台灣雖屬異族統治，卻有相當可觀的建設，迥異於當代生態的浩劫；四、戒嚴時期，與故事第一部分相疊，嚴而有序；五、九〇年代的台北，幾乎是淪落到清人所謂的「花不香，鳥不語」的地步。五段時間穿插並陳，並非順序排列。而時間相互交錯，不免使人感到認知錯亂，甚至主客相混。就空間言，日本與台灣兩地構成明顯對比，前優後劣顯然可見[6]。毫無疑問，故事命名「古都」，與川端康成（Kawabata）同名之作遙相呼應。透過兩個故事的文本互涉（intertextual）作用，川端康成筆下的姊妹也因此影射朱著主角與A的曖昧關係，並或多或少指向當代台灣人身分混淆的困境。時間與空間的拼湊構成一系列相當複雜的台灣當代史（人文史與地方史），也織就一幅極爲豐富當代社會的眾生相。諷刺的是，面臨此一眾聲喧嘩的現實，主角直覺上自感受到排斥。說得更確切些，主角心有某種潔癖，因此無法與現實同流合污，而故事也顯然循雙軌的模式發展：一方面是桃花源與日本的理想界，作者尊重原文（〈桃花源記〉與《古都》），利用此二異文本來揭露當下現實之不可取；另一方面，作者利用易位的手法，把自己加以異化，並透過異化的眼光（與其他的感官管道）來掌握當下的現實細節，之後再把親身感受的經驗，拿來與有清以來有關台灣的史籍資料相互對照，並確認台灣是個「土番所處，海鬼所踞，未有先王之制」的地方（朱天心 1997: 210）。

乍看之下，易位觀物令我們得以跳脫窠臼，用嶄新的眼光（或其他感官）來對現況加以反思，而執著細節可以防止我們人云亦云，也可以令我們避免粗枝大葉，將現象過分抽象、簡化。照理，優處多過缺點，而朱天心在這方面的經營與成就，顯然遠超過許多當代台灣作家。可是易位與細節的觀照模式，無疑也有其局限。凡事過猶不及，而如果操之過度，往往會對主體認同產生混亂的現象。也就是說，從認識論的觀點言，易位過度，容易導至當事人人我不分，甚至把他人錯當自己，而模仿的戲劇性（theatricality）如果太高，演員往往弄假成眞，把本人與扮演的角色相互混淆、對掉。至於細節，我們上面說過，如果對模仿的客體太過重視，不免產生物化的現象，從而重客體輕主體。當然，客體可能透過象徵化的程序，轉變為抽象的意念，並易為當權者所掌控、利用；相反的，客體也可能瑣碎化，而過度投入也容易產生化整為零，甚至見樹不見林的現象。基本上，模仿是種投入的心理機制，主體投入客體，有時甚至希望忘己，來與客體認同。陶西格引了一段愷堯（Caillois）的話，很引人深省：

「我知道我在哪兒，可是我並不覺得我人在我發現我自己的地方。」對這些被清盤的靈魂，空間就像一股會吞噬人的力量。空間追逐他們，包圍他們，消化他們，就像細胞大舉包圍、消化外來的異物，並加以消滅。空間末了甚至將人取而代之。在此情況之下，身體將自己與思想分開，個人突破他自己皮膚這個邊界，並占據了他自己感官疆界另一邊的領域。他站彼端領域中的任何一點，並回頭看自己。他覺得他自己轉化為空間，一種黑暗的空間。**在此空間裏，什麼東西都不能擺放**。（Taussig 34）

這種情形不妨視之為過度模仿，一心一意為模仿而模仿，無法自制，整個人就像電影《2001》結局一樣，漫無反向，飄向太空。當然，這種模仿模式背後有它個人、藝術，甚至社會的條件使其然。朱天心個人早期遵循寫實模式，探研個人與社會的正面互動，〈天之夕顏〉與〈時移事往〉便是這種模式的成品。從藝術的層次看，朱天心早期寫實，稍後並輔以譏諷的筆法，可是此時此地，作家倍感自身之邊緣化，常有欲振乏力之嘆，寫實再也無法滿足作家的心理需求，於是寫實遂無可避免逐步為拼湊所取代。從社會的層次言，八〇、九〇年代面臨的是台灣解嚴前後發生的社會文化「版塊」移動，而「地形」也在旦夕之間整個改變了。我們是不是該把當代台灣歸類爲後現代或後殖民，那是另外一個議題，也不宜一概而論。不過，就朱天心（或其他「眷村兄弟」作家）而論，解嚴之後，台灣社會面臨的一個嚴峻問題便是，後殖民的內部殖民問題。在此困境重重當中，朱天心近期的寫作無疑比早期要來得困難，而她所投進的心力也無疑數倍於往昔。

---

1 嚴格說來，人與外界的關係都要透過中介（mediated）而非直接（immediate）的過程才能讓主體與客體發生互動，吃東西如此（主體〔人〕將客體〔食物〕加以嚼碎、消化，而後轉變爲自己身體的一部分），愛情往往也不例外，將對方轉化爲自己的一部分，視之如己（Williams 170-73）。

2 朱天心的小說敍述人泰半是男性，本身就是一項易位的策略，希望藉此來披露他者的意向。這點論者已做了相當廣泛的討論。而朱天心如何從男性的觀點切入，來探討女性的困境，似乎可以再進一步探討。

3 儘管如此，寫作也只是一時的解脫，主角的朋友末了回到台北，並自殺身亡，而他從雅典寄出的明信片也一直沒有寄達。主角因此生活在失望與期望之間。

4 此地人物有異於朱天心大部分的故事，主角屬於女性，可以說朱天心把聲音還給自己。可是聲音還原，易位卻變本加厲，故事不再是自己與他者易位，而是我與自己的內在易位，引發更值得深思的問題。

5 除了暗射神話世紀小國寡民，雞犬相聞，有異於當代人勾心鬥角之外，賴聲川的《暗戀桃花源》探討回歸故土之困難，也可能與朱著有相當的關聯，待考。

6 朱家姊妹透過胡蘭成的指點，對日本文化相當嚮往，推崇日本文化井然有序，大有古風依然之氣象。詳見朱天文，〈花憶前身〉（31-76）。「花憶前身」一詞取自胡蘭成，見朱天心，《昨日當我年輕時》（1992a: 249）。

參考書目

Kermode, Frank. 1979. *The Sense of an Ending: Studies on the Theory of Fiction*. London, Oxford & New York: Oxford UP. (First published in 1966.)

Taussig, Michael. 1993. *Mimesis and Alterity: A Particular History of the Senses*. New York & London: Routledge.

Williams, Raymond. 1976. *Keywords: A Vocabulary of Culture and Society*. New York: Oxford UP.

朱天心。1989。〈時移事往〉。《時移事往》。台北：遠流。27–100。

——。1992a。〈天之夕顏〉。《昨日當我年輕時》。台北：遠流。147–72。（〔三三版〕1988）

——。1992b。《想我眷村的兄弟們》。台北：麥田。

——。1997。《古都》。台北：麥田。

朱天文。1996。《花憶前身》。台北：麥田。

周英雄。1994。〈八〇年代台灣作家怎麼寫歷史〉。《文學與閱讀之間》。台北：允晨。147–61。

張大春。1988。《四喜憂國》。台北：遠流。

黃凡。1989。〈賴索〉。《中華現代文學大系》第十卷：一七三一—一七六五。台北：九歌。（原發表於1979年）

楊照。1993。〈黯魂〉。《黯魂》。台北：皇冠。

人名及文學機構索引

七畫

八畫

九畫

十畫

十一畫

十二畫

十三畫

十四畫

十五畫

十六畫

十七畫

十八畫

十九畫

作品索引

八畫

九畫

十畫

十一畫

十二畫

十三畫

十四畫

十五畫

十六畫

十七畫

十八畫

十九畫

二十畫

文化議題與批評術語索引

六畫

七畫

八畫

九畫

十畫

十一畫

十二畫

十三畫

十四畫

十五畫

十六畫

十七畫

十八畫

十九畫

二十畫

二十一畫

二十三畫

國家圖書館出版品預行編目資料

書寫台灣：文學史、後殖民與後現代 / 周英雄，劉紀蕙編. -- 初版. -- 臺北市：麥田出版：城邦文化發行，2000 [民 89]

面； 公分. -- (麥田人文；27)

ISBN 957-469-021-1 (平裝)

1. 台灣文學 - 論文, 講詞等

820.7 89003928